A Coisa Julgada na Exceção de Executividade

K96c   Kuhn, João Lacê
     A coisa julgada na exceção de executividade / João Lacê Kuhn.
   – Porto Alegre: Livraria do Advogado Ed., 2006.
     264 p.; 23 cm.

     ISBN 85-7348-440-3

     1. Processo Civil. 2. Exceção. 3. Execução. 4. Coisa julgada.
   I. Título.

CDU - 347.952

Índices para o catálogo sistemático:

Processo Civil
Exceção: Processo Civil
Execução: Processo Civil
Coisa julgada

(Bibliotecária responsável: Marta Roberto, CRB-10/652)

João Lacê Kuhn

A Coisa Julgada na Exceção de Executividade

Porto Alegre, 2006

© João Lacê Kuhn, 2006

Capa, projeto gráfico e diagramação de
Livraria do Advogado Editora

Revisão
Rosane Marques Borba

Direitos desta edição reservados por
Livraria do Advogado Editora Ltda.
Rua Riachuelo, 1338
90010-273 Porto Alegre RS
Fone/fax: 0800-51-7522
editora@livrariadoadvogado.com.br
www.doadvogado.com.br

Impresso no Brasil / Printed in Brazil

Agradecer e homenagear é necessário, pois devemos gratidão àqueles que contribuíram decisivamente para a conclusão deste trabalho. Foram muitos, nomeá-los seria temerário, face à falibilidade da memória. Assim, sintam-se homenageados todos aqueles que participaram na construção deste opúsculo.

Prefácio

A idéia de justiça rápida que permeia o imaginário coletivo daqueles que pretendem enfrentar os intrincados meandros do universo jurídico encontra, nas proféticas palavras de Carnelutti, um sério desalento, já que para o autor: *"El slogan de la justicia rápida y segura, que se encuentra siempre en las bocas de los políticos inexpertos, contiene, desgraciadamente, una contradicción in adiecto; si la justicia es segura no es rápida, si es rápida no es segura. Algunas veces la semilla de la verdad pone años, incluso siglos, para convertirse en una espiga (veritas filia temporis)".*

Muitos autores, em face da novidade do tema, têm preferido trilhar o novo em detrimento do velho, isto é, optam por analisar a tutela jurisdicional desde o prisma da efetividade, e não desde a perspectiva da segurança jurídica. É o eterno problema da rapidez *versus* a segurança. Muitos fatores contribuem para isto, entre eles cabe destacar as recentes alterações legislativas, a informatização da sociedade e principalmente a visão que se ousou chamar pós-modernidade com seus postulados calcados numa sociedade nascida de uma economia que se expande progressivamente através de *prestações de fato*, que trazem consigo, em conseqüência, o crescimento das atividades econômicas de *prestações de serviços* ligadas à revolução tecnológica, onde as prestações pessoais e não-fungíveis ganham um lugar privilegiado. Por esta razão, o tempo, este eterno inimigo, ganha dimensões novas nesta forma de se conceber a sociedade e, conseqüentemente, atrai o interesse de determinados estudiosos.

O Professor *João Lacê Kuhn* felizmente não se deixou seduzir por este canto da sereia e empregou todo o seu talento para desvendar os mistérios ainda intrigantes dos fenômenos relacionados à segurança jurídica. Este fenômeno, que pode ser comparado a uma linda mulher, só se revela a quem lhe dedica especial atenção e sabe, acima de tudo, desvelá-lo adequadamente.

Esta tarefa foi rigorosamente cumprida e metodologicamente adequada, como bem podemos perceber através da introdução. A abordagem epistemológica condiz rigorosamente com a matriz teórica

---

* *Derecho y Proceso* (Trad. Santiago Santis Melendo), Buenos Aires: EJEA, 1971, n° 95, p. 177.

utilizada pelo autor. Os métodos de abordagem e procedimento foram seguidos até o final com rigorosa lógica.

O leitor que não se deixe enganar pelo título do livro, pois o que o Professor *João Lacê Kuhn* fez foi, com técnica louvável e bibliografia de ponta, tratar a uma só vez os tormentosos problemas da coisa julgada, da exceção de executividade e, principalmente, aplicar um instituto dentro do outro. Eis aí a novidade do tema. Temos uma multiplicidade de livros sobre coisa julgada, alguns sobre exceção de executividade, mas nenhum sobre a coisa julgada na exceção de executividade. Para alcançar tal desiderato, o autor não se furta de contribuir, também, para desvendar os intrincáveis problemas que exsurgem da coisa julgada no processo de execução.

A obra do Professor *João Lacê Kuhn* inicialmente parte da análise dos pressupostos processuais transpassando as condições da ação para *in excelsis* aportar no mérito. A diferença está em que estes institutos, especialmente o do mérito, foram exaustivamente trabalhados desde a perspectiva do processo de execução.

A seguir, o autor enfrenta diretamente a criação pretoriana da exceção de executividade, abordando seus problemas mais intrincados como o momento da propositura, a extensão da matéria ventilada, etc.

Após enfrentar estoicamente as agruras da exceção de executividade, o autor parte para o espinhoso tema da *res iudicata*, utilizando bibliografia de ponta, já que este instituto adquiriu a condição suprema de ser manejado somente por mãos habilidosas. E, uma vez identificado o conceito de coisa julgada, as espécies e os limites, sua transposição para a exceção de executividade se deu de forma natural e sem rupturas como sói acontecer em obras destinadas a servirem de marco referencial.

Por todas estas razões, a obra do Professor *João Lacê Kuhn,* que foi sua dissertação de Mestrado na Pontifícia Universidade Católica do Rio Grande do Sul, é indispensável para todos aqueles profissionais que querem soluções não só teóricas mas principalmente práticas, especialmente neste momento de transição do processo de execução.

Porto Alegre, maio de 2006.

Darci Guimarães Ribeiro

Doutor em Direito pela Universidad de Barcelona
Titular de Dir. Processual Civil do PPGD – Unisinos
Advogado

Sumário

I - Introdução	11
II - Pressupostos Processuais Gerais	19
1. Dimensão conceitual	19
2. Subjetivos	24
2.1. Jurisdição	25
2.2. Competência	27
2.3. Suspeição	31
2.3.1. Impedimento	32
2.3.2. Imparcialidade	32
2.4. Capacidade	33
2.4.1. Capacidade processual	34
2.4.2. Capacidade postulatória	35
3. Objetivos	37
3.1. Extrínsecos	37
3.1.1. Litispendência	37
3.1.2. Coisa julgada	39
3.1.3. Perempção	40
3.1.4. Conciliação, compromisso, caução e depósito prévio.	41
4. Regularidades formais	42
4.1. Intrínsecos	45
4.1.1. Petição inicial	45
4.1.2. Citação	47
4.1.3. Adequação	48
III - Condições da Ação	51
1. Enquadramento	51
2. Possibilidade jurídica	59
3. Interesse de agir	61
4. Legitimidade	66
4.1. Legitimidade ativa	69
4.2. Legitimação passiva	70
IV - Requisitos Específicos da Execução	77
1. Título executivo	77
1.1. Natureza jurídica	80
1.2. Conteúdo do título executivo	84
1.3. Requisitos do título executivo	85
1.3.1. Certeza	86
1.3.2. Liquidez	88
1.3.3. Exigibilidade	89
1.4. Forma e apresentação do título executivo	90
1.5. Função	91
1.6. Tipos	94

2. Inadimplemento 97
   2.1. Modos e efeitos 100

V - Conceitos Básicos 109
   1. Premissas 109
   2. Jurisdição 109
   3. Autonomia 114
   4. Contraditório 118

VI - Exceção de Executividade 125
   1. Prolegômenos 125
      1.1. Dos princípios e da admissibilidade executiva 129
   2. A cognição na execução 136
   3. Mérito na execução 140
   4. Excurso dogmático 146
      4.1. Constitucional 146
      4.2. Científica tradicional 148
      4.3. Científica amplexiva 152
   5. Possibilidade, fases e momentos. 155
      5.1. Quanto aos pressupostos 157
      5.2. Quanto às condições da ação 159
      5.3. Quanto ao mérito 161
      5.4. O *Officium Iudicis* 165

VII - Coisa Julgada 169
   1. Pródromos 169
   2. Fundamentos e natureza jurídica 171
   3. Conceito e função 177
      3.1. Conceito 177
      3.2. Função 180
   4. Espécies 184
      4.1. Coisa julgada formal 185
      4.2. Coisa julgada material 188
   5. Da estrutura da coisa julgada 191
   6. Limites 194
      6.1. Limites subjetivos 194
      6.2. Limites objetivos 199
   7. Eficácia preclusiva 206
   8. Preclusão . : 209

VIII - Coisa Julgada e Exceção de Executividade 213
   1. Proposição 213
   2. Pressupostos 214
   3. Condições 217
   4. Mérito 225
      4.1. Prescrição 227
      4.2. Decadência 234
      4.3. Direito obrigacional 237
         4.3.1. Pagamento 237
         4.3.2. Novação 239
         4.3.3. Compensação 239
   5. Casuísmos 240

XI - Considerações Finais 247

Referências Bibliográficas 255

I – Introdução

Angústias, dúvidas e incertezas são características marcantes da ciência como um todo e, especialmente, das ciências sociais. Não se pode negar que a estrutura do conhecimento social não se amolda às regras das ciências exatas. Não se pode, outrossim, ser rapsódico para compreendê-lo. A sociedade, em função de se apresentar como objeto na relação do conhecimento com seu sujeito, é extremamente mutável. Não se adéqua ao dogmatismo das ciências naturais para uma aplicação efetiva, socialmente aceita e justa, no direito, por exemplo. O estudo da teoria do conhecimento nos conduz ao exame mais acurado das relações entre o sujeito cognoscitivo e o objeto cógnito, através das quais se verifica com clareza as lacunas apresentadas pelo *positivismo jurídico*. Opta-se por chamá-lo de normativismo/legal, pois positivismo, na esteira de Luhmann,[1] só se apresenta quando, no caso específico, se agrega à norma legal a decisão de concretude emitida pelo magistrado. Assim, prefere-se o pragmatismo jurídico, destituído de qualquer sentido negativo, pelo que apresenta de positivo ao abandonar a velha verdade e substituí-la por um novo conceito tendente a ser útil, verdadeiro, valioso e fomentador da vida, como ensina Johannes Hessen.[2]

O dinamismo da estrutura social experimentado na última metade do século serviu para desnudar a chamada *crise do direito*, que se pensa não ser só do direito, mas da sociedade como um todo. Conceitos como efetividade, eficácia, são diuturnamente debatidos, pois o sistema legislado existente não responde à necessidade do consumidor do serviço jurídico, justamente pelo fato de ser um sistema baseado no racionalismo kantiano, no cartesianismo próprio das ciências exatas, e não no social. O abandono da tópica também contribui.

---

[1] LUHMANN, Niklas. *Sociologia do Direito*, Vol. II, p. 10. "Dessa forma podemos reduzir o conceito de positividade à formulação de que o direito não só é estatuído (ou seja escolhido) através de decisões, mas também vige por força de decisões (sendo então contingente e modificável)".

[2] HESSEN, Johannes. *Teoria do Conhecimento*, 1987, p. 50-1. "Como o cepticismo, também o pragmatismo abandona o conceito da verdade no sentido da concordância entre o pensamento e o ser. Porém, o pragmatismo não se detém nessa negação, mas substitui o conceito abandonado por um novo conceito de verdade. Segundo ele, verdadeiro significa útil, valioso, fomentador da vida".

Na realidade, o direito retira seu dinamismo de sua própria estrutura, conforme afirma Gunther Teubener,[3] ou, como ensina Niklas Luhmann, citado pelo mesmo autor, não existe direito fora do direito. Isto tem sentido na medida em que a estrutura do direito é tridimensional e deve ser apreendida através de uma visão unitária e holística do fenômeno jurídico. Vencidas tais subsunções, aos operadores do direito recai a nobre missão de, através de atos de responsabilidade, reler o direito como um todo a partir de conceitos de verdade, que sejam úteis e corretos para a sociedade naquele momento histórico. A responsabilidade do novo jurista em apreender a questão através da interpretação axiológica dos fatos, materializando-a através da jurisprudência ou da doutrina, é enorme, pois sua inconseqüência será fator desagregador do bem mais caro do homem depois da vida: o da paz.

Outro problema vivo na modernidade é o da existência de vários estudos pontuais, que enfocam o ângulo interno das questões, sob o ponto de vista da natureza da norma, tratada de forma isolada, e não comunicativa entre os demais órgãos componentes do sistema. Nenhum tratado, como denuncia Bobbio,[4] preocupa-se em abordar por completo o sistema orgânico do ordenamento jurídico, não sendo possível, então, o levantamento dos problemas existentes com esta compartimentalização estanque de normas e princípios. Nesse aspecto, cresce de importância o estudo do direito como sistema, único método de interpretação visando a atingir sua globalidade, e não somente setores isolados e específicos.

No âmbito do direito processual, não é diferente; as situações disciplinadoras e instrumentais são produzidas isoladamente, cada uma para atingir seu fim específico, sem preocupações maiores com o verdadeiro objetivo do direito e, fundamentalmente, com o seu compromisso instrumental, de realização efetiva do direito material. Dentro dessa realidade, insere-se a proposta – apresentada à comunidade acadêmica e jurídica – de enfrentar problemas reais, existentes e verdadeiros, mas repete-se com Bobbio: se não há engano, essas situações ainda não foram estudadas como merecem.

A fim de emprestar segurança e dar credibilidade às conclusões, pauta-se a análise coordenada pela metodologia epistemológica mais

---

[3] TEUBENER, Gunther. *O Direito como Sistema Autopoiético*, 1989, p. 2. "O Direito retira a sua própria validade dessa auto-referência pura, pela qual qualquer operação jurídica reenvia para o resultado de operações jurídicas. Significa isto que a validade do Direito não pode ser importada do exterior do sistema jurídico, mas apenas obtida a partir do seu interior. Nas palavras de Luhmann. 'não existe direito fora do direito, pelo que, na sua relação com o sistema social, o sistema jurídico não gera nem *inputs* nem *outputs*'".

[4] BOBBIO, Norberto. *Teoria do Ordenamento Jurídico*, 1997, p. 19-20. "Enquanto, por um lado, existem muitos estudos especiais sobre a natureza da norma jurídica, não há, até hoje, se não nos enganamos, nenhum tratado completo e orgânico sobre todos os problemas que a existência do ordenamento jurídico levanta".

moderna do direito, observando-a de forma global, com bases nos valores hierarquicamente distribuídos, tendo como vértice a Constituição Federal. Considerando que os exames não partiram de utopias, mas da realidade concreta experimentada no dia-a-dia forense, esta não poderá ser ignorada pela ciência processual, utilizamos a jurisprudência como substrato da investigação. O desprendimento na tentativa de, a partir de bases científicas, apresentar uma proposição não contemplada pelo sistema matriz da execução, nem sempre é fácil de alcançar. Todavia, a administração desse paradoxo – fato da vida com relação à dogmática vigente – é a proposta para as próximas páginas.

A exposição está dividida em capítulos e subdividida em tópicos, cuja estrutura e amplitude lhe dão uma característica autônoma e independente; seu somatório, entretanto, nos dá um todo único e indivisível, assim como um sentido de completude quase impossível de se obter de outra forma.

Estruturalmente, divide-se a explanação em três partes distintas. A primeira, dedicada ao exame do fenômeno intra-executivo, destina-se a demonstrar em qual oportunidade irá se constatar a exceção de executividade. Dentro dessa formatação, inclui-se a questão metodológica, através da qual se pretende justificar, com as teorias e os excursos apresentados, a exceção de executividade. Interpretação hierárquica, efetuada sob a orientação valorativa dos princípios gerais de direito.

Estabelecidas as premissas metodológicas da pesquisa, esta se fixa no estudo da trilogia do processo, como fundamental às conclusões. Examinam-se os pressupostos processuais em toda a sua extensão, mas com o norte voltado para o processo de execução. Da mesma forma, as condições da ação, voltadas para sua aplicação dentro do fenômeno executivo, sendo uma das partes integrantes do trinômio do processo, não poderiam ficar afastadas do exame de sua aplicação *in executivis*.

A seguir, busca-se apurar a verdadeira extensão e complexidade dos pressupostos específicos da execução; trata-se do inadimplemento, suas qualificações e do título executivo, pois, sem tais requisitos – chamados pela doutrina de fato, com relação ao primeiro, e legal, com relação ao segundo – não é possível se manter uma execução em processo válido. O exame dos componentes do título executivo é de suma importância para a investigação, pois a deficiência de algum elemento dessa estrutura pode desviar o curso do feito executivo, já no primeiro momento, quando da análise da admissibilidade, tendo em vista a necessidade de completude, com respeito não só à forma e ao conteúdo, mas também ao ato documento.

Examinadas tais considerações, abordam-se algumas premissas necessárias e fundamentais para o exame da própria exceção, rotuladas de conceitos básicos, tendo em vista considerar-se a aceitação de fenômenos como o do contraditório, da cognição e da existência de mérito *intra-executivo*.

Com as justificativas lógicas apresentadas, ingressa-se na abordagem da exceção de executividade. Nesse momento, enfrentam-se várias dificuldades, inclusive com relação à escolha do *nomem iuris* a ser atribuído à operação realizada pelo juiz da execução relativa as situações ligadas ao juízo de admissibilidade, passíveis de serem mediatizadas pelo título, inclusive no exercício do *officium iudicis*. Em verdade, os conceitos jurídicos não devem ser ampliados, mas cada um deles deve ter conteúdo e alcance fixados em cada ordenamento, como ensina Hugo de Brito Machado,[5] e nem sempre a teoria geral do direito se apresenta perfeita quando empregadas em microssituações como o processo, mormente o de execução v.g. É o caso da terminologia a ser utilizada, pois a palavra *exceção*, em processo civil, abrange apenas as defesas alegadas pela parte, não atingindo, portanto, eventuais matérias apreciadas de ofício. Ao examinar a questão, ponderando as várias situações existentes, inclusive a tradição do processo com relação à matéria, passa-se a utilizar o vocábulo *exceção*, dando um elastério maior à sua conceituação para também possibilitar em seu bojo o exame de questões de mérito, a requerimento das partes ou de ofício, sem descurar do significado técnico que possui na teoria geral do processo.

No exame da exceção, investigam-se os vários excursos metodológicos justificadores de sua existência e tenta-se, à luz da doutrina e da jurisprudência existentes, dar-lhe algum contorno científico, tentando sistematizá-la, dentro da ciência processual. Evidentemente, não se inova, nesse particular; apenas se tenta utilizar o material já existente sobre o assunto para, de forma sistêmica, visualizar o fenômeno dentro do processo de execução. O exame dos pressupostos lógicos e teóricos da admissibilidade, os quais já foram estudados pela doutrina, e as referências vêm a seu tempo: destarte, não nos cabe alterá-los, somente trazê-los de forma sistematizada a fim de colocá-los à disposição do crivo e do exame da incidência da coisa julgada sobre eles.

A segunda parte destina-se ao exame dos conceitos e extensão da coisa julgada. Aborda-se o tema no sentido clássico, ou seja, examinando-o sob o ponto de vista escolástico. Não se procura trazer nenhuma novidade no assunto, apenas identificá-lo, nos termos tradicionais constantes do CPC.

---

[5] MACHADO, Hugo de Brito. Juízo de Admissibilidade na Execução Fiscal. *Revista Dialética de Direito Tributário*, p. 18. "De outra parte, os conceitos jurídicos devem ter conteúdo e alcance fixados em função de cada ordenamento jurídico, de sorte que um conceito, tomado no plano da Teoria Geral do Direito, nem sempre é adequado em nosso ordenamento".

Na terceira e última parte, busca-se uma síntese de todo o examinado, procurando demonstrar a aplicação dos conceitos da coisa julgada nos provimentos jurisdicionais resultantes da exceção. Realiza-se um exame das diversas situações que justificam a aplicação da exceção nas várias etapas do processo. Inicia-se pelos pressupostos, segue-se pelo exame das condições e seus reflexos com a coisa julgada para, ao final, examinar-se as questões chamadas de mérito, as quais proporcionarão a produção de coisa julgada material no seu aspecto mais tradicional. O exame dessa problemática ocupa a parte final, evidenciando-se a possibilidade da existência de outros fenômenos – problemas relativos tanto à execução como à efetividade; discursos teóricos sobre o procedimento executivo; discursos filosóficos e nova roupagem da coisa julgada, por exemplo. O que se pretende é responder às questões previamente propostas: o provimento jurisdicional acolhedor da exceção faz coisa julgada, e se faz, de que qualidade?

O desafio de enfrentar o tema de coisa julgada incidente *in executivis* acarreta uma preocupação relativa ao trato destas questões, que, para terem credibilidade, devem ser apresentadas de forma coerente, dentro de um padrão metodológico aceitável. A pesquisa deve desenvolver-se dentro de um conjunto organizado priorizando o conhecimento dos objetos individualmente, mas conduzindo a resultado harmônico, a ter sentido para o mundo jurídico. Não se pretende resenhar conceitos esparsos: o objetivo maior é relacioná-los, possibilitando a sua utilização conjunta. As questões de métodos devem ser respeitadas, por serem importantes na obtenção do desiderato. Na lição de Karl Larenz,[6] cada ciência tem seu método; sendo assim, uma vez que se deve proceder dentro de uma metodologia julgada apropriada para o direito processual civil, escolhe-se o indutivo/investigativo.

Imperativo limitar o sentido da expressão *teleológica* dentro do ordenamento. Para esse entendimento, menciona-se Canaris,[7] quando afirma não ser aqui utilizado o teleológico no sentido tradicional de conexão, apenas entre meio e fim, mas num sentido lato, a cada realização de escopos e valores, pela captação racional da adequação de conexões de valoração jurídica. Também, como leciona Carlos Maximiliano,[8] não deve ir além, nem ficar aquém do espírito da norma para o preceito atingir o objetivo para o qual foi produzido.

Assim entendido, deve-se verificar quais são estes elementos de conexão que a teleologia tende a agrupar a fim de emprestar sentido ao

---

[6] LARENZ, Karl. *Metodologia de Ciência do Direito*, 1983, p. 1. "Cada ciência lança mão de determinados métodos, modos de proceder, no sentido da obtenção de respostas às questões por ela suscitadas".

[7] CANARIS, Claus Wilhelm. *Op. cit.*, p. 66-71.

[8] MAXIMILIANO, Carlos. *Op. cit.*, p. 164.

sistema e, mormente, ao ordenamento jurídico, na busca do escopo maior da justiça. Numa escolha arbitrária, acriteriosa, começa-se a tratar dos valores, ou seja, a preencher a "moldura" com conteúdo, para se poder compreender teleologicamente o significado da valoração para o sistema jurídico, cientificamente entendido. Não há dúvida: a questão de valoração é uma questão de escolha, na afirmação de Larenz.[9]

Em conformidade com o estudo, *a fortiori*, os princípios de direito, segundo a melhor doutrina, devem ser guias de vários outros ou até mesmo de todo o sistema, ou, como afirma Larenz; "pautas diretivas de normação jurídica que, em virtude de sua própria força de convicção podem justificar resoluções jurídicas". [10]

Há de nossa parte convencimento de que o critério de valoração é uma questão de arbítrio, ficando sua escolha a cargo do legislador que se inspira em inúmeras situações sociais, de sucessos históricos, de cargas ideológicas, de formação religiosa, de concepções filosóficas, enfim, de tantos outros acontecimentos, no momento da criação legislativa.

Essa valoração, ligada a questões singulares, deve avançar, como menciona Canaris,[11] até os valores fundamentais, conhecidos como princípios. Deve-se apurar o que está atrás da *ratio legis*; deve-se buscar mais, deve-se averiguar a *ratio iuris* determinante; assim, tais valores singulares libertam-se do isolamento à procura da conexão orgânica, tornando-se perceptíveis em uma ordem jurídica.

Sem rupturas aparentes, ultrapassa-se o sentido de valoração para adentrar nos princípios, tal como ocorre no mundo do direito, quando se trata de aplicação prática destes conceitos, pois, estando intimamente unidos, são sempre concebidos unitariamente através de atos complexos que envolvem não apenas um critério, mas todos.

Os princípios são encontrados esparsamente no ordenamento jurídico, uns insculpidos na Constituição e, por isso, chamados de princípios superiores, e outros, dispersos através do sistema normativo infra. Na verdade, todo o ordenamento e/ou toda norma são orientados por princípios, sejam eles superiores ou inferiores, sendo, em última análise, os vetores mestres da produção legislativa que vai compor o sistema legal, dentro do metaprincípio norteador do ordenamento, que é o da legalidade.

---

[9] LARENZ, Karl. *Op. cit.*, p. 252-3. "Estas valorações manifestam-se no facto de que a lei confere protecção absoluta a certos bens, deixa outros sem proteção ou protege-os em menor escala; de quando existe conflito entre interesses envolvidos na relação da via a regular faz prevalecer um em detrimento de outro, ou considera cada um dentro de um certo âmbito, na imposição ou proibição de certos modos de conduta, na cominação de sanções contra os infractores, na restrição ou negação de direitos, na imputação de riscos".

[10] LARENZ, Karl. *Op. cit.*, p. 576.

[11] CANARIS, Claus Wilhelm. *Op. cit.*, p. 7.

A identificação de princípios mestres do ordenamento jurídico não só é de suma importância para a solução das lacunas e das antinomias que porventura venham a ocorrer dentro do sistema, como também é utilíssimo para manter a unidade, além de apresentar uma solução para tais confrontos.

A aplicação dos princípios axiologicamente hierarquizados é mecanismo capaz de solucionar quase a totalidade das questões de interpretação jurídica, pela presidência da hierarquização, ou pelo metacritério hierarquizador. No dizer de Juarez Freitas,[12] é uma meta-regra, um operador deôntico a ocupar o topo do sistema, possuindo um imperativo principiológico com relação aos demais critérios, a fim de imprimir uma unidade ao sistema, pois afasta as antinomias e supre as lacunas. Sua utilização mune o intérprete de conceitos científicos para a solução de controvérsias internas. Isso é possível graças à utilização da técnica hierarquizadora dos princípios, realizada através de uma eleição política feita pelo conjunto da sociedade, com raízes no substrato social de sua época e de seu espaço, valendo-se de outros conceitos metajurídicos, tais como a moral, a ética e a religião.

Apenas como exemplificação, alguns princípios-chave são conhecidos e servem como guia a todo um comportamento, inclusive o normativo, *e.g.* da justiça, da dignidade, da igualdade, da liberdade, do contraditório, da boa-fé, da legalidade, e de tantos outros que renderam estudos mais aprofundados, como o da justiça por John Rawlls, visando a formar uma teoria, conceito que escapa do jurídico e mergulha em critérios metajurídicos.[13]

A observação de princípios como o de valoração, efetivamente, é o que dá conteúdo às normas jurídicas, pois, se algumas delas não se pautarem em princípios e nem valorá-los, não terão sentido como normas e seguramente serão expulsas do sistema por conflitar com paradigmas maiores.

Segundo Bobbio,[14] a regra jurídica possui como premissa básica um poder normativo e significa a imposição de obrigação, ou, como a define em outra passagem, *"tendo a estrutura de um comando"*. A idéia de norma está intimamente ligada com poder, pois ela emana desse poder.

O positivismo contribuiu decisivamente para a elaboração da teoria da norma jurídica, pois nessa concepção teve terreno fértil para

---

[12] FREITAS, Juarez. *Op. cit.*, p. 80. "O princípio da hierarquização axiológica é uma meta-regra, um operador deôntico que ocupa o topo do sistema Jurídico. Em face de sua natureza de metaprincípio, aspira à universalização sem se contradizer, e se formula, expressa ou implicitamente, de modo mais formal possível, distinguindo aspectos e escalonando os demais princípios, assim como as normas e os valores. Trata-se de lei ou dever-ser que é somente predicado e que veda as contradições, embora tolere o atrito dos opostos ou contrários concretos".

[13] RAWLS, John. *Por uma Teoria da Justiça*, Martins Fontes, 1997.

[14] BOBBIO, Norberto. *Op. cit.*, p. 58.

desenvolver-se. O *praeceptum juris*, no sentido de preceito legal, dispositivo legal ou mesmo no sentido de lei, tomou, com o apoio do positivismo, função primordial dentro do âmbito do direito.

A idéia de poder, para emprestar possibilidade de obrigação à norma, é importante, no que diz respeito, especialmente, ao conceito de legitimidade, pois o poder, para ser exercido plenamente, deve ser legítimo ou legitimado. Não se pretende aqui abrir uma fenda no desiderato, assinalando apenas tais premissas por serem capitais no entendimento do conjunto: normas, princípios e valores a fim de assegurar uma metodologia científica capaz de dar segurança às relações jurídicas. Baseia-se na norma, invariavelmente, o intérprete, para efeito de análise e julgamento. No direito dito escrito, visando a sua positivação, os operadores têm na norma – tanto inferior como superior – seu referencial.

Para efeito da investigação, a produção normativa possui uma hierarquização, ou seja, uma gradação, assim como – no dizer de Kelsen[15] – é apenas uma moldura, devendo ser preenchida pelo intérprete que deve se utilizar da valoração para tal mister. Sua produção, mormente, em escala superior, ou seja, na norma fundamental – constitucional – é construída baseando-se fundamentalmente em princípios, e não é sem razão que adrede se afirmou que a utilização de princípios, valores e normas se materializam em ato complexo, aplicado racionalmente, segundo a representação das leis, com base nos princípios teleológicos, que nada mais são do que a razão prática de tal existência.

Nesta confluência de idéias, a de sistema torna-se basilar, ou seja, o Direito, visto por suas expressões – normas, valores e princípios – não pode ser verificado isoladamente, sob pena de perder o referencial que a visão do conjunto lhe proporciona. A aplicação conjunta fornece unidade e segurança, sempre visando, através do objetivo sistemático, à máxima justiça possível.

Estas são a premissas metodológicas, as quais darão organicidade às nossas idéias, postas a partir de agora à critica da comunidade jurídica.

---

[15] Teoria Pura do Direito, capítulo 8. Op. cit.

II – Pressupostos Processuais Gerais

1. Dimensão conceitual

Quando se trata da execução – como se disse alhures,[16] expressão maior da jurisdição – visando a realizar a prestação jurisdicional, deve ela, por tais razões, ser dotada de um procedimento próprio, objetivando a cumprir tal desiderato. Esse procedimento é baseado em uma doutrina tendente a emprestar segurança e certeza aos atos executórios, dentro de uma disciplina jurídica, imersa em princípios de ordem pública (principalmente), envolvendo, também, princípios gerais de direito, aplicados à execução.

Os pressupostos processuais são requisitos de existência e desenvolvimento válido e regular do processo. Se desatendidos, barra o curso normal, próprio do procedimento. Cabe ao juiz regularizar o processo, se possível, ou fulminá-lo por não atender à legislação processual. Este não pode prosseguir com irregularidades, sendo sua principal característica a vinculação com as questões relevantes da ordem pública. Essa vinculação possibilita a obtenção de um pronunciamento de mérito ou a satisfação de um direito.

Impede-se olvidar o nascimento da relação jurídica processual com o exercício do direito subjetivo da parte à jurisdição, através da dedução de uma pretensão para obter algum resultado não obtido pelo não-cumprimento espontâneo, a qual é veiculada através da ação processual, constitucionalmente prevista. Para tanto, há requisitos – como ensina Galeno de Lacerda,[17] ao criticar a aplicação da doutrina do direito concreto – que condicionam a legitimidade da relação processual ao exercício (princípio da demanda) do direito subjetivo. Jorge

---

[16] KUHN, João Lacê. O *Princípio do Contraditório no Processo de Execução*, 1998, p. 25.

[17] LACERDA, Galeno de. *Despacho Saneador*, 1985, p. 58. "Os conceitos de ação e processo, para essa doutrina, nascem heterogêneos; inconciliáveis se apresentam os respectivos pressupostos. Rejeitada a concepção do direito concreto e considerada a ação apenas como direito à sentença, desaparece a razão desse antagonismo. A relação processual nasce do exercício do direito subjetivo de ação de que titular é o autor. Os requisitos desse direito forçosamente condicionarão também a legitimidade daquela relação".

Luis Dall'Agnol leciona, afirmando serem os pressupostos processuais os elementos indispensáveis à existência e o desenvolvimento válido e regular do processo.[18]

Ovídio Baptista da Silva,[19] ao tratar sobre as condições da ação para a teoria eclética, refere-se aos pressupostos como sendo elementos indispensáveis à regularidade processual, examinados primeiramente pelo órgão julgador. Pontes de Miranda,[20] do alto de seu magistério, define os pressupostos processuais como elemento de ligação com a existência do próprio processo e afirma que, se desatendidos, processo não haverá, certamente, porque esse visa a uma alteração no estado de coisas, mormente, no de execução, que busca a satisfação do credor, com o ingresso do Estado no patrimônio do devedor, de lá retirando parcela para satisfazer o exeqüente. Deve, com efeito, este procedimento pautar-se dentro de bitolas rígidas, conclusivas para sua existência e desenvolvimento.

A doutrina alemã foi a pioneira na teorização dos pressupostos processuais. Oskar Bülow, [21] expoente representativo desta, foi quem efetivamente apresentou de forma científica e sistematizada as situações ocorridas no processo, muitas consideradas como exceções articuladas pelo réu na defesa, mas que deveriam ser encargo do juiz, em face do interesse de ordem pública, no sentido de dar validade e desenvolvimento ao processo. Na verdade, a criação da expressão – pressupostos processuais – deve-se a Bülow; foi ele quem a cunhou, em substituição à tradicionalmente conhecida na Alemanha como de *"exceções processuais impeditivas"*. Sua teoria exsurge em razão da concepção por ele visualizada da existência da relação jurídica processual coeva e independente da relação jurídica material. A visualização de uma ação no plano material e de outra no plano processual possibilitou a Bülow a esquematização dos pressupostos processuais, cuja aplicação foi seguida por quase todo o direito continental europeu.

Nessa dimensão, retira-se do pensamento de Bülow que a relação jurídica processual imaginada por ele é uma relação jurídica de Direito Público e que a este está afeto, impondo ônus ao próprio Poder Público. Em última análise, ao Judiciário é imperativo primar pelo efetivo

---

[18] DALL'AGNOL, Jorge Luis. *Pressupostos Processuais*, 1988, p. 22.

[19] SILVA, Ovídio Baptista da. *Curso de Processo Civil*, 1996, p. 84. "De modo que, ultrapassando o primeiro momento, aquele em que o juiz investiga a respeito da regularidade da relação processual, dando como existentes, ou como inexistentes, os denominados pressupostos processuais – necessários à regularidade formal da relação processual, tais como capacidade processual das partes e sua correta representação na causa".

[20] MIRANDA, Fernando Cavalcanti Pontes de. *Comentários ao Código de Processo Civil*, Tomo I, 1984, p. 45. "A lei processual estabelece pressupostos para que se possa estabelecer a relação jurídica processual e diz o que hão de fazer, em sucessão e coordenadamente, parte, juízes, serventuários e Ministério Público, com a finalidade de poder o Estado fazer, em forma de decisão, a prestação jurisdicional, que se deseja seja justa".

[21] BÜLOW, Oskar. *La Teoría de las Excepciones Procesales Y los Presupuestos Procesales*.

desiderato processual, saneando, filtrando situações inadequadas, para evitar fulminar o processo antes do provimento, independente de qual seja sua natureza. Essas questões serão tidas como *prejudiciais* e obstarão ao ato final do juiz.

Chiovenda[22] entende por pressupostos processuais as condições para a obtenção de um provimento, seja favorável ou não, e os divide em dois grandes ramos, um estudando a possibilidade da decisão quanto ao mérito e outro examinando as questões denominadas por ele de *a doutrina das relações processuais examinadas em si mesmo*, sem se preocupar com a decisão de fundo.

Ensina Vicenzo Spiezia,[23] em estudo voltado ao processo italiano, mas adequado às presentes considerações, que os pressupostos processuais são condições de existência e requisitos essenciais para o nascimento e constituição válida da relação jurídica processual, considerada por si só em suas várias fases. Afirma não haver controvérsias; cita Manzini, para reforçar sua conceituação, reportando-se à doutrina tedesca quando afirma não se colocarem, naquele país, os pressupostos como função de validade, mas como requisito de admissibilidade do processo.

Observação significativa é encontrada em Goldschmidt,[24] quando afirma que os pressupostos não fazem parte do processo em si, mas são apenas requisitos necessários à decisão de mérito resolvida no processo. O pensamento esboçado pelo autor alemão encerra a idéia de que tais elementos estão fora da relação jurídica processual, tal como concebida por Bülow; portanto, são antecedentes e prejudiciais àquela.

Mandrioli,[25] ao discorrer sobre o tema, informa que a noção de pressupostos processuais enfrenta uma verdadeira crise, pois, ao mes-

---

[22] CHIOVENDA, Giuseppe. *Instituições de Direito Processual Civil*, Tomo I, 1965, p. 67;70-1. "Por pressupostos processuais, como vemos, compreendem-se as condições para a obtenção de um pronunciamento qualquer, favorável ou desfavorável sobre a demanda (...) Bifurca-se esse sistema em duas grandes divisões: A primeira considera o processo em seu resultado favorável a uma das partes, e contém a doutrina da ação, e de suas condições, isto é, do direito da parte à atuação da lei em seu próprio favor. A segunda divisão compreende a doutrina das relações processuais, examinadas em si mesmas, sem considerar o fato de que seu resultado favorece a uma parte antes que a outra".

[23] SPIEZIA, Vicenzo. *Nuovo Digesto Italiano*, 1939, p. 345. "Sulla definizione dei presuposti processuali generali la massima parte degli scrittori è d'accordo. Presso di noi la definizione classica, sulla cui seia quasi tutti gli altri si muovono, è del Manzini: I presupposti processuali sono 'le condizioni di esistenza, i requisiti essenziali per la nascita e la valida constituzione del rapporto processuale, considerato in sè, e nelle sue varie fasi' In Germania, ove i presupposti processuali son posti in funzione non della validità, ma dela ammissibilità del processo nel suo insieme, son definiti 'sono quei presupposti che debbono esistere affinchè un processo raggiunga la sua meta, l'attuazione del diritto obiettivo, o, meglio, l'esame favorevole del Merito', o 'quelle circostanze che condizionano l'ammissibilità del processo'".

[24] GOLDSCHMIDT, James. *Derecho Procesal Civil*, 1936, p. 8. "Los presupuestos procesales no lo son, en realidad, del proceso; son, simplemente, presupuestos, requisitos previos de la sentencia de fondo, sobre los que se resuelve en el proceso".

[25] MANDRIOLI, Crisanto. Pressupposti Processuali. *Novissimo Digesto Italiano*, 1957, p. 785-6. "La realità è che la nozione dei pressupposti processuali sta attraversando una profonda crisi che

mo tempo em que busca fundamentos nos conceitos da ação e da ação processual, não estampa uma precisão terminológica, nem possui rigor conceitual. Apresenta conceitos vagos, pondo em dúvida sobre seu enquadramento, se na ação de direito material ou na relação jurídica de direito processual imperativa a dar efetividade àquela relação jurídica não concluída espontaneamente.

Divide o autor antes nomeado, para efeito de estudo, em dois planos: o da existência e o da validade. Afirma estarem, para alguns, os pressupostos a impedir a própria relação jurídica processual; nesse caso, seriam pressupostos de existência e seriam externos. Por outro lado, apresenta tese sobre autores que defendem estarem os pressupostos no patamar da validade, ou seja, no âmbito da admissibilidade, condicionando o desempenho do processo em atingir uma decisão mais ou menos qualificada; estariam assim no âmbito interno da *fatispecie* necessária ao processo.

Inclui também, em sua classificação, aqueles pressupostos denominados de ulteriores à procedibilidade da demanda, e os classifica como requisitos internos, o que, na verdade, se constitui nas condições da ação, entre nós amplamente conhecidas e divulgadas a partir de Liebman.

Tal digressão conceitual é interessante, por ora, para fixar a noção exata do significado dos pressupostos processuais para o processo, mais precisamente para o processo de execução. Com o intuito de delinear a área de abrangência, para efeitos didáticos, prefere-se o conceito de Dall'Agnol, nos seguintes termos: *"pressupostos processuais são aqueles elementos indispensáveis para a existência jurídica do processo e as condições necessárias para o seu desenvolvimento válido. Em síntese: são os requisitos necessários para a existência jurídica e o desenvolvimento válido do processo".*[26]

O conceito supra está sujeito a críticas, como se pode observar pelo exame dos diversos autores antes citados, tanto nacionais como estrangeiros, não sendo, pois, o tema pacífico. Destarte, desperta interesse pela sua utilidade no processo, seja ele de cognição, cautelar

---

trova il suo fondamento sia nell'evoluzione subìta della ciascuno dei due concetti (azione e rapporto giuridico processuale) che hanno determinato i, sorgere di quella nozione e la sua concreta utilizzazione; (...) Ocorre anzi precisare che le già rilevate divergenze di opinioni in tema di pressupposti processuali hanno riguardo proprio alla relazione che sussiste tra i pressupposti processuali ed il rapporto processuale: ed infatti, mentre, secondo alcuni, codesta relazione, che riguarderebbe la categoria giuridica dell'esistenza, considerebbe in ciò che i pressupposti processuali condizionano l'esistenza di tale rapporto giuridico processuale, secondo altri, codesta relazione, che riguarderebbe invece la categoria giuridica de la validitàd, o dell'ammissibilità, consisterebbe in ciò che i pressupposti processuali condizionerebbero l'attitudine del rapporto processuale a dar vita a un processo che conduca ad una pronuncia più o meno qualificata".

[26] DALL'AGNOL, Jorge Luis. *Op. cit.*, p. 22.

ou de execução. Como afirma Araken de Assis,[27] talvez não se tenha concebido um conceito satisfatório para o tema, todavia, para emprestar sentido à investigação – epistemologicamente ligada a meios de defesa no processo de execução e efetividade processual, tendente a alcançar o grau maior de justiça possível, dentro do sistema de direito – parece suficiente o entendimento supra sobre pressupostos.

Doravante, vai-se aprofundar a discussão verificando, não só quais são os pressupostos existentes no sistema legal e qual, efetivamente, é a finalidade de cada um, como também o manejo adequado dentro das premissas metodológicas traçadas. Não se pode descurar do objetivo central, relacionado com o processo de execução; entretanto, o processo de execução também está jungido à observância das regras do processo em geral, devendo ser observados também os pressupostos gerais.

Para efeito de estudo sistemático, a estruturação dos pressupostos depende de critérios; deve-se aderir a algum, ou alguns, sob pena de faltar cientificidade e sentido prático a tal estudo. Opta-se, por razões de abrangência, diante da maior divulgação doutrinária, pelo que divide os pressupostos, como ensina Galeno de Lacerda,[28] em subjetivos e objetivos.

Não se ignora, é verdade, a prodigalidade da doutrina brasileira em oferecer classificações ou sistematizações para a questão dos pressupostos, como diz Barbosa Moreira,[29] não se afigura fácil construir esquema rígido sob o ponto de vista lógico e de perfeita coerência, valendo tanto para a literatura jurídica brasileira como para a estrangeira, como demonstra Jorge Luis Dall'Agnol.[30]

Antes de aprofundar a análise da classificação de Galeno, deve-se, com o intuito de dar uma abordagem mais ampla possível, tratar da

---

[27] ASSIS, Araken de. *Manual do Processo de Execução*, 1997, p. 166. "Talvez não se tenha concebido, ainda, um conceito satisfatório de pressuposto processual. É possível, todavia, diferenciá-lo das condições da ação, extremá-lo do mérito e, sem anseio de torná-la inexpugnável às objeções oferecer conceituação próxima da ideal".

[28] LACERDA, Galeno de. *Op. cit.*, p. 60-1. "Sugerimos a ordem lógica, que é a do juízo de saneamento. Quais são os pressupostos processuais? Apresentam-se sob dois aspectos: 1°) como requisitos subjetivos – competência e insuspeição do juiz, e capacidade das partes; 2°) como requisitos objetivos – a) extrínsecos à relação processual: inexistência de fatos impeditivos; b) extrínsecos: subordinação do procedimento às normas legais";

[29] MOREIRA, José Carlos Barbosa. Sobre Pressupostos Processuais. *Revista Forense*, n. 288, p. 3. "A verdade é que não se afigura fácil construir, nesta matéria esquema, logicamente rígido, de perfeita coerência. No compreensível afã de 'salvar' atos processuais, para evitar, tanto quanto possível, o desperdício da atividade jurisdicional, atenua a lei a gravidade de sanções, recusando-se a extrair de teorias arquitetonicamente sedutoras corolários menos inconvenientes do ponto de vista prático".

[30] DALL'AGNOL, Jorge Luis. *Op. cit.*, p. 25. "Não existe unanimidade, tanto na literatura jurídica alienígena como na brasileira, a respeito de uma catalogação dos pressupostos processuais. No âmbito da doutrina processual pátria, para onde delimitamos tema em discurso, consulta a alguns autores permite confirmar a falta de uniformidade no relacionar os pressupostos processuais".

conceituação dos pressupostos de existência – identificados pela dou-trina como sendo o pedido, a jurisdição e as partes – e de validade. Barbosa Moreira[31] questiona – com magistral oportunidade – aspectos pertinentes à melhor classificação dos pressupostos, sem a preocupa-ção do enquadramento – existência ou validade – pois se no momento da verificação da subsunção do suporte fático, à norma (art. 267 I), já existe o processo, estéril à tentativa de separação entre existência e validade.

Assim sendo, por uma questão de lógica, para se extinguir alguma coisa, esta coisa deve ter existido – não seria diferente com o processo. A ausência desses (pressupostos) invalidam o processo, como então falar de pressupostos de existência? Relativo à validade, continua o mesmo autor, não é diferente. Para ser válido, o processo depende da ocorrência das condições previstas para tal, isto é, de ter existido. A dificuldade é como, teoricamente, defini-los.

Por tais razões, independentemente de todos os percalços, dificul-dades e indefinições tendentes a uma perfeita arquitetura temática sobre os pressupostos, repita-se, somente por razões epistemológicas, optamos em classificá-los em apenas objetivos e subjetivos, por enten-der-se que, em tal discurso, se enquadram de maneira mais adequada todos os requisitos necessários tanto para o desenvolvimento válido do processo quanto para a existência do mesmo.

2. Subjetivos

Neste seguimento, identifica-se uma subdivisão. A primeira, com relação ao juízo (órgão jurisdicional) da execução, e outra, às partes, ambas com grande influência nos resultados. Busca-se demonstrar que tanto uma como outra provocam a necessidade do exame por parte do juiz no exercício do controle do desenvolvimento válido do processo e eventualmente pelas partes, quando tal circunstância foge ao conheci-mento do julgador.

A distribuição oferecida possui dissensões doutrinárias, o que, entretanto, para efeito do estudo, não possui maior importância. O fato de elencar, junto com a competência, questões relativas à jurisdição, não diminui em nada a tentativa de uniformização de tais conceitos.

---

[31] MOREIRA, José Carlos Barbosa. *Op. cit.*, p. 2. "O esquema alvitrado suscita desde logo algumas indagações. Será exato, em primeiro lugar, que a existência do processo pressuponha a de ambas as partes? (...) Não se afigura mais preciso, por outro lado, em vez de aludir à 'jurisdição', em si, falar de um órgão investido dela? E dizer 'demanda', no lugar do pedido?".

Inicia-se pelos atinentes ao juízo. A execução deve ser proposta no juízo competente. Isto traz como um *prius* lógico a necessidade de existência de jurisdição. Por certo, há muito a discussão sobre a execução ser ou não jurisdicional ficou superada. Idéias como a de Celso Neves,[32] que afirma ser a execução apenas uma atividade jurissatisfativa, afastaram-se do cenário científico nacional. Destarte, a existência e a estruturação da jurisdição é condição básica para o exame da legitimidade do juiz da execução.

2.1. Jurisdição

A jurisdição, considerada una no Direito Brasileiro, está disciplinada na Constituição Federal, tanto nas garantias fundamentais, mormente no artigo 5º, LIII, como no artigo 92. Tal disciplinamento visa a organizá-la, em face da opção do Estado contemporâneo em tomar para si a administração da justiça, não permitindo a manifestação privada dessa, visando essencialmente à eliminação do conflito de interesses com a declaração de certeza, à aplicação do direito no processo de conhecimento e à realização do direito no processo executivo.[33]

A necessidade da existência da jurisdição parece condição de prosseguimento de nossas observações, uma vez que, se inexistente esta, da mesma forma o processo, com o sentido e alcance desejado, inexistirá.

Pelo fato da unicidade da jurisdição, diante da necessidade de administrar esta prestação jurisdicional, para se identificar com segurança a legitimidade do juízo a quem se deve endereçar a execução, imperiosa uma reflexão para exame das regras de competência estabelecidas nos artigos 88 e seguintes do CPC.

O Código divide a competência por matéria, em razão da multiplicidade das pretensões e da heterogeneidade das lides postas em juízo, o que conduz inexoravelmente a uma especialização, cuja observância pelo juízo da causa é condição de desenvolvimento válido do feito.

A primeira grande divisão, para efeitos científicos, que possui significado, é a realizada entre a jurisdição penal e a civil. O trabalho enfoca esta última, que, por sua vez, se divide em ordinária ou comum e nas especiais, em razão da diversidade dos conflitos de direito material, recomendando-se esta divisão para melhor atender à prestação estatal.

---

[32] NEVES, Celso. Atividade Processual, *Justitia*, ano XXXVII, n. 88, p. 40.

[33] CARNEIRO, Athos Gusmão. *Jurisdição e Competência*, 1983, p. 5.

Apenas para nomeá-las, a jurisdição especial se subdivide, conforme comando constitucional, em federal, trabalhista, eleitoral e militar, todas elas com atribuições específicas, tudo ancorado no regramento processual, levando-se em conta a espécie da pretensão (material).

Quanto ao território e às pessoas, deve haver exame criterioso para identificar com precisão qual será a justiça competente para apreciar o feito. Tais observações são importantes, não apenas para efeito de classificação dos pressupostos em debate, mas como imperativo de ordem pragmática. Para o prosseguimento eficaz da demanda, há necessidade de ser observadas as regras de competência próprias da jurisdição, sob pena de serem fulminadas, a qualquer tempo, de ofício ou a requerimento da parte, inclusive na execução, por falta de aptidão do órgão judiciário, o qual está encarregado de apreciá-la.

Relativo às pessoas,[34] a jurisdição é ampla e alberga todas existentes em nosso país. Também é única. A lição de Juan Monteiro Aroca[35] sugere ser impossível conceitualmente um Estado ter mais de uma jurisdição; o que ocorre são várias manifestações de um mesmo fenômeno. Deve-se, portanto, ter cuidado apenas com a verificação do perfeito enquadramento da jurisdição; se adequado, resta perquirir se o juiz está investido no poder próprio da função. Tal atributo diz respeito diretamente à figura do magistrado.

De outra banda, relativo ao agente do Estado (juiz), sabe-se, em razão do comando constitucional do artigo 93 da Carta de 1988, que o ingresso na magistratura de primeiro grau se dá por concurso público e por provas e títulos. Por outro lado, a investidura nos órgãos de instâncias superiores possui critérios variados, assim como também nas Justiças especializadas, tudo conforme normas insculpidas na Lei Maior.

Estes timbramentos são importantes na medida em que, constatada a inexistência ou irregularidade de investidura do magistrado, o processo poderá ser considerado inexistente. A inexistência de órgão investido na função, como alerta Barbosa Moreira,[36] *"não pode sequer*

---

[34] Exceção fica por conta das imunidades dos diplomatas, que não se submetem à jurisidição nacional. Estes possuem tratamento especial, ficando fora do alcance da lei brasileira, também na execução. Não são atingidos os agentes das missões diplomáticas, devidamente acreditados, assim como também os chefes de Estados estrangeiros, de acordo com os princípios de Direito Internacional. Essa regra comporta exceção, quando, pela renúncia do agente ou do Chefe de Estado, o próprio recorre à jurisdição brasileira, em face de ações reais sobre imóveis localizados no Brasil; quando a pretensão decorrer de compromissos assumidos em função de atividade alheia à sua função, ou quando ainda não estiver acreditado.

[35] AROCA, Juan Monteiro. *Introducción al Derecho Procesal*, 1976, p. 28. "La jurisdicción, como potestad dimanante de la soberanía del Estado, es necesariamente única; es imposible conceptualmente que un Estado tenga más de una jurisdicción (...) No existen, pues, varias jurisdicciones, sino varias 'manifestaciones de una única jurisdicción".

[36] MOREIRA, José Carlos Barbosa. Op. cit., p. 4. "Se não há órgão dotado de jurisdição, afigura-se claro que tampouco há processo, no sentido jurídico do termo (...) Mas o corolário é

proclamar sua própria carência de jurisdição", isto é, de nada serve e nenhuma eficácia produz com relação aos atos praticados. Efetivamente, este é o típico pressuposto de existência do processo; como se afirmou adrede, são raros os casos da espécie.

A jurisdição, como vista, é o poder abstrato atribuído ao conjunto de órgãos, é uma atividade estatal tendente a eliminar a lide ou realizar os direitos de todos os jurisdicionados. Por outro lado, a competência, como ensina Athos Gusmão Carneiro,[37] é a medida da jurisdição, isto é, a fixação legal da faixa de atuação de determinado juiz dentro dessa. Ou, como ensina Carnelutti,[38] a competência não é apenas um limite da jurisdição, mas o único limite existente, afirmado esse no princípio fundamental sobre o qual se esteia o estado de direito. A referida conceituação é criticada por Araken de Assis,[39] ao lecionar não ser pela medida o modo de identificar a competência, mas sim pela quantidade e pela qualidade das lides postas para apreciação, afigurando-se arrazoada a afirmação; mas, para efeitos epistemológicos, sem dúvida alguma, devem-se tomar as duas assertivas como componentes do conceito de competência; diante disso, se é verdade decorrer da qualidade e da quantidade da lide seu timbramento, estas servem para medir e bitolar a exata dimensão desta legitimidade, fixando os contornos adequadamente, com o escopo de emprestar eficácia ao processo.

2.2. Competência

Tendo como apoio Chiovenda,[40] para quem a competência é a parte da jurisdição que determinado órgão pode exercer, e com base nos conceitos supra, tem-se que todos os juízes devidamente investidos exercem jurisdição, mas, que de acordo com a organização judiciária,

---

sempre o mesmo: nada do que se faça, em semelhantes condições, existe juridicamente. O *órgão* não pode sequer proclamar sua própria carência de jurisdição: a proclamação seria tão inócua como qualquer outro ato que ele pratique".

[37] CARNEIRO, Athos Gusmão. *Op. cit.*, p. 45. "Todos os juizes exercem jurisdição, mas a exercem numa certa medida, dentro de certos limites. São, pois, 'competentes' somente para processar e julgar determinada causa. A competência, assim é 'a medida da jurisdição', ou, ainda, é a jurisdição na medida em que pode e deve ser exercida pelo juiz".

[38] CARNELUTTI, Francesco. *Derecho Procesal Civil Y Penal*, 1971, p. 100. "La competencia no solamente es un límite de la jurisdicción sino que es el único límite de la jusdicción. En otros términos, en tanto un juez puede estar privado de jurisdicción respecto de una litis en cuanto otro esta provisto de ella".

[39] ASSIS, Araken de. *Op. cit.*, p. 176. "A simpática e expressiva locução se ostenta algo imprópria, na realidade, pois o poder exercitado por cada órgão timbra pela mesma qualidade e quantidade, ou seja, não se distingue nas 'medidas', conquanto recai sobre as lides diferentes".

[40] CHIOVENDA, Giuseppe. *Princípio de Derecho Procesal Civil*, 1922, p. 621. "El poder jurisdiccional, en cada uno de los órganos investidos de él, se nos presenta limitado; estos limites constituyen su competencia. La competencia de un órgano es, por lo tanto, la parte de poder jurisdiccional que puede ejercitar".

tendo como raiz a multiplicidade de causas de direito material, esta jurisdição é limitada ou, em outras palavras, é destinada a atuar em apenas certas matérias ou determinados territórios, tudo conforme previsão da lei, a compor o cenário, com base em vários dados, tanto da causa como das partes, como ensina Athos Gusmão Carneiro.[41]

A base legislativa da fixação da competência encontra-se nas Constituições Federal e Estadual, no CPC, bem como nas leis federais não-codificadas, tais como a Loman, Códigos de Organização Judiciárias dos Estados e dos Tribunais Superiores. Dentro desta encerra de comandos, deve o intérprete buscar a solução para qualquer tipo de competência em matéria de processo civil, sem descuidar das regras internacionais que, eventualmente, é obrigado a aplicar por força de algum tratado.

Premissa básica, em se tratando de competência, é conceituar e definir aquilo que seja absoluta ou relativa, tendo em vista a conseqüência derivada desta identificação, podendo guiar de uma forma ou de outra a solução para o caso concreto.

A absoluta é aquela que, por prevalência do interesse público, não admite prorrogação ou disposição quanto à sua atuação. O juiz deve conhecê-la de ofício e não está sujeita à preclusão, podendo ser invocada a qualquer tempo ou grau, inquinando de nulos todos os atos decisórios praticados até ali. Normalmente decorre da matéria posta em causa ou da pessoa tida como sujeito ativo ou passivo da lide, ou ainda decorre do objeto – móveis ou imóveis – do valor e da localização destes.

Observa-se a competência relativa quando há prevalência do interesse particular, isto é, quando há disponibilidade sobre a escolha da jurisdição, não sendo possível, ao juiz da causa, manifestar-se de ofício, com a exceção do parágrafo único do art. 112 do CPC, introduzido pela Lei 11.280/06, que permite ao magistrado, nos casos de eleição de foro em contrato de adesão, pronunciar-se de ofício e declinar a competência.[42] As regras aplicáveis não cominam nulidades, podendo, por isso, ser aproveitados os atos praticados com a declinação do foro ou pela prorrogação da mesma. Permitem a eleição de foro, e somente o réu pode alegar a exceção sob pena de ser automaticamente prorrogada.

Com efeito, a distinção supra tem interesse acentuado, pois, sendo a execução proposta em foro incompetente, a irregularidade é gizada de absoluta, e seu fim será a extinção de ofício ou por argüição em simples petição no processo de execução, caso ainda não tenha sido abortada, possuindo tratamento diverso se a competência for relativa.

---

[41] CARNEIRO, Athos Gusmão. *Op. cit.*, p. 45. "A lei processual civil atribui competência aos juízes valendo-se de diferentes 'dados', relacionados principalmente com a própria lide ou com as pessoas dos litigantes".

[42] Art. 112, parágrafo único. "A nulidade da cláusula de eleição de foro, em contrato de adesão, pode ser declarada de ofício pelo juiz, que declinará de competência para o juízo de domicílio do réu".

Sob a ótica da execução, e em termos objetivos, a observação da jurisdição e da competência se reveste de grande utilidade nos termos do CPC; assim como ocorre no processo de conhecimento, a petição inicial será dirigida ao órgão competente. Tal operação, de cunho prático, será o vetor mestre para o desenvolvimento regular do processo de execução. Ao contrário, se houver irregularidade nessa órbita, e isso passar despercebido pelo juízo incompetente, restará a possibilidade da parte demandada manifestar a inconformidade através de simples petição nos autos. Não seria crível a lei reclamar, para tal mister, a penhora, para só em embargos discutir e concluir pelo óbvio.

O evento, na prática, equaciona-se com facilidade, sendo necessário identificar com segurança qual a justiça competente para apreciar as pretensões das partes litigantes, se a federal, trabalhista, comum, etc. Da mesma forma, é necessário enquadrar a postulação geograficamente, com o desiderato de determinar o foro competente para apreciar a causa. Por sua vez, a identificação da competência dentro do mesmo órgão, como originária ou não, no caso de varas especializadas, deve ser observada. Ainda, em se tratando de execução, a qualidade do título é importante, se é judicial ou extrajudicial; os critérios de competência podem alterar-se, inclusive no que diz respeito ao título executivo produzido em sede de tribunais superiores, também no STF, cuja competência executiva é discutível, pois que a Carta Constitucional não contemplou tal mister.

Tratando-se de título executivo judicial, a disciplina do artigo 475-P,[43] com redação dada pela Lei 11.232/2005, revogando tacitamente o artigo 575,[44] nos termos do art. 2°, § 1°, *in fine,* da LICC, soluciona o problema, reproduzindo com fidelidade todos os casos possíveis de cumprimento de sentenças; mesmo a condenatória, não mais sendo autônoma frente ao processo de conhecimento, possui uma conexão sucessiva para realização da função executiva e, como afirma Alcides de Mendonça Lima,[45] a competência do juiz é *connexitatis formalis causa.*

---

[43] Art. 475-P.O cumprimento da sentença efetuar-se-á perante:
I – os tribunais, nas causas de sua competência originária;
II – o juízo que processou a causa no primeiro grau de jurisdição;
III – o juízo cível competente, quando se tratar der sentença penal condenatória, de sentença arbitra ou de sentença estrangeira.

[44] Art. 575. A execução, fundada em título judicial, processar-se-á perante:
I – os tribunais superiores, nas causas de sua competência originária;
II – o juízo que decidiu a causa no primeiro grau de jurisdição;
III – (Inciso revogado pela Lei no. 10.358, de 27.12.2001).
IV – o juízo cível competente, quando o título executivo for sentença penal.
Condenatória ou sentença arbitral. (Redação dada pela Lei no. 10.358, de 27.12.2001)

[45] LIMA, Alcides de Mendonça. *Comentários ao CPC,* 1979, p. 234. "Realmente, embora a ação de execução seja autônoma quanto ao processo de conhecimento de onde promana a sentença exeqüenda, afirma-se que a competência do juiz é connexitatis formalis causa ou, de outro modo, por conexão sucessiva entre os dois processos".

A dicção legislativa do artigo sob enfoque esgota os casos de execução/cumprimento de sentença. Trata tanto daqueles a serem exigidos nos Tribunais em razão da competência funcional atribuída, como daqueles a serem executados pelos órgãos de primeiro grau quando lá forem proferidas as sentenças, sem esquecer daquelas proferidas pelos juízos arbitrais e penais, que, em face das peculiaridades, poderiam trazer algum desconforto no momento da escolha do juízo executivo.

Sem, evidentemente, pretensão de exaurir o tema, tem-se como propósito apenas alicerçar a construção dogmática, a fim de deitar as raízes da exceção de executividade em bases sólidas. Verificar o alcance do artigo 475-P, ex-575 do CPC, é necessário para, no final, ter certeza de que tipo de competência está tratando e, por conseqüência, quais os desdobramentos passíveis de ocorrer. Está-se diante de competência absoluta ou de relativa? Eis a questão. A tarefa não é simples, e a doutrina ainda não é pacífica quanto ao tema. Entretanto, não nos faz recuar na faina.

Conforme a conclusão, pode-se ter uma ou outra hipótese, dependendo do entendimento, com respeito à competência para a execução dos títulos judiciais. Louvam-se os sucessos históricos enfrentados por doutrinadores de alta credibilidade, o que garante tranqüilidade, para eventual eleição entre uma ou outra tese.

Alcides de Mendonça Lima[46] defende, em seus comentários ao artigo supra, ser a competência funcional e, destarte, absoluta. No mesmo diapasão, Araken de Assis[47] apresenta igual argumentação, o que é suficiente para formar convicção a respeito da qualidade da competência nas execuções de títulos judiciais.

Apenas para concluir a parte referente aos títulos judiciais, far-se-á uma breve ponderação a respeito do inciso III[48] (ex-IV) – o qual não pode ser enquadrado nas definições supra, nada obstante estar contemplado no artigo 475-P, como estava no 575, por estar fora do alcance da competência absoluta, uma vez que essa se dará no juízo cível competente. Com efeito, será dirigido pelas regras da competência relativa, não mais vinculada ao juízo prolator da sentença exeqüenda, porque

---

[46] LIMA, Alcides de Mendonça. *Op. cit.*, p. 241. "Filiamo-nos, assim, à corrente que sustenta ser absoluta a competência do juízo da causa para execução de sentença que haja proferido, por ser funcional".

[47] ASSIS, Araken de. *Op. cit.*, p. 179. "Em primeiro lugar, convém observar que o artigo 575 arrola apenas em parte as classes de títulos judiciais arrolados no artigo 585; ademais, introduz elo funcional entre o juiz da condenação e o juiz da execução. Esta última particularidade, que determina a competência absoluta se projeta nas modificações da competência no âmbito da exceção de incompetência".

[48] Art. 575. *A execução, fundada em título judicial, processar-se-á perante; IV- o juízo cível competente, quando o título executivo for sentença penal condenatória.*

esse é incompetente para a execução, passando, destarte, para a regra geral a seguir examinada.

Não haverá dificuldade ao enfrentar questões de competência, quando for execução por título extrajudicial, cuja disciplina encontra-se fixada pelo artigo 576 do CPC. O comando é simples e remete imperativamente ao disposto no Livro I, título IV, capítulo II, seções II e III, as mesmas regras aplicáveis ao procedimento ordinário.

Quando se exercita uma execução extrajudicial, está-se diante de tutela de interesses particulares, sendo então aplicáveis as regras de competência relativa, inclusive quanto aos mecanismos de controle a serem manejados pelas partes, ficando vedado ao juiz pronunciamento de ofício sobre a matéria.

Não pode passar despercebida a disciplina legal empregada pela Lei 6.830/80, que rege as execuções fiscais. Equiparam-se aos títulos extrajudiciais na sua produção, nada obstante possuírem uma grande dose de interesse público na sua dinamicidade, sem, contudo, cravejar de absoluta sua competência, mas também sem deixar de conter mecanismos facilitadores para o fisco na perseguição de seu desidera-to, tais como o deslocamento da competência quando o executado muda de endereço no curso do feito e outras facilidades tendentes a proteger o Estado no seu mister.

Finalmente, cabe esclarecer a não-preocupação com as execuções coletivas, ficando à margem de nossas investigações tais espécies de meios coercitivos utilizados para o cumprimento de obrigações não realizadas espontaneamente.

O mecanismo de controle da competência depende de sua classificação. Se for absoluta, e na hipótese do parágrafo único do artigo 112 do CPC, caberá ao juízo de ofício abortar a execução; se, entretanto, passar despercebido ao condutor do feito, caberá à parte denunciar tal fato, por simples petição nos autos da execução, isto é, através do fenômeno da exceção de executividade aplicada nesse caso, com fulcro no artigo 598, combinado com o 300, II, ambos do CPC.

Por outro lado, para a competência relativa também se encontra no CPC orientação suficiente para informar o procedimento a ser adotado. Nos artigos 304 a 310, há indicação sobre o modo de a parte proceder. Forma-se incidente, no qual decidirá o magistrado sobre o alegado, designando o juízo competente ou ratificando a sua.

2.3. Suspeição

O incidente de suspeição tanto pode ocorrer em razão do impedi-mento do juiz para atuar na causa *in executivis* como por sua manifesta parcialidade. Ambos são fenômenos distintos e possuem tipificação própria. No magistério de Araken de Assis,[49] são diversos os efeitos destas classes de impedimento, mas ambos acarretam uma verdadeira presunção absoluta de parcialidade. Celso Agrícola Barbi,[50] em página magistral sobre o tema, tem o mesmo entendimento.

2.3.1. Impedimento

Pela ordem do Código, esse é o primeiro dos elementos capazes de sugerir a suspeição por parcialidade. Constitui comando tendente à vedação, dirigido ao juiz, de funcionar na causa. O elenco constante no artigo 135 do CPC, para o legislador, é considerado tão importante que, se não respeitado pelo magistrado, poderá provocar sindicabilidade através de ação rescisória, conforme preceitua o artigo 485, II. *Mutatis mutandis*, transferida tal disciplina para o feito executivo, sem dúvida, será causa de nulidade dos atos praticados em tal circunstância.

Os critérios constantes na verba legislativa são objetivos e casuísticos; dessarte, de lhana inteligência e observação.

Importante frisar se tratar de forma diferente de suspeição aquela verificada quanto à competência, esta ligada à pessoa do juiz e aquela, ao juízo; sendo, obviamente, o magistrado envolvido no conflito do impedimento, a incidência da norma processual flecha diretamente sua pessoa, individualmente compreendida, sendo de fácil solução através das regras da organização judiciária.

A observação desse critério diz respeito diretamente à necessidade de a parte sentir-se segura com relação à pessoa, representante do Estado, incumbida de apreciar sua causa ou realizar seu direito. A seriedade, a correção e, principalmente, a transparência da Justiça e de seus órgãos, são fatores determinantes para a aceitação (consentimento) desta pelos seus destinatários, visando a atingir a pacificação social, seu fim maior.

2.3.2. Imparcialidade

Parece óbvio, ensina Marcelo Abelha Rodrigues,[51] que, se o Estado tem o dever de solucionar os conflitos, em face do monopólio da

---

[49] ASSIS, Araken de. *Op. cit.*, p. 192. "Frisante é a diferença, quanto aos efeitos das duas classes de causa de frustração da imparcialidade".

[50] BARBI, Agrícola. *Comentários ao CPC*, 1977, p. 559. "Nota-se, ainda, que a ocorrência dos casos em que se configura o impedimento acarreta verdadeira presunção absoluta de parcialidade e torna rescindível a sentença proferida pelo juiz que, a despeito da vedação, julgou a ação. Na suspeição, há também presunção absoluta de parcialidade, porque o juiz se estiver em qualquer das situações previstas no artigo 135 deverá se abster de funcionar no processo".

[51] RODRIGUES, Marcelo Abelha. *Elementos de Direito Processual Civil*, 1998, p. 111. "Parece-nos até óbvio que, se o Estado é que deve pacificar as lides, exercendo a função jurisdicional, então aquelas pessoas e órgãos que devam exercer esta importante função, não podem ser parciais, ou seja, devem estar eqüidistantes das partes, sob pena de comprometer a própria existência de um Estado de Direito".

jurisdição, as pessoas encarregadas dessa obrigação não poderão ser parciais.

A disciplina de tal matéria encontra-se capitulada no artigo 135, aplicada subsidiariamente à execução, por força do 598, ambos do CPC, e, em cinco itens, especifica os casos em que ocorre tal fenômeno. Difere do impedimento, como ensina Celso Agrícola Barbi,[52] pelas características de um e de outro. Essa ocorrência chancela a possibilidade de o réu argüir a suspeição de parcialidade, no próprio processo de execução, manejando a exceção de executividade, em face de uma evidente questão lógica, não podendo prosseguir validamente processo contaminado por tal vício.

Essa é a disciplina legal; a presunção de parcialidade deve ser declarada pelo próprio julgador, de ofício, mas, se não o fizer, cabe à parte, provando a existência de uma das prescrições constantes do artigo 135 do CPC, requerer o afastamento do magistrado da execução, a qualquer tempo, quando constatada a parcialidade e, por via de conseqüência, em qualquer grau de jurisdição.

2.4. Capacidade

No exórdio da investigação, tangente a fixar a capacidade como pressuposto processual da execução, impõe-se observar que não se trata da legitimação, a ser estudada como condição da ação no tempo hábil, por imperiosidade do tema. Há, por ora, o foco na personalidade, na capacidade processual e na capacidade postulatória, habitantes do território dos pressupostos, e não das condições da ação, como, *prima facie*, poderia ser entendido, todos elementos privativos das partes. Conforme ensina Araken de Assis,[53] enumeram-se as pessoas com poder de ser partes, sem perquirir se são legítimas ou não. Tal indagação refoge à nossa faixa de pesquisa, neste momento.

A segunda colocação, ainda a título de prolegômenos, é a da dificuldade encontrada pela doutrina em atribuir sentido e conceito exato para definição de parte, ou seja, em fixar contornos exatos e bitolar seu conceito em processo civil. Ovídio B. da Silva[54] comunga

---

[52] BARBI, Celso Agrícola. *Op. cit.*, p. 559.

[53] ASSIS, Araken de. *Op. cit.*, p. 196. "Em outras palavras, o que, entre nós, se designa de legitimidade, e é classificado como condição da ação, supõe a emanação de um juízo de correspondência entre a parte apurada no processo, e os verdadeiros figurantes da relação jurídica substancial. Diversamente, a capacidade de conduzir o processo se contenta em enumerar qual pessoa pode ser parte verdadeira, abstendo-se de perquirir se é a parte legítima".

[54] SILVA, Ovídio Baptista da. *Op. cit.*, p. 195-7. "O que, todavia, deve ser logo estabelecido, quando se busca determinar o conceito de parte, é que se está a tratar de um conceito eminentemente processual. É um conceito técnico empregado pela ciência do processo para definir um fenômeno processual. Disso resulta ser impróprio tratarem-se questões de direito material empregando-se, inadequadamente, o conceito de parte. Partindo da premissa de que o

dessas dificuldades, alertando ser um conceito unicamente técnico, visando a definir uma situação processual. Ao cabo de seus estudos, formula convicção, com arrimo nos ensinamentos de Chiovenda, de que parte é aquele que pede e aquele contra quem se pede um bem da vida.

A aplicação do conceito retroassinalado proporciona a compreensão de não se tratar de legitimidade subjetiva, eis que, para tal encarte, é suficiente a posição processual, eventualmente correspondendo ao verdadeiro titular do direito substancial, porventura existente e posto em causa, por parte não-qualificada para sua obtenção.

2.4.1. Capacidade Processual

Diversa é a capacidade de poder estar em juízo. Significa algo além de ser parte, passando pela capacidade relativa e outras extraordinárias, para chegar até a total, conforme se pode verificar pela aplicação das normas processuais dos artigos 7º ao 13º do CPC. Está-se falando da *legitimatio ad processum*. A capacidade de ser parte é mais ampla do que a prevista no direito comum, como ensina Ovídio Baptista da Silva.[55] Há, sem sombra de dúvida, um alargamento, por vezes, ou uma redução, em outros casos, daquela capacidade, não se mantendo a congruência definitiva.

Ditas gradações, ou seja, tipos de capacidade, tal como previsto no comando legislativo do artigo 7º do CPC, denominam-se plenas e devem ser entendidas nos exatos termos do artigo 5º do CCB, restringe-se apenas a capacidade civil exigida pela Lei. Dificuldades quanto às pessoas físicas não são relevantes. Salvo as situações extraordinárias, basta o implemento da idade. Relativo às pessoas jurídicas, deve-se buscar socorro, mais uma vez no Código Civil brasileiro, especialmente no contido no artigo 47.[56]

Outra preocupação, ínsita ao processualista no exame das questões intimamente ligadas ao processo, diz respeito às capacidades absoluta e relativa, pois dependem de um exame mais profundo, e nem sempre a simples verificação de idade cronológica resolve. Mais uma vez, vai-se deitar raízes no Código Civil, precisamente nos artigos 3º e 4º. A incidência de tais dispositivos decorre do artigo 8º do CPC, e

conceito de parte refere-se sempre, a uma situação processual, Chiovenda o define assim: 'Parte é aquele que demanda em seu próprio nome (ou em cujo nome é demandada) a atuação duma vontade da lei, e aquela em face de quem essa atuação é demandada'. Parte, portanto, segundo esse conceito, será aquele que pede (autor) para si alguma providência judicial, capaz de corresponder ao que CHIOVENDA denomina de 'bem da vida'; e aquele contra quem se pede esta providência (réu)".

[55] SILVA, Ovídio B. da. *Op. cit.*, p. 200. "Todavia, a capacidade processual de ser parte é mais ampla do que a capacidade jurídica de direito civil".

[56] Art. 47. Obrigam a pessoa jurídica a atos dos administradores, exercidos nos limites de seus poderes definidos no ato constitutivo.

aquelas pessoas, para estarem em juízo, terão que, obrigatoriamente, ser representadas. Não é suficiente possuírem direitos subjetivos próprios para discuti-los em juízo, pois a lei impede que o façam pessoalmente.

Não se pode concluir, sem atenção à lição de Araken de Assis,[57] para o fenômeno da integração da capacidade processual, especialmente na questão relativa à necessidade da nomeação do curador especial ao executado revel.

Finalmente, giza-se a legitimação do Ministério Público, especialmente nas ações coletivas ou nos casos de se configurarem as hipóteses do artigo 82 do CPC, reafirmando o contido no artigo 81. Tal situação, com efeito, opera no campo dos pressupostos, isto é, em momento prévio, na sala de espera da legitimidade à pretensão de direito material, já referida como condição da ação, prevista no artigo 566, II,[58] do CPC.

Eventuais irregularidades neste prisma, sem dúvida alguma, devem fazer parte do *officium iudicis* e apuradas pelo exame da inicial, abrindo-se, então, a faculdade prevista no artigo 616 do CPC, suspendendo-se o processo para a regularização e, somente se não atendidas, poderá o juízo extinguir o feito, com arrimo no artigo 13, I, do Código de Processo, por falta de pressuposto processual. Esta é a regra. Haverá, todavia, casos em que a capacidade processual estará encoberta, impossibilitando ao juiz da causa, no exercício de seu ofício, verificar a irregularidade, sendo necessária a intervenção, em contraditório, para denunciar a falha. Neste caso, cabe ao magistrado tomar a mesma atitude como se tivesse ele próprio constatado o fato, aplicando o mesmo procedimento antes citado.

2.4.2. Capacidade Postulatória

Ultrapassada a capacidade *ad processum,* o manejo da ação adequada reclama a participação de intermediário, nos termos da lei, artigos 36 e seguintes do CPC, aqui aplicados por força do art. 598 do mesmo Código, combinados com o previsto na Lei 8.906, de 04.07.1994, especialmente no artigo 1º, cujo conteúdo determina caber privativamente ao advogado postular a qualquer órgão judiciário. Assim sendo, o termo *privativo,* constante na Lei, significa não ser permitida, dentro do sistema legal, a provocação do Judiciário, sem a participação do

---

[57] ASSIS, Araken de. *Op. cit.*, p. 201. "O artigo 9º, I e II, do CPC contempla outros 3 casos de integração de curador especial: a) a inexistência de representante legal de incapaz; b) no conflito de interesse entre o representante legal e o incapaz; c) ao réu preso ou citado por edital ou hora certa".

[58] Art. 566. Podem promover a execução forçada:
I – o credor a quem a lei confere título executivo;
II – o Ministério Público, nos casos prescritos em lei.

advogado, ressalvadas, é claro, como exemplo, as exceções previstas para os juizados especiais, com arrimo na Lei 9.099/95.

O exercício da atividade de advocacia é pressuposto constitucional insculpido no artigo 133 da Carta Constitucional de 1988, com a seguinte redação: *"O advogado é indispensável à administração da justiça, sendo inviolável por seus atos e manifestações no exercício da profissão, nos limites da lei"*. Ora, esse comando maior, combinado com o previsto na lei processual, não permite o menor questionamento quanto à exigência da necessidade da regular representação em juízo, mormente no executivo. A parte individualmente não está dotada do chamado *ius postulandi*, significando ser necessária a representação por profissional habilitado, no pleno gozo de suas prerrogativas constitucionais, a quem a parte confie um mandato.

A profissional habilitado, com efetivas condições técnicas, deve a parte outorgar mandato para o exercício de seu direito postulatório em juízo. Esses requisitos são fundamentais para o desenvolvimento regular e válido do processo. A habilitação junto à Ordem dos Advogados do Brasil é indispensável, inclusive com um regular processo de seleção dos bacharéis, através dos chamados Exames de Ordem. A qualificação técnica, ainda que de difícil apuração objetiva, deve ser perseguida; sendo o processo civil ramo da ciência do Direito, deve ser manejado por quem detenha conhecimentos suficientes sobre essa ciência, que, como tal, deve ser vista, sob pena de a parte ver esboroar seu direito considerado *certo e líquido* até ser controvertido em juízo por profissional de poucas luzes.

A verificação da capacidade postulatória cabe ao juiz, no desempenho de sua função judicante, mas também, se não for observada, deve a parte adversa manifestar-se, se lhe aprouver. Ocorre quando a falta de capacidade postulatória for superveniente, no caso de morte ou cassação da licença para o exercício da profissão, fatores que impedem o prosseguimento regular do processo e escapam à vigilância do juízo.

De outra banda, sendo um vício sanável, deve o juiz suspender o feito pelo decêndio previsto no artigo 616[59] do CPC, para a correção. Somente após, se não corrigida a irregularidade, produzirá decisão de extinção do processo. Desdobramento extremamente prejudicial ao postulante pode ocorrer quando da interposição de agravo em algum incidente *in executivis*, se definitivamente inexistir o mandato conferido ao profissional; por ser peça obrigatória e pressuposto de admissibilidade (525, I, do CPC), uma vez não atendido, fulminará a pretensão recursal.

---

[59] Art. 616. Verificando o juiz que a petição inicial está incompleta, ou não se acha acompanhada dos documentos indispensáveis à propositura da execução, determinará que o credor a corrija, no prazo 10 (dez) dias, sob pena de ser indeferida.

3. Objetivos

Como se frisou alhures, tal classificação, antes de ter a pretensão de ser definitiva, tem como escopo emprestar uma sistematização para efeitos de estudo. Jorge Luis Dall'Agnol[60] afirma ser inexitosa qualquer tentativa de enumerar casuisticamente os pressupostos processuais objetivos. Todavia, deve-se, no mínimo, apresentar uma enumeração, não com intuito de ser a única ou a definitiva, mas que seja representativa em razão da maior incidência no processo e, mormente, no de execução. Com esse escopo, sindicam-se, na doutrina consagrada, os requisitos mais comuns, para compor esse elenco, pois, se desatendidos, fulminarão o feito executivo, não requerendo segurança do juízo para tal.

Na perseguição científica procurada, um outro desdobramento emergiu do estudo: é o relativo aos pressupostos objetivos internos e externos, que devem ser caracterizados.

Como extrínsecas, compreendem-se aquelas situações ocorridas fora do processo de execução propriamente dito, causando óbice ao prosseguimento válido, tais como litispendência e coisa julgada, dentre outras. Ocorrem fora da relação processual *in executivis*, mas seus efeitos são experimentados por essa, fulminando-a, por inexistir razão para seu prosseguimento.

No outro vértice, os intrínsecos, verificados internamente ao processo executivo, tais como as invalidades em geral, como se terá a oportunidade de examinar adiante, iniciando-se pelos externos.

3.1. Extrínsecos

3.1.1. Litispendência

Na linguagem do Código (art. 301), ocorre litispendência quando houver duplicidade de demanda; respeita-se a *tria eadem*, ou seja, a identidade de partes, pedidos e causa de pedir. Sua aplicação no processo de execução tem sido questionada pela doutrina, tendo em vista a escassez de oportunidades para ocorrerem, em face da necessidade na execução da apresentação do título, limitando substancialmente a possibilidade de ocorrência do fenômeno.

A apresentação do título nem sempre é possível no original; existirão casos em que tal procedimento é dispensado, sendo, mesmo assim, válido e eficaz o processo executivo. Exemplos são trazidos pela doutrina. Araken de Assis[61] cita demanda executiva proposta por

---

[60] DALL'AGNOL, Jorge Luis. *Op. cit.*, p. 35.

[61] ASSIS, Araken de. *Op. cit.*, p. 237.

A Coisa Julgada na Exceção de Executividade

alguém falecido no curso do processo, e renovada pelo espólio, à luz do duplicado do título. Outros existem, como aqueles títulos não passíveis de circulação (especialmente contratos), não raro admitidos em cópias reprográficas. Nas situações de não-apresentação, quando justificável, por causa de um justo impedimento, tal como quando a cártula estiver presa em outro processo (sustação, falência, revisional etc.), pode o exeqüente, através de prova do fato, propor a demanda executiva.

Para efeito de caracterização de litispendência, é necessária a citação válida, como ensina Calmon de Passos.[62] Por conseqüência, o processo no qual ocorre a primeira citação válida deve prevalecer, desconsiderando-se as demais. A importância deferida à citação justifica-se diante dos comandos dos artigos 617 e 219, do CPC, cuja combinação demonstra, com singeleza, ser efetivamente essa que induz à litispendência, como consta no texto legal.

A caracterização deste fenômeno tem como medida a repetição de ações, isto é, necessita ter as mesmas partes, o mesmo pedido e a mesma causa de pedir. Por tal razão, explica-se a não-incidência de litispendência entre uma ação de cognição visando a um provimento judicial de acertamento e à execução mirando a satisfação do credor. Nesse sentido, manifestou-se o STJ, através do RESP 35.533.[63] Da mesma forma, quando envolve o mesmo título, mas se altera a causa de pedir ou até mesmo as partes, tem a Corte Superior se manifestado de acordo com os cânones da lei processual, como se verifica na ementa proferida no RESP 11.887.[64]

Na verdade, a legislação vigente não tolera o exercício de demandas em duplicado. Tal prática, por injusta, é odiosa e repugnante, não podendo ser diferente na execução. Esse procedimento é equiparado ao dolo processual e pode ser punido seu autor, pela inobservância das regras processuais em vigor.

---

[62] PASSOS, Joaquim José Calmon de. *Comentários ao CPC*, 1979, p. 356 "A lide considera-se pendente, no direito brasileiro, quando ocorre a citação válida (art. 219). Por conseguinte, o processo em que se deu a primeira citação válida é o que prevalece, considerando-se o outro duplicação proibida, devendo o juiz determinar seu arquivamento mesmo de ofício".

[63] "RECURSO ESPECIAL Nº 35.533 – SP, Relator Sr. Ministro Ari Pargendler. Execução fiscal. Ação ordinária de anulação de crédito tributário. Ação ordinária sem depósito. A ação ordinária de anulação de crédito tributário, desacompanhada de depósito, não impede a propositura da execução fiscal; a litispendência, todavia, se caracteriza quando a ordem cronológica das ações é inversa, porque a tutela proporcionada pela execução fiscal, aí considerados os incidentes embargos do devedor, abrange aquela visada pela ação ordinária de anulação do crédito tributário. Recurso especial conhecido e provido".

[64] "RECURSO ESPECIAL Nº 11.887 – SP, Relator: Sr. Ministro Bueno de Souza. "Processual civil. Litispendência. Concomitante, aforamento de ação de busca e apreensão e ação executiva. Litispendência não configurada, uma vez que a ação de busca e apreensão (que se converteu em ação de depósito) foi proposta contra o devedor principal, enquanto que a de execução foi intentada tão-somente contra os avalistas de nota promissória".

3.1.2. Coisa Julgada

Novamente, deve-se questionar se tal instituto existe no âmbito da execução – se é tolerável, ou até mesmo sindicável. Para tanto, imperioso dividir sua provável incidência em dois grandes momentos. O primeiro deles, relativo ao tema central do presente, é verificado internamente na execução. O segundo deles é observado com relação ao título instrutor da execução que, se sofrer a incidência da coisa julgada a prejudicar-lhe a eficácia, é fenômeno externo à execução.

No primeiro momento, por se tratar efetivamente de pressupostos, questiona-se as conseqüências da coisa julgada na execução, passíveis de atingir o título ou o direito nele estampado. Esta é a grande questão, pois de resto, como entende a melhor doutrina, proíbe-se apenas o *ne bis in idem*,[65] e no caso de reproposta a execução, *exceto quando a coisa julgada decorrer de exame em exceção de executividade*, não se vislumbra a incidência do instituto.

Não parece a visualização da coisa julgada, sob este ângulo, um pressuposto processual capaz de reduzir a demanda executória à extinção. Afigura-se mais eficaz o estudo, visando a denunciar a coisa julgada externamente ao processo executivo, em razão desta ocorrência, prejudicando o desenvolvimento válido e regular da demanda executiva.

Imaginem-se as diversas possibilidades de defesa do executado externa ao processo executivo, tais como os embargos e as ações anulatórias autônomas. Estas últimas sequer dependem da existência da execução. Ambas são produtoras de coisa julgada negativa à execução, se procedentes através da sentença trânsita em julgado.

Os embargos, quando procedentes, fazem emanar um provimento declaratório seguido de outro, nos quais prepondera a eficácia constitutiva negativa, tornando imutável a decisão em razão da coisa julgada. Também a anulatória, quando procedente, tem a capacidade de marcar o título com o condão da ineficácia executiva, ou seja, o torna imprestável para aparelhar a execução. Tanto num caso como noutro, não se poderá propor execução eficaz, em face dos efeitos do provimento incidente sobre o título.

Nos termos do artigo 301 e seus parágrafos do CPC, tem razão a doutrina, quando afirma não se verificar coisa julgada entre a execução e os embargos. Ainda que as mesmas partes, o pedido e a causa de pedir são diversos numa e noutra ação, pois, na de cognição (embargos

---

[65] ASSIS, Araken de. *Op. cit.*, p. 242. "No tocante à dupla execução provocada pelo credor aventureiro, inócua a alegação de eficácia de coisa julgada proveniente do processo já extinto. Rejeitar-se-á a tentativa exorbitante com fundamento do princípio *ne bis in idem*, pois o sistema processual é infenso a reiteração inútil e abusiva do que se consumou satisfatoriamente. Este obstáculo não se funda na coisa julgada, de resto instituto inaplicável à demanda executória".

ou anulatória), tem-se uma pretensão incerta, buscando-se a certeza, com base em causa de pedir tanto próxima quanto remota, diversa do pedido e satisfação exigida na execução. Portanto, sem haver uma alteração do título executivo, não se poderá propor demanda executória. Está o direito material estampado no título encoberto pela coisa julgada; havendo denúncia de tal fato, deve ser apreciado pelo juízo da execução peremptoriamente, não sendo outro o resultado, senão a extinção do feito executivo por inexistência de título, requisito básico e fundamental do processo de execução.

Para o momento, bastam tais acenos: pretende-se, efetivamente, apenas demonstrar que a coisa julgada é que blinda a decisão de expungir a característica executiva do título, impedindo o prosseguimento do processo, constituindo-se, assim, num pressuposto processual invencível, não restando outra sorte, senão a extinção da execução.

3.1.3. Perempção

Singular situação apresenta-se na perempção, que se divide em duas hipóteses legisladas, sendo uma delas causada pela desídia direta da parte, ao deixar de tomar providências que lhe competiam, e a outra, quando o autor der causa por três vezes à extinção do processo, por força do artigo 268, parágrafo único, do CPC, ambas provocando o impedimento da propositura de nova demanda.

É necessário salientar que, segundo o mesmo dispositivo processual, a perempção não afeta a direito material posto em causa, diferindo da decadência por tal motivo. A penalidade é processual, apenas no sentido de não permitir às partes utilizarem-se, indiscriminadamente e sem seriedade, da movimentação dos órgãos judiciários para atender a diletantismo, sem objetivos claros e determinação efetiva.

No ensinamento de Pontes de Miranda,[66] a pretensão fica intacta, apenas desmunida de ação, conforme explica a parte final do parágrafo único do art. 268 do CPC; mantém o direito material, apenas, sem poder ser exigido. A perempção atinge os atos processuais, pois a sanção é apenas de ordem instrumental, uma vez que retira da parte unicamente a ação processual.

Esses regramentos encontram-se previstos nos artigos 267, III, e no 301, IV, cujo conteúdo liga-se diretamente ao art. 268, já citado, todos do CPC; aplicam-se também às execuções, inexoravelmente, por força do artigo 598, constante no livro II.

---

[66] MIRANDA, Fernando Cavalcanti Pontes de. *Op. cit.*, *tomo III*, p. 447. "O direito subjetivo do autor fica de pé, só desmunido da agressividade da 'ação'; de modo que continua a pretensão, portanto a exigibilidade sem ação processual, porém com exceção de direito material".

Na prática, tal constatação é diminuta; entretanto, a possibilidade existe. Não é crível que o autor de uma execução a abandone por mais de trinta dias, ou que, por procedimento relapso, provoque a extinção por três vezes da execução e, mesmo assim, ainda requeira uma quarta distribuição para ver satisfeito o crédito.

Há, ainda, um outro tipo de perempção, noticiado por Araken de Assis,[67] baseada na tradição romana, que é a de tornar caduco o processo após certo tempo. Tal situação não encontra arrimo na legislação processual vigente, sendo válido o registro apenas pelo interesse histórico do tema.

3.1.4. Conciliação, compromisso, caução e depósito prévio

Os pressupostos extrínsecos ou – como os chama Schoncke –[68] impedimentos processuais, não se ligam diretamente ou não se vinculam expressamente com o direito posto em causa, apenas provocam o trancamento do feito, em razão da falta de uma providência necessária para poderem desenvolver-se satisfatoriamente. Pelo juiz da causa deverão ser determinadas às partes providências para o saneamento, as quais, se não atendidas, acarretarão a extinção do processo. Por tal circunstância, como se pode averiguar, a constatação depende fundamentalmente da manifestação do demandado; a ocorrência escapa, no mais das vezes, à percepção do magistrado, diferenciando-se dos pressupostos propriamente ditos, cujo saneamento cabe ao juiz, por dever de ofício.

Outra diferença patenteada entre os pressupostos e os impedimentos é denunciada por José Frederico Marques,[69] quando afirma serem os primeiros positivos, e os segundos, negativos, ou seja, só é admissível a demanda, se não existirem impedimentos. Por outro lado, somente quando existirem os pressupostos (positivamente) torna-se possível a prestação jurisdicional.

---

[67] ASSIS, Araken de. *Op. cit.*, p. 243. "Três modalidades de extinção do processo flutuam na longa história da perempção: a primeira, e original, prevista no direito romano, torna caduco o processo depois de certo prazo; a segunda, quando se patenteia a inércia de as partes praticarem atos de impulso no processo; e finalmente, a terceira delas, própria das tradições nacionais, ocorre quando o autor tiver dado causa à extinção do processo por três vezes sem apreciação do mérito".

[68] SCHONCKE, Adolfo. *Derecho Procesal Civil,* 1950, p. 161. "Por el contrario solamente son de tomar en cuenta si se invocan por el demandado los siguientes, llamados impedimentos procesales: la existencia de compromiso, la falta de reembolso de las costas procesales de un posible procedimiento anterior, y la falta de prestación de caución para las costas procesales".

[69] MARQUES, José Frederico. *Manual de Direito Processual Civil,* vol. III, 1980, p. 133. "Os impedimentos processuais, por um lado, distinguem-se dos pressupostos processuais, porque estes são positivos e aqueles negativos. A não existência de impedimentos faz admissível a tutela jurisdicional, enquanto que é a existência dos pressupostos que torna possível a entrega da prestação jurisdicional. Por outro lado, os pressupostos concernentes ao litígio (ausência de coisa julgada, litispendência ou perempção) tem, excepcionalmente, caráter negativo".

4. Regularidades formais

Com a visão das dificuldades antes apontadas, quanto à quase impossibilidade de uma numeração taxativa, Galeno de Lacerda[70] prefere dizer que, como pressuposto objetivo, deve também se enquadrar a ausência de vícios e nulidades de qualquer natureza, subordinadas à lei, e, se tal não ocorrer, estará a faltar pressuposto para o desenvolvimento válido do processo.

Mesmo assim, sendo a redução supra apenas suficiente para uma visão perfunctória do problema, um pequeno alargamento se faz interessante a fim de demonstrar situações importantes para a vida do processo de execução, compreendido como conjunto dinâmico de realização de atos encadeados, com o intuito de realizar o direito do exeqüente.

O estudo dos planos do direito processual civil requer uma parada obrigatória. Assim como estabelecido pela melhor doutrina civilista, os contornos processuais também se enquadram na classificação tripartite dos planos da existência, validade e eficácia, mas com desdobramentos distintos. A visita impõe-se, tendo em vista a utilização usual em processo dos vocábulos antes mencionados como sendo sinônimos; como, porém, se infere da obra de Ricardo Perlingiero da Silva,[71] não há identidade, pois são três fases distintas por onde passam os fatos jurídicos, cada qual com suas próprias implicações.

A doutrina, e isso interessa sobremaneira para a sindicabilidade dos pressupostos processuais, criou um excurso teórico para ser observado relativamente às invalidades processuais. São algumas regras, visando a orientar o intérprete em questão tão tormentosa. Esse esquema dogmático é apresentado pelo mesmo autor antes mencionado, de uma forma mais ou menos incisiva, como previsto no CPC.

Para o manejo, em processo das invalidades, o intérprete deve-se pautar pelos princípios: a1) do prejuízo, – só haverá nulidade quando da violação da norma decorrer prejuízo concreto. Deriva do Direito Francês, e no CPC está insculpido no artigo 249, § 1º; a2) da convalidação – ocorre sempre que houver concordância da parte interessada ou eventualmente prejudicada de forma expressa ou tácita com o ato inquinado, previsto no artigo 245 do CPC; a3) da proteção – necessita,

---

[70] LACERDA, Galeno de. *Op. cit.*, p. 68-9. "Afirmamos no início do capítulo que os pressupostos processuais constituem requisitos, não de existência, mas de legitimidade do processo. Em conseqüência, classificamos também entre pressupostos objetivos, desta vez internos, a subordinação do procedimento às normas legais. Essa subordinação se traduz na ausência de nulidade e vícios em geral dos atos processuais, em seu aspecto objetivo".

[71] SILVA, Ricardo Perlingiero Mendes da. *Teoria da Inexistência no Direito Processual Civil*, 1998, p. 27. "É comum a utilização dos vocábulos inexistência, invalidade e ineficácia como se fossem sinônimos. Na verdade, nada tem de parecido, sendo, pois três fases pelas quais passam os fatos jurídicos".

para a nulidade ser declarada, ter sido praticada pelo órgão judicante ou pela parte contrária; visa a caracterizar a boa-fé e a lealdade processual; a4) da conservação – por este princípio procura-se aproveitar, da melhor maneira possível, os atos defeituosos, conforme preceitua o artigo 250 do CPC; a5) da causalidade – decorre do anterior, segundo o qual os atos posteriores a um ato viciado se tornam contaminados também, em face de não serem independentes, mas desencadeados logicamente, conforme preceitua o artigo 248 do CPC; a6) da finalidade – por este o processo é simples instrumental para a realização do direito material, devendo relevar a nulidade quando esta, mesmo existente, atingir ao fim proposto, conforme preceituam os artigos 154 e 245, ambos do CPC; a7) princípios norteadores de todo o processo civil, como o da instrumentalidade, o qual, de uma maneira ou de outra, já se acha contido nos anteriores, assim como o da economia processual, que deve ser perseguido, quando estiver evidente que sua aplicação não ferirá nenhum dos outros princípios axiologicamente superiores para o processo.

O citado contorno teórico serve de base para o estudioso do Direito – e mormente do processo – para inferir com segurança onde vai trilhar e qual o seu comportamento na caminhada. Por outro lado, a classificação em planos informa, como diz Araken de Assis,[72] que os inválidos se distinguem dos inexistentes, pois estes não são aptos a produzir efeitos, e os anteriores produzem, podendo ser anulados. Assim como os inexistentes declaram-se, os inválidos desconstituemse. Tal critério, de extrema utilidade, gize-se, observa o fenômeno através do ângulo das eficácias do provimento judicial incidente.

Na verdade, cada um deles, no processo, deve ter um tratamento próprio. Tem razão Jorge P. Camusso,[73] quando afirma se tratar de ferramentas diferentes; a nulidade tem como objetivo a invalidade do ato processual restrito ao campo jurídico, é terminologia jurídica, e inexistência denuncia a própria existência, no plano ontológico relacionado aos fatos, podendo estar fora do mundo jurídico, não se relacionando com esse diretamente.

Observação necessária é da separação conceitual entre as nulidades e as irregularidades, sendo estas sanáveis e, por conseqüência, incapazes de fulminar o prosseguimento do processo executivo. Está-

---

[72] ASSIS, Araken de. *Op. cit.*, p. 246. "Da categoria dos atos inválidos se distingue o ato inexistente, porque aqueles, embora viciados ou deficientes, existem e produzem efeitos, enquanto este não gera efeitos. O ato deficiente se desconstitui e o ato inexistente se declara como tal".

[73] CAMUSSO, Jorge P. *Nulidades Procesales*, 1993, p. 201. "Fallo que con meridiana claridad distingue la diferencia entre la nulidad y la inexistencia, dejando la sensación que se tratan de herramientas diferentes, pues en tanto que la nulidad mira a la invalidez del acto, la inexistencia pone en juego la existencia jurídica del acto cuestionado".

A Coisa Julgada na Exceção de Executividade

se, nesse ponto, diante dos vícios não-essenciais e, portanto, passíveis de serem corrigidos, visando a assegurar o aproveitamento do maior número de atos possíveis, balizados, por óbvio, pelo princípio do prejuízo.

Nessa ordem de idéias, deve-se, como retro se procedeu, diferenciar a invalidade da ilicitude. No magistério de Roque Komatsu,[74] encontra-se a diferença. Como afirma o autor, a invalidade só se aplica aos atos aos quais a lei prevê qualidades de atribuir efeitos específicos, e ilicitude é conceito referente a atos que o direito tenta evitar. Com efeito, a nulidade constitui uma espécie de invalidade, quando para o desiderato deve ser considerado, tendo em vista as regras do processo executivo não tolerarem nenhum tipo de nulidade.

Nossa lei processual oferece vários dispositivos que cominam de nulidade determinados atos, tais como os previstos no artigo 113 e seus parágrafos, quando trata de competência, assim também no artigo 84, ao se reportar à necessidade de intervenção do MP, caso aplicável também às execuções. Especificamente para a execução, tal fenômeno se materializa na verba legislativa do artigo 618 do CPC, ao atestar ser nula a execução, quando ocorrer uma das três hipóteses previstas nos incisos I, II, e III.[75]

Qualquer tipo de nulidade pode ser argüido no âmbito da execução, a qualquer momento, não carecendo de embargos e, por conseqüência, nem de penhora para ser deduzida sua oposição. É afeta ao *officium iudicis,* estando a decisão a cargo do próprio juiz, mas, se olvidada, deve a parte prejudicada ingressar no feito, requerendo a apreciação do ocorrido, na primeira oportunidade que tem para falar no processo, sob pena de preclusão, exceto nos casos de nulidade absoluta, não atingida pelo dito óbice processual.

Nesta ordem de idéias, apenas mais uma constatação, diretamente ligada às questões dos vícios essenciais acarretadores não de uma invalidade, como se viu antes, mas de uma nulidade que, quando de ordem pública, é classificada de absoluta. Restam, para enquadrar dentro do arquétipo tratado, apenas as nulidades essenciais ao atingir as partes privadamente. A grande diferença entre uma e outra reside em que a primeira não preclui, no seu período de existência, não produz efeitos, operando a retroação *ex tunc,* quando da decretação de

---

[74] KOMATSU, Roque. *Da Invalidade no Processo Civil,* 1991, p. 178-9. "Efetivamente, a validade é um conceito que só se aplica aos atos que a lei prevê para o efeito de lhes atribuir efeitos favoráveis, que traduzem um conceito de utilidade social e cooperação entre os homens. Por outro lado, a ilicitude é conceito que se refere aos atos humanos, cuja prática o Direito pretende evitar (...)".

[75] Art. 618. É nula a execução:
I – se o título executivo não for líquido, certo e exigível (art. 586);
II – se o devedor não for regularmente citado;
III – se instaurada antes de se verificar a condição ou de ocorrido o termo, nos casos do art. 572.

nulidade, e pode ser alegada por qualquer um. Diferente é a situação das invalidades passíveis de serem convalidadas, pois produzem efeitos enquanto não desconstituídas, e somente podem ser alegadas por quem tem legitimidade para tanto, ou seja, por quem experimentou o prejuízo.

A classificação carneluttiana adotada por Galeno[76] possui como fundo a aplicação da norma, num primeiro momento, deixando para o segundo o mecanismo da sanção a operar a partir da norma violada ou não observada. Afirma Antônio Janyr Dall'Agnol Júnior[77] que, quando se está frente à aplicação de uma norma cogente, tem-se a nulidade absoluta, pois ela produz vício insanável, ao contrário da norma não-cogente que produz vício sanável, como observado retro.

Quanto ao momento de controle de tais atos, da mesma forma como na classificação, há dois momentos distintos. O primeiro deles diz respeito às nulidades insanáveis, ou aos vícios absolutos, podendo os mesmos ser decretados de ofício e a qualquer tempo. Os demais, sanáveis, devem ser requeridos pela parte prejudicada, com base no artigo 254, do CPC. Singularidade verifica-se nos primeiros, pois, se não declarados de ofício, pode a parte, na primeira oportunidade de falar nos autos, requerer-lhes a nulidade. A simples petição ao juízo da execução é suficiente para provocar a apreciação do vício alegado.

4.1. Intrínsecos

Como se advertiu, para efeitos científicos e didáticos, não há como se furtar de examinar, ancorados na classificação de Galeno, os requisitos intrínsecos, reclamados por qualquer tipo de procedimento, aqui incluído também o executivo. Dentre eles, destacam-se a petição inicial, a citação e a adequação, ficando mais evidente *in executivis* do que em qualquer outro procedimento previsto no CPC.

4.1.1. Petição Inicial

A presente exigência está intimamente ligada ao princípio da demanda, prevista no CPC (art. 2º), inserta no processo de cognição, mas aplicável ao executivo, como se fosse uma parte geral. O contido no artigo 282, combinado com o artigo 614 do mesmo diploma, toma corpo e se insufla de significado nos feitos executivos.

---

[76] LACERDA, Galeno. Despacho Saneador. 2ª ed., Porto Alegre: Sergio Antonio Fabris Editor, 1985.

[77] DALL'AGNOL JR, Antônio Janyr. *Invalidades Processuais*, 1989, p. 53-4. "Destarte, há nulidade, em princípio, quando infringida uma norma cogente; de anulabilidade há de se cuidar apenas na hipótese de incidência de norma dispositiva. Os vícios passíveis de se 'constituírem' em nulidade absoluta, são por definição, insanáveis".

Definitivamente, com relação ao processo de execução, tais premissas são ainda mais relevantes, tendo em vista a atividade jurisdicional desenvolvida pelo magistrado nesse tipo de feito, não destinado a encontrar regras para o caso concreto, mas para satisfazer a pretensão insatisfeita, já coberta de certeza. É a realização prática buscada pelo credor insatisfeito através do mecanismo de substituição do Poder-Estado-Juiz. A execução realiza-se no interesse do credor (612 do CPC); tal regra é única para o processo de execução e, dessarte, deve ser observada pelos condutores do processo.

É consabido que tal norte deriva do racionalismo kantiano, experimentado no período pós-medievo, consolidado com a Revolução Francesa, quando se experimentou o ápice do individualismo, inexoravelmente norteador da ciência do Direito, especialmente a processual, em todo o mundo moderno. Nossa legislação instrumental adota o princípio dispositivo, orientador para o desenvolvimento do processo, como previsto no artigo 2º do CPC. Vozes levantam-se contra este ideologismo processual, como a de Araken de Assis,[78] afirmando que as alterações do substrato social do conjunto da sociedade não permitem aos juízes permanecerem em estado passivo. Entretanto, com o conjunto normativo, mormente o processual existente, muito difícil se torna uma alteração substancial de comportamento.

Inquestionavelmente, inicia-se o processo executivo pela petição inicial. Não estabelece regra geral o livro II do CPC, apenas indica, nos artigos 614 e 615, as exigências específicas e pertinentes à execução. Assim, iniludível a aplicação dos dispositivos gerais da inicial, previstos para o processo de conhecimento, insculpidos no título VIII, Capítulo I, Seções, I e II do Código de Processo.

Este regramento deve ser observado, como pressuposto básico intrínseco, para o desenvolvimento regular do feito executivo. A não-observância de qualquer desses predicados leva o juiz a aplicar o comando posto no artigo 616 do Código, determinando um prazo de 10 dias para o autor emendar a inicial, sob pena de indeferimento. São requisitos formais ancorados nos princípios processuais da demanda e dispositivo, antes mencionados.

O postulado pelo autor em sua inicial ditará o ritmo do desenvolvimento do processo executivo, culminando na execução propriamente dita e, ao final, com a satisfação do crédito inadimplido. Equívocos na peça processual exordial podem não só acarretar a extinção do feito

---

[78] ASSIS, Araken de. *Op. cit.*, p. 256. "Tal esquema reflete o individualismo do século passado e não mais se coaduna com a realidade social, econômica e política dos tempos modernos. Embora se mantenha a regra da iniciativa dos particulares, da abertura ao desenvolvimento da relação, não se olvidou a significação social do processo, impondo a lei, significativo aumento dos poderes do juiz, renovados em áreas tão diversas quanto a proposição dos meios de provas e a igualdade material dos litigantes".

como também a ineficácia, caso não seja decretado extinto por irregularidade apresentada.

O conjunto de normas a ser observado é significativo. Devem, a princípio, ser atendidos os comandos legislativos pelo juiz. Entretanto, se a esse passar despercebido, pode a parte contrária, no caso o executado, manifestar-se, inclusive em incidente de exceção de executividade, independente de penhora, por se estar diante de requisitos de ordem pública, questionáveis a qualquer tempo.

A provocação da jurisdição, via inicial, é o exercício pelo exeqüente do seu direito público subjetivo de ação. Para tanto, deve esta estar regularmente instruída, nos exatos ditames da verba legislativa. Calmon de Passos,[79] ao comentar o tema, referindo-se ao processo de conhecimento, é verdade, afirma ser a inicial um "projeto de sentença"; no caso da execução, como já se afirmou antes, não é projeto de sentença, mas um projeto para a satisfação do autor, por não se buscar acertamento, mas sim pretensão insatisfeita.

Está-se aqui intimamente ligado com o direito de ação, em razão de a relação processual só ser formada se o particular agir através do processo para poder exigir do Estado a prestação jurisdicional correspondente, como ensina Ovídio Baptista Silva.[80] Ou, como Humberto Theodoro Júnior,[81] não existe execução *ex officio* (exceto na justiça laboral). Esta, com base na parte final do artigo 580 do CPC, deve ser proposta pelo autor, nos termos previstos pela lei regulamentadora do processo executivo, combinado com a parte referente ao processo de cognição a ser aplicado suplementarmente.

4.1.2. Citação

Nos moldes da Lei processual vigente, a citação é exigida como condição interna do processo de execução, tanto para seu desenvolvimento válido como para sua existência. A angularização da relação

---

[79] PASSOS, José Joaquim Calmon de. *Op. cit.*, p. 213. "Já se disse, com propriedade, que a inicial é um projeto da sentença que o autor pretende do juiz. Deve ela, conseqüentemente, ter coerência lógica e a correção jurídica que se impõe para a decisão acertada do conflito de interesses trazido a juízo pelo autor".

[80] SILVA, Ovídio Baptista da. *Execução em 'Face do Executado'*, O processo de Execução, Estudos em Homenagem a Alcides Mendonça Lima, 1995, p. 292. "Quer dizer, esta nova categoria científica, que tanto empolgava os juristas da época, somente poderia formar-se e desenvolver-se utilmente se o particular que pretendesse obter a tutela estatal, através do processo, agisse (exercesse atividade, praticasse uma ação), exigindo a correspondente proteção judicial e, desta forma, obrigando o Estado prestar-lhe jurisdição".

[81] THEODORO JÚNIOR, Humberto. *Processo de Execução*, 1977, p. 195. "Não há execução *ex officio* no processo civil, de maneira que, seja provisória, seja definitiva, a execução forçada dependerá sempre de provocação do credor através da petição inicial, que há de observar os requisitos normais das postulações inaugurais de qualquer processo, sendo obrigatoriamente instruída com o título executivo".

processual se oferece quando da citação. Na verdade, não há relação processual nos termos previstos por Bülow,[82] sem haver a citação.[83]

Isto é válido para o processo de execução, pois, como se afirmou largamente até o presente momento, o Código, quando trata de execução, determina aplicação subsidiária das disposições do processo de conhecimento – artigo 598 do CPC. Assim, requerem as normas do livro II, para todos os tipos de execução obrigacional.[84]

É inconteste, para validade e desenvolvimento eficaz, que o ato angularizador da relação jurídica processual é o da citação. Sem esse, não há processo como mecanismo de prestação jurisdicional. Existindo a intenção de exigir alguma obrigação de alguém – não satisfeita espontaneamente, é necessário informar o destinatário dessa ação, através da citação.

Em síntese, a citação é disposição consagrada no processo civil coevo. Não haverá execução sem a citação válida, feita nos termos e com a observância do artigo 221, ou intimado nos termos do art. 475-J, § 1º, respeitada a restrição imposta pelo artigo 222, letra *d*, todos do mesmo diploma.

4.1.3. Adequação

Está-se diante de pressuposto sindicável internamente ao processo de execução, em face do regramento existente, para os diversos tipos de execução previstos. O procedimento deve ser adequado, vinculando-se ao direito subjetivo posto em causa. Qualquer equívoco quanto à adequação desse procedimento é causa de indeferimento da inicial, salvo se puder, pelas suas peculiaridades, ser convertido, adaptado ou aproveitado parcialmente, com as eventuais emendas requeridas, em atenção ao princípio do prejuízo.

A forma processual deve ser adequada ao pedido pleiteado. Há um disciplinamento para cada tipo de obrigação e para cada tipo de título, tendo em vista que cada um requer um pedido especial. A adequação teleológica do pedido às diversas funções jurisdicionais é

---

[82] BÜLOW, Oskar. *La Teoría de las Excepciones Procesales Y los Presupuestos Procesales*, 1964, p. 1 "El proceso como una relación jurídica entre el tribunal y las partes".

[83] O CPC, em seu artigo 214, determina: "Para a validade do processo, é indispensável a CITAÇÃO inicial do réu". grifo nosso.

[84] No caso de execução para entrega de coisa certa, tem-se o comando no artigo 621 do CPC. "O devedor de obrigação de entrega de coisa certa, constante de título executivo, será CITADO para dentro de 10 dias, (...)". Quando se tratar de obrigação de fazer, a mesma exigência constata-se pelos termos do artigo 632 do CPC. "Quando o objeto da Execução for obrigação de fazer, o devedor será CITADO para satisfazê-la (...)". Ocorre também quando se estudou a execução por quantia certa, como se depreende dos termos do artigo 652 do mesmo código. "O Devedor será CITADO, para no prazo (...)". A inobservância desses comandos vicia todos os demais atos do processo, inclusive cominando nulidade, como a estabelecida no artigo 618. "É nula a execução. II – Se o devedor não for regularmente CITADO". grifo nosso.

princípio consagrado no Direito Brasileiro, também chamado de princípio da adaptação, como ensina Carlos Alberto Alvaro de Oliveira,[85] buscando a emprestar sempre maior efetividade ao direito processual na sua tarefa de realizar o direito material.

A legislação brasileira consagra o princípio sob exame no artigo 295, V, do CPC, que prevê o indeferimento da petição inicial quando o tipo de procedimento escolhido pelo autor não se amoldar à natureza da causa ou ao valor da ação. Exceção fica por conta da parte final do inciso V, apenas nos casos de poder haver a adaptação ao procedimento adequado.

Da mesma forma, a jurisprudência chancela a aplicação do princípio da adequação também na execução, em função da escolha do procedimento executivo. O antigo Tribunal de Alçada do Rio Grande do Sul decidiu pela inépcia da inicial quando faltar tal requisito, ao apreciar a Apelação Cível 187.052.840.[86]

A 3ª Câmara Cível do mesmo Tribunal, na apelação cível 187.068.432, de 27.04.88, atesta pela necessidade expressa do credor pela definição clara do tipo de prestação jurisdicional.[87]

É inequívoca a moldura processual, exigindo adequação do processo, a fim de emprestar a possibilidade de maior efetividade a este, e, mormente, ao executivo, em razão das peculiaridades e do caráter especial, sempre tendente a realizações práticas a fim de satisfazer o credor. Ou, como afirma José Roberto dos Santos Bedaque,[88] a proposi-

---

[85] OLIVEIRA, Carlos Alberto de. *Do Formalismo no Processo Civil*, 1997 p. 116-9. "Vigora no particular o princípio fundamental da adequação, também chamado de adaptabilidade. O principal sustentáculo dessa idéia encontra-se, sem dúvida, na necessidade de se emprestar a maior efetividade possível ao direito processual no desempenho de sua tarefa básica de realização do direito material. Há mesmo que veja o princípio da adequação como princípio unitário e básico, a justificar uma autonomia científica de uma teoria geral do processo em geral, abrangendo não só o processo jurisdicional como também o processo administrativo e o legislativo. Feição relevante adquire ainda a adequação teleológica, a interferir tanto na adaptação do procedimento às diversas funções da jurisdição quanto nos ritos interno a cada processo. Aliás, a existência de regras especiais para determinados procedimentos, em função da relação jurídica substancial submetida à apreciação do órgão jurisdicional, revela exatamente a adequação do processo ao direito material".

[86] "Sentença Penal condenatória. Execução – Petição inicial Inepta – Execução de sentença criminal no juízo cível. Inépcia da inicial. É inepta a inicial que dificulta a defesa do réu, ao postular forma processual inadequada para o pedido". (AC 187.052.840, 1988).

[87] "Inépcia da Inicial. Execução de obrigação de fazer, escriturar imóvel dentro de determinado prazo e depois de implementada uma condição, assumida em juízo através de transação homologada. Procedimento regulado pelos artigos 632 a 641 do CPC, em que, face a eventual insatisfação da obrigação no prazo fixado, abrem-se alternativas de haver perdas e danos ou sentença substitutiva da declaração de vontade. Necessidade de opção expressa do credor, para definição da natureza da prestação jurisdicional e para uma defesa objetiva e útil dos executados. Dupla oportunidade de emenda desaproveitada. Extinção do processo por inépcia. Sentença confirmada".

[88] BEDAQUE, José Roberto dos Santos. *Direito e Processo, Influência do Direito Material sobre o Processo*, 1995, p. 87. "Um dos requisitos necessários ao nascimento de uma relação processual válida seria a demanda regularmente formulada, ou seja, um pedido de tutela a uma situação substancial, dirigido ao órgão jurisdicional".

tura adequada da demanda processual, fundada em uma situação substancial, é requisito necessário ao nascimento de uma relação processual.

O requisito da adequação significa dizer que o Estado condiciona a apreciação da ação proposta à exata correlação entre o provimento requerido e a situação real pleiteada pelo demandante *in executivis*. Tal adequação se verificará pelo exame do título (requisito específico), não necessariamente no sentido utilizado pela doutrina (título executivo), mas com o sentido *lato* como causa representadora do interesse de agir. Pode ser o título executivo, uma sentença penal condenatória, uma condenatória cível, um contrato particular, uma certidão da dívida ativa, enfim, todo aquele documento capaz de aparelhar uma execução, conforme exigido na lei processual.

Apenas para demonstrar a fertilidade de tais questões, traz-se à colação lição de Cândido Dinamarco[89] sobre o assunto da adequação, em face de o eminente processualista paulista enquadrar a adequação do procedimento como condição da ação no item do interesse de agir. Para nós, todavia, é facilmente encartado nos pressupostos gerais do processo. Tais classificações, evidentemente, são apenas para fins de estudo, não sendo na prática causadoras de resultados diversos, paradoxais ou mesmo indesejados. O resultado é um só, tanto como pressuposto ou como condição da ação. O incontestável é que a adequação não se liga ao mérito, mas aos procedimentos e, portanto, busca-se com o seu manejo o saneamento do processo, a fim de emprestar maior efetividade e justiça, cumprindo seu desiderato maior, o de pacificar. Sendo assim, a discussão de enquadramento em um ou outro, nesse momento, mostra-se estéril e desprovida de proveito prático para o tema proposto.

---

[89] DINAMARCO, Cândido. Condições da Ação na Execução Forçada, *Ajuris*, p. 58. "O requisito da adequação significa que o Estado condiciona ainda o exercício da atividade jurisdicional, em cada caso, à concreta correlação entre o provimento desejado, pelo procedimento proposto, e a situação desfavorável lamentada pelo demandante".

III – Condições da Ação

1. Enquadramento

Cabe, ao abrir o presente tópico, advertir que o tema aqui tratado não é pacífico quanto à sua existência ontológica como categoria autônoma, nem quanto à sua aplicação no processo de execução.

A primeira constatação feita é a forma pela qual o Código vigente apropriou as condições da ação, nos termos do artigo 267, VI.[90] Adiante, o artigo 301, X,[91] reforça a ideologia doutrinária. Pela simples leitura dos dispositivos em apreço constata-se, com meridiana clareza, que a linguagem do Código é no sentido de que as condições da ação não fazem parte do mérito, fiel à teoria de Liebman,[92] ficando estas em exame posterior aos pressupostos e anterior à apreciação daquele.

A dicção legislativa fez muitos processualistas ilustres se renderem à linguagem do Código e professarem que definitivamente as condições não integram o mérito nem fazem parte deste, como é o caso de Pedro Barbosa Ribeiro,[93] Luiz Rodrigues Wambier,[94] Botelho de Mesquita,[95] Cândido Dinamarco,[96] Walter Nunes da Silva Júnior,[97] ou,

---

[90] "Extingue-se o processo, sem julgamento do mérito: VI- quando não concorrer qualquer das condições da ação, como a possibilidade jurídica, a legitimidade das partes e o interesse processual".

[91] "Compete-lhe, porém, antes de discutir o mérito, alegar: X- Carência de Ação".

[92] LIEBMAN, Enrico Tullio. *Op. cit.*, p. 153-4. "As Condições da ação, há pouco mencionadas, são o interesse de agir e a legitimação. Como ficou dito, elas são os requisitos de existência da ação, devendo por isso ser objeto de investigação no processo, preliminarmente ao exame de mérito".

[93] RIBEIRO, Pedro Barbosa; FERREIRA, Paula M. C. Ribeiro. *Curso de Direito Processual Civil*, Vol. I, tomo II, 1996, p. 40. "O próprio Código de Processo Civil, no artigo 267, VI, autoriza o Estado Juiz a extinguir o processo, sem julgamento do mérito (...)".

[94] WAMBIER, Luiz Rodrigues. *Curso Avançado de Processo Civil*, 1999, p. 130 "Ausente qualquer delas, fica como que bloqueado o caminho para a efetiva prestação de tutela, pois o juiz deve decretar a carência da ação e extinguir o processo sem o julgamento de mérito".

[95] MESQUITA, Botelho. *Da Ação Civil*, 1974, p. 97 "No caso de o processo admitir decisões preliminares, o julgamento sobre a existência das condições de admissibilidade da ação não tolherá ao demandante a possibilidade de ingressar novamente em juízo, deduzindo o mesmo direito de ação e pretendendo exercer novamente o direito à administração da justiça (...)".

[96] DINAMARCO, Cândido. *Op. cit.*, p. 372. "Tal é a tendência moderna, seja na Europa continental ou em nosso próprio Código de Processo Civil, que condiciona a ação, como poder de exigir a sentença de mérito, às três clássicas condições, extinguindo-se o processo de conhecimento sem o mérito julgado quando uma delas faltar".

[97] SILVA JÚNIOR, Walter Nunes da. *Condições da Ação e Pressupostos Processuais*, 1991, p. 76 "A fim de verificar a adequação à pretensão de direito material, o juiz não precisa adentrar na análise do mérito, tão-somente, analisar se a pretensão é possível de ser atendida".

como ensina Arruda Alvim,[98] as condições da ação são intrinsecamente instrumentais; são requisitos, meios destinados à verificação prodrômica da relação processual. Assim como estes, inúmeros outros doutrinadores alegam invariavelmente serem as condições passíveis de exame preliminar, antes do julgamento do mérito, a fim de verificar se a prestação jurisdicional poderá ou não ser concedida, não fazendo coisa julgada material.

O problema não é tão simples; deve-se preliminarmente investigar as causas de tal dicotomia doutrinária.

As condições da ação estão intimamente ligadas com o estudo científico da ação, desenvolvido no início deste século, a partir do mestre Chiovenda,[99] e seguido por inúmeros discípulos, a culminar por Liebman,[100] que se dedicou a estudá-las, em termos diversos dos pressupostos processuais, estabelecidos por Bülow.[101] O estudo da ação, em termos científicos, possibilitou aos pesquisadores, em geral, a identificação de uma nova classificação dos elementos localizados em fase intermediária entre o direito unicamente processual e o direito material.

No campo do direito processual, por ocupar posição central do processo, o conceito de ação é dominante e ao mesmo tempo intrigante aos estudiosos. Ação é, para o processo, como diz Guilherme Estelita,[102] *sua alma*. Assim se justifica, dentro de um estudo voltado para evento excepcional da execução como formador de coisa julgada, uma parada quase obrigatória para o exame mais detalhado das chamadas condições a partir do conhecimento da própria ação.

Há divergências doutrinárias quanto à natureza do direito de ação. Entre nós há seguidores de diversas vertentes, ou seja, há adeptos da teoria concreta, da teoria abstrata e, também, com menor incidência, é verdade, da teoria eclética, que provoca evidentemente um aprofundamento no estudo das condições da ação, pois o enquadramento destas no seio da relação processual ou na relação de direito material angustia os doutrinadores até hoje. A aplicação das condições da ação para identificar o início da fase jurisdicional foi por demais discutida, tendo Botelho de Mesquita e Osvaldo Afonso Borges[103] proposto,

---

[98] ALVIM, Arruda. *Tratado de Direito Processual Civil*, vol I, 1990, p. 384. "O que é necessário ter presente, todavia, é que as condições são requisitos de ordem processual, intrinsecamente instrumentais e existem, em último análise, para se verificar se ação deverá ser admitida ou não. Não encerram, em si, fim 'definitivo' algum; são requisitos-meio, para, admitida a ação vir a poder ser julgado o mérito".

[99] CHIOVENDA, Giuseppe. *L'azione nel Sistema del Diritti*, 1903, p. 76.

[100] LIEBMAN, Enrico Tullio. *Manual De Direito Processual Civil*, 1994.

[101] BÜLOW, Oskar. *La Teoría de las Excepciones Procesales y los Presupuestos Procesales*, 1964.

[102] ESTELITA, Guilherme. Direito de Ação, Direito de Demandar, 1942, p. 3.

[103] GOMES, Fábio Luiz. *Da ação*, in *Teoria Geral do Processo Civil*, 1997, p. 124. "Além de Botelho de Mesquita, pela mesma solução optou Osvaldo Afonso Borges,dentre outros, propugnando

inclusive, uma quarta atividade estatal para enquadrar convenientemente o que ocorre no processo até a apreciação das condições da ação pelo juiz.

Tal concepção jurídica tem uma relação inequívoca com a teoria abstrata da ação, como se verifica no ensinamento de Cintra, Grinover e Dinamarco.[104] Mesmo sendo o direito de ação abstrato, sugere-se sua submissão às condições da ação, como forma de condicioná-lo. Com a verificação destas, podem legitimamente as partes exigir, eficazmente, a prestação jurisdicional. Em tal circunstância, segundo os mesmos autores, haverá carência de ação, e o juiz não apreciará o mérito, nos termos do artigo 267, VI do CPC.

Na verdade, como antes referido, o mérito do aprofundamento do estudo das condições da ação deve-se a Liebman,[105] que as inseriu numa área intermediária no conjunto de atos encadeados do procedimento jurisdicional. Isto é, fixou-as, num espaço gris, entre os pressupostos processuais e o mérito. É a atividade judicial desenvolvida antes de entregar a prestação jurisdicional pedida, mas depois de observados os pressupostos de existência e desenvolvimento do processo. Hoje se pode ver, com clareza, não ser absoluta tal conceituação, porque existem vários temas, examinados em sede de condições, desafiando verdadeiro julgamento de mérito.

Por tais razões, em contrapartida a este posicionamento, encontra-se grande parte da elite processual atual questionando a autonomia e a classe independente das condições da ação, pois esta entende ser puramente de mérito a apreciação judicial dos elementos das condições da ação. Buscam-se os ensinamentos de Galeno de Lacerda,[106] ao professar pelo exame de mérito quando se estiver a examinar tais condições. Fábio Luiz Gomes[107] afirma tratar-se, na verdade, o fenôme-

---

tratar-se de mera função público-administrativa de fiscalização da lei processual a atividade do Juiz consiste no pronunciamento sobre a inépcia da inicial; se o pedido não contém força propulsora capaz de constituir o juízo para o mérito, é incapaz de obrigar a jurisdição, sustenta o ilustre processualista".

[104] CINTRA; GRINOVER; DINAMARCO. *Teoria Geral do Processo*, 1987, p. 222. "Resta dizer, ainda, que o direito de ação, embora abstrato, e ainda que até certo ponto genérico, pode ser submetido a condições por parte do legislador ordinário. São as denominadas condições da ação (possibilidade jurídica, interesse de agir, legitimação *ad causam*), ou seja, condições para que legitimamente se possa exigir, na espécie, o provimento jurisdicional".

[105] LIEBMAN, Enrico Tullio. *Op. cit., p.* 153-4. "As condições da ação, há pouco mencionadas são o interesse de agir e a legitimação. Como ficou dito, elas são os requisitos de existência da ação, devendo por isso ser objeto de investigação no processo, preliminarmente ao exame de mérito (ainda que implicitamente como costuma ocorrer). Só se estiverem presentes estas condições é que se considera existente a ação, surgindo para o juiz a necessidade de julgar o pedido, para acolhê-lo ou rejeitá-lo".

[106] LACERDA, Galeno de. *Op. cit.,* p. 82. "Se julgar inexistentes as condições da ação, referentes à possibilidade jurídica e à legitimidade para causa, proferirá sentença de mérito, porque decisória da lide".

[107] GOMES, Luiz Fábio. *Op. cit.,* p. 125 "A análise de qualquer das chamadas condições da ação demonstra que elas se referem à relação de direito material".

no em questão, de exame da relação jurídica material, e não de direito processual, sendo inadequado, destarte, atribuir-lhe o nome jurídico de condições da ação. Ovídio Baptista da Silva[108] não titubeia, afirmando que, se houver apreciação das condições da ação, haverá pronunciamento de mérito, pois julgamento da lide ocorreu, inclusive com formação de coisa julgada material. Não sem razão estão os ilustres processualistas. Na verdade, quando o juiz declara alguém carecedor de ação por ilegitimidade, está julgando o mérito, pois, com a decisão, ficará definitivamente estabelecido que aquele autor não tem o direito imaginado. Quando decide pela impossibilidade jurídica, tendo em vista a vedação legal para o exercício de determinada ação, estará julgando a ação improcedente, pois nem sequer o ordenamento faculta o exercício da jurisdição. Em eventual reproposição, certamente a coisa julgada poderá ser alegada e, destarte, o mérito deverá ser consolidado – o mesmo devendo suceder quando ocorrer a falta de interesse de agir.

Entretanto, como tudo em direito, o absolutismo conduz ao descompasso entre a ciência e a realidade. A radicalização não é recomendável. O temperamento é a melhor solução. Sabendo-se que a unicidade conceitual é perigosa – diverso das ciências exatas, cujos objetos são diferentes, e a realidade da vida não pode ser redefinida nem ignorada pela lei –, o melhor caminho é acomodar as duas realidades.

Irrefutável e insuspeito é que, em inúmeras ocasiões, o exame das condições acarreta um provimento de decisão sobre a pretensão de direito material e, portanto, sobre o mérito. Circunstancialmente, ter-se-ão decisões judiciais com o exame do mesmo fenômeno a decidir apenas sobre o direito de ação processual. Nesta ordem de idéias, até para não ignorar os termos do Código, mas, por outro lado, para não ser submisso à sua disciplina, prefere-se concluir com Adroaldo Furtado Fabrício,[109] mesmo discordando de alguns pontos do mestre gaúcho, que a extinção do processo com base no artigo 267, VI, pode consistir em sentença de improcedência, com a apreciação do mérito da causa, fazendo, assim, coisa julgada material.

De outra banda, porém, eventualmente poderá se aproveitar a classificação como categoria independente ajustada ao disciplinamento do Código, como prega José Maria da Rosa Tesheiner.[110] Tal situação, a

---

[108] SILVA. Ovídio B. da. *Op. Cit.*, p. 88. "Quando o juiz declara inexistente uma das 'condições da ação', ele está em verdade declarando a inexistência de uma pretensão acionável do autor contra o réu, estando, pois, a decidir a respeito da pretensão posta em causa pelo autor, para declarar que o agir deste contra o réu não contra o estado – é improcedente. E tal sentença é de mérito".

[109] FABRÍCIO, Adroaldo Furtado. *Extinção do Processo e Mérito da Causa, Saneamento do Processo,* 1989, p. 52. "O indeferimento da inicial, conquanto arrolada entre os casos de extinção do processo sem julgamento de mérito (art. 267 I), pode consistir em sentença de improcedência prima facie, com inequívoca apreciação do mérito".

[110] TESHEINER, José Maria Rosa. *Elementos para uma Teoria Geral do Processo,* 1993, p. 127. "Não obstante a previsão legal, tanto se tem negado a existência das condições da ação como categoria própria, que se impõe a demonstração de que existem e de forma útil no campo do processo".

nosso ver, ocorre quando, analisadas no processo, não atingem o mérito (material) concebido como lide, reduzindo-se ao campo da ação processual, como v.g., a propositura de execução forçada contra a Fazenda Pública, por traduzir indiscutivelmente a impossibilidade jurídica do pedido, sendo causa de extinção do processo, em face de o ordenamento jurídico inadmitir tal procedimento, restando, todavia, incólume o direito de crédito, pois não atingido. Não é inútil, como alguns pensam, a presente classificação.

Aproveita-se também a lição de Calmon de Passos,[111] que, ao expor seu pensamento relativo às condições da ação, alerta não serem relativas só às sentenças de mérito, mas a qualquer provimento jurisdicional, independentemente de seu conteúdo. Dentro desse prisma, é inequívoca a necessidade de apreciação das condições da ação também no processo de execução.

Com a consolidação da autonomia da função executiva dentro do cenário processual, não sobram dúvidas para afirmar que, em qualquer tipo de procedimento, as questões científicas relativas à ciência processual se fazem presentes, especialmente com a relação processual imaginada por Bülow, cada um, é verdade, balizado por suas peculiaridades e objetivos a serem alcançados. Não será certamente diferente com o processo de execução.

Demonstração importante deve ser feita, nessa altura do desenvolvimento do tema: os preceitos relacionados com as condições da ação requerem um tratamento especial, diferenciado dos pressupostos processuais examinados antes. Botelho de Mesquita,[112] em obra dedicada exclusivamente à ação, nos faz tal advertência e indica a necessidade de identificar os conceitos de um e de outro. Seus estudos, baseados na processualística alemã, separam os pressupostos das condições da ação, aduzindo ser de inegável utilidade prática a cisão entre os dois conceitos. Alerta, todavia, para as conseqüências decorrentes dessa separação, não devendo acarretar divisão no direito de ação como instituição processual.

A separação é necessária, pois aqueles (os pressupostos) dizem respeito aos requisitos de admissibilidade, tanto da existência como da validade; estes (as condições da ação) dizem respeito repetidamente à procedência, isso é com o mérito propriamente dito, pois diz respeito

---

[111] PASSOS, José Joaquim Calmon de. *A Ação no Direito Processual Civil Brasileiro*, p. 38. "Concluindo, vê-se que o interesse, ou a necessidade de tutela jurídica, não é condição de uma sentença de mérito, nem de uma sentença favorável, mas de qualquer espécie de provimento, mesmo daqueles de conteúdo puramente processual. Fazê-lo, pois, condição da ação, é arbitrário e injustificado. Mais que condição da ação, o interesse, ou necessidade da tutela jurídica, é um pressuposto de todo e qualquer ato processual".

[112] MESQUITA, Botelho de. *Op. cit.*, p. 78. "É inegável a utilidade prática de cindir as condições da ação em duas classes distintas, pertencendo à primeira os requisitos de admissibilidade e à segunda os requisitos de procedência".

diretamente à satisfação do credor. Todavia deve-se advertir, na esteira de José Frederico Marques,[113] que a simples verificação das condições não implica decisão favorável ao autor, assim como também não se confunde com os pressupostos processuais.

Independente de tipo de processo, seja de cognição, de execução ou cautelar, a ausência das condições da ação levam, na linguagem do código, à inépcia da inicial, não raro, com julgamento do mérito. A tarefa de enquadrá-los num ou noutro tipo de provimento judicial não é tarefa para este momento. Tal excurso é necessário para a perfeita compreensão do fenômeno. Tratou-se anteriormente dos pressupostos processuais; necessário se faz abordar, de forma sistemática, as questões relacionadas com as condições da ação também no processo de execução por créditos.

Adverte Humberto Theodoro Júnior[114] que, sendo a execução uma das formas de postular em juízo, isto é, uma ação capaz de conduzir uma pretensão, está subordinada a todos os pressupostos, requisitos e condições das ações em geral.

Em face da premissa supra, uma segunda constatação se faz imperativa. Doutra parte, nem toda a doutrina se preocupa em investigar tal fenômeno quando se trata do processo de execução, talvez por estar arraigada às tradições, como denota Pontes de Miranda;[115] em certos casos, a possibilidade de pretensão somente é vinculada ao título. Na execução, há o título, não havendo lugar, dizem, para o exame dos pressupostos em geral e nem das condições da ação, entretanto, pensa-se devam estar presentes em qualquer tipo de procedimento. Havendo título, entende grande parte da doutrina, não há espaço para verificar a possibilidade jurídica do pedido, o interesse do autor, e a necessidade; ele seria a expressão integral das condições da ação executiva, como adverte Dinamarco.[116]

---

[113] MARQUES. José Frederico. *Instituições de Direito Processual Civil*, 1955, p. 29. "As condições da ação nada tem a ver com as condições de decisão favorável ao autor. E também não se confundem com os denominados pressupostos processuais".

[114] THEODORO JÚNIOR, Humberto. *Op. cit.*, p. 46. "Sendo a execução forçada uma forma de ação, o seu manejo está, naturalmente, subordinado às chamadas condições da ação e que são a possibilidade jurídica do pedido, a legitimação para agir e o interesse de agir".

[115] MIRANDA, Francisco Cavalcanti Pontes de. *Tratado das Ações*, tomo I, 1970, p. 78-9. "Pressupostos probatórios e legitimação com cártula – Os sistemas jurídicos exigem, em certas espécies, que se satisfaça certo pressuposto probatório (...) Chamam-se título de crédito aqueles documentos, sem os quais o titular do direito não pode exercer o seu direito, inclusive dispondo deles".

[116] DINAMARCO, Cândido. Condições da Ação na Execução Forçada, *Ajuris*, p. 42. "Algumas expressões ganharam fama entre os estudiosos do direito processual civil, expressões que bem encarnam esse tratamento desigual dados aos institutos processuais que se manifestam na execução forçada. Diz-se, por exemplo, que o título executivo é a fonte imediata e autônoma da ação executiva, único requisito de sua existência, ou seja: havendo título, não se há de cogitar da possibilidade jurídica, do interesse, da necessidade; ele seria a expressão integral das condições da ação executiva".

Com o mesmo entendimento, Araken de Assis,[117] ao afirmar não ser viável *in executivis* tratar-se das condições da ação, pois estas estariam encerradas no título executivo, ou, segundo a advertência de Marcelo Lima Guerra,[118] por não haver julgamento de mérito na execução, não caberá tal categoria no seio do processo executivo.

Em sentido oposto, José Frederico Marques[119] leciona pela obrigatoriedade da verificação das condições, pois sem elas não pode a ação de execução ser proposta com êxito. Inúmeros outros doutrinadores, como se verá adiante, entendem ser imperativa a verificação das condições da ação, por ser categoria pertencente à teoria geral do processo, e a execução, como expoente do processo jurisdicional, não poderá ficar alijada de tal encarte.

Posições intermediárias – como a sustentada por Amilcar de Castro,[120] em seus comentários, é verdade, ainda sob a égide do código revogado – reduzem as condições da ação apenas à legitimidade, olvidando o interesse e a possibilidade. Sustenta-se na falta de utilidade de uma execução promovida por quem não possui a *legitimatio ad causam ativa*, devendo-se, por cautela, investigar a identidade do autor ao qual a lei atribui o direito de executar.

Não se pode perder de memória que o processo de execução segue também as normas gerais e se enquadra na teoria geral do processo, mas a autonomia da função executiva, hoje, é aceita sem contestação, não só pelos estudiosos, mas também pelos operadores do direito. As regras da ação estão presentes no procedimento executivo. O autor formula pedido ao juiz, com base em pressupostos que autorizem o magistrado, realizar, em seu proveito, através de operações práticas à execução, àquele vedado pelo monopólio estatal da jurisdição. Inatendidos tais pressupostos, por serem de ordem pública, é imperativo ao magistrado, de ofício ou a requerimento da parte, obstar o prosseguimento executivo, por inobservância dos requisitos básicos de desenvolvimento regular do processo. As condições, como classificação intermediária, ora estarão ligadas ao mérito, como se viu, ora aos pressupostos processuais,

---

[117] ASSIS, Araken de. *Op. cit.*, p. 91. "Logo, a ação executória é abstrata e incondicionada, comportando exercício sem o brutal cárcere de qualquer condição".

[118] GUERRA, Marcelo Lima. *Execução Forçada*, 1995, p. 118. "Nesta ordem de idéias, tendo em vista a colocação ex definitione das condições da ação como requisito do julgamento de mérito, não é desarrazoado duvidar da pertinência ou da aplicabilidade de tais 'categorias lógico-jurídicas' à ação executiva, na medida em que a esta é totalmente estranho o julgamento de mérito".

[119] MARQUES, José Frederico. *Manual de Direito Processual Civil*, 1998, p. 301. "Também a ação executiva não pode ser legitimamente proposta sem a possibilidade jurídica do pedido, o interesse de agir e a 'legitimidade ad causam'".

[120] CASTRO, Amilcar de. *Comentários ao CPC*, 1941, p. 28. "É cautela, portanto, de quem pretende realizar o direito reconhecido em uma sentença, investigar se há identidade do exeqüente com a pessoa a quem a lei concede o direito de execução, pois, verificando-se dos autos não haver essa conformidade, o juiz executor, sem se pronunciar sobre o mérito do pedido, haverá o requerente como carecedor daquele direito".

mas, mesmo assim, não se despem da função pública, para as quais se destinam, dentro do sistema processual positivado.

Patente, deve-se sindicar no processo de execução as condições da ação, pois inquestionavelmente poderá haver mérito nesse tipo de procedimento jurisdicional, tendo em vista existir pretensão. Mérito deve ser entendido, não no sentido carnelutiano clássico de lide, mas no sentido de traduzir a perseguição do bem da vida (chiovendiano) face ao não-cumprimento espontâneo. Nessa tarefa, arrima-se em doutrinadores, como o professor Marcus Vinícius Rios Gonçalves,[121] entendendo ser a existência de mérito na execução clara, pois há pretensão, apenas não sujeita a acertamento.

Com respeito ao habitáculo das condições da ação, há concordância com Fábio Luiz Gomes,[122] que se esmerou em demonstrar pertencerem estas à relação jurídica material, e só por ficção (em razão da jurisdição) se transmudam para a processual, para lá serem decididas e resolvidas, mas sem se precipitar da esfera jurídica material, pois são partes integrantes do direito subjetivo pleiteado em juízo. Ou existem materialmente, ou não existem. Apenas a constatação é exercida como atividade de *joeiramento*[123] do juiz, no frontispício procedimental, assim encontradas na relação jurídica processual. A idéia é perfilhada por Adroaldo Furtado Fabrício,[124] ao lecionar que, não obstante o direito de ação ser autônomo e abstrato com relação ao direito subjetivo posto em causa, só pode ser exercido em simetria com a pretensão de direito material, não sendo, na maioria das vezes, a declaração de carência de ação, por falta de condições, outra coisa senão improcedência.

Em sinopse das argumentações apresentadas, verifica-se a imperiosidade da observância das condições da ação no processo de execução, especialmente porque esse tem a atividade-fim de ingressar no

---

[121] GONÇALVES, Marcus Vinícius Rios. *Processo de Execução Cautelar*, 1988, p. 8. "O juiz, no entanto, desde que atendidas as condições da ação executiva, e preenchidos os pressupostos processuais, atenderá a pretensão formulada pelo credor, determinando a prática de atos executivos, que garantam a satisfação do credor. Portanto, há mérito na execução, porque existe pretensão posta em juízo. Porém inexiste julgamento de mérito porque a pretensão executiva não estará sujeita a uma sentença de acertamento".

[122] GOMES, Fábio Luiz. *Op. cit.*, p. 125. "Pretendemos já haver demonstrado que as condições da ação na realidade integram a relação de direito material posta à apreciação o órgão jurisdicional, e que só por mera e inapropriada ficção (raciocínio hipotético), poderiam ser considerados também pertinentes à relação jurídica processual".

[123] LIEBMAN, Enrico Tullio *apud* GOMES, Fábio Luiz. *Op. cit.*, p. 121. Para Liebman, trata-se de uma atividade de "filtragem ou de joeiramento prévio".

[124] FABRÍCIO, Adroaldo Furtado. *Op. cit.*, p. 33-5-6. "Diz-se, então, que o direito de ação, conquanto autônomo e abstrato em relação ao direito subjetivo material 'afirmado', só pode se exercido em correlação com determinada pretensão de direito material, à qual se apresenta 'ligado e conexo'. Por muito que nos tenhamos empenhado na meditação do assunto e por maior que tenha sido nosso esforço em penetrar as razões do convencimento que parece ser o da maioria (sobre ser a solução da lei), fortalecemos sempre mais nossa convicção no sentido de ser a sentença declaratória da impossibilidade jurídica uma típica e acabada sentença de mérito".

patrimônio do devedor para retirar parcela capaz e suficiente à satisfação do credor. A verificação destas condições pode estar ou não localizada no título executivo, em função de ser tal documento basilar para a propositura da demanda, e devem ser joeiradas de ofício ou a requerimento da parte. Tanto num como noutro caso, deve o juiz extinguir a execução, pois provocará, se prosseguir, uma injustiça nem sempre reparável na sua totalidade.

As condições da ação na execução, sem possibilidade de erro, são de ordem pública, significando dizer que sua verificação é de responsabilidade do magistrado condutor do feito. Inexoravelmente, se deve verificar a existência da possibilidade jurídica, do interesse de agir e da legitimidade, exigindo-se a presença das três. A falta de qualquer uma delas acarreta o dever de o juiz extinguir o feito. Nesse sentido, de há muito vem decidindo a jurisprudência.[125] Examina-se cada uma das hipóteses, com os olhos fixos no processo de execução.

2. Possibilidade jurídica

Iniciam-se as reflexões sobre a possibilidade jurídica, a partir da advertência, muito bem apanhada por Ovídio Baptista,[126] de não se tratar de errôneo endereçamento, nem a propositura inadequada ou deficiente, para o mister. É a busca de tipo de tutela que não está contemplado no ordenamento jurídico para aquele direito subjetivo posto em causa. Exemplos se multiplicam na literatura especializada, como o caso do mandado de segurança contra o particular, a cobrança de uma dívida de jogo, a prisão por inadimplência de letra de câmbio, entre outros. Há ainda os casos específicos do processo de execução contra a Fazenda Pública, ou a exigência de cumprimento pessoal da obrigação de fazer, sem a devida conversão.

Com certas reservas, pode-se acrescentar a falta de adequação do rito, como impossibilidade jurídica do pedido, levando a demanda à inépcia, tal como a incongruência entre o direito subjetivo e o procedi-

---

[125] Câmaras Reunidas do Tribunal de Justiça do Distrito Federal, in Diário da Justiça de 20.08.1944, p. 2301, Citado por OLIVEIRA NETO, Cândido de. *Carência de Ação*, p. 42. "Pode o juíz desde logo, decretar a carência do direito do autor, quando verificar ser ilícito ou imoral o seu pedido. Não há necessidade de em uma demanda em que, desde logo, o juiz apure ser o pedido vedado por lei".

[126] SILVA, Ovídio B. da. Direito Subjetivo, Pretensão de Direito Material e Ação, *Ajuris*, n. 29, p. 120. "Não se trata, aqui, de errôneo endereçamento da causa contra algum demandado sem legitimação para respondê-la, nem de demanda legitimamente proposta por quem não seja verdadeiro sujeito do conflito de interesses, senão de pessoas legitimadas a postularem um tipo de tutela não reconhecido pelo ordenamento jurídico".

mento escolhido. De posse de um título executivo cujo conteúdo é uma obrigação de fazer, o autor maneja inadvertidamente uma execução para entrega de coisa certa, ou vice-versa, que, sem a devida emenda ou requerimento de conversão, não pode prosperar. Embora as partes tenham sido legítimas, tenha havido o interesse de agir, tenham sido atendidos todos os pressupostos processuais, o pedido terá sido malfeito, tendo em vista a divergência entre o procedimento e a obrigação constante no título executivo. Ocorre, pensa-se, a impossibilidade de manejo do rito pleiteado, levando a doutrina a encartá-lo também como impossibilidade jurídica do pedido.

Outra reflexão deve ser feita quanto à denominação, normalmente empregada pela teoria geral do processo. Para alguns, pode parecer apenas uma questão de nomenclatura, mas indiscutivelmente diz respeito à técnica processual, não podendo passar despercebido, em estudo com pretensões de emprestar caráter abrangente ao tema proposto. Refere-se à denominação *possibilidade jurídica do pedido*.

Inequívoco, em certas circunstâncias, que a possibilidade se localiza no pedido, considerando *estricto sensu*, entretanto nem sempre tal fenômeno é verificado dessa forma. Encontra-se um exemplo clássico exatamente no processo de execução, quando se estuda o caso da execução de dívida e jogo. Qual é o pedido formulado pelo exeqüente ao órgão jurisdicional? A resposta é simples: cinge-se a um pedido de execução de quantia certa, perfeitamente enquadrável no direito positivo e, destarte, evidentemente possível. Sendo assim, por que se diz haver impossibilidade jurídica com relação a esse pedido? Com efeito, para a obtenção dessa resposta, deve-se aprofundar um pouco mais o estudo com relação à demanda, cujo conceito abarca o pedido, a causa de pedir; presente e remota, onde, no exemplo, reside a impossibilidade jurídica, fundada no artigo 814 do C.C.B.

Entre nós, adverte Dinamarco,[127] não se poder pensar, quando do exercício da ação, em apenas um dos elementos componentes, no pedido ou na causa de pedir; tanto a demanda quanto a ação são identificadas pelos mesmos elementos, definidos pelo autor por ocasião da propositura, servindo para balizar a atividade jurisdicional durante toda sua existência. Deve-se advertir que, todavia, para Dinamarco, demanda significa o somatório da causa de pedir, partes e o pedido propriamente dito, não só este como é compreendido por muitos.

Fixando-se no exemplo da execução de dívida de jogo, imaginada através de uma confissão de dívida devidamente firmada pelo devedor

---

[127] DINAMARCO, Cândido. *Op. cit.*, p. 46. "Ora, como ato inicial de exercício da ação e que irá determinar o objeto do processo e o âmbito da atuação jurisdicional, a demanda identifica-se pelos mesmos elementos identificadores da ação, ou seja, partes, causa de pedir e *petitum*".

e por duas testemunhas, já se viu que a impossibilidade jurídica não reside no pedido imediato do autor, pois este está devidamente chancelado pelo CPC, (585 II). O óbice, como se vê, está na causa de pedir, que por sua vez macula o pedido mediato. O pedido é indiscutivelmente possível, todavia a causa de pedir proporciona vedação na legislação vigente.

Na esteira de Dinamarco,[128] não se tem dúvida em afirmar ser a impossibilidade jurídica da demanda o termo mais adequado e não impossibilidade do pedido, por este ser apenas um dos integrantes. A insuficiência ou inexistência das condições da ação não só limita o exercício do direito do particular em agir através do Judiciário, como também impede a prestação à tutela pleiteada; portanto, seu estudo, sua identificação deve ser ampla, não se cingindo apenas a um dos elementos, especialmente frente ao fato de deixar sem explicações alguns episódios da vida prática, aos quais o direito processual deve estar sempre atento, a fim de veicular, com segurança e presteza, o direito material pleiteado.

A possibilidade deve estar estampada abstratamente no ordenamento jurídico positivo. Exemplo é o caso existente no CPC, mais precisamente nos artigos 730 e 731, que disciplinam o modo de serem realizadas as execuções contra a Fazenda Pública. Está colocada de modo abstrato, está regrando o procedimento. Se for proposta execução por quantia certa, certamente carecerá tal ação de condições e, destarte, não poderá o órgão estatal prestar a jurisdição pleiteada, pois a esse não é lícito agir em desacordo com a lei.

3. Interesse de agir

Como prolegômenos a este respeito, duas observações devem ser feitas. A primeira delas, uma certeza quanto à natureza jurídica do interesse de agir capitulado, como condição da ação que, nada obstante ter origem no direito material, habita inquestionavelmente a relação instrumental. Como adverte Luiz Machado Guimarães,[129] essa confusão contaminou processualistas de renome a ponto de o Código anterior tratar interesses materiais e morais, atuais e futuros, indistin-

---

[128] DINAMARCO, Cândido. *Op. cit.*, p. 46. "Conseqüentemente, fez sentido pensar na demanda como um todo e não apenas em uma de suas partes, como sede do obstáculo, que se caracterizará como impossibilidade jurídica e carência de ação. Falemos, portanto, em impossibilidade jurídica da demanda e não apenas do pedido".

[129] GUIMARÃES, Luiz Machado. *Carência de Ação*, 1969, p. 101. "Cumpre evitar-se a confusão entre interesse material, que é parte substancial do direito subjetivo material, e interesse processual, requisito do direito autônomo de ação".

tamente como interesses processuais. Nelson Nery Junior[130] atribui essa confusão ao *nomen iuris* aplicado, devendo-se preferir *interesse processual* a *interesse de agir*, eis que este se encontra eivado de ambigüidades.

A segunda das observações é uma advertência. As questões relativas às condições da ação de execução não são pacíficas na doutrina processual moderna e, especialmente, quando se trata de interesse de agir. Tais questionamentos surgem porque os especialistas fixam-se na existência do título executivo e, inadvertidamente, preferem ignorar a existência, na execução, tanto da possibilidade, ou do interesse e da legitimidade, como de condições processuais indispensáveis para um provimento estatal satisfativo. Sérgio La China,[131] referindo-se, é verdade, ao direito italiano, questiona a validade de se cindir os requisitos necessários à execução forçada entre aqueles inerentes ao título e outros, como o interesse de agir, pois entende o doutrinador peninsular que estes já estariam abarcados naqueles.

Para uma definição precisa, necessita-se de apoio, em, no mínimo, três outros conceitos, intimamente ligados ao interesse de agir. O primeiro deles é a autonomia da função executiva do processo no sistema atual, não só no Brasil, mas em grande parte do mundo jurídico de origem romano-canônico-germânica. O segundo deles está relacionado com a sanção, elemento só passível de ser exercido pelo Estado, em face de seu monopólio de prestar justiça. O terceiro e último, teleologicamente ligado com o do resultado, é o princípio da utilidade, do qual deriva a idéia necessária de que a execução deva ser útil.

Não há dúvida de que, com a retirada do particular da possibilidade de autotutela, restringindo ao Estado a prestação jurisdicional, sempre haverá um custo social para o desencadeamento e a movimentação da máquina judiciária, tendente a dar satisfação ao credor que teve sua pretensão insatisfeita. Sendo assim, nada mais justo, mais coerente, para se oportunizar ao particular fazer valer seu direito constitucional de ação, a necessidade de algumas regras serem impostas para tal exercício; sem dúvida alguma, o interesse de agir sempre deve ser exigido.

---

[130] NERY JUNIOR, Nelson. Op. cit., p.131. "Deve preferir-se utilizar o termo da lei ao equívoco 'interesse de agir', eivado de falta de técnica e precisão. Agir pode ter significado processual e extraprocessual, ao passo que 'interesse processual' significa, univocamente, entidade que tem eficácia endoprocessual".

[131] LA CHINA, Sergio. *L'esecuzione Forzata*, 1970, p. 300. "Che se poi, volendosi discostare da problemi che possono apparire di sapore troppo douttinario, si volesse condurre la reflessione sull'interesse ad agire alla luce di piú simplici e immediate valutazioni; e ci si volesse riferire alla corrente definizione che l'interesse ad agire è dato dalla lesione e conseguente bisogno di tutela giuridica, sarebbe agevole constatare quanto segue: l'inadempimento, lo stato di attuale insoddisfazione del diretto, nell'esecuzione forzata è in re ipsa".

A utilidade da execução é princípio basilar deste tipo de atividade substitutiva do Estado. Como leciona Ugo Rocco,[132] além da existência do direito substancial do autor para se justificar o interesse da realização coativa dos bens do executado, a atividade deve resultar em uma evidente utilidade. O provimento judicial buscado deve ser potencialmente útil, econômica ou juridicamente, para o exeqüente e para o Estado, a justificar a movimentação do aparelho judiciário, pois seu desencadeamento traz evidente prejuízo e custos sociais daí decorrentes, tais como dispêndio de tempo, dinheiro, esforço, trabalho que fazem parte dessa tessitura.

Nada obstante a utilidade da jurisdição em abstrato para o sistema democrático, como giza Dinamarco,[133] o Estado condiciona seu exercício a determinadas condições, uma das quais quando o provimento judicial *in* concreto seja capaz de trazer utilidade a quem demanda. Ou, como categoricamente afirma Liebman,[134] o interesse de agir é: "a relação de utilidade entre a afirmada lesão de um direito e o provimento de tutela jurisdicional pedido".

Há quem a denomine, especialmente na doutrina portuguesa,[135] interesse processual que consiste na necessidade de usar o processo para obter o resultado não obtido através do cumprimento espontâneo do devedor. A doutrina germânica a denomina necessidade da tutela jurídica. No Brasil, seguindo os passos da doutrina italiana, o cognome de interesse de agir ficou consolidado no direito processual positivo.

O Código de Processo atual inseriu no artigo 3º a necessidade de, para propor ou contestar, a parte dever ter o interesse. Esse dispositivo é reprodução do artigo 100 do Código Italiano, e, com acerto, foi inserido em nosso diploma processual. Tal atitude é fruto dos estudos

---

[132] ROCCO, Ugo. *Tratato di Diritto Processuale Civile. Processo Esecutivo*, 1959, p. 123-4. "(...)l'interesse ad ottenere la realizzazione coattiva ad opera degli organi giurisdizionali, si concreti nella utilittà derivante dal provvedimento esecutivo (...) Si agginga che anche la inesistenza del diritto sostanziale già certo o legalmente certo o la sua non persistenza, al tempo in cui há luogo la realizzazione coattiva, come la irregulartià o irrituallità degli atti esecutivi o la loro illegittimità, constituiscono di per se stessi ragioni sufficienti a giustificare un interesse dell'oblbigato esecutato in quanto la realizzazione coattiva sul suo patriomonio, in sè considerata, e per le finalità che si propone, rappresentando un pregiudizio dilazionarla o eventualmente evitarla, constituice per il debitoro una evidente utilità".

[133] DINAMARCO, Cândido. *Op. cit.*, p. 52-3. "Tem-se, portanto, que, não obstante a necessidade da jurisdição, considerada em seu aspecto abstrato, ou seja, não obstante a utilidade que ela representa no contexto das instituições nacionais, o Estado condiciona o seu exercício a certas condições. E é assim que, sem consideração ainda à posição das pessoas perante a relação jurídico-substancial posta em juízo (legitimidade *ad causam*), o Estado anuncia que não se dispõe a dar provimento jurisdicional, quando em concreto ele não seja capaz de trazer uma utilidade a quem o demanda".

[134] LIEBMAN, Enrico Tullio. *Op. cit.*, p. 156. "O interesse de agir é, em resumo, a relação de utilidade entre a afirmada lesão de um direito e o provimento de tutela jurisdicional pedido".

[135] VARELA, Antunes; *et al, Manual de Processo Civil*, 1985, p. 179. "O interesse processual consiste na necessidade de usar do processo, de instaurar ou fazer prosseguir a ação".

sobre as diversas teorias da ação e, principalmente, da autonomia científica de tal investigação na primeira metade do século XX.

O estágio científico do direito processual civil produziu uma nova dimensão para o conceito de interesse de agir. Pela teoria concreta, este se resumia ao interesse protegido pela norma de direito material; conforme denuncia Celso Agrícola Barbi.[136] O interesse fica limitado ao direito substantivo posto em causa, ao bem da vida buscado. Não se consideram os aspectos processuais envolvidos, e, somente após os primeiros estudos de Chiovenda,[137] a comunidade jurídica começou a entender a importância de adicionar a questão processual àquela material até então considerada. Agregou-se ao conceito a necessidade da utilização dos órgãos jurisdicionais, pois, para o mestre peninsular, não bastava apenas o interesse protegido pelo direito material. Isto é necessário, mas não basta apenas existir a violação do direito para justificar o interesse, é também importante a atenção aos aspectos processuais, por ser através da jurisdição o único meio pelo qual o prejudicado pode buscar a solução (satisfação da pretensão), sob pena de padecer o prejuízo.

Nesta concepção, seguida até hoje, para conceituar o interesse de agir, observa-se claramente a inserção do elemento de ordem pública, ou seja, o interesse estatal, o interesse público, devendo imperativamente ser atendido. Não basta apenas o interesse do particular para se transformar em interesse de agir como conceituado cientificamente na moderna ciência processual. Deve também haver o interesse do Estado somado ao do particular. Casos haverá em que o particular terá interesse, e o Estado obstará o seguimento de tal pretensão, por entender não estar presente o interesse público de movimentar a jurisdição para aquela situação.

O interesse de agir, em regra, terá seu nascedouro no direito material, pois a pretensão primeira será de direito material, e, em razão da impossibilidade da autotutela, deve fazer nascer uma nova pretensão, a ação de direito processual, que será crivada pelo Estado, por ser essa de ordem pública, culminando por acomodar o interesse particular com o interesse do Estado. Caso contrário, será obstado o prosseguimento da demanda quando não estiverem reunidos todos os elementos suficientes para continuar seu curso. Deve concorrer para o êxito da execução o trinômio interesse-necessidade-utilidade, dando segurança

---

[136] BARBI, Celso A. *Op. cit.*, p. 48. "Enquanto prevaleceu a teoria civilista da ação, o interesse de agir identificou-se com o interesse protegido pela norma de direito substantivo: quando o direito subjetivo era ameaçado ou lesado, o interesse que nele se continha tomava nome de interesse de agir".

[137] CHIOVENDA, Giuseppe. *Princípios de Derecho Procesal Civil*, 1922, p. 200. "Como regla general, puede decirse que el interés en obrar consiste en que, sin la intervención de los órganos jurisdiccionales, sufriría un daño el actor".

de que, quando se fala em interesse de agir como condição da ação, se está falando, sem dúvida, de interesse processual, pois este prevalece em relação ao interesse material que o contamina.

Outras vezes, esse interesse decorre de uma relação processual. Leciona Celso Neves,[138] ancorado em Zanzucchi, que, em qualquer caso, o interesse de agir tem caráter processual e será examinado sob o enfoque da ação processual sempre diferente dos interesses materiais, por ele chamados de primários, mas que nascem fora do processo, ou seja, no direito substancial ou através de uma situação processual.

Multiplicam-se os exemplos de falta de interesse de agir em juízo executivo. Falece o interesse de agir ao exeqüente quando este propõe a demanda sem poder exigir a obrigação (não se operou o vencimento). Pode haver o interesse do particular, mas o estatal não, pois se deve ter confiança de que o devedor, no vencimento, obrará em pagamento. Propositadamente, deixa-se de empregar o termo inadimplemento, por exigibilidade ser mais adequado para a demonstração do interesse de agir. Quando não for possível exigir a obrigação, não estará presente o interesse de agir. O pagamento liga-se mais às questões de mérito propriamente ditas, refugindo um pouco de nossa investigação nesse particular. Não se pode exigir, através do exercício da jurisdição, o pagamento de alguém que nunca se negou a pagar. Falta interesse jurídico para o mister. Falta interesse em agir *in executivis* àquele portador de título executivo, não íntegro, ou seja, sem liquidez, ou certeza, ou exigibilidade, de forma isolada ou conjuntamente.

Interessante decisão proferiu o Supremo Tribunal Federal, em mais de 2700 executivos fiscais propostos pela Prefeitura de Estância de Atibaia (SP), publicados no Diário da Justiça da União, nos meses de janeiro e fevereiro/99, cuja decisão, independentemente dos relatores, possui o mesmo conteúdo, isto é, extingue a execução por falta de interesse de agir,[139] tendo em vista os valores envolvidos serem de baixos.

---

[138] NEVES, Celso. *Estrutura Fundamental do Processo Civil*, 1995, p. 131. "Em qualquer caso, o interesse de agir, considerado em si mesmo, tem caráter processual e é em tudo diverso, seja dos interesses primários e substanciais, a cuja realização tende a ação, mesmo quando resulte de disciplina da espécie fática que se deve medir, seja segundo as normas de direito substancial, seja dos pressupostos para constituição válida da relação processual, regulados pela lei processual".

[139] "Execução Fiscal – valores – interesse de agir – Extinção – Precedente – sobrestamento" Do RE 241.236, de 11.09.99, DJU, seção 1, p. 15, extraímos o seguinte excerto; "A relação custo/benefício é de tal forma desproporcional, na cobrança de valores ínfimos, que não traduz a utilidade exigida como parte do binômio formado pelo interesse de agir na exata medida em que deixa de trazer à exeqüente o proveito econômico visado pela cobrança do crédito. Afinal qual o proveito daquele que despende cinco para ganhar um? Ao invés de carrear recursos para os cofres públicos, inibir o inadimplemento e a sonegação, a cobrança de valores irrisórios congestiona a 'máquina' judiciária. Estes fatos tornam obrigatório o reconhecimento da ausência de interesse Público de agir da exeqüente no presente processo, em face do valor da dívida. O prosseguimento do feito mostra-se antieconômica pelo descompasso entre o custo e o benefício demandado".

Vislumbra-se na decisão que o interesse Público de agir está intimamente ligado com o sentido de vantagem econômica da execução, sendo perfeitamente aceitável e coerente tal posição, pois não se há de admitir o manejo de todo um sistema, no acórdão citado denominado de "máquina", para reaver quantia menor do que efetivamente custará todo o procedimento.

Ao final da exposição das questões atinentes ao interesse de agir, não se pode descurar de refletir a respeito da observação de Dinamarco,[140] sobre a necessidade de adicionar-se mais um elemento, para obtermos, com segurança, a compreensão do conceito: o da adequação, segundo sua opinião, realizado com base no título executivo orientador da escolha do demandante pelo procedimento a ser adotado. Não há dúvida quanto à adequação ser elemento fundamental para o prosseguimento válido da execução. Evidente, se a demanda não for adequadamente proposta, parece deva ser fulminada por faltar-lhe um pressuposto processual indispensável, mas não se tratar de condição da ação. Tem-se a sensação de que a adequação não é privilégio apenas do interesse de agir, devendo ser sindicada em todos os momentos. O princípio deve ser premissa de qualquer das condições da ação. Se não houver adequação do *petitum*, ao direito material posto e ao respectivo provimento judicial, tal demanda não pode prosseguir. Sendo assim, pode perfeitamente ser considerada como pressuposto processual e não especificamente uma condição. A par dessa consideração, com efeito, reitera-se o dito quando do estudo dos pressupostos processuais, de que uma discussão sobre onde enquadrar a adequação não granjeia proveito prático, servindo apenas para confundir o observador.

4. Legitimidade

Como elemento mais importante e mais conhecido, porque aplicável a todos os tipos de ações, independente do procedimento adotado, encontra-se a legitimidade para causa. Deve-se anotar que tal conceito diverge do de capacidade ou legitimidade de estar em juízo; como antes afirmado, estes se enquadram como pressupostos processuais, tendo sido naquela oportunidade abordados. Destaca-se, entretanto,

---

[140] DINAMARCO, Cândido. *Op. cit.*, p. 60. "Vê-se, pois, que é exatamente no capítulo do interesse de agir a justa colocação sistemática do título (no sentido aqui usado), como instituto da teoria geral do processo civil. Mais precisamente, ele é o dado (ato, ou fato jurídico) de que a lei fez depender, em cada caso concreto, a adequação do processo e do provimento do pedido; à falta de título, a situação é de carência de ação".

que embora intimamente ligado ao conceito de parte, com este não se confunde. Louvam-se os conceitos produzidos especialmente por Rosemberg,[141] para quem partes são as pessoas que requerem e aquelas contra as quais se requer uma tutela jurídica. Ovídio,[142] que se filia à idéia de Rosemberg, ao discorrer sobre o tema, afirma ser parte aquele que pede uma determinada conseqüência legal ou aquele contra quem se pede.

De curial compreensão a lei criar um esquema abstrato, como se fosse um molde a ser observado em todo e qualquer processo. Ainda mais curial que tal esquema decorre das situações subjetivas inerentes a cada um dos participantes; são as chamadas situações legitimantes, podendo ser ativas ou passivas. Nessa corrente metodológica, como ensina Barbosa Moreira,[143] a legitimidade é a coincidência entre uma situação jurídica subjetiva e a situação legitimante prevista na lei atribuída a essa pessoa dentro do processo.

Está-se a investigar a legitimidade *ad causam* para a execução, também conhecida como legitimidade para agir. Na lição de Donaldo Armelin,[144] é a qualidade jurídica agregada à parte, no processo, habilitando-a para ver atendido o seu pedido através do provimento jurisdicional. Liebman[145] a conceitua como a pertinência subjetiva da ação, isto é, como a simetria direta existente entre a parte e aquele que possui um direito próprio capaz de requerer a tutela jurisdicional com relação àquele demandado.

A legitimidade tanto quanto as demais condições da ação é um fenômeno resultante exclusivamente de atos processuais, como afirma Armelin,[146] não sendo contestado, v.g. por Araken de

---

[141] ROSEMBERG, Leo. *Derecho Procesal Civil*, 1955, p. 211. "Partes en el proceso civil son aquellas personas que solicitan y contra las que se solicita en nome propio, la tutela estatal".

[142] SILVA, Ovídio B. da. *Op. cit.*, p. 200. "Tendo-se o conceito de partes no sentido por nós indicado, como sendo aquele que pede contra outrem uma determinada conseqüência legal; ou aquele contra quem esta conseqüência é pedida, ficará o conceito reduzido apenas ao processo contencioso, inexistindo partes verdadeiras na chamada jurisdição voluntária".

[143] MOREIRA, José Carlos Barbosa. Apontamentos para um Estudo Sistemático de Legitimação Extraordinária, *Revista dos Tribunais*, n. 404, p. 9. "Denomina-se legitimação a coincidência entre a situação jurídica de uma pessoa, tal como resulta da postulação formulada perante o órgão judicial, e, a situação legitimante prevista na lei para a posição processual que a essa pessoa se atribui, ou que ela mesma pretende assumir".

[144] ARMELIN, Donaldo. *Legitimidade para Agir no Direito Processual Civil Brasileiro*, 1979, p. 80. "A legitimidade para agir, como condição de exercício regular da ação, é uma qualidade jurídica que se agrega à parte, habilitando-a a ver resolvida no mérito a lide *sub judice*".

[145] LIEBMAM, Enrico Tullio. *Op. cit.*, p. 159. "A legitimação para agir é, pois, em resumo, a pertinência subjetiva da ação, isto é, a identidade entre quem a propôs e aquele que, relativamente à lesão de um direito próprio (que afirma existente), poderá pretender para si o provimento de tutela jurisdicional pedido com referência àquele que foi chamado em juízo".

[146] ARMELIN, Donaldo. *Op. cit.*, p. 87. "Portanto, em face do supraexposto, pode-se chegar a uma conclusão no sentido de que a legitimidade ad causam, embora vinculada ao direito material e excepcionalmente processual que dá a estrutura jurídica da lide *sub judice*, resulta exclusivamente de atos processuais que dão o perfil de cada lide no processo".

Assis,[147] que adiciona ser de caráter frisante a dissociação entre sujeito da lide e sujeito do processo, sendo a noção de legitimidade como condição da ação de um todo estranha ao mérito, habitando inquestionavelmente a geografia processual. Não se concorda com esta posição, pois somente em situações excepcionais, como o caso da legitimação extraordinária concorrente, não terá ligação com o mérito.

É fundamental que essa noção fique bem clara, tendo em vista os objetivos perseguidos. O local de delimitar e verificar as condições da ação é o campo do direito processual, pois inquestionável seu caráter de ordem pública, podendo ser sindicadas a qualquer momento pelo juízo de ofício, ou pela parte, quando tal fenômeno passou despercebido pelo magistrado. Entretanto por conta disso, as conseqüências se projetam ao campo do direito material.

No sistema positivo nacional, encontra-se a previsão de legitimidade, como condição da ação, num primeiro momento relativo ao processo de cognição e também ao de execução, pois este serve de parte geral, haja vista o CPC não a possuir, como o Código Civil Brasileiro. O artigo 3º do CPC, retromencionado, trata do interesse de agir (para promover ou contestar é necessário ter interesse e legitimidade); mais adiante, o artigo 267, quando trata da extinção do processo sem julgamento do mérito, no inciso VI, refere-se novamente à legitimidade como condição da ação (quando não concorrer qualquer condição da ação como possibilidade jurídica, a legitimidade das partes e o interesse processual). Este é o panorama legal.

Especificamente, no processo de execução, há disposições expressas quanto à legitimidade relativa às partes, mais precisamente nos artigos 566 a 568, ou seja, na abertura do livro II do Código, reservado ao processo de execução. Tanto na parte geral quanto na parte especial da execução, o legislador se preocupou de verdade em insculpir na norma dois conceitos básicos e necessários: o de legitimidade ativa e de passiva, que, por sua importância serão separados por questões didáticas, tendo em vista as conseqüências derivadas serem efetivamente fulcrais à nossas conclusões.

A segunda grande divisão feita por Redenti,[148] também utilizada por Araken de Assis,[149] enquadra-se desembaraçadamente no direito pátrio. De fato há duas categorias de legitimidade: a ordinária e a

---

[147] ASSIS, Araken de. *Op. cit.*, p. 210. "Por outro lado, a noção aqui encampada de legitimidade é de todo estranha ao mérito. Cinge-se à teórica identificação, in statu assertionis, das pessoas legalmente tituladas à demanda executória, ou seja, examina-se o tema no terreno dos esquemas abstratos, traçados pela lei, para habilitar alguém ao processo".

[148] REDENTI *apud* ASSIS, Araken de. *Op. cit.*, p. 216.

[149] ASSIS, Araken de. *Op. cit.*, p. 216. "Ao processo executivo acomoda-se, desembaraçadamente, a notória classificação da legitimidade em ordinária e extraordinária, divulgada por Enrico Redenti, e bem acolhida na doutrina pátria".

extraordinária. Para efeitos de observação, acrescenta-se a esta uma subdivisão, normalmente aceita pela doutrina processual – trata-se da legitimidade primária e da superveniente. Conforme decorre das circunstâncias do direito material, ao processo caberá fazer tal crivo a fim de verificar se há ou não legitimidade da parte que está em juízo demandando ou sendo demandado.

4.1. Legitimidade ativa

Não há como fugir, quando se trata de legitimidade ativa para execução, da análise dos termos do artigo 566 do CPC.[150]

Constatação indisfarçável, nos termos da verba legislativa, diante de legitimidade ordinária primária, estar legitimado à demanda executiva aquele a quem o título atribui condição de credor, no caso do inciso I ou no caso do nº II, quando indica taxativamente a legitimidade ordinária primária do Ministério Público, nos casos previstos em lei. Outros exemplos existem na legislação pátria, tais como previsto no art. 38, § 2º, da Lei 6.766, art. 14, § 1º, da Lei 6.938, art. 82 do CDC, art. 688, I, do CPP, art. 1553 do CC, art. 9º do Dec. 83.540 *et al.*

Adiante, nos termos do artigo 567 do CPC, constata-se se tratar de legitimação ordinária superveniente, como é o caso do espólio, dos herdeiros e sucessores do inciso I; tal legitimidade também possui chancela no artigo 12, V, do CPC, ou dos cessionários do inciso II, podendo tanto ser sub-rogados legais como convencionais, cabendo, evidentemente, a demonstração de tal situação para adquirirem a legitimidade do prosseguimento da ação executiva.

Pelo menos outras duas situações de legitimação superveniente existem na legislação positiva e sobre as quais controvertem a doutrina. É o caso previsto no artigo 63 do CPP, porque o legitimado ordinário é o *parquet*, e o da Lei 4.717/65, em que o legitimado é o cidadão.

Em prosseguimento, deve-se enfrentar o caso de legitimação extraordinária autônoma, denominada em doutrina[151] também como substituição processual, que, por sua vez, divide-se em exclusiva e concorrente. São aquelas situações legitimantes não coincidentes com a situação deduzida em juízo, como ensina Barbosa Moreira.[152]

---

[150] Art. 566. Podem promover a execução forçada:
I – o credor a quem a lei confere título executivo;
II – o Ministério Público, nos casos previstos em lei.

[151] Donaldo Armelin apoiado especialmente na doutrina alemã de Kohler e Hellwing, situação que não é muito pacífica no direito brasileiro.

[152] MOREIRA, José Carlos Barbosa. *Op. cit.*, p. 10. "Quando a situação legitimante coincide com a situação deduzida em juízo, diz-se ordinária a legitimação; no caso contrário a legitimação diz-se extraordinária".

A Coisa Julgada na Exceção de Executividade

Dentro da categoria extraordinária, devem ser verificadas as questões relativas à legitimação concorrente, na qual se o direito não for exercido pelo legitimado primário, poderá ser realizado por outra pessoa, nos termos da lei. Fala-se da legitimação do Ministério Público, nos casos previstos na Lei 4.717, art. 16, que impõe ao MP, decorridos sessenta dias da condenação, na inércia do autor, a propositura da ação. Dentro do mesmo enquadramento, os casos previstos nos artigos 100 do CDC e 68 do CPP. Por fim, as situações do advogado, que tem legitimidade de executar a parcela de honorários fixados em sentença condenatória e do fiador, quando houver inércia do credor (834 do CC).

Deve-se chamar a atenção, mesmo *en passant*, da observação doutrinária, sobre a legitimação extraordinária subordinada, que apenas recentemente ganhou expressão, porque atesta e denuncia um fenômeno quase inaceito pela doutrina em geral: a qualidade de parte ao assistente. No processo executivo, muito maior é a resistência verificada, pois a maior parte da literatura especializada ojeriza à aplicação dessa manifestação processual *in executivis*.

Não se visualizam impeditivos dentro do sistema processual vigente para casos de legitimação extraordinária subordinada em que a figura do assistente se faça presente no processo de execução. Em primeiro lugar, porque, máxime do artigo 598, pode-se perfeitamente adequar esse fenômeno ao procedimento executivo. Em segundo lugar, por exigências práticas decorrentes de determinadas situações poderem provocar prejuízos a terceiros em face de uma execução injusta. Esses terceiros estão legitimados, s.m.j., a participar como assistentes do exeqüente ou do executado, dependendo da situação. Alguns exemplos são trazidos por Dinamarco,[153] a ilustrar tal possibilidade; ei-los: o fiador convencional pode assistir o credor na execução contra o afiançado; o locatário poderá assistir o locador nas execuções incidentes sobre o imóvel locado; o curador do incapaz pode assistir a este.

4.2. Legitimação passiva

O outro pólo da verificação, relativo à legitimidade *ad causam*, é o passivo, ou seja, aquela legitimação privativa da parte contra quem se demanda, ou daquele contra o qual é proposta a ação. Talvez esta classificação, para efeito do desiderato, seja a mais importante. Uma vez proposta a ação de execução contra quem realmente não é o devedor, por qualquer razão ou circunstância, provada tal irregularidade, será fulminada a pretensão.

---

[153] DINAMARCO, Cândido. *Op. cit.*, p. 66.

O CPC de 1973 reserva o artigo 568 para o mister. Este foi dividido em cinco comandos nos quais estão delimitados os casos de legitimidade passiva na execução. A primeira questão que se impõe é saber se a enumeração constante no artigo é exaustiva ou comporta ampliações. A primeira tentativa de solução decorre do simples exame dos termos do artigo. Vê-se com clareza serem conceitos indeterminados (devedor, responsável tributário), e, como se sabe, capazes de abarcar um sem número de situações. Nesse prisma, arriscar-se-ia a conclusão de serem considerados *numerus clausus*. Por outro lado, a dinâmica da vida em sociedade e, por sua vez, a dinâmica dos fatos sociais relevantes jurisdicizados, nos impede de chancelar tal afirmação. Entende-se o direito material como produtor de legitimidades, podendo, destarte, incluir um ou mais legitimados, passivamente, sem arranhar o sistema. Essa digressão tem por escopo, antes de analisar um a um os casos previstos, sugerir que, se outros legitimados aparecerem, fora desse arquétipo dogmático, serão tidos como aceitos.

A segunda observação a ser feita para a identificação do contorno emprestado ao legitimado passivo é a diferença existente entre o obrigado e o devedor, tema bem trabalhado por José Alberto dos Reis,[154] enraizado na doutrina alemã, cuja lição é no sentido de não haver obrigação sem responsabilidade, podendo, entretanto, haver responsabilidade sem obrigação. Esta, todavia, pode ser solidária ou independente, propiciando, assim, a promoção de execução contra quem não é obrigado, mas somente contra quem é responsável. Cuidados, efetivamente, o legislador de 73 teve, pois nunca se referiu a *obrigado*, mas sempre a *devedor ou responsável*, agindo corretamente. Citado estudo tem duplo significado: um, de atestar a possibilidade de ampliação dos casos previstos nos artigos 568, e outros, de fixar bitola a respeito da classificação em ordinária e extraordinária da legitimidade passiva.

Num primeiro momento, de simples compreensão, diante do texto legal – inciso I – do artigo supra, é o caso do devedor reconhecido no título executivo, desde que tal estado jurídico não tenha se alterado. Aparentemente, aquele constante no título como devedor é o responsável pelo cumprimento da obrigação; é legitimado ordinário primário. A observação de Araken de Assis[155] chama-nos a atenção, para efeito dessa classificação. Há necessidade de se ter presente a diferença na

---

[154] REIS, José Alberto dos. *Processo de Execução*, 1985, p. 214. "Convém distinguir entre responsabilidade e obrigação. Não pode haver obrigação sem responsabilidade, visto que esta é a sujeição à coacção ou aos actos pelos quais se traduz a sanção e sem coacção não é concebível o vínculo obrigatório; mas pode haver responsabilidade sem obrigação, o que significa que o responsável, isto é, o indivíduo sujeito à coação pode ser pessoa diversa do obrigado".

[155] ASSIS. Araken. de. *Op. cit.*, p. 223. "O modo de formação distingue, nesse assunto, os títulos judicial e extrajudicial. No ultimo, a pessoa física ou jurídica assume, de regra voluntariamente, ou *ex vi legis* (certidão de dívida ativa: art. 40, II, da Lei 6830), a obrigação".

formação do título executivo entre judiciais e extrajudiciais; nestes, a obrigação é assumida por vontade própria ou em decorrência de lei, como nas execuções fiscais, e naquele outro, a obrigação lhe é imputada independente de sua vontade, ou mesmo contra sua vontade, pois, em demanda contraditória, restou vencido, devendo ficar explícita a condenação, para só então identificar com segurança o legitimado passivo à execução forçada.

Outro tipo de legitimação ordinária encontra-se pelo estudo dos incisos II e III do artigo 568, porque decorrem de uma nova situação jurídica. Um novo estado jurídico materializa-se com a substituição do obrigado primário por um secundário, ou, como chama boa parte da doutrina, legitimado superveniente.

No primeiro grande grupo de legitimados supervenientes, estão elencados o espólio, os herdeiros e os sucessores em geral. Não resta dúvida de se tratar de substituição de responsável pelo pagamento, tanto *causa mortis* como *inter vivos* (embora este esteja fundamentalmente capitulado no inciso III), pois, quando a lei legitima o espólio e os herdeiros, está falando apenas da primeira hipótese, mas, quando se refere em geral a sucessores, está direcionando o comando para um tal número de situações que poderão caracterizar-se como sucessão, tanto podendo ser em razão da morte (legatários), como para não interromper a continuidade das atividades (pessoas jurídicas).

Com relação aos responsáveis por razões hereditárias, uma pequena observação: quando a morte do responsável ocorrer antes do ajuizamento, deve-se buscar o espólio (art. 12 do CPC); quando, no entanto, tal fato ocorrer no curso da execução, promover-se-á a habilitação. Por outro lado, quando já não mais existir o espólio, por já ter havido o encerramento da partilha, com segurança, deve-se direcionar a execução contra os herdeiros ou sucessores individual ou coletivamente, pois cada um deles responde na força de seu quinhão (art. 1792 do CC). Não é nesse grupo de legitimados que ocorrem os maiores problemas da espécie.

A parte final do inciso II, todavia, giza a figura dos sucessores como responsáveis supervenientes. Neste particular, merece diferenciação entre herdeiros e sucessores, conceitos evidentemente hauridos do direito material, com reflexos no processo, em face de suas peculiaridades. Evidentemente se referem aos sucessores a título singular, pois os universais já se enquadram no espólio. São, na verdade, os legatários e, no caso de pessoa jurídica, aqueles que sucederam na sociedade em razão de trespasse (1.145 do CCB), cisão, fusão ou incorporação (Capítulo X do CCB e art. 223 da Lei 6.404/76).

Última figura de legitimação passiva superveniente está contemplada no inciso III do artigo 568 do CPC: é a figura do novo devedor, albergando os sucessores *inter vivos*, na maioria de seus casos. É o novo devedor que assume tal posição em razão de cessão de dívidas, podendo dar-se por ato contratual entre o devedor originário e o atual, ou por ato unilateral do substituto do devedor, mas, em ambas as situações deve o credor concordar, conforme preceitua a Lei Civil.

Em prosseguimento ao contido no artigo 568 do CPC, chega-se aos casos dos incisos IV e V, e, conforme melhor doutrina, são casos de legitimação passiva extraordinária, ou, na lição de Araken de Assis,[156] possuem nítida dissociação entre o titular da dívida e a parte passiva legítima.

Nesse tópico, também, divergências doutrinárias e jurisprudências são significativas, relativas à classificação, ou quanto ao enquadramento de legitimados extraordinários. O significado de tal estudo é importante pelo elevado interesse prático apresentado, tendo em vista as conseqüências daí decorrentes, em face de um ou outro entendimento.

Tanto o fiador judicial como o responsável tributário assumem, passivamente na execução, responsabilidade por dívida de outrem. Por tal razão, correto seu enquadramento como legitimado extraordinário de forma superveniente, pois será chamado a responder quando o devedor principal ou responsável originário se furtar.

Com respeito ao fiador judicial, constante no inciso IV, deve-se alertar que tal figura não se confunde com a do fiador convencional prevista na legislação vigente. Esta divisão é necessária para sedimentar a idéia de ser possível a legitimação passiva do fiador judicial, independentemente de ter participado ou não do processo cognitivo em que ocorreu a condenação. Situação diversa ostenta o fiador convencional que só poderá assumir condição de legitimado passivo subsidiário e eventual.

Quanto a essa figura, independentemente de sua classificação – judicial, legal ou convencional –, o fiador goza, se não renunciou, do benefício de ordem. Pode, assim, alegar todas as matérias de defesa previstas para o devedor principal, inclusive a das exceções. Pode, com sua provocação, causar a extinção do feito em sede executiva, com produção de coisa julgada material com relação a ele, se declarada sua ilegitimidade passiva.

Tema pouco debatido na doutrina processual brasileira é o da possibilidade de o fiador convencional participar como assistente (art. 50 do CPC) do executado principal. As razões do fiador para tal atitude são de interesse prático na demanda executiva, pois, se esta for extinta, sua responsabilidade será também. Mesmo cientes da resistência da elite processual nacional com relação à assistência na execução, não se titubeia em afirmar esta possibilidade, sem ferimento ao sistema, ao

---

[156] ASSIS. Araken de. *Op. cit.*, p. 225.

A Coisa Julgada na Exceção de Executividade

contrário, consolidando-o como mais consistente. Por certo, outros sujeitos de direito existirão com interesse jurídico e econômico sobre a execução alheia, podendo participar como assistente.

Pela especialidade, o caso do responsável tributário merece atenção singular; sua definição está disciplinada pela lei especial, isto é, pelo Código Tributário Nacional, especialmente nos artigos 128 a 202, como também em outras leis esparsas, tais como as do ICMS, em nível estadual, ou a do Imposto de Renda, em nível federal, dentre outras. Não é necessário constar o nome do responsável no CDA, conforme reiterados acórdãos, mas deve ser apurada sua responsabilidade na forma da lei através do processo administrativo adequado, inclusive com respeito ao contraditório, pois a não observância das normas próprias acarreta a ilegitimidade passiva para causa do demandado.

Ao encerrar o tema sobre a legitimidade como condição da ação executiva, não se poderia deixar de enfrentar, mesmo perfunctoriamente, aqueles relacionados com a questão da legitimação do sócio de pessoa jurídica em razão, tanto do contido no artigo 592, II, do CPC, que impõe legitimidade extraordinária aos sócios nos termos da lei, quanto da *disregard doctrine,* ou seja, daquele sócio que utilizou de forma irregular a sociedade, com o intuito de fortalecer-se economicamente em detrimento da sociedade, levando-a à falência ou à extinção irregular, situação bastante comum nos tempos coevos.

Como exemplo do segundo caso, tem-se regra positivada no novo Código Privado, artigo 50,[157] e os casos previstos na Lei 6.404/76, mas que dependerá de provas consubstanciadas.

Ainda, situação peculiar é encontrada na figura do cônjuge: este, tanto pode ser legitimado pessoalmente, devendo defender-se como parte, tanto como terceiro, dependendo da *causa petendi* posta em juízo; nesta situação, deverá manejar os embargos de terceiros, pois parte não será.

Merece também atenção o contido no art. 4º, § 1º, da Lei 6.830 (LEF), por atribuir legitimidade passiva ao síndico, comissário inventariante e administrador, no caso de execuções fiscais. Dispositivo sensivelmente protetivo ao fisco, tendente a possibilitar a recuperação de maior quantidade dos débitos de natureza fiscal.

Estas são, em síntese, as condições da ação prevista pelo artigo 267, VI, do CPC, mas outras existem. Tal afirmação é facilmente verificada com a simples leitura do artigo 2º da Lei 5.741/71, que trata da execução dos créditos hipotecários derivados de financiamento do

---

[157] "Em caso de abuso da personalidade jurídica, caracterizado pelo desvio de finalidade, ou pela confusão patrimonial, pode o juiz decidir, a requerimento da parte, ou do Ministério Público quando lhe couber intervir no processo, que os efeitos de certas e determinadas relações de obrigações sejam estendidos aos bens particulares dos administradores ou sócios da pessoa jurídica".

Sistema Nacional de Habitação. Aqui, há necessidade da instrução da inicial com cópias dos avisos, reclamando o pagamento (inciso IV). O dispositivo é taxativo com o trato da ação, sendo, destarte, exemplo de mais uma das condições da ação executiva, não previstas no CPC. Esta é nossa percepção, confortada pelos comentários de Carlos Roberto Lofego Caníbal,[158] lecionando deva ser o exeqüente declarado carecedor de ação, uma vez não atendido o disposto no referido artigo.

Arrostadas estas questões preliminares, devemos focar nossas observações para as questões específicas da execução. Isto decorre de sua funcionabilidade e dos objetivos perseguidos pelo processo executivo. Devemos enfrentar, destarte os requisitos específicos.

---

[158] CANÍBAL, Lofego. As Condições da Ação e a Execução Hipotecária Regida pela Lei n° 5.741/71, *Ajuris*, n. 30, p. 158. "Assim, conclui-se, não comprovada pelo credor a expedição, e recepção pelo devedor, dos avisos exigidos pela lei, é de ser julgado carecedor de ação por não satisfeita a exigência contida no artigo 2°, IV, da Lei n. 5741/71. A qual se erige, em virtude da própria exigência legal intrínseca, em especial condição da execução hipotecária forçada como imperativo categórico".

IV – Requisitos Específicos da Execução

1. Título executivo

Até o presente momento, como consectário lógico de um estudo sistemático, desenvolveram-se idéias gerais e inter-relacionadas. Há algumas premissas sobre os pressupostos e as condições da ação, que servem, inexoravelmente, para todos os tipos de procedimentos constantes na legislação vigente. Resta agora enfrentar aqueles específicos, ou seja, aqueles só necessários ao processo de execução; pela natureza do estado das coisas, são imperativos para a existência, validade e desenvolvimento regular do processo executivo. Está-se falando do título executivo e do inadimplemento. Sem preocupação com hierarquia, tendo como base uma escolha arbitrária, inicia-se pela visitação ao título executivo.

Prevê o artigo 583 do CPC[159] que toda execução tem por base um título executivo, judicial ou extrajudicial; assim, o título é pressuposto legal da execução: legal, porque só a Lei o cria. A maioria da doutrina especializada, notadamente a nacional, quando enfrenta o tema, normalmente age perfunctoriamente, pois não se verga à necessidade de investigar a evolução histórica, conceituando-o e compreendendo-o no estado evolutivo encontrado. Poucas vezes buscam-se nas raízes as explicações para as diversas dificuldades encontradas no curso de seu manejo e aplicação como gerador do processo de execução: há necessidade de avanço.

Ab initio, deve-se gizar que, etimologicamente, a palavra *título* pode oferecer significados diversos. Os mais importantes, a nosso ver, são aqueles que: a) encerram um significado material; b) encerram significado formal. São expoentes do primeiro a qualidade e condições atribuídas ao direito material que o título materializa. Traduz o segundo significado a idéia de forma, de instrumentalidade, ou seja, é o continente e não o conteúdo reservado à primeira idéia. Com efeito, para o estudo, devem-se conciliar tais premissas e examiná-las conjuntamente, pois, para o processo de execução, conforme a Lei, há

---

[159] "A execução para cobrança de crédito fundar-se-á sempre em título líquido, certo e exigível".

necessidade de conteúdo, mas também o continente é fundamental para o exercício da função específica de aparelhar a execução.

Para a formação do título executivo moderno, dois grandes fatores contribuíram, como leciona José Alberto dos Reis:[160] o direito romano e o direito germânico. Destas duas grandes escolas do direito ocidental obteve-se o que modernamente se convencionou chamar de título executivo.

O título executivo é o somatório da certeza do ato jurídico e do documento, tornando-se assim, requisito obrigatório da execução. Sua evolução deita raízes, no primeiro momento, no multissecular direito romano até a sua queda no ocidente provocada pela invasão bárbara, quando passou a sofrer influências do direito germânico.

No primeiro período romano, conhecido como *legis actiones*, não se conhecia o título executivo como necessário à execução; era apenas necessária uma sentença de condenação. Se o devedor condenado não cumprisse espontaneamente o julgado, passados trinta dias, o credor podia levá-lo novamente a juízo. Deve ser observado, nesse período e no seguinte do direito romano, que apenas o pretor era autoridade pública. O *iudex* não; era privado e não pertencia aos quadros públicos. Tem-se hoje situação semelhante, com os "juízes leigos", nos Juizados especiais. A justiça era parcialmente privada, pois o *iudex* era um particular a quem as partes submetiam suas demandas. Tal justificativa pode subsidiar a inteligência da não existência de uma execução forçada de caráter substitutivo, como mais tarde operou-se. A sentença condenatória agravava-se a cada nova *actio* proposta.

No segundo período, também conhecido de formulário, substituiu-se a *legis actiones* e intensificou-se a humanização da execução, mas permanecia a necessidade de uma nova ação, uma nova *actio iudicati*, quando não houvesse cumprimento espontâneo da obrigação. A figura do título executivo não permeava a cultura florescente dos romanos.

O último período de Roma, aquele conhecido de pós-clássico, no qual se desenvolveu a jurisdição como função puramente estatal, criaram-se as execuções em espécies e também não se cultuou a figura do título executivo. Parece, como denuncia José Alberto dos Reis,[161] que o espírito dos jurisconsultos romanos repugnava a idéia de haver meios coercitivos contra os devedores, sem esgotar os meios de defesa,

---

[160] REIS, José Alberto dos. *Op. cit.*, p. 69. "O título executivo, na sua configuração actual, é o produto de uma longa e laboriosa evolução histórica. Dois factores contribuíram fundamentalmente para a sua elaboração: o direito romano e o direito germânico".

[161] REIS, José Alberto dos. *Op. cit.*, p. 72. "Parece que à mentalidade dos jurisconsultos romanos repugnava a idéia de que se pudesse por em prática meios coercitivos contra o devedor sem que lhe oferecesse previamente o ensejo de fazer valer as suas razões. Quer dizer, é manifesto, no direito romano, o predomínio do processo de declaração ou de conhecimento sobre o processo de execução; a preocupação da defesa do devedor prevalece sobre a protecção do direito do credor. O ambiente jurídico era, pois, hostil à germinação do conceito de título executivo".

predominando o processo de conhecimento ao de execução; neste ambiente hostil, não havia clima para germinar a figura do título executivo. A execução, por ser ato de império, era privativa do *praetor*.

No período germânico, prevaleceu o individualismo bárbaro daquele povo primitivo e atrasado intelectualmente, em que se protegia excessivamente o credor, sancionando-se o uso da força para realizar os direitos porventura não satisfeitos espontaneamente. Não havendo o pagamento, o emprego da força resolvia a pendência, sendo desnecessário recorrer ao poder público. Nesse período, reinava com supremacia o processo de execução em desfavor do de cognição, aparecendo apenas em eventual contestação. Os limites eram raros e não passavam de questões formais; bastava simples afirmação e realizava-se o direito.

Nesta atmosfera de força e arbitrariedade, não podia germinar o título executivo. Desnecessário, portanto, tal instrumento.

O ressurgimento do Direito Justineaneu pôs a nu o paradoxo das duas correntes. A romana, voltada para o intelecto, isto é, a cognição; a germânica, envolvida pela execução direta, em detrimento daquela. O moderno título executivo, como leciona José Alberto dos Reis,[162] não é senão o produto destas duas correntes: nasceu com o escopo de apaziguá-las, de buscar o ponto de equilíbrio entre a cognição desmedida e a execução exasperada. Ou, como Chiovenda,[163] de ser o título executivo uma simplificação necessariamente imposta pelo interesse geral, principalmente na rapidez, pois dispensa a cognição, como os extrajudiciais, com o fim de certificar a existência da ação executória.

A primeira modalidade conhecida é o título executivo judicial, ou seja, a sentença decorrente do *officium iudicis*, cujo preceito continha uma condenação; se não observada pelo condenado, prosseguia-se com a execução. Tal movimento operou-se na Itália e é, em linhas gerais, o embrião do título executivo moderno.

Como segunda modalidade de título conhecido, têm-se os extrajudiciais. Em razão do comércio florescente da Idade Média, sua imposição, a fim de dar segurança e rapidez ao tráfico jurídico dos negócios da época, servia de instrumento para materializar a confiança existente entre as partes. Sua origem se confunde com a do crédito. Possuíam a faculdade de aparelhar a execução, isto é, proporcionavam aos seus portadores que fizessem a execução com a simples apresentação do

---

[162] REIS, José Alberto dos. *Op. cit.*, p. 73. "O moderno título executivo não é senão o compromisso entre estas duas correntes, o produto de encontro das duas concepções opostas. Um tendia fazer prevalecer o processo de declaração sobre o processo executivo, com manifesta vantagem para o devedor; a outra tendia, ao contrário, a dar predomínio à ação executiva, e portanto favorecer ao credor".

[163] CHIOVENDA, Giuseppe. *Op. cit.*, vol I, p. 310. "O título executório moderno representa uma simplificação imposta pelo interesse geral na rapidez das execuções, desde que dispensa a necessidade de nova cognição do juiz com o fim de certificar a existência atual da ação executória e permite ao credor reclamar diretamente do órgão próprio o ato executivo".

A Coisa Julgada na Exceção de Executividade

título com a inicial, não carecendo de cognição prévia. Como doutrina Costa e Silva,[164] os títulos extrajudiciais foram equiparados aos judiciais para efeito da execução forçada.

1.1. Natureza jurídica

O primeiro desafio visível é, na verdade, obter um conceito capaz de retratar com fidelidade toda extensão e profundidade do título executivo, o qual consiga traduzir sua natureza jurídica, sua eficácia, seu conteúdo e sua finalidade para o processo moderno.

Várias teorias criaram-se em redor da natureza jurídica do título, e, como não poderia deixar de ser, na sua maioria absoluta são de produção da doutrina italiana, até porque foi aquele país o berço para sua criação. Todas elas, entretanto, debatem-se em torno de um eixo comum, pois se debruçam a oferecer conceitos ora de ato ora de documento. É consabido, pela evolução dos estudos sobre o tema, que tanto uma (ato) como a outra (fato) concepção, se tomada de forma isolada, não satisfaz. Todavia, se estudada de forma conjunta, abstraindo-se, desprendendo-se dos conceitos individuais para formar uma nova categoria de ato-documento, certamente, se não satisfaz por inteiro, no mínimo é eficiente para responder a uma série de indagações e questionamentos no âmbito do processo de execução.

As tentativas de isolar de forma científica a natureza jurídica do título executivo remonta a autores prechiovendianos, como nos demonstra Mazzarella,[165] mas resumiam-se a expressar a idéia de função mormente voltada a provar obrigações.

Chiovenda[166] tratou do assunto, na virada do século XIX, colocando como relevo à necessidade de, em todo o título executivo, haver o elemento formal e o substancial. O elemento normativo é a vontade da lei; e o elemento substancial é o ato jurídico; por fim, o elemento formal

---

[164] COSTA E SILVA, Antônio Carlos. *Tratado do Processo de Execução*, 1986, p. 129. "Assim, os instrumentos extrajudiciais foram equiparados à sentença condenatória, gozando da mesma execução aparelhada atribuída aos julgados, que, conforme vimos, eram executados, de princípio, através do retorno da *actio judicati*, depois, diante da reação dos práticos, com a nova doutrina de Martino da Fano, mediante a execução *officio judicis*".

[165] MAZZARELLA, Ferdinando. *Contributo allo Estudio del Título Esecutivo*, 1965, p. 9. "Ciò che accade di notare nelle esposizioni esegethiche della legge ad opera degli antichi scrittori prechiovendiani, è che l'idea unitaria di 'título esecutivo' vi è espressa quasi sempre in termini di funzione".

[166] CHIOVENDA, Giuseppe. *Instituições de Processo Civil*, 1965, vol I ps. 309 e 310. "Consiste o título, necessariamente, num documento escrito, do qual resulte uma vontade concreta de lei que garanta um bem. Normalmente, é uma provisão jurisdicional destinada, exatamente, a certificar essa vontade, como vimos até agora. Excepcionalmente, é um ato administrativo ou um contrato, mas de tal forma claro e simples, que dele se possa depreender, embora não certificada, a vontade concreta da lei".

é o documento propriamente dito. Em seu discurso, todos estes elementos se encadeiam, formando um todo único denominado título executivo, requisito ou condição obrigatória de qualquer execução. É composto por um documento escrito, cujo conteúdo obrigacional decorre da lei, podendo ser judicial, administrativo ou negocial.

Outros grandes processualistas tentaram explicar a natureza jurídica do título executivo. Carlos Furno[167] define-o como o ato de acertamento de direito material. Afirma ser esta a principal qualidade do título executivo, pois decorre da lei tal deferência, não sendo, destarte, necessário um processo de acertamento anterior a execuções, pois o título já contém este componente. Tenta englobar em sua definição ambas as modalidades de títulos, mas vincula sua teoria à existência do direito material, pelo que foi criticado, tendo em vista a inquestionável autonomia do processo de execução.

Não resta dúvida, entretanto, que Furno centra sua idéia no ato, e não no fato. Marcelo Guerra[168] afirma ser de Furno a primeira formulação sistemática de explicar o título executivo como sendo ato de acertamento capaz de dispensar a cognição para possibilitar e justificar os atos da execução.

Sem descurar o valor científico das escolas prechiovendianas, ou mesmo de autores mais modernos como os antes citados, a polêmica entre Carnelutti e Liebman sobre a natureza jurídica do título, em que o primeiro atribui ao título a condição de documento (fato) e o segundo, a condição de ato, previsto na lei, e, portanto, ato legal, provocou uma busca inconteste à sistematização científica da natureza/conceito de título executivo.

Para Carnelutti, o título executivo é o documento cuja finalidade é a prova legal do crédito. A forma é considerada também, pois, em certa passagem, chegou a afirmar que o título executivo é o "bilhete de viagem" para o ingresso no processo de execução.[169] Atribui a função de prova legal, pois sindicou qual a função da cognição no processo declaratório detentor do escopo de produzir o título executivo judicial. Tratou em paralelo da formação dos títulos extrajudiciais, que recebem da lei a força de serem executivos, pois encerram a prova do direito material posto. O órgão executivo só está habilitado a prestar jurisdi-

---

[167] FURNO, Carlos. Condena e Título Esecutivo. *Rivista Italiana per la Scienza Giuridiche*, n. 137, p. 97. "La legge non accorda la tutela esecutiva, se non in ordini a rapporti che risultano di fronte ad esse accerttati in modo particolarmente sicuro".

[168] GUERRA, Marcelo. *Op. cit.*, p. 91. "É de Furno a primeira formulação sistemática e largamente fundamentada da concepção que vê no título executivo um 'ato de certificação' (*accertamento*) da situação jurídica material".

[169] SHIMURA, Sérgio. *Título Executivo*, 1997, p. 88. "Pela teoria carneluttiana, o título executivo é como um bilhete de viagem, que deve ser apresentado por quem pretenda ingressar no recinto da execução, de modo que o ofício jurisdicional não seja ativado em benefício de quem não se apresentar munido de um título. Portanto, o título executivo é como um bilhete de viagem, uma prova documental".

A Coisa Julgada na Exceção de Executividade

ção quando o requerente estiver munido de um documento com força probante; do contrário, não lhe será lícito prosseguir na ação executiva.

Preocupou-se Carnelutti com a unificação de conceitos. Sua aspiração foi a unidade conceitual tão almejada, chegando, inclusive, a basear-se na teoria geral do direito, e com isso desfocando a noção do particular executivo.

Mesmo do alto de sua autoridade, não escapou imune às críticas. Sua teoria definitivamente possui defeitos. Estes foram denunciados por Liebman – com razão, a nosso juízo. Por outro lado, a par das críticas, também contribuiu o mestre peninsular para a consolidação da natureza jurídica do título: criou em contraposição às idéias Carnelutianas baseadas na prova, sua teoria, defendendo não ser apenas uma prova, mas um fato jurídico capaz de ligar o fato à eficácia sancionatária atribuída pela Lei.

Para Liebman,[170] o título executivo é um ato jurídico no qual se incorpora a sanção prevista em lei, não é prova, pois desta não há necessidade; é, destarte, o produto de atos cuja existência tornam muito provável o crédito. Desta forma, se justifica politicamente a autonomia da execução, tendo no título a fonte imediata, autônoma e direta. É a chamada teoria do ato, para qual o título é o ato a quem a lei liga a eficácia de aplicar a vontade e a sanção. Dois elementos se destacam nesta concepção: o ato propriamente dito, em contraposição ao documento, e o elemento sanção integrante do conteúdo do título. É a teoria para a qual a ligação por força da lei entre o ato e a sanção, estabelecida legislativamente, significa a justificativa da execução, cuja sanção o título encerra em seu bojo, e se dinamiza através do inadimplemento.

Ao longo da história, Liebman recebeu e recebe críticas pela sua construção dogmática eurocentrista sobre o título executivo. A primeira grande objeção feita à sua teoria é que, na realidade, ela foi concebida tendo em vista apenas os títulos judiciais, não se prestando, em muitas circunstâncias, para explicar cientificamente e de forma geral fenômenos decorrentes dos títulos executivos extrajudiciais.

A segunda objeção que lhe faz a doutrina, inclusive de forma aguda é a de que, quando se fala em ato jurídico tem-se a idéia de que tais atos decorrem da vontade das partes – situação incompatível para explicar a natureza jurídica do título executivo. Neste, a vontade das partes não é relevante para sua constituição, mas sim a vontade da lei. Em qualquer caso, é a lei que cria o título executivo, ou pela jurisdição – que é a aplicação da lei em concreto – ou pela lei ordinária – que

---

[170] LIEBMAN, Enrico Tullio. *Processo de Execução*, 1980, p. 22 "Por conseguinte, o título não é prova do crédito, porque desta prova não há necessidade. O crédito é motivo indireto e remoto da execução, mas o fundamento direto, a base imediata desta é o título e só ele. Nisto reside a autonomia da ação executória que decorre do título, que não é condicionada nem pela existência, nem pela prova do crédito. Sem dúvida, a lei atribui esta eficácia a atos, cuja simples existência torna sumamente provável a existência do crédito".

atribui faculdade ao particular de se valer dos títulos executivos extrajudiciais. Administrativamente, ainda pode-se criar um título capaz de eficazmente exigir-se, através da tutela jurisdicional do Estado, o cumprimento da obrigação, legitimando o ingresso coativo no patrimônio do devedor, para de lá retirar quantia suficiente para satisfazer o crédito posto em juízo.

O crédito ou a obrigação constante do título com este (título) não se confunde. Poderá haver ato (obrigação), sem haver a formação de título. O negócio jurídico será válido, mas o credor não poderá lhe exigir o cumprimento executivamente por não estar este negócio materializado em um título. Da análise desses termos, verifica-se que a teoria do ato preconizado pelo mestre italiano se fragiliza em demasia. Não é possível confinar conceitos científicos, isolar fenômenos, sem ter uma perfeita visão do todo, sob pena de destruirmos toda uma idealização com respeito a este ou àquele instituto jurídico.

Pensa-se, na esteira da melhor doutrina, que na verdade não se explica adequadamente o fato de o título executivo estar ancorado apenas na justificativa do ato jurídico, pois não se compreenderá de forma adequada e completa qual é efetivamente a natureza jurídica do título, a explicar satisfatoriamente o poder de desencadear a função executiva.

Ainda há que se considerar, na busca da perfeita natureza jurídica do título executivo, dois estudos do direito italiano, recepcionados pela doutrina nacional, que são fundamentais para a exata compreensão do tema. O primeiro deles de Italo Andolina, criador da teoria eclética, ensina não ser o título apenas um documento, um ato, ou prova do crédito, nem tampouco prova legal, mas sim um somatório dessas duas constantes, sendo este o paradigma funcional do título. Empresta o ato-documento a executividade necessária a aparelhar o processo executivo e explica a autonomia deste. O segundo de Gian Antonio Micheli para quem o título executivo contempla tanto o plano do direito material quanto o do processual.

Na verdade, Andolina[171] vê a natureza jurídica do título através da teoria eclética, ou seja, reúne em um só conceito dois outros que isoladamente deixam a desejar, quando observados em separado, ato e documento.

Por outro lado, haure-se de Gian Antonio Micheli[172] o ensinamento de que o título executivo deve afinar-se com os dois planos, o do

---

[171] ANDOLINA, Italo. *Cognizione ed Esecuzione Forzata Nel Sistema della Tutela Giurisdicionale*, 1983, p. 52. "Posto, quindi, che il titolo esecutivo è 'ato' o 'documento' o 'ato+documento' nella misura in cui l'efficacia formale di esso è riconducibile all'atto, al documento, o all'uno e all'altro ad un medesimo tempo (e, conseguentemente, che compito dell'intérprete è di individuare prima il paradigma funzionale del titolo esecutivo e di stabilire poi che cosa è rilevante in ordine a tale paradigma funzionali del titolo esecutivo e di stabilire poi che cosa è rilevante in ordine a tale paradigma), giova ulteriormente preméttere che l'efficacia – di cui bisogn a queste fine ter en conto – è esclusivamente quella che il titolo esecutivo spiega nell'ambito del processo di esecuzioone forzata".

[172] MICHELI, Gian Antonio. *Esecuzione Forzata*, 1977, p. 20.

direito material e o do direito processual. Neste, observar-se as regularidades formais, verificadas tanto nos judiciais quanto nos extrajudiciais; naquele, as questões relativas ao conteúdo e à certeza, mesmo que relativa, e aparente. Todavia é inoportuno, como escreve Carlos Alberto Alvaro de Oliveira,[173] qualificar o título como documento ou como ato individualmente; este deve ser conceituado em ambos os aspectos, constituindo uma unidade incindível. Estes ensinamentos são seguidos na esteira da doutrina italiana, pela grande maioria dos cultores do processo de execução também no Brasil, v.g. Dinamarco,[174] Alcides Mendonça Lima,[175] Antônio Carlos Costa e Silva,[176] Humberto Theodoro Júnior,[177] Araken de Assis,[178] dentre tantos outros.

Estudo nesse sentido, mesmo perfunctório, é imperioso para o objetivo de explicar satisfatoriamente o axioma *nulla executio sine título* e informar as razões pelas quais o Estado pode outorgar ao conteúdo do título sanção, assim como representar uma certeza a ponto de não exigir uma cognição anterior à execução. O exame dos dois momentos do título é importante para a investigação. As questões formais decorrentes da lei devem ser sindicadas através do exame direto do título. As questões substanciais agem como causa remota; devem, da mesma forma, ser acostadas através do documento que as encerra. Continente e conteúdo devem ser perfeitos e harmônicos para obter o ingresso, com êxito, no mundo da execução.

1.2. Conteúdo do título executivo

Tanto como documento ou como ato, deve o título executivo possuir um conteúdo mínimo. Tal requisito decorre da lei. Requisitos intrínsecos e extrínsecos são necessários para a completude do tipo legal, a preencher o modelo autorizador de impulsionar a execução.

---

[173] OLIVEIRA, Carlos Alberto Alvaro. Título Executivo. *Elementos para Uma Nova Teoria Geral do Processo*, 1997, p. 356. "No plano material situa-se a questão da declaração de certeza (relativa) que tanto pode provir do órgão jurisdicional, no processo de conhecimento, quanto do particular. No plano processual interessa o documento perfilhado de certos requisitos formais prescritos *ad hoc*, sem os quais não se abre a porta do procedimento de execução".

[174] DINAMARCO, Cândido. *Op. cit.*, p. 453.

[175] LIMA, Alcides Mendonça. *Op. cit.*, p. 306. "A doutrina Brasileira também admite a situação híbrida entre o documento e o ato, embora baseando-se apenas na sentença, que era o único título conhecido no Código de 1939, para justificar a execução".

[176] COSTA E SILVA, Antônio Carlos. D*a Jurisdição Executiva e dos Pressupostos da Execução Civil*, 1980, p. 151. "Juridicamente, o Título de Execução não é somente um documento (continente), a fazer prova legal da existência de um ato jurídico sentencial ou negocial. Nem, tampouco, um ato jurídico (conteúdo) pelo qual uma determinada pessoa fica obrigada a um dever prestar em benefício de outra. É uma conjugação desses dois elementos, porquanto representa um documento que tem um conteúdo, um ato jurídico".

[177] THEODORO JÚNIOR, Humberto. *Op. cit.*, p. 132.

[178] ASSIS, Araken de. *Op. cit.*, p.118-21.

O título deve possibilitar a identificação das partes; exeqüente e executado são apurados pelo título. Deve também identificar o tipo de obrigação – pagar, dar ou fazer. No fundo, como leciona Sérgio Shimura,[179] o título identifica os requisitos necessários e suficientes para a ação de execução.

A identificação das partes, limitando subjetivamente a execução, diz respeito à condição da ação, vista como legitimidade *ad causam*. Como tal, examina-se a possibilidade de ser originária, subsidiária, concorrente, conforme previsão legal dos artigos 566 a 568 do CPC, cuja inobservância poderá decretar, através do incidente de exceção de executividade, a declaração de extinção do feito, com grandes possibilidades de produção de coisa julgada material, como será visto.

Também identifica o resultado perseguido na execução, isto é, afirma se a execução será para pagamento de quantia, de entrega de coisa, ou de fazer. Estará estampado no título qual o tipo de pedido mediato que o autor fará. Esse requisito diz respeito diretamente ao princípio da adequação, vista também como pressuposto processual, ou como condição, no dizer de Dinamarco.

Por fim, deve-se salientar que um dos conteúdos experimentados pelo título executivo é o de identificar e limitar a responsabilidade. Isto é, *a contrario sensu*, a limitação da pretensão, como diz Sérgio Shimura,[180] pois bitola o objeto do direito perseguido, seguindo o princípio da menor gravosidade presente no direito processual brasileiro.

1.3. Requisitos do título executivo

O conteúdo do artigo 586 do CPC oferece, com clareza, os requisitos necessários ao título. Diz o artigo sob comento que a execução de créditos fundar-se-á sempre em título certo, líquido e exigível. Nesta ordem de idéias, destarte, não oferece desconforto algum a afirmação da obrigatoriedade do título, para possuir eficácia autorizativa ao ingresso no habitáculo do processo de execução, ser certo, líquido e exigível. Não está a se falar, evidentemente, sobre o direito posto em juízo, mas apenas, e somente, no título, na sua parte documental, onde se estampa o direito pleiteado.

---

[179] SHIMURA, Sérgio. *Op. cit.*, p. 131. "De todo o modo, no título executivo, haveremos de encontrar a identificação das partes, a natureza e limites da pretensão e a delimitação da responsabilidade. No fundo, o título representa o requisito necessário, mas também suficiente à ação executiva".

[180] SHIMURA, Sérgio. *Op. cit.*, p. 132. "Se, de um lado, o título é requisito indispensável para qualquer execução, de outro, constitui fator limitativo da pretensão do exeqüente. Este encontra no próprio título os limites de sua pretensão".

Não se pode olvidar as dificuldades encontradas pela doutrina em fixar um significado unívoco para tais termos. Como adverte Dinamarco,[181] inexiste acordo de pensamento acerca da significação. Tanto certeza, liquidez, como exigibilidade podem acarretar uma grande armadilha para o exegeta, se aplicados inadequadamente. A própria natureza jurídica do título ou, como queiram, a sua conceituação, como se viu, é pródiga em apresentar ramificações capazes de provocar no observador dúvidas quanto a sua exata dimensão. De uma forma ou de outra, há a necessidade de fixar um conceito para cada um dos requisitos, porque tal bitolamento será importante para o desiderato, pois não se pode esquecer que a ausência de qualquer um deles poderá fornecer material robusto para a manifestação da exceção de executividade.

Deve-se aludir às várias classificações dos requisitos dos títulos executivos. Uma das mais respeitadas, haurida dos ensinamentos de Chiovenda,[182] é a da divisão em substanciais e formais, doutrina chancelada também por Costa e Silva,[183] acrescentando-se, na esteira de Carnelutti, os requisitos mediatos e imediatos.

É conveniente relembrar a lição de Chiovenda[184] para quem os requisitos substanciais são a definitividade (significando não estar mais título executivo sujeito a impugnações) a conclusividade, a exprimir a idéia de completude (aquela que exprime liquidez) e a incondicionalidade (significando a declaração de não depender de condição ou termo). No aspecto formal, a escrita exprime o conteúdo, a autenticidade no sentido de conter a legalidade exigida pela Lei para sua constituição e a executoriedade, isto é, a sanção estatal atribuída ao título a justificar-lhe a executividade.

Sem prejuízo da enorme contribuição chiovendiana, nosso CPC, como antes referido, adota a classificação substancial carneluttiana, da certeza, liquidez e exigibilidade.

1.3.1. Certeza

Através de escolha arbitrária, inicia-se, sem preocupação hierárquica, por investigar o elemento certeza. O objetivo é o de fixar um contorno capaz de elidir dúvidas sobre o conteúdo e finalidade para efeito do processo executivo, onde o título deve, por força de lei, ser completo, tanto substancialmente quanto formalmente.

---

[181] DINAMARCO, Cândido. *Op. cit.*, p. 485. "Inexiste acordo de pensamentos na doutrina acerca desses conceitos, nem uniformidade nos textos legais, no emprego desses vocábulos. Com muita freqüência, força-se o entendimento de que na certeza, ou na liquidez, ou em ambas, está também contida a idéia de exigibilidade ou a de efetiva existência do direito subjetivo material".

[182] CHIOVENDA, Giuseppe. *Op. cit.*, p. 323-9.

[183] COSTA E SILVA, Antônio Carlos. *Op. cit.*, p. 152-7.

[184] CHIOVENDA, Giuseppe. *Op. cit.*, p. 323-5.

A frase de Pontes de Miranda[185] é emblemática a traduzir com exatidão a idéia de certeza. *Certeza do crédito é a ausência de dúvida quanto à sua existência tal como está no título executivo (...).* O contido no artigo 1533 do C.C.B. revogado informa o alcance da certeza quando se fala em título executivo. A idéia é relacionada com a certeza quanto à existência. Resta agora saber qual o alcance da Lei: se a certeza é formal ou substancial. A doutrina se divide. Sérgio Shimura[186] afirma categoricamente que se revela certo o título quando existente pelo prisma formal do documento. Isto é certeza formal, pois, como adverte Araken de Assis,[187] descendo à substância do ato, tudo se altera.

A verificação do direito veiculado pelo título, em cognição rarefeita, *ab initio executivo,* se mostra de um todo inviável. Tal verificação está reservada para uma outra oportunidade processual, que tanto poderá ocorrer nos embargos ou na impugnação – dependendo do conjunto probatório pretendido – ou até mesmo em exceção de executividade, quando a prova for sumária ou depender de simples verificação de fato desconstitutivo do direito posto em causa. A certeza não é auferida através de um estágio subjetivo, mas objetivo, quanto à existência do próprio título-documento, oferecendo um grau muito grande de probabilidade de conduzir consigo um direito subjetivo, entretanto de difícil verificação *a priori.* Basta o título oferecer elementos capazes de identificar os sujeitos e o objeto, para estarem os requisitos de certeza obedecidos, como leciona Alcides Mendonça Lima.[188]

Ao arremate, inevitável afirmar, como leciona Rocco,[189] ser a certeza exigida pela lei uma certeza presuntiva. A existência formal do título reclama todos os elementos extrínsecos, (seja o judicial ou extrajudicial), capaz de fazer com que o órgão jurisdicional presuma ser título portador de um direito inconteste, bastando, para tal, um exame perfunctório sobre o preenchimento dos requisitos formais, não

---

[185] MIRANDA, Francisco Cavalcanti Pontes de. *Comentários ao CPC*, Tomo IX, 1976, p. 378. "Certeza do crédito é ausência de dúvida quanto à sua existência, tal como está no título executivo extrajudicial, posto que, nos embargos do devedor possa esse alegar causa impeditiva, modificativa ou extintiva da obrigação, se superveniente à sentença".

[186] SHIMURA, Sérgio. *Op. cit.*, p. 136. "A certeza do título liga-se à sua existência. É certo quando em face do título, ao prisma formal do documento, não há controvérsia sobre a sua existência (do título)".

[187] ASSIS, Araken de. *Op. cit.*, p. 125. "Descendo à substância do ato, todavia tudo se altera. Exceção feita à adequação do documento aos seus requisitos extrínsecos, a cognição rala da fase introdutória da demanda desautoriza juízo negativo quanto a inexistência do direito".

[188] LIMA, Alcides Mendonça. *Op. cit.*, p. 464. "Se o título oferece elementos quanto aos sujeitos da relação jurídica (credor devedor) e igualmente quanto ao objeto devido (seja uma *res*, uma *pecunia*, um *facere* ou um *non facere*) o requisito da certeza está obedecido".

[189] ROCCO, Ugo. *Op. cit.*, p. 135. "Consacrare, e quindi, contenere un accertamento ed una certezza semplicemente presuntiva del diritto sostanziale e dell'obbligo correlativo, derivante da um documento stragiudiziale, che per i suoi requisiti formali (cambiale) ovvero per l'organo che l'há formato (atto pubblico) e l'há emanato (autorità amministrativa), dia una sufficiente certezza e probabilità di effetiva esistenza".

sendo necessária uma investigação vertical da verdadeira existência do direito contido no título.

1.3.2. Liquidez

O próximo elemento tido como balizador para ser o título hábil a aparelhar uma execução, conforme previsto no artigo 586 do CPC, é a liquidez. Não restam querelas quanto a tal conceito. *A fortiori*, apresenta-se com evidência e utilidade o comando do artigo 1533 do CCB revogado, para identificar, com precisão, o significado de liquidez. Destarte, é num conceito técnico jurídico. Diz o artigo supra: *"Considera-se líquida a obrigação certa, quanto à sua existência e determinada quanto ao seu objeto"*.Este é o conceito de liquidez. Tal comando, gize-se, não foi reproduzido pelo atual CCB.

A presença do *quantum debeatur* no título é desnecessária; basta ter os elementos (objeto) para encontrá-lo. O fato de não conter quantia determinada não retira a liquidez de um título. A apuração do valor devido pode-se dar através de operações matemáticas, sem macular o conceito de liquidez. A necessidade de atualização dos valores de acréscimo de juros não retiram sua qualidade.

O dispositivo em apreço requer apenas a indicação da quantidade, da qualidade e do objeto devido; presentes estes elementos, estará presente a liquidez. É indubitável que o conceito de certeza deve preceder o de liquidez; se não for possível precisar a existência concreta da obrigação, impossível será precisar sua liquidez.

Destaque deve ser dado ao requisito liquidez quando estiver diante de sentenças, tidas como títulos executivos art. 475-N (ex-584) do CPC, quando proferidas de forma ilíquida, exceto no procedimento sumário (§ 3º do art. 475-A). O sistema admite a possibilidade de ser proferida uma sentença não líquida. A justificativa está no artigo 286 do CPC, que permite pedido genérico e, conseqüentemente, provocará uma sentença genérica, que deverá ser liquidada na forma dos artigos 475-A[190] e seguintes (ex-603 e seguintes) do CPC.

De outra banda, ante um título extrajudicial, este sempre deverá ser líquido; todavia, não necessariamente deverá conter um valor determinado, mas deverá, isto sim, possuir elementos atribuindo a quantidade, a qualidade e determinando objeto, nada mais.

---

[190] Art. 475-A. Quando a sentença não determinar o valor devido, procede-se à sua liquidação.

§ 1º Do requerimento de liquidação de sentença será a parte intimada, na pessoa de seu advogado.

§ 2º A liquidação poderá ser requerida na pendência de recurso, processando-se em autos apartados, no juízo de origem, cumprindo ao liquidante instruir o pedido com cópias das peças processuais pertinentes.

§ 3º Nos processos sob procedimento comum sumário, referidos no art. 275, inciso II, alíneas d e e desta Lei, é defesa a sentença ilíquida, cumprindo ao juiz, se for o caso, fixar de plano, a seu prudente critério, o valor devido.

Ao final, deve-se pôr em relevo a existência e a possibilidade de indexadores nos títulos executivos que não lhes retirem a liquidez, pois estão completos com a determinação do objeto, podendo-se obter o *quantum debeatur* através de um simples cálculo aritmético, suficientemente certo para o atendimento do artigo 259, apurados na forma do artigo 475-B,[191] ex-604, ambos do CPC.

1.3.3. Exigibilidade

Ainda em destaque o último elemento, estranho ao título, porque não pertence à sua constituição, mas apenas deve ser sindicável através dele. Haverá hipóteses, nas quais a pretensão ao direito estará presente, mas não será exeqüível, v.g., o contrato de confissão vencido mas com falta da assinatura das duas testemunhas, neste caso, porque a Lei exige a formalidade. Em contraposição, os títulos serão executivos mesmo ainda não vencidos. Pelo fato de não estarem vencidos, não perdem a condição de título executivo. Assim, elementar afirmar, na esteira de Sérgio Shimura,[192] que a exigibilidade não é característica intrínseca do título, mas é pertinente à necessidade concreta da jurisdição.

O tema sob enfoque está diretamente ligado ao interesse de agir, pois não o tem quem possui um título executivo não exigível. É uma situação de fato ligada ao direito material, e nele é verificado, como ensina Dinamarco.[193]

O implemento do termo ou condição, previsto no artigo 572 do CPC, é suficiente para tornar um título exigível. O termo verifica-se pelo próprio título, ao contrário da condição, que deve ser provada. Por outro lado, o inadimplemento, cujo tema investigar-se-á a seguir é a causa da exigibilidade. Serve o título também como prova da atualidade da obrigação, isto é, não pesa sobre ela condição e o seu termo já se operou, nos termos da lei civil, artigo 397 do CCB.

Cabe, da mesma forma, salientar a questão da exigibilidade dos títulos executivos judiciais. Não sobram espaços para incerteza sobre a exigibilidade plena com a ocorrência do trânsito em julgado, fator de proteção contra qualquer decisão contrária, em outro processo. Única

---

[191] Art. 475-B. Quando a determinação do valor da condenação depender apenas de cálculo aritmético, o credor requererá o cumprimento da sentença, na forma do art. 475-J desta Lei, instruindo o pedido com a memória discriminada e atualizada do cálculo.

[192] SHIMURA, Sérgio. *Op. cit.*, p. 143. "É dizer, a exigibilidade não é elemento intrínseco do título executivo, como são a liquidez e a certeza. A exigibilidade pertine à necessidade concreta da jurisdição; o título executivo; a adequação da via procedimental".

[193] DINAMARCO, Cândido. *Op. cit.*, p. 408. "O conceito de exigibilidade pertence exclusivamente ao direito substancial e ali deve ser desenvolvido e esclarecido. É segundo os critérios deste, portanto, que se deve verificar, em cada caso concreto, se já chegou o momento do recurso aos órgãos da jurisdição ou se ainda é preciso esperar pela satisfação voluntária".

A Coisa Julgada na Exceção de Executividade

exceção é a opção legislativa de permitir a execução provisória das sentenças, ainda não transitadas em julgado, na forma prevista no artigo 475-A, ex-588 e seguintes, do CPC. Patente está a inexistência de exigibilidade, e, mesmo assim, o legislador autoriza o ingresso no processo executivo, não sem antes limitar a ação do Estado na prestação jurisdicional pleiteada. Limita, como é de conhecimento geral, os atos executórios até aqueles próprios da alienação de domínio. Tal limitação encontra amparo e justificativa na incompletude e inexigibilidade, decorrente da falta dos pressupostos específicos, pela simples razão de, quando da propositura da ação, ainda não haver transitado em julgado a condenação, resalvadas as exceções legais.

1.4. Forma e apresentação do título executivo

A lei é que exclusivamente cria e dá força executiva ao título, definindo o modo pelo qual deve ser apresentado. O artigo 614, I, diz textualmente ser necessário ao exeqüente instruir a inicial com o título, salvo se ela se fundar em sentença. Assim sendo, todo título executivo extrajudicial deve acompanhar a inicial da execução.

Devem ser feitas algumas digressões para averiguar com firmeza questões relacionadas com a forma dos títulos executivos. Quando se tratar de sentença, viu-se acima, não há necessidade de o título acompanhar a inicial, pois a execução se acomodará no próprio processo onde está a sentença condenatória transitada em julgado. Todavia, no caso de execução provisória, há a necessidade da carta de sentença, pois se altera o procedimento, o que ocorre também na execução de sentença penal condenatória em face da alteração da competência do juízo. Já os títulos extrajudiciais requerem maiores cuidados, pois devem sempre acompanhar a inicial, instruindo-a.

De seu turno, as cambiais, por permitirem a transferência por endosso e atribuir a titularidade ao portador, só são tidas como título executivo no original. Os instrumentos públicos, por não possuírem a cambialidade, podem ser carreados aos autos através de certidões que possuem fé pública e são reconhecidos como títulos completos. Da mesma forma, as certidões de dívida ativa independem da originalidade para receberem a chancela legal da qualidade de título executivo.

Os contratos, a seu turno, conforme já decidiu com acerto a jurisprudência, podem ser apresentados por cópias reprográficas, aparentemente contrariando a exigência de apresentação na forma original. Tal justificativa se encontra no exame da natureza funcional predominante do título executivo, que nesses casos não é a de circulação, que, para tal, requer o documento como nas cambiais, mas sim do ato, e, destarte, pode ser exibido por cópia, ou por certidão, resguardadas as cautelas do art. 365 do CPC.

Por derradeiro, deve-se gizar que a regra pertinente à apresentação original do título executivo cede a certas circunstâncias justificadamente por imperativo lógico. Já decidiu o STJ[194] que, em algumas oportunidades, pode ser a execução proposta sem a juntada aos autos do título em original, mesmo sendo este uma cambial. Em casos de ação de busca e apreensão, aparelhada com o título executivo, pode-se intentar a execução com apenas a certidão do inteiro teor, indicando a razão pela qual não se faz a inicial acompanhar do título. Quando houver habilitação em falência ou concordata,[195] e desejar-se executar os coobrigados, pode-se demandar com base na cópia ou certidão do cartório judicial.

1.5. Função

Grande parte dos estudos versando sobre o título possui um escopo principal que é, em termos científicos, identificar sua eficácia para o processo. Isto é, apanhar com precisão a função desse para a execução e para o processo em geral.

O título de crédito tem função – na lição de Humberto Theodoro Júnior,[196] esteiado em Túlio Ascareli – de criar mecanismo de facilitação e circulação dos direitos assegurando uma condição de certeza jurídica. Não é exatamente essa para o processo, nada obstante manter a característica de estampar uma condição de certeza, mesmo de forma relativa a dispensar o procedimento declaratório anterior. Com respeito ao tema, a lei processual separa o título da obrigação por serem coisas diversas. Escreve Sérgio Shimura,[197] a força executiva nasce com a criação do título, no momento da materialização da certeza e da liquidez. Resta apenas ao portador do título aguardar o advento do pressuposto de fato, a exigibilidade, para poder dar início ao processo executivo. Pode-se concluir que a verdadeira função do título executi-

---

[194] STJ – RESP 16.153 – PB – 3ª Turma – Rel. Min. Nilson Naves – DJU 04.05.92. "Execução instruída com cópia do título executivo extrajudicial – 1. Caso em que não houve irregularidade, porquanto o título, no original, encontrava-se habilitado em autos da concordata. 2. Aval. Pode o credor reclamar do avalista, em execução, o pagamento da correção monetária".

[195] Instituto que será, em breve, substituído pela recuperação judicial ou extrajudicial.

[196] THEODORO JÚNIOR, Humberto. *O Contrato de Abertura de Crédito e sua Natureza de Título Executivo*, 1998, p. 289. "A função caracterizadora do título de crédito reside na aptidão de criar um mecanismo que facilita a 'circulação de direito' e que assegura sua realização em condições de certeza jurídica".

[197] SHIMURA, Sérgio. *Op. cit.*, p. 113 "Nesses termos, é legitimo afirmar que a verdadeira função do título executivo é criar a ação executiva. O título tem quanto a ela eficácia constitutiva".

vo é constitutiva, pois, além de constituir o estado jurídico de devedor, ele tem a condição de proporcionar a ação executiva. Não sem razão, portanto, José Alberto dos Reis,[198] ao acrescentar ser a função do título executivo constitutiva, porque ele é que dá vida à execução.

Funções outras também são sindicadas no título, mas nuclearmente a de maior importância é a de viabilizar a execução. Dentro das chamadas funções secundárias, encontra-se a de servir de pressuposto da relação jurídica obrigacional, quando visto sob o enfoque do seu conteúdo substancial, ou de pressuposto da relação jurídica processual, quando vislumbrado na sua forma externa.

Com a formação do título, através da obtenção dos elementos de certeza e de liquidez, fica o obrigado sujeito ao poder conferido pela lei ao credor de lhe exigir, diante do inadimplemento, o cumprimento da obrigação ali constante, através de processo jurisdicional de execução forçada. Assim sendo, o título é fonte para o credor da ação de execução e para o devedor da responsabilidade executiva.

Quanto à eficácia do título, outras variantes encontram-se na doutrina. Uma delas, trazida por Germano Marques da Silva,[199] estribado em Pessoa Jorge, questiona a inteligência da eficácia constitutiva, mas admite a possibilidade de poder provar a constituição do direito. Entretanto, não prova efetivamente a existência desse quando da propositura da ação – no que tem razão o professor português. Por outro lado, a nosso juízo, tal fato não lhe retira o caráter constitutivo. Tal dissensão deve-se ao fato de muito se discutir na doutrina sobre qual a verdadeira natureza do título, se declaratória ou constitutiva. Sob esse aspecto, não causa espécie haver seguidores da concepção declaratória ou simplesmente da função probatória, como esposada pela doutrina do professor lusitano, parecendo estar muito arraigada à idéia da teoria concreta do direito de ação.

É inquestionável que o título autorizador da ação executiva, no exercício de sua função constitutiva, deve estar completo. De outra banda, também não se pode afirmar com caráter de absolutismo ser a simples existência do título capaz de obter eficácia plena da ação executiva. Outras condições, especialmente aquelas conhecidas como condições da ação, devem se fazer presentes para viabilizar ao Estado cumprir seu ofício de prestar a jurisdição. Não parece correto afirmar,

---

[198] REIS, José Alberto dos. *Op. cit.*, p. 112. "A análise da eficácia do título executivo. A eficácia do título pode condensar nesta formula: dá vida à acção executiva. É, por isso, uma eficácia de caracter constitutivo".

[199] SILVA, Germano Marques da. *Curso de Processo Civil Executivo*, 1994, p. 37. "E assim, verdadeiramente, não pode-se dizer que o título tenha uma função constitutiva do direito de acção. O direito de acção executiva nasce da existência de uma obrigação certa e exigível. O título prova sistematicamente que o direito se constituiu, mas não necessariamente que ainda exista no momento da ação executiva".

como fazem Germano Marques, antes citado, e Dinamarco,[200] ser o título necessário, mas não suficiente para surgir em concreto a ação executiva. Na verdade, há um equívoco nessas colocações, ligado à verificação dos fatos constitutivos, modificativos ou desconstitutivos, assim como também ao exame dos pressupostos processuais e condições da ação, operado em sede do processo, uma vez ser possível a propositura da demanda com base em título que não apresenta condições de prosseguimento válido ou regular do processo, tanto nas questões de ordem pública, como nas questões de mérito propriamente ditas. Uma verdade insofismável, para a ocorrência de tais circunstâncias, é estar a demanda em andamento; isto se justifica, pois a ação é autônoma e abstrata, incondicionada inclusive, bastando para o mister a existência do título; em caso contrário, não terá autorização para ingressar no mundo executivo.

Na mesma linha de pensamento está Salvatore Satta,[201] ao afirmar que o título proporciona a legitimação para agir externamente e é prova do ato nele constante, como condição necessária e suficiente para a ação executiva. Também Ugo Rocco,[202] ao enfrentar o tema da eficácia do título executivo, adverte que se deve examiná-lo pelo ângulo do objeto mediato e imediato da ação executiva. Na sua visão, o título tem como função proporcionar o objeto imediato, ou seja, o provimento buscado, mas também o objeto mediato, isto é, o conteúdo de direito substancial perseguido no feito executivo.

Por estas razões, a verdadeira função do título executivo é a constitutiva; não se hesita em afirmar seu ofício de autorizar, de dar vida à ação executiva. Não restam discussões, todavia, quanto à possibilidade de se obstruir o prosseguimento do feito, quando razões de ordem do direito tanto processual (pressupostos) quanto do direito material (condições e mérito) faltarem.

Outras teorias esmeram-se na tentativa de esclarecer a verdadeira função do título executivo, mas todas elas perseguem o mesmo objetivo: apresentam a função potencial de provocar a atividade jurisdicional, v.g., a *teoria da ordem*, que tenta explicar a função da sentença

---

[200] DINAMARCO, Cândido. *Op. cit.*, p. 462. "Na ordem das idéias que vêm sendo expostas neste estudo, o título é absolutamente necessário, mas não suficiente para que surja em concreto a ação executiva. Não é que esta dependa também da existência do direito subjetivo material postulado, o que significaria seu caráter concreto; é ainda no plano do próprio direito processual que vamos encontrar outros requisitos, posto pela lei, sem os quais a ação executiva inexiste".

[201] SATTA, Salvatore. *Op. cit.*, p. 25. "Il titolo, la legittimazione, agisce sempre all'esterno del rapporto, e appunto per questo il documento no è prova del rapporto, ma dell'atto in esso consacrato: e di questa azione esterna, cioè dello svolgimento della legittimazione risultante dal documento, il titolo è condizione necessaria e sufficiente".

[202] ROCCO, Hugo. *Op. cit.*, p. 137. "Ma, la funzione del titolo esecutivo, oltre che, in generale, nei confronti dell'azione esecutiva, deve anche essere esaminata in relazione all'oggetto immediato e mediato dell'azione esecutiva".

A Coisa Julgada na Exceção de Executividade

condenatória, pela ordem exarada pelo magistrado ao juízo da execução, para a realização do direito declarado, como doutrina Costa e Silva,[203] citando Goldschmidt e Helwing.

A mesma sorte têm outras como a do *objeto*, que possui em Carnelutti um de seus defensores, ou a do *acertamento*, afeiçoada de Liebman. Ambas seguem o mesmo caudal das demais e teleologicamente estão compassadas entre si, pois não divergem na substância, mas apenas na maneira da apresentação.

Avança em aguçada observação Araken de Assis,[204] ao afirmar que o título executivo é causa da ação executiva e irradia seus efeitos a três pontos: ao credor, pela disposição da ação, a seu talante; ao Estado, pelo dever de aplicar os meios executórios requeridos pelo credor na demanda executória e, ao devedor, que se submete *tout court*, às conseqüências da demanda proposta.

A ultimar o tema, deve-se confessar a afeição estrênua com a idéia de que, definitivamente o título executivo possui como objetivo principal a nobre função de possibilitar a movimentação da máquina estatal e desencadear a ação executiva, quando a obrigação de direito material não for cumprida espontaneamente, conforme atestada no documento.

1.6. Tipos

Novamente, deve-se jungir a letra da lei, pois é esta a detentora do condão de criar título executivo, derivando daí seu cognome de pressuposto legal. Sendo assim, o CPC é a fonte primeira na enumeração do qual o legislador, em cumprimento de sua política legislativa, considera título executivo, seguindo-se as demais leis.

Verifica-se nos artigos 475-N (ex-584) e 585 do CPC, um vasto elenco de títulos. Os primeiros são chamados judiciais. Os constantes no segundo, denominados de extrajudiciais. Pelo exame histórico, é a sentença o título executivo por excelência. Somente após muitos anos e, por imperativo da dinâmica social, o legislador iniciou timidamente a outorgar a eficácia executiva a outros documentos diversos das sentenças. Entretanto, com a evolução do tráfico jurídico comprimido pelo econômico, diante das alterações sociais, não houve mais como frear a hemorragia legislativa no sentido da criação de mais e mais títulos executivos. A necessidade de escapar do processo cognitivo anterior à

---

[203] COSTA E SILVA, Antônio Carlos. *Op. cit.*, p. 120. "b) é uma ordem que o juiz da cognição exara ao juiz da execução, para que este imponha a atuação da sanção, caso não se registre o cumprimento voluntário da obrigação, por parte do condenado".

[204] ASSIS, Araken de. *Op. cit.*, p. 121. "O título executivo exibe a causa da ação executória. Deverá acompanhar a petição inicial (art. 283). Efeitos deste documento se espraiam em tríplice direção".

execução é a fonte principal de tal comportamento; aliado à velocidade que as relações sociais modernas estão imprimindo, não resta outra alternativa ao legislador senão criar novas espécies de títulos executivos a fim de atender às necessidades dos consumidores da jurisdição.

Parece induvidoso ser o rol de títulos executivos no direito brasileiro imensamente maior do que em outros países, v.g., Itália, Alemanha, Franca, entre outros. *Ad argumentandum*, é de se colorir que até bem pouco tempo não havia entre nós a chamada ação monitória, motivo pelo qual o legislador via-se obrigado a criar instrumentos a emprestar maior celeridade à solução dos conflitos decorrentes das relações jurídicas materiais. Outra alternativa não restou ao legislador, senão a de atribuir executividade a um sem-número de títulos. Os instrumentos contemplados no CPC não conseguem atender a todas as necessidades, não sendo possível, em face disto, evitar-se a criação de novos títulos com características executivas.

A maior parte da doutrina sustenta que o legislador processual elencou os títulos executivos em *numerus clausus*. Tal afirmação deve ser compreendida para evitar sofisma da mensagem proposta pelos seus cultores. Na verdade, como o título executivo é criação da lei, quando mencionado, não se fará de forma exemplificativa, mas sempre taxativa. Em outras palavras, os títulos estão sujeitos à regra da tipicidade, como diz Paulo Henrique do Santos Lucon,[205] não significando a obrigatoriedade da indicação estar concentrada apenas na lei processual.

Além dos artigos citados no CPC, um sem-número de Leis esparsas, tais como a Cédulas (rurais – D.L 167/67, industriais – D.L 413/69, comercias – Lei 6.840/80, hipotecária – D.L 70/66, a exportação – Lei 6.313/75, cédula do produtor rural – Lei 8.929/94, imobiliárias – Lei 4.830/64 crédito de alienação fiduciária – D.L 911/69, Lei 10.931 de agosto 2004, Lei 11.076 de dezembro 2004, assim como os previstos em leis especialíssimas, como crédito da previdência social. Prêmio do contrato de seguro – Decreto-Lei 73/66. Crédito hipotecário oriundo de SFH, da Lei 5.741/71, art. 2º. Crédito decorrente do contrato de câmbio – Lei 4.728/66, art. 75. Honorários advocatícios – Lei 8.906/94. Multa do Conselho Administrativo de Defesa Econômico – Lei 8.884/94. Inadimplemento em subscrição de ações – art. 107, I da Lei 6.404/76. Multa do Tribunal de Contas – Lei 6.822/90, Taxa da Marinha Mercante – D.L 432/69. Adicional de frete da Marinha Mercante – D.L 1.142/70. Multas do Tribunal de Contas da União – Art. 71, § 5º, da CF/88. Crédito de

---

[205] LUCON, Paulo Henrique dos Santos. *Embargos à Execução*, 1986, p. 160 "O legislador processual elencou os títulos executivos em *numerus clausus*, não deixando margem a interpretações ampliativas ou integração por analogia. Os títulos executivos estão sujeitos à regra da tipicidade. Isto porque é sempre excepcional executar sem antes de conhecer".

órgãos controladores do exercício profissional – Lei 6.206/75. Crédito alimentar decorrente de ajuste com base no ECA – Lei 8.069/90, art. 211. Honorários Arbitrais – Lei 9.037/96, art. 11. Certidão da Dívida Pública.

Em linhas gerais, tentou-se apresentar, sem intuito de exaustão, um painel dos tipos de títulos executivos e demonstrar, em decorrência da própria lei que os criou, que cada um deles possui características e contornos próprios. Cada um deles requer determinadas especificidades, como se declinou, por exemplo, quando do estudo das condições referentes aos créditos hipotecários decorrentes do SFH. Tais circunstâncias, para nosso desiderato, são de grande valia, pois, inatendidos quaisquer dos pressupostos ou condições ante a especialidade de cada um desses títulos, estará aberta a possibilidade de ser atacada a execução através de defesa interna.

Uma observação final se impõe. Esta diz respeito à perspectivação sobre os títulos executivos do futuro. A escrituração, os valores mobiliários e as novas técnicas de circulação de direitos e riquezas estão a impor uma nova postura aos operadores do direito, ao judiciário e ao próprio legislador. Ferdinando Mazzarella[206] chega a comparar a existência do título para o direito moderno com a existência de Deus para a teologia contemporânea. Mas, como na teologia há mutações quanto à figura de Deus, para o direito, pode, sem assombros, haver mutações na forma do título executivo.

A informática é responsável por grandes mudanças comportamentais, pela extinção de uma gama enorme de papéis, *mutatis mutandis*, significa a suspensão da parte documental existente no título executivo. Isto vem a exigir uma nova tomada de posição, pois o tradicional já cede seu espaço para o novo, desconhecido, que até agora em nossos tribunais não possui nenhuma decisão similar; não restam dúvidas da nova tarefa a ser vencida pelos doutrinadores, operadores e pelo próprio judiciário.

Exemplo frisante do afirmado retro é o caso da duplicata, título originalmente brasileiro, criado pela Lei 4.774/64, cuja existência nos moldes previstos na lei está a desaparecer. Sua substituição por meios magnéticos de controles e de registros é inevitável. As vantagens decorrentes desse novo instrumento são inúmeras; a celeridade da atualização dos controles empresariais – que simultaneamente emitem o faturamento e transmitem os dados para os bancos a fim de viabilizar a cobrança, com ou sem ordem de protesto, permitem a baixa do

---

[206] MAZZARELLA, Ferdinando. Scienza e teleogia del titolo esecutivo. *Revista Trimestrale di Diritto e Procedura Civile*, 1971, p. 177. "Alguni anni or sono mi permisi di sostenere che il nostro tempo non bisogno del título esecutivo, così come – mi viene ora di pensare – esso, secondo alcuni teologi americani, non há piú bisogno di un dio. La morte del titolo, dunque, nella scienza del processo, como la 'morte di Dio' nella teologia contemporanea".

estoque, emitem ordem de reposição – enfim, justifica-se por inteiro. Entretanto, sem produção documental, assim, o atendimento ao art. 585 I, do CPC fica mitigado. A substituição pelos chamados "bloquetos" ainda causa resistência junto ao meio jurídico. Mudanças dessa ordem devem ser encaradas com naturalidade e fazem parte do cotidiano, devendo ser tarefa dos operadores do direito adequá-las, através de uma releitura dos princípios já estabelecidos.

O cheque é outro modelo de título executivo vocacionado a desaparecer do cenário. Sua substituição pelos cartões de crédito ou de débito é inevitável. Alguns contratos, bancários especialmente, não mais se materializam de forma cartular, concluindo-se através de forma magnética ou eletrônica, não servindo, destarte, como título executivo dentro do cenário atual. Ou evoluímos na busca de uma adequação do direito à realidade, ou o elenco dos títulos retromencionado ficará sensivelmente diminuído. Como adverte Humberto Theodoro Júnior,[207] mesmo que a lei atribua a qualidade de força executiva, é inarredável a necessidade de, em concreto, o documento ser elaborado a permitir estar em juízo a atestar sua certeza, exigência e exigibilidade. (art. 586 do CCP)

2. Inadimplemento

O segundo pressuposto específico da execução é o inadimplemento. Está intimamente ligado com a exigibilidade, e, muitas vezes, com esta se confunde, não significando, entretanto, a mesma coisa. Pelas mesmas circunstâncias teleológicas, vincula-se também ao interesse de agir.

Sua fonte disciplinadora encontra-se no artigo 580 do CPC, onde está determinado que: "Verificado o inadimplemento do devedor, cabe ao credor promover a execução. Parágrafo único. Considera-se inadimplemento o devedor, que não satisfaz espontaneamente o direito reconhecido pela sentença ou a obrigação, a que a lei atribuir eficácia de título executivo".

Definitivamente, não há maiores questionamentos quanto a se estar diante de um pressuposto de fato; diversamente do título executivo emanado da lei, este decorre da realidade, pela inatividade do devedor em cumprir o que lhe competia no prazo e modo estabeleci-

---

[207] THEODORO JÚNIOR, Humberto. *O Contrato de Abertura de Crédito e Sua Natureza Executiva*, 1988, p. 292 "Em suma: qualquer que seja o contrato que a lei reconheça a força de título executivo, é imprescindível que, *in concreto*, o documento esteja elaborado e aperfeiçoado de maneira a permitir um juízo imediato acerca de sua certeza, liquidez e exigibilidade".

A Coisa Julgada na Exceção de Executividade

dos. O cumprimento da obrigação é a regra, como adverte José Antônio de Castro;[208] o inadimplemento, ao contrário, é exceção. Por outro lado, também não é qualquer tipo de descumprimento que se traduz em inadimplemento apto a viabilizar a propositura de uma execução. É somente aquele, decorrente de culpa e constante de título líquido certo e exigível. Dessa forma excluem-se as obrigações naturais e as demais obrigações sociais e negociais não amparadas por título executivo.

O inadimplemento, como diz Serpa Lopes,[209] evidencia-se pela situação jurídica do devedor que não cumpriu no tempo e modo convencionados a obrigação, o que causa uma situação mórbida, exigindo pronto remédio. Destarte, por tais razões, a lei imperativamente requer, como condição para a eficácia executiva, a situação fática do inadimplemento. Só quando ocorre a situação da espécie, como ensina Liebman,[210] surge a razão de ser pelo interesse prático e concreto da execução.

Como escopo de pesquisa, deve-se buscar a compreensão, identificando o modo de exteriorização e a forma de realização do inadimplemento, exigidos pela lei, para configurar a exigibilidade e, por conseqüência, completar o título executivo. Tal tarefa não é simples, tendo em vista as inúmeras variações apresentadas pelo fenômeno. O laboratório da vida nos fornece um sem-número de casos e de situações a serem consideradas. Tentar-se-á, estudar o fenômeno, apesar das dificuldades da tarefa.

A primeira indagação necessária para o mister de esquadrinhar com selo de alguma cientificidade, o inadimplemento, é a respeito de sua natureza jurídica. Humberto Theodoro Júnior[211] não titubeia em afirmar pertencer ao direito material sua conceituação. Na mesma esteira, a plêiade dos civilistas. Todavia, tal afirmação se afigura carecedora de esclarecimentos. Inequívoco o seu caráter material e prático; entretanto, não se pode olvidar que, para efeito da formação do título, ou melhor, como característica de completude do pressuposto legal, deve ser verificado no processo de execução ao qual o título

---

[208] CASTRO, José Antonio de. *Execução no CPC*. São Paulo: O. Dipp Editores, 1978, p. 21. "A bem da verdade, o cumprimento da obrigação é a regra; o inadimplemento a exceção. Um dos requisitos necessários para se realizar qualquer execução é o inadimplemento do devedor".

[209] LOPES, Miguel Maria Serpa. *Exceções Substancias: Exceção de Contrato não Cumprido*, 1959, p.283. "Evidencia-se, portanto, que o estado de inadimplência caracteriza a situação jurídica do devedor que não realizou no tempo, lugar e forma convencionados a prestação a que se obrigou. O inadimplemento não sendo regra, produz um estado mórbido, exigindo pronto remédio (...)".

[210] LIEBMAN, Enrico Tullio. *Op. cit.*, p. 6. "A situação de fato que pode dar lugar à execução consiste sempre na falta de cumprimento de uma obrigação por parte do obrigado. Só quando se verifica uma situação desta espécie é que surge a razão de ser, o interesse prático concreto para fazer-se a execução".

[211] THEODORO JÚNIOR, Humberto. *Op. cit.*, p. 126. "Pertence ao direito material a conceituação do inadimplemento, onde se considera devedor inadimplente aquele que não cumpriu, na forma e no tempo devidos, o que lhe competia, segundo as obrigações pactuadas".

instrui, em face do axioma *nulla executio sine título*. É para o efeito da execução que nos interessa verificar e identificar o inadimplemento. Seu caráter unicamente material extrapola os limites impostos pelo direito substantivo e transmuda-se para o seio do processo, onde deve ser sindicado, a impedir o prosseguimento ineficaz da execução. Alcides Mendonça Lima[212] afirma serem totalmente estranhas ao direito processual as normas reguladoras do inadimplemento, estando inseridas em outras codificações, como na civil, na comercial, e na tributária. Ao processo, é atribuído o dever de assegurar os meios para o credor buscar seu direito, ou via cognição ou via executiva. Nesta, se verificados os pressupostos específicos do título e do inadimplemento. Excepcionalmente existem casos, como lembra Pontes de Miranda,[213] de inadimplemento dentro do direito processual, tidos pelo autor por dano processual – como as multas havidas com o processo, pois de ordinário tais disciplinas são de direito material.

Preocupa-se a doutrina em identificar o *status* do inadimplemento, se é de requisito, pressuposto ou condição da ação executiva. Marcelo Lima Guerra[214] incumbe-se de desenvolver o tema com maestria, relacionando um grande número de doutrinadores que divergem sobre a questão. Após longo estudo examinando diversas opiniões, conclui, afirmando ser o inadimplemento do ponto de vista estritamente processual indiferente para o fenômeno executivo: entretanto, se o fosse deveria o juiz conhecer de ofício, e não apenas em embargos ou na impugnação, como prevê o artigo 475-L, do CPC. Neste particular, ousa-se discordar. Mesmo vigilante na questão da autonomia e independência do processo executivo, não seria de bom-senso movimentar a máquina judiciária *in executivis*, cuja ação esteja baseada em título não exigível, em razão da falta de inadimplência; aliás, o tema já foi enfrentado quando do exame das condições da ação, especialmente quando do interesse de agir, ao qual se liga o inadimplemento, até porque,

---

[212] LIMA, Alcides Mendonça. *Op. cit.*, p. 268. "Norma sobre o adimplemento ou inadimplemento de um a obrigação é, tecnicamente, estranha a um diploma de direito processual. Deve ser inserida nos ordenamentos de direito material como v.g. em Código Civil, Código comercial ou outro análogo".

[213] MIRANDA, Francisco Cavalcanti Pontes de. *Op. cit.* Tomo IX, p. 184. "As regras jurídicas sobre adimplemento ou inadimplemento são a do direito que rege o crédito, a pretensão e a ação. De ordinário, trata-se de direito material, mas seria errado dizer-se que só o direito material pode incidir. Pense-se, por exemplo, no dano processual (arts. 16 e 18), em multas (arts. 30 e 34, 161, 233, 196, 424, parágrafo único, 488, II e 494, 538, parágrafo único, e 634, § 6°)".

[214] GUERRA, Marcelo Lima. *Op. cit.*, p. 85 "É óbvio que, ao afirmar-se que o inadimplemento não é requisito do processo executivo, não se pretende sustentar que seja juridicamente correto realizar a execução, ainda que já tenha sido cumprida a obrigação. O que se quer esclarecer é a indiferença no aspecto puramente processual do fenômeno executivo, quanto a esse fato, sendo a ausência de inadimplemento, ou dito de outra forma, o inadimplemento da obrigação matéria estranha ao processo de execução que só pode ser alegada pelo devedor e conhecida pelo juiz, em sede de embargos – que já é processo de conhecimento – com os quais esse mesmo devedor venha atacar a execução".

mediatizado pelo título e de fácil verificação, possibilita a exceção de executividade, cuja prova se fará através de cognição sumária.

Em verdade, o inadimplemento é apenas afirmado em sede de execução através da inicial, controvertendo-se no processo; se assim não fosse, o legislador não imporia a existência de tal fenômeno como condição necessária de prosseguimento. De fato, o inadimplemento é verificado em domínios do direito material e serve para provocar o procedimento executivo, não se projetando sobre a execução que só ocorrerá ultrapassadas todas as fases de defesa disponíveis ao devedor.

Uma advertência deve ser feita: o inadimplemento divide-se em duas formas distintas – inadimplemento e mora –, mas, como observa Silvio Rodrigues,[215] essas geram, basicamente, conseqüências semelhantes e, mormente para o estudo do processo de execução, ambas são caracterizadoras dos termos do artigo 580 do CPC, mas, mesmo assim, vale a distinção, porque, independente das implicações processuais, devem ser consideradas. Não se pode, portanto, confundir inadimplência absoluta com a relativa ou com a mora.

2.1. Modos e efeitos

Nesta ordem de idéias, inexorável é o estudo da tipologia do inadimplemento para efeito da constituição do pressuposto prático na execução. A razão de ser é que cada um dos tipos, ou, como também denomina a doutrina, formas de inadimplemento, reclamam um tratamento próprio em face de suas peculiaridades.

A primeira grande classificação é a da mora. Sem medo de erro, é a de maior incidência na vida cotidiana, com relação ao descumprimento das obrigações. A mora está intimamente ligada à idéia de tempo, e, especialmente, com o retardo no cumprimento da obrigação. Caio Mário da Silva Pereira[216] leciona ser a mora o retardamento sem justificativa do cumprimento da prestação decorrente de uma obrigação, por quem devia fazê-la. A bem da verdade, e como adverte o mesmo autor, não só do fator tempo se constitui a mora. A forma e o

---

[215] RODRIGUES, Silvio. *Direito Civil*, vol II, 1999, p. 215-16. "A mora e o inadimplemento absoluto geram, basicamente, conseqüências de natureza semelhante. É o que se apura do confronto entre os arts. 956 e 1056 do Código Civil. Agostinho Alvim, com fartura de citações, indica o ponto de vista clássico, segundo o qual existe mora quando a obrigação, embora não cumprida, ainda pode sê-lo; e inadimplemento absoluto quando o não cumprimento da obrigação se torna definitivo".

[216] PEREIRA, Caio Mario da Silva. *Instituições de Direito Civil, vol II*, 1999, p. 215-16. "A mora é este retardamento injustificado da parte de algum dos sujeitos da relação obrigacional no tocante à prestação. Mas não é apenas de considerar-se o tempo, senão este e também as demais circunstâncias que envolvem *a solutio*. Quando o devedor não efetua o pagamento ou o credor recusa recebê-lo no tempo, forma e lugar convencionados, está em mora".

lugar do cumprimento da obrigação são também determinantes para sua caracterização, pois são as circunstâncias que envolvem a *solutio*, não havendo discrepância na doutrina.

Avançando na investigação, chega-se à conclusão da necessidade da existência de uma obrigação certa e líquida para se caraterizar a mora. Esta é a primeira premissa obrigatória e necessária, tanto para a mora como para a constituição do título executivo. Entretanto, a mora, para provocar o inadimplemento, deve ser qualificada. Além do termo, das condições e do lugar a serem observados pelo obrigado, no cumprimento de sua responsabilidade, outro elemento deve ser agregado. Trata-se da culpa. Todo o inadimplemento, para efeito de constituição do pressuposto prático da execução, pressupõe inexecução culposa por parte do devedor, como adverte Washington de Barros Monteiro.[217]

A culpa é elemento indispensável nos termos do artigo 396 do CC, e não comporta dúvidas em nosso direito, não sendo, todavia, considerada *jure et jure* mas sim *juris tantum*, como adverte Caio Mário.[218] A quebra do contrato, a inexecução da obrigação, por si só, rompem a norma de que toda a obrigação deve ser cumprida. Esta é máxima de direito. O direito deve ser cumprido. A falta de cumprimento é indicador de conduta culposa, *a prima facie*, submetendo o faltoso a provar que, em tal condição não agiu, sendo, por isso, como advertido um conceito *juris tantum*.

O artigo 394 do CC pátrio traz o conceito legal de mora. A princípio, poder-se-ia imaginar que somente inadimplida a obrigação nos termos do mencionado artigo estaria configurada a mora; ledo engano. Deve-se investigar a incidência ou não da culpa, pois, como diz o consagrado civilista Carvalho Santos,[219] em qualquer das hipóteses (mora do devedor e do credor), a culpa é elemento essencial para caracterizar a mora. Se houver culpa, haverá mora; do contrário, não, e, portanto, o inadimplemento será *bom*, não ensejando a possibilidade da execução, pois faltará interesse de agir para o exeqüente. Também não se pode falar em mora ou em inadimplemento, se o cumprimento da obrigação se situa no plano da impossibilidade, tanto fática como jurídica, nos termos da lição de Orlando Gomes,[220] pois, se advier a

---

[217] MONTEIRO, Washinton de Barros. *Curso de Direito Civil*, vol IV, 1985, p. 261-2. "A mora do primeiro apresenta assim um lado objetivo e um lado subjetivo. O lado objetivo decore da não realização do pagamento no tempo, lugar e forma convencionados; o lado subjetivo descansa na culpa do devedor. Este é elemento essencial ou conceitual da mora solvendi. Inexistindo fato ou omissão culposa imputável ao devedor, não incide em mora. Assim se expressa o art. 963, do Código Civil".

[218] PEREIRA, Caio Mario da Silva. *Op. cit.*, p. 218.

[219] SANTOS, Carvalho. *Código Civil Comentado*, 1981, p. 310 "Não quer dizer, porém, que no sistema do nosso Código, a mora possa existir sem culpa do credor ou do devedor".

[220] GOMES, Orlando. *Obrigações*, 1992, p. 175. "Não se pode falar em mora ou inadimplemento,

impossibilidade ou a inexigibilidade do cumprimento sem a culpa estar presente, não há que se questionar da existência da mora e, destarte, muito menos da inadimplência.

Por outro lado, a mora, uma vez caraterizada em toda sua extensão, é causa suficiente para emprestar exigibilidade ao título executivo. Como visto, se verifica, praticamente, pelo descumprimento culposo do obrigado, pelo desrespeito do tempo, modo ou condição da obrigação, através de conduta culposa. Ao agregar tal circunstância ao título, este se torna executivo, obtém a autorização legal para provocar a jurisdição executiva. Observado o inadimplemento relativo, que é como Araken de Assis[221] denomina a mora, conclui-se pela incidência do artigo 580 do CPC, podendo o credor promover a execução.

O segundo tipo de inadimplemento ou, como querem alguns, a outra forma de inadimplemento, vai-se chamar de absoluto. Tal ocorre quando (pelo não-cumprimento da obrigação no tempo, modo, e condições acertadas) resulta na imprestabilidade do cumprimento tardio ou de outro modo. Esse se diferencia da mora, porque naquela a obrigação cumprida, ainda que defeituosa, pode ser aproveitada pelo credor. Nesta, o não-cumprimento ao tempo, modo e condição estabelecidos, torna completamente inútil para o credor qualquer tentativa de exoneração por parte do devedor. A irrecuperabilidade da obrigação pode ser muitas vezes parcial, isto é, somente em parte se torna inaproveitável. Araken de Assis[222] exemplifica com a situação da contratação de um mágico para um aniversário de criança. Caso o contratado (mágico) não tenha se feito presente na data do aniversário da criança, mesmo estando disposto a cumprir a obrigação em outra oportunidade, para o credor (contratante), de nada adianta, pois a obrigação de fazer teria sido prevista e tinha utilidade somente naquele dia e não em outro. Outro exemplo, retirado das lides oriundas da nossa fronteira agrícola, é da obrigação de irrigar a lavoura de arroz em determinada data, estabelecida pela necessidade de granação do cereal. Passado tal período, mesmo a obrigação podendo ser cumprida, de nada adianta ao credor que se faça, pois a finalidade estaria totalmente comprometida.

---

vez que se tornou inexigível a obrigação. Decorrente de agravação imoderada da prestação que se leva em conta para incluir a situação no conceito jurídico de impossibilidade". GOMES, Orlando. *Obrigações*. 1999 p. 143. "Pode o Inadimplemento resultar de fato imputável ao devedor ou evento estranho à sua vontade, que determine a impossibilidade de cumprir".

[221] ASSIS, Araken de. *Op. cit.*, p. 155. "Localizado o inadimplemento relativo no contexto da inexecução das obrigações, logo se conclui que dele se cogita, realmente, no artigo 580, parágrafo único, do Cód. de Proc. Civil. Verificado o inadimplemento relativo, leia-se no *caput* do art, 580, poderá o credor promover a execução, dispondo de título judicial ou extrajudicial".

[222] ASSIS, Araken de. *Op. cit.*, p. 153. "Se, por exemplo, alguém contrata um mágico para alegrar crianças num aniversário, e o mesmo não comparece a ele, o descumprimento se mostra definitivo e total".

Outra possibilidade da existência do inadimplemento absoluto está contemplada pelo parágrafo único do artigo 395 do Código Civil. Ou seja, poderá o credor rejeitar o cumprimento defeituoso, inadequado ou tardio.

Quando ocorre o inadimplemento absoluto, o manejo do procedimento executivo específico torna-se ineficiente e inadequado, fazendo-se necessária a ocorrência do fenômeno chamado de conversão, em que ao credor é lícito exigir do devedor perdas e danos, o que, após condenação e posterior liquidação, possibilitará a propositura de uma execução por quantia certa.

Adiante se tem o cânon previsto no artigo 581 do CPC, pertinente ao adimplemento parcial, tanto podendo ser relativo como absoluto. Prevê o referido artigo que ao credor é licito recusar a obrigação quando não for cumprida integralmente, conforme previsto na lei ou no contrato, permitindo-lhe também com a recusa exigi-la. Este tipo de inadimplemento, chamado pela doutrina de adimplemento ruim, não é suficiente para retirar do credor a possibilidade de executar o título. Qualquer pode ser o tipo de descumprimento; por mínimo que seja, permite ao credor recusar no todo ou em parte, caracterizando o inadimplemento. Araken fala também em descumprimento lateral e anexo.[223] Pontes de Miranda[224] reporta-se à violação da relação jurídica em razão do mau pagamento, isto é, pelo pagamento feito de modo diverso, ou parcial.

Na circunstância de recusa pelo adimplemento ruim, poderá haver desdobramento, diante da possibilidade de o credor executar a parcela inadimplida, ou optar pela quantificação de perdas e danos em qualquer caso de inadimplemento (relativo ou absoluto).

O penúltimo modo de inadimplemento, significativo, para efeito de processo de execução, é o inadimplemento antecipado. Gize-se, deve ser comprovado, juntamente com o título, para a completude de todos os requisitos necessários à execução. Situação totalmente excepcional, pois a regra é de operar-se o termo, incidindo a inadimplemento antecipado somente quando se falar em obrigações *sub dies*.

Como se vê, o inadimplemento é exceção, e como tal deve ser tratado, em face do contido no artigo 939 do Código Civil. Fortunato Azulay,[225] em obra dedicada ao inadimplemento antecipado do contra-

---

[223] ASSIS, Araken de. *Op. cit.*, p. 156. "Ora, se do descumprimento do dever lateral e anexo resultar crédito – p. ex., o da cláusula penal compensatória – ou o inadimplemento da prestação principal, incide o artigo 580, parágrafo único, do CPC".

[224] MIRANDA, Pontes de Francisco Cavalcanti. *Op. cit.*, vol IX, p. 191. "A violação da relação jurídica por ato ilícito relativo não provém somente do não-adimplemento. Não cumprindo a obrigação pelo modo devido (e.g., lugar e tempo) responde o devedor por perdas e danos".

[225] AZULAY, Fortunato. *Do Inadimplemento Antecipado do Contrato*, 1977, p. 112. "A esse teor, e do que nos capítulos anteriores ficou explicitado, se poderá afirmar que basta admitir a noção de pré-inexecução, ou pré-inadimplência (anticipatory breach) como categoria jurídica da inexecu-

to, mostra com clareza o que denomina situação de pré-inadimplência. Demonstra decorrer tal situação da *antecipatory breach* do direito da *common law*, se coadunando perfeitamente com o nosso sistema, em que também é conhecido como quebra positiva do contrato.

A regra é o cumprimento, mas situações ocorrem nas quais não se vislumbra a execução natural. São situações de fato ocorrentes no curso do contrato, a indicar o não cumprimento no prazo estipulado, através de declaração do devedor ou pela existência de fatos positivos atestando a total impossibilidade de viabilizar, no termo, a obrigação. Nestas duas hipóteses (querer/poder), está perfeitamente caracterizada a quebra positiva do contrato.

O inadimplemento antecipado, também conhecido como vencimento antecipado, decorre dos termos expressos da lei ou de cláusula resolutiva expressa e às vezes requer a justaposição das duas, isto é, havendo a autorização legal, deverá também ser contratado. Como exemplo de vencimento antecipado decorrente unicamente da lei tem-se o cânon expresso pelo artigo 77 da Lei 11.101/2005 – vencimento antecipado pela falência do devedor. A falência, como sabido, reclama o juízo universal, mas, para efeito de execução, tal inadimplemento é perfeitamente integrador do título executivo quando o credor resolve cobrar seus créditos dos avalistas do falido, e.g., operando-se o vencimento antecipado, tornam-se aqueles inadimplentes e passíveis de sofrer o processo executivo.

Outras situações bem definidas na legislação e aceitas sem óbices na jurisprudência são as incidentes sobre as cédulas rurais, (de Lei 167/67), industriais, (Dec.-Lei 413/69), comerciais (Lei 6.840/80) e de exportação (Lei 613/75). Diz textualmente o artigo 11[226] do Dec. 167, reproduzido no Dec. 413, aplicado às outras duas por força da lei, que importa em vencimento antecipado de todas as operações do mutuário, o inadimplemento de qualquer de suas obrigações.

Nessa linha de raciocínio, com base no texto legal, a falta de cumprimento de qualquer obrigação por parte do devedor acarreta o vencimento antecipado da dívida, ou melhor, de todas as obrigações do emitente com relação ao financiador. Situação bastante comum é a de um mutuário contrair vários financiamentos de reposição continuada, atrasar parcelas intermediárias de um deles, e o credor considerar

---

ção contratual, para que se possa sistematizar a matéria em face do direito escrito (oriundo do direito continental do chamado grupo romano-germânico) e da doutrina já existente na *common law*".

[226] "Importa em vencimento antecipado da dívida resultante da cédula, independentemente de aviso ou interpelação judicial, a inadimplência de qualquer obrigação do emitente do título, ou sendo o caso do terceiro prestante da garantia real. § 1. Verificando o inadimplemento, o financiador poderá considerar, ainda, vencidos antecipadamente todos os financiamentos concedidos ao emitente e dos quais seja credor".

vencidos todos os demais, por força do artigo 11, retrocitado, ou ainda, quando o mutuário ficar inadimplente em outras obrigações de sua atividade, tributos, salários, fornecedores entre outros. Há de se notar que a verba legislativa não se refere apenas às obrigações existentes entre as partes mas a *qualquer obrigação do emitente do título;* este é o mote autorizador do vencimento antecipado, suficiente para compor com o requisito legal do título a possibilidade da execução. Neste sentido já decidiu várias vezes o STJ. [227]

Todavia, não é só por decorrência da lei que pode haver o vencimento antecipado; em certas circunstâncias, através de cláusulas que as partes convencionam expressamente, hipóteses em que poderá ocorrer o vencimento antecipado, normalmente em contratos de obrigações continuadas e sucessivas, ocorrendo falta de cumprimento de uma das parcelas, poderá o credor considerar vencido o todo. Sobra uma única dúvida, por força do artigo 397 do CC, parte final: se há ou não a necessidade de constituição em mora quando houver termo certo e cláusula de vencimento antecipado. A jurisprudência ainda não se assentou, mas há tendência da desnecessidade da notificação para constituir em mora o devedor inadimplente parcial, para considerar vencido o todo quando existir disposição contratual expressa nesse sentido.[228] Para efeito de indagação, é de alta importância a perfeita identificação da necessidade ou não da notificação, por ser esta uma condição da ação, capaz de impedir, pela sua ausência, o prosseguimento do feito executivo, como no caso das execuções hipotecárias, como reiteradamente já decidiu o STJ,[229] matéria abordada quando das condições da ação.

---

[227] RECURSO ESPECIAL n° 17.029-0 – RS Relator: O Exmo. Senhor Ministro Athos Carneiro. Recorrente: Hélio Alves Rodrigues – Recorrido: Unibanco – União de Bancos Brasileiros S/A. Ementa: nota de crédito comercial. 'cláusula à ordem' omitida. Vencimento antecipado. Execução contra avalista. "A omissão da cláusula 'à ordem' não implica em defeito formal do título, capaz de acarretar sua nulidade cambiária, ante o disposto no artigo 11 da Lei Uniforme de Genebra. O vencimento antecipado, pelo não pagamento das prestações do financiamento bancário, decorre inclusive do artigo 11 do D.-lei 413/69. O avalista é responsável na medida em que o é o avalizado. Revista do Superior Tribunal Justiça, Brasília, a. 4, (34): 215-481, junho 1992. p. 413".

[228] Recurso Especial n° 13.846 – RJ Relator: O Exmo. Sr. Ministro Nilson Naves, Recorrente: Usina Costa Pinto S/A – Açúcar e Álcool, Recorrida: Petrobrás Comércio Internacional S/A – Interbrás Ementa: Contrato comercial. Constituição em mora. Para ser considerado em mora (o vendedor ou comprador), impõe-se a interpelação judicial, salvo estipulação das partes em contrário. Cód. Comercial, arts. 205 e 138. 2. Argüição de nulidade da citação e da sentença. Improcedência. 3. Recurso especial conhecido, quanto ao primeiro ponto, e provido. R. Superior Tribunal Justiça, Brasília, a. 4, (39): 339-615, novembro 1992. p. 490.

[229] Recurso Especial n° 29.100-1 – SP – ementa: execução extrajudicial – anulação – imóvel hipotecado – local da intimação – edital – devedor – Decreto-Lei 70/66 (art. 31, § 1°). O Decreto-lei n° 70/66 confere ao mutuário a prerrogativa de ser intimado pessoalmente, para purgação da mora (art. 31, § 1°). É defeso ao agente financeiro eleger, arbitrariamente, o local do imóvel hipotecado, como domicílio do devedor, para efeito de notificação. R. Superior Tribunal Justiça, Brasília, a. 5, (50): 105-380, outubro 1993. p. 315.

O último tipo de inadimplemento a se investigar é o contido nos artigos 582 e 615, I, do CPC, transladados do Código Civil, especialmente artigos 476 e 477, possuindo conteúdo correspondente aos do CPC. Está-se diante da *exceptio non adimplenti contractus*, que, segundo a melhor doutrina, constitui uma das modalidades das exceções substanciais e independente de ser dilatória ou peremptória, como leciona Serpa Lopes,[230] paralisa a ação do autor, e, a despeito do processo, tranca a execução, pois, como preceitua o artigo 582, deve o exeqüente provar seu adimplemento, antes de requerer o cumprimento da obrigação da parte contrária.

A ocorrência de tal tipo de inadimplemento se dá unicamente na seara dos contratos bilaterais ou sinalagmáticos, em que deva haver prestações recíprocas, isto é, seu conteúdo diz respeito à exigência de obrigação por parte de um dos contratantes antes de cumprir a sua, que pelo pacto lhe competia fazer antes ou simultaneamente. Exigir a contraprestação, antes de tornar efetiva a de sua competência é vedado em lei, razão pela qual o CPC exige, para efeito da execução da obrigação sinalagmática funcionalmente, como adverte Pontes de Miranda,[231] a necessidade de o autor apresentar a prova do cumprimento.

O princípio regente da matéria nos contratos bilaterais é o de que o credor também é devedor, de modo que, se este não cumpriu a sua parte, não poderá exigi-la da contrária. A regra atual possui o mesmo rigorismo, como assevera Mendonça Lima,[232] da constante no Código de 1939. Em resumo, a idéia fulcral é sempre a mesma: o exeqüente não poderá exigir nada do executado, se entre eles existe um vínculo que contenha obrigação para ambas as partes e o demandante ainda não cumpriu o que lhe competia.

Como exemplo, tem-se a pretensão de alguém executar o preço do contrato de compra e venda sem efetuar a respectiva entrega da coisa vendida nos termos da lei comercial: ou de alguém exigir do vendedor a outorga da escritura definitiva de um determinado imóvel objeto de

---

[230] LOPES, Miguel Maria Serpa. *Op. cit.*, p. 135. "Como a própria denominação indica, a *execptio non ad. contractus* constitui uma das modalidades das exceções substancias. Pertence à classe das exceções dilatórias segundo uns, embora outros a entendam pertinente à categoria das exceções peremptórias. Como quer que seja a *ex. n. ad. contractus* paralisa a ação do autor onde a alegação do réu de não ter recebido a contraprestação que lhe é devida, estando o cumprimento de sua obrigação a seu turno, dependente do adimplemento da prestação do demandante".

[231] MIRANDA, Fernando Cavalcanti Pontes de. *Op. cit.*, p. 197-9. "O sinalagma é quanto à estrutura, à construção mesmo do negócio jurídico, e quanto à eficácia (sinalagma funcional). A regras jurídicas do artigo 582 e parágrafo único apenas se referem a processo de execução, seja sentencial, seja extrajudicial o título executivo".

[232] LIMA, Alcides Mendonça. *Op. cit.*, p. 288. "Em essência, o rigorismo atual é o mesmo que já vigorava no Código de 1939, embora cada texto com redação diferente, sendo o anterior mais simples. Se a sentença condicionar a condenação do réu ao adimplemento do autor da prestação que a esse cabe; ou se esta reciprocidade existir no título extrajudicial nem será preciso que o devedor alegue o fato, para obstar o andamento da execução, em qualquer dos dois casos".

um contrato de promessa de compra e venda, sem ter pago todas as prestações pactuadas.

É instituto haurido do direito romano e perpassa pela boa-fé. Não será diferente nas relações processuais, pois elas são apenas veículos da transformação material não realizada espontaneamente. Seria ônus demasiado ao pseudo-executado ter que dispor de bens a serem constritos para somente após alegar matéria de ordem pública e excludente de imputabilidade, ou seja, a existência de má-fé por parte do exeqüente.

Várias questões ainda se impõem com relação ao inadimplemento; entre elas, se há ou não necessidade de prova por parte do exeqüente da ocorrência, pois o § 3º do artigo 614 só se refere à comprovação da condição ou do termo. A prova da culpa na mora é outra questão não resolvida nos limites do CPC. Todavia, o que parece de maior fundamento, para o efeito do processo, em razão de tal episódio dizer diretamente com a exceção de executividade, é o momento e a forma de o executado alegar a falta de adimplemento, e, por conseqüência, suspender a execução, tendo em vista alegação de exceção substancial, ou até mesmo extinguir a execução, exigindo do juízo executivo uma declaração, possibilitando, quiçá, a conversão em coisa julgada material.

Não se deve divorciar do conteúdo do CPC, mormente os artigos 475-L (ex-741) e 745, quanto ao momento da averiguação do inadimplemento que seguramente tanto poderá ser o da propositura da ação, pelo juiz, nos embargos, tradicionalmente, ou em exceção de executividade, excepcionalmente como defendido por parte da doutrina coeva.

Assim sendo, nos termos do artigo 580 do mesmo diploma, deve ou não o exeqüente provar a existência do pressuposto de fato, ou basta a simples apresentação do título? A resposta a essa indagação vai ter simetria direta com o momento da verificação da exigibilidade. Em muitas oportunidades, a simples apresentação do título não basta para a caracterização do inadimplemento. A própria lei processual se encarrega de exigir prova em certas circunstâncias, *ex vi* do artigo 572. Entretanto essa verba legislativa refere-se somente às obrigações que possuem condição ou termo. O termo, por seu turno, é de extrema singeleza e no mais das vezes está expresso no título, não sendo sua prova de difícil obtenção. O direito pátrio optou pela regra, contida no artigo 397 do C.C, da mora *ex re*, ou automática, excepcionando quando a circunstância for de mora *ex persona* e que requeira a interpelação. Essa atitude justifica-se no âmbito da execução, pois a própria citação substituirá, com vantagens, qualquer tipo de notificação ou interpelação.

A Coisa Julgada na Exceção de Executividade

Complica-se a situação quando se trata de condição. Esta é evento futuro nos termos do artigo 121 do Código Civil. Embaraça-se, da mesma forma, quando for execução de obrigações recíprocas, no caso do inadimplemento antecipado, assim como também no adimplemento ruim. Em todas estas circunstâncias, o simples exame do título não é suficiente para o convencimento de que efetivamente o pressuposto de fato da execução está presente.

Na doutrina, o assunto da prova do inadimplemento não parece oferecer maiores resistências; mesmo que alguns não aceitem a cognição *in executivis*, a maioria é acorde da necessidade de haver prova nessas circunstâncias. Costa e Silva[233] diz textualmente que o credor deve demonstrar objetivamente o inadimplemento, tendo em vista ser situação de fato e como tal carecer de comprovação. Marcelo Guerra[234] e Araken[235] afirmam ser a prova obrigatoriamente constituída antes da demanda executiva devendo esta integrar nos termos do artigo 283 do CPC.

No outro extremo, não provado o inadimplemento, desnecessário o manejo dos embargos. Seria pesado demais obrigar ao devedor, através de ação própria, demonstrar o que já deveria ter sido feito por exigência legal pelo exeqüente.

Ainda, há de se ter cuidado com o trato da preconizada autonomia do processo de execução; pelo fato de ser ação eminentemente processual, não está adstrita a pressupostos, condições ou requisitos de ordem material. O controle da exordial executiva e a alegação da falta de provas ou da falta do inadimplemento propriamente dito, abordar-se-á, ao seu tempo, no ponto específico da execução de executividade, pois esta é a grande polêmica, é o mote balizador da investigação, ante a tentativa de dar maior efetividade e segurança ao trato da relação processual executiva.

Desta forma, com base nestes pressupostos podemos avançar no processo executivo, uma vez que ultrapassadas as barreiras iniciais, tanto da pretensão imediata (ingresso no processo) como da mediata visando obter o direito subjetivo material.

---

[233] COSTA E SILVA, Antônio Carlos. *Op. cit.*, p. 103. "Mas, o inadimplemento do devedor é uma situação de fato que, importando na existência de uma das condições do direito de ação, é de ser, obviamente, demonstrada no pórtico da execução, para que nela o credor possa conseguir seu ingresso".

[234] GUERRA, Marcelo. *Op. cit.*, p. 84. "Nessa ordem de idéias, se considerar que o inadimplemento é requisito da execução, tem que se admitir que o processo executivo só pode ser instaurado, uma vez comprovado pelo credor o estado de insatisfação do seu direito consagrado em título executivo".

[235] ASSIS, Araken de. *Op. cit.*, p.158. "Tal prova há de constituir-se previamente à demanda executória e acompanhá-la, obrigatoriamente (art. 283 do CPC)".

V – Conceitos Básicos

1. Premissas

Para um estudo dessa envergadura, fazem-se necessários alguns esclarecimentos com relação às premissas básicas, a fim de podermos acomodar, com tranqüilidade, determinados conceitos lógico-formais, que serão, além de úteis, necessários para a compreensão do tema proposto. Sem haver uma perfeita identificação do que se pretende transmitir, quando se fala, v.g., em contraditório, jurisdição e autonomia, é quase impossível, sem sistematizá-los, equalizar estes conceitos. Estas as razões para, antes de iniciar o trato com as questões referentes tanto à exceção quanto à coisa julgada, estabelecer critérios firmemente definidos, a fim de emprestar ao tema um mínimo razoável de segurança no manejo de questões da mais alta relevância, como a do processo de execução e seus consectários lógicos, mormente seus mecanismos de defesa.

2. Jurisdição

O Estado, ao proibir a autotutela, avocou para si a responsabilidade de solucionar os conflitos, acaso existentes, entre os particulares. Advém do período romano a jurisdição, isto é, o mecanismo de substituição imposto pelo Estado a fim de solucionar os litígios interpessoais, com o escopo da pacificação social. Coincidentemente, por curioso e paradoxal que possa ser, o decreto de Marco Aurélio destinava-se a regrar questões de cobranças de dívidas, as quais modernamente são realizadas pela execução. O conceito de jurisdição, a partir desse episódio, sofre uma evolução continuada, inclusive com um período de adormecimento, logo após a invasão dos bárbaros, em 476, d.C., vindo a florescer no pós-medievo, para atingir a consolidação em Montesquieu com a tripartição dos poderes.

A etimologia da palavra *jurisdição*, do latim *juris dictio*, serviu para induzir, no curso da história, a uma série de equívocos quanto à extensão e à abrangência do significado. Exemplo disso escancara-se no trato da execução de títulos judiciais, entendida por alguns como não-jurisdicional em função de o processo que o originou já ter se encerrado com a sentença. A responsabilidade por esses tropeços, sem dúvida, rege-se pelas diversas concepções doutrinárias atuantes na tentativa de explicar ou conceituar a jurisdição. Várias correntes influenciaram o pensamento moderno da jurisdição. Como expoentes desse pensamento, destacam-se apenas alguns, pois o objetivo não é investigar a jurisdição, mas apenas situar o processo executivo e seus desdobramentos lógicos, dentro do sistema presidido pela jurisdição.

Chiovenda[236] foi um dos primeiros a dar cientificidade ao tema. Afirma o mestre peninsular possuir o Estado Moderno dupla função: a de criar o direito e a de aplicá-lo através do Estado-Juiz, sendo esta aplicação ordenada e perfeitamente destacada na estrutura tripartite, identificando-se como jurisdição. O caráter de substituição é a tônica de sua teoria.

No momento em que a lei só pode ser aplicada concretamente pelo juiz, está este agindo em substituição ao particular, em razão da vedação da autocomposição dos litígios privadamente.

Por sua vez, Allorio[237] contribuiu decisivamente tanto para a explicação exata da jurisdição, como para instalar dúvidas quanto à jurisdicionalidade da atividade executiva. O mestre italiano, assim como Chiovenda, debruça-se sobre as funções do Estado para criar sua teoria. Busca, na diferença das atividades legislativas, administrativas e judiciárias, o conceito de jurisdição. Conclui, em seus estudos, ser a produção da coisa julgada a nota frisante da jurisdição, manifestada através da sentença declaratória de certeza.

Através do estudo do pensamento de Allorio sobre jurisdição, fica cristalino um dos motivos pelos quais a grande maioria da doutrina entendia não ser a execução integrante da função jurisdicional. Esta, para o autor, não produz coisa julgada material, em razão da inexistência da declaração de certeza, destarte, não é jurisdição, mas sim administração. Ele próprio chegou a afirmar que a execução seria apenas jurisdicional por conexão, mas não por imperativo categórico lógico-jurídico, tendo em vista ser a execução dependente de processo declarativo antecedente.

---

[236] CHIOVENDA, Giuseppe. *Op. cit.*, p. 96. "El Estado moderno, pues, considera como función esencial y propia del juez la administración de justicia. Sólo él puede aplicar la ley al caso concreto, y este pode llamarse, 'jurisdicción'".

[237] ALLORIO, Enrico. *Problemas de Derecho Procesal*, 1963, p. 15 "Para mí, el efecto declarativo (ou sea, la cosa juzgada) es el signo inequívoco de la jurisdicción verdadera, y propia, y es incompatible con la llamada jurisdicción voluntaria, que debe relegarse entre las actividades administrativas".

Dentre os italianos, não poderia faltar a posição carneluttiana, ao defender a jurisdição como sendo a justa composição da lide, não havendo, para ele, no primeiro momento de seus estudos, jurisdição quando se tratasse de execução, pois esta não possui justa composição da lide. Sua posição, entretanto, veio a se alterar mais tarde, quando o próprio Carnelutti[238] reconheceu e declarou seu equívoco com relação à execução, reformulando seu pensamento. Para ele, razões fundamentais encontram-se para a dicotomia e a conseqüente autonomia do processo de execução, pois no processo de cognição o juiz transforma fatos em direito e, no de execução, transforma direito em fatos. Tal atitude demonstra, com clareza, a resistência da doutrina à aceitação da execução como jurisdicional.

Dentro dessa mesma linha de entendimento, controvertendo a execução como atividade jurisdicional, encontra-se o jurista uruguaio Eduardo Couture,[239] motivado também pelo questionamento de ser a atividade executiva mais de realização do que de conhecimento, mais de administração do que propriamente de jurisdição. Apresenta estudo com base na doutrina alemã, justificando a não-inserção da execução dentro da jurisdição, porque não traduz efetivamente um direito de petição, mas uma manifestação pública do direito de propriedade. Adiante, em reflexões mais aprofundadas, esposa opinião questionando o significado dessa revelação singelamente pública e administrativa, entendendo deva realizar-se através da jurisdição, e, destarte, para ele, a atividade executiva é jurisdicional.

É plasmar, em doutrina coeva, ser a execução jurisdicional, apesar de se observar nas teorias antes expostas, posições de só existir jurisdição quando houver conhecimento, para obtenção de declaração. Gize-se as dificuldades apontadas por Calamandrei,[240] ao determinar a diferença entre a função do juiz no exercício da jurisdição e a do juiz administrador, ficando evidenciado a necessidade da divisão procedimental. Sem sombra de dúvidas, tais dificuldades decorrem, quase sempre, da disparidade de formulações dos conceitos e enfoque sobre

---

[238] CARNELUTTI, Francesco. *Op. cit.*, p. 327. "(...) yo mismo, en una primera sistematización de la teoría del proceso, he contrapuesto el proceso de cognición al proceso de ejecución, negando a éste último el carácter jurisdiccional".

[239] COUTURE, Eduardo. *Fundamentos del Derecho Procesal Civil*, 1993. p. 443. "Esta transformación de la actividad jurisdiccional de dialéctica en práctica, de proceso de conocimiento en proceso de ejecución, plantea uno de los problemas más interesantes, en esta materia. Se trata de saber, si la ejecución es, efectivamente, jurisdicción, lo mismo que el conocimiento, o si, per el contrario, en razón de su vis coactiva constituye administración y no jurisdicción. Se dice, para justificar el carácter no jurisdiccional de la ejecución, que ésta no constituye un derecho de petición ante la autoridad, sino una manifestación pública del derecho de propiedad".

[240] CALAMANDREI, Piero. *Jurisdicción*, 1961, p. 19. "Determinar en qué consiste la diferencia entre función jurisdiccional y función legislativa parece, por lo general, cosa fácil a la doctrina. Pero las discusiones comienzan cuando se trata de precisar en qué difiere la función del juez de la administrador".

uma mesma verdade complexa e poliforme. Extrai-se com segurança que, mesmo sendo contestada, a função jurisdicional da execução sempre foi realizada com a chancela do Judiciário. Assim, conclui-se, por imperativo, a necessidade de o conceito de jurisdição ser revisto e aperfeiçoado. Não é salutar ficar tentando adequar todas as facetas da jurisdição às amarras de concepções ultrapassadas.

Posturas conservadoras, desta ordem, produzem ainda hoje afirmações, como a do grande mestre paulista Celso Neves,[241] de que a execução, por ser um processo em que a cognição é estreita, resumindo-se em atividades práticas, é uma atividade exclusivamente jurissatisfativa, não se confundindo com a jurisdição. Atribui caráter secundário à execução, na qual o juiz age apenas no plano da vontade do credor, atividade substitutiva de cunho supletivo, descaracterizando a jurisdição, sendo apenas uma tutela jurídica processual abrangendo a jurissatisfação. Observa-se, nas palavras de Celso Neves, uma *ginástica* para justificar suas afirmações sobre a execução, no sistema processual, a fim de manter-se fiel a concepções tradicionais. Na verdade, não há justificativas, pois, definitivamente, não se admite na teoria do processo civil moderno a exclusão da apreciação judicial da execução.

Conceituar a jurisdição como uma atividade que busca à solução de litígios, através da aplicação da lei pelo poder judiciário, visando à produção de coisa julgada, como faz Arruda Alvim,[242] definitivamente não satisfaz *tout court*. Com tranqüilidade vislumbra-se o caráter de substitutividade como característica própria da jurisdição, aplicável em todos os procedimentos tendentes a atingir o fim maior do Estado-Juiz, que é o de pacificar com satisfação. Seria possível a obtenção de uma coisa julgada sem haver a participação do Estado no exercício do seu poder sancionatório? Qual será a satisfação obtida pelo autor apenas com a coisa julgada? Inquestionável que é necessário algo mais. Necessária é a satisfação integral pela realização da pretensão posta em juízo. Repita-se, satisfação só se obtém pela execução, sendo, portanto, o expoente maior da jurisdição. Resta adequar seu conceito e sua bitola à realidade e efetiva necessidade.

---

[241] NEVES, Celso. *Estrutura Fundamental do Processo Civil*, 1995, p. 33. "O chamado processo de conhecimento é, pois, para nós, processo de declaração, do qual se distingue, pela natureza da tutela jurisdicional a que tende, o processo de execução. Naquele, com a declaração se exaure a atividade jurisdicional; neste, a atividade do juiz é jurissatisfativa, ou conseqüente da sentença, ou resultante de ato ou negócio jurídico que a lei tenha equiparado, total ou parcialmente, à sentença".

[242] ALVIM, Arruda. *Op. cit., vol. I*, p. 194. "Podemos, assim, afirmar que a função jurisdicional é aquela realidade pelo Poder Judiciário, tendo em vista aplicar a lei, a uma hipótese controvertida, mediante processo e procedimento regulares, produzindo, afinal, coisa julgada, com o que substitui, definitivamente, a atividade e vontade das partes".

Uma revisita ao direito romano serve, com segurança, para detectar as raízes históricas deste entendimento sobre a jurisdição. A limitação das formas de tutela jurisdicional, conforme ensina Ovídio B. da Silva,[243] é perfeitamente coerente com a idéia de jurisdição vigente à época de Roma. A *jurisdictio* romana, baseada na *actio*, por ser privada, não admitia o *imperium*, que era residual e se dava através dos interditos, realizando a execução e as ordens. Tal idéia, comprometida com as fontes romanas, ultrapassou os anos, vindo a se instalar no cerne de grande parte da doutrina européia, espraiando-se para o Brasil especialmente pela influência dos italianos e dos portugueses sobre nosso processo. Nem mesmo com o surgimento do *Extraordinário Extra-ordinem*, tal concepção foi afastada. O monopólio do Estado não foi suficiente para superar a idéia de origem histórica. Mantém-se até hoje fidelidade às origens romanas, o que vem, por decorrência, a prejudicar a compreensão científica de alguns institutos e/ou a causar polêmicas com relação a outros.

A redução conceitual de jurisdição à produção de coisa julgada, ou, como ensina Allorio, à produção de certeza, no dizer de José Maria Tesheiner,[244] não acrescenta nada à teoria do direito processual, pois a macula em razão de o imperativo lógico de tal subjugação excluir do âmbito de sua abrangência o processo executivo e o cautelar. Por inteiro, não se pode afastar ou marcar de equivocadas as lições supra, apenas se pensa devam ser ampliadas, adequando-se com a realidade e abarcando em seu seio todos os tipos de procedimentos, sem requerer artifícios ou maquiagens de coloração fraudulenta.

Com respeito à execução, a idéia de seu afastamento da atividade jurisdicional já está ultrapassada e não se demanda tempo elevado em justificá-la, graças às novas interpretações ou novas cores dadas ao mesmo fenômeno, apenas porque seus pintores estão despidos de determinados encarceramentos dogmáticos sobre a questão. Subsídios vão-se buscar em Ovídio Baptista da Silva,[245] que define a jurisdição

---

[243] SILVA, Ovídio Baptista da. *Op. cit.*, p. 9. "Se tivermos presentes as origens romano-canônicas de nosso direito e de seus institutos fundamentais, percebemos logo que essa limitação nas formas e instrumentos destinados à tutela jurisdicional dos direitos é inteiramente coerente com o conceito romano de jurisdição, concebida através da *jurisdictio*, desprovida de *imperium*, exercida através do procedimento privado da *actio*, com exclusão, precisamente, das funções mais nobres desenvolvidas pelo *praetor* romano, através dos interditos quais sejam a tutela executiva e a mandamental".

[244] TESHEINER, José Maria. *Op. cit.*, p. 66. "Não há dúvida de que pode isolar a categoria dos atos produtores de coisa julgada material e atribuir-lhes, com exclusividade, a denominação de jurisdicionais. Mas uma teoria processual nada ganha com essa redução conceitual, que exclui de seu âmbito não apenas os atos executivos e cautelares, mas dentro mesmo, do processo de conhecimento, os atos de instrução e as sentenças meramente processuais".

[245] SILVA, Ovídio Baptista da. Curso *cit.*, vol. I, p. 30. "Depois dessa breve exposição das principais teorias sobre o conceito de jurisdição, cremos que as notas essenciais, capazes de determinar a jurisdicionalidade de um ato ou de uma atividade realizada pelo juiz, devem

como sendo aquele ato realizado pela autoridade estatal (juiz), de forma imparcial. Dentro dessa visão, afasta-se a necessidade da produção de certeza; afasta-se a produção de coisa julgada e ampliam-se os meios de substituição, agregando-se à imparcialidade como tônica da atuação estatal. Justifica-se, assim, também a execução, como ato basicamente jurisdicional, pois é desenvolvida em caráter de substituição, cujo procedimento é cumprido por um terceiro imparcial, desenvolvendo atividade própria do exercício do poder do Estado; como diz Cristianne Fonticielha de Rose,[246] isto é jurisdição.

Dentro dessa matriz, inclui-se, com facilidade o processo executivo, pois é atividade desenvolvida, como se viu, em caráter eminentemente substitutivo, em que o terceiro imparcial (juiz) é o presidente do processo, pois, só assim, pela aplicação do poder do Estado, se justifica, de forma a harmonizar os procedimentos executivos, fundamentalmente patrimoniais, à violação ao direito de propriedade, consagrado na carta constitucional. A jurisdição é expressão do poder, como veículo do império, é fator de equilíbrio e preservação do Estado, como ente abstrato na sociedade moderna. O monopólio da prestação de justiça pelo Estado faz com que toda e qualquer atividade desenvolvida em substituição às partes seja marcada pelas fronteiras jurisdicionais, a fim de cumprir seu escopo maior: o de pacificar com justiça.

3. Autonomia

Aprofundando o exame, vê-se a autonomia do processo executivo envolvido, inexoravelmente, pelos pressupostos de jurisdição e, principalmente, pelos da ação, elementos centrais da teoria geral do processo civil. É em razão do fenômeno da necessidade do uso da via jurisdicional que emerge o estudo da ação, visto no magistério de Fábio Luiz Gomes,[247] não como um direito novo, nem uma pretensão, mas simplesmente como o exercício de um direito preexistente.

---

atender a dois pressupostos básicos; a) o ato jurisdicional é praticado pela autoridade estatal, no caso pelo juiz, que o realiza por dever de função; b) o outro componente essencial do ato jurisdicional é a condição de terceiro imparcial em que se encontra o juiz com relação ao interesse sobre o qual recai sua atividade".

[246] ROSE, Cristianne Fonticielha de. *Acesso à Jurisdição e suas Limitações*, 1997, p. 106. "Podemos então definir jurisdição como o exercício do poder do Estado, com imparcialidade, satisfazendo uma pretensão, com poder vinculativo para as partes. Por estes parâmetros, tanto jurisdição voluntária quanto a contenciosa seria considerada jurisdição".

[247] GOMES, Fábio Luiz. *Op. cit.*, p. 94.

A mais comum das classificações do processo é aquela feita em declaração e execução, que Carnelutti[248] justifica em função da distinção das lides postas em juízo. No primeiro, a lide versará sobre uma pretensão discutida e, no segundo, sobre uma pretensão resistida. Essa é a pedra de toque que distingue, com segurança, as duas ações. Praticamente, não há discussão doutrinária quanto a tal diferenciação. Quando não se tem certeza do direito, deve-se, através de uma ação de conhecimento, submetê-lo à apreciação do juiz, a fim de obter um provimento jurisdicional, buscando afirmar ou negar a pretensão, mas sempre atribuindo certeza ao duvidoso. Quando alguém já possuir certeza do seu direito, e tal não foi satisfeito, deve buscar a jurisdição para requerer, através da ação de execução, a satisfação, isto é, a realização da sua pretensão insatisfeita.

Nem sempre se entendeu, como modernamente se compreende, este fenômeno jurisdicional. A função executiva, especialmente as decorrentes de sentença condenatória, realizam-se no mesmo procedimento (art. 475-I), todavia, sem perder seu caráter de autonomia científica. Parte considerável da doutrina entendia que a jurisdição só se encerrava com a satisfação total do credor, incluindo a execução, sem distinguir, (mesmo antes da Lei 11.232/05), destarte, as duas pretensões existentes: a primeira, cognitiva e a segunda, executiva. Há, entretanto, de ser gizado que o Estado, na realização de seus atos práticos, tendente à satisfação do credor, tem necessidade de legitimação, e dita legitimação só é obtida através do processo executivo (art. 475-R).

Justifica-se, em parte, a adoção da teoria monista, em face da própria disposição constante na lei processual, pois, no artigo 196 do CPC de 39 consta que o processo nascia com a citação e só terminava com a execução; ora, tal dispositivo legal certamente não contribui para a clarificação dos conceitos de ação e, principalmente, para a visualização, de forma nítida, naquele sistema, da separação entre os dois tipos de procedimento, como se experimenta hoje, com a existência dos Livros I e II do CPC. A idéia de unidade volta aos meios acadêmicos e legislativos, pois recentemente foi sancionada a Lei 11.232/2005, oriunda do projeto apresentado ao Ministro da Justiça pelo Instituto Brasileiro de Direito Processual, pelo qual *efetivação forçada* da sentença condenatória será uma etapa final do processo de conhecimento, após o *tempus iudicati*, sem necessidade de um processo autônomo de execução. É o processo sincrético, mas com funções definidas, do ponto de vista da estrutura ontológica autônoma.

---

[248] CARNELUTTI, Francesco. Instituciones. *cit.*, p. 61. "En cuanto el proceso contencioso, la distinción, se funda en la diferencia entre litis de pretensión discutida y litis de pretensión insatisfecha".

A Coisa Julgada na Exceção de Executividade

Humberto Theodoro Júnior,[249] em tese de doutorado, entende desnecessária e até mesmo perniciosa tal dicotomia, pois ambos constituem fases de uma atividade continuada. Não basta a primeira fase da tutela jurisdicional; há, por imperativo, para se obter a prestação jurisdicional completa, a necessidade de haver a segunda, e esta é a execução. Atribui-se tal entendimento à nossa origem romana da execução baseada na *actio* privada, que não permitia atos de império – aí destacados os executivos. Abone-se, pois sua tese tem identidade, unicamente, com a execução de sentença – circunstância questionável, se examinada isoladamente.

A doutrina mexicana, como se vê em tese esposada em obra mundialmente conhecida por Alcalá-Zamora Y Castillo, Niceto[250] também considera inconveniente a separação entre cognição e execução, quando se tratar de condenação judicial, pois reflete o processo uma unidade e conjunto, e não fases e etapas da mesma grandeza. Este autor recorre à doutrina de Carnelutti (em sua primeira fase), para arrimar seu pensamento. Define função e estrutura para chegar à conclusão de que a unidade serviria, com maior intensidade, à lógica da prestação jurisdicional pleiteada.

Liebman,[251] mesmo tratando do tema sob a égide do diploma processual anterior, afirma a autonomia do processo de execução. Vislumbra duas espécies distintas de ação, visando a salvaguardar ou a dar efetividade a direito subjetivo, através do processo. Araken[252] diz ser a autonomia da ação de execução razão direta do caráter jurisdicional da manifestação processual executiva e, por tal motivo, autônoma com relação aos demais procedimentos. Em doutrina italiana moderna,

---

[249] THEODORO JÚNIOR, Humberto. *Execução de Sentença e o Devido Processo Legal*, 1987, p. 193-4. "Nossas meditações sobre o processo, como veículo da prestação jurisdicional, tem-nos levado ao convencimento de que o romanismo de nosso sistema jurídico nos conduziu a uma dicotomia entre processo de conhecimento e de execução, em grande parte desnecessária e até mesmo perniciosa".

[250] CASTILLO, Alcalá-Zamora Y; NICETO. *Proceso, Autocomposición Y Autodefensa*, 1991, p. 149 "En definitiva, creo más exacto hablar de fase procesal de conocimiento y de fase procesal de ejecución (o bien de ejecución procesal), que no de proceso de una y otra clase, porque de ese modo (...) la unidad de la relación jurídica y de la función procesal se extiende a todo lo largo del enjuiciamiento, en vez de romperse en un momento dado. Por lo que atañe a los títulos ejecutivos contractuales, originan una forma especial de juicio, el ejecutivo (de índole documental y cambiaria, derivado del processus executivus medieval), el cual, si lo desligamos de la vía de apremio, representa una fase de conocimiento abreviada, pero no eliminada, como sucede asimismo en los casos de ejecución inmediata a que se refiere LIEBMAN, ya que, por lo menos, el órgano de la ejecución habrá de cerciorarse de la ejecutabilidad del título extrajudicial, que se le presenta".

[251] LIEBMAN, Enrico Tullio. *Op. cit.*, p. 28. "Ambas ações acima mencionadas, a executiva e a executória, são apenas espécies da figura geral da ação, que é o direito subjetivo fundamental do direito processual".

[252] ASSIS, Araken de. *Op. cit.*, p. 96. "Corolário da especificidade da própria função executiva, curial se ostenta a autonomia do processo executivo. Ele constitui ente à parte dos processos de cognição e cautelar".

Elio Fazzalari[253] demonstra a autonomia do processo executivo, em face da abstração do título, que o instrui, afirmando ser necessário para verificar a carência de elementos no título, a utilização de um processo cognitivo.

O somatório dos elementos da jurisdição, da ação e, *a fortiori*, o exame das pretensões, é fundamental e definitivo para se estabelecer a autonomia dos processos de execução e de cognição. A crescente proliferação dos títulos executivos demonstra claramente a opção, filosófico-legislativa, de que o processo executivo é autônomo e independente, pois exigem os atos executivos próprios, realizados em função do exercício da ação.

Com o mesmo mote teleológico de justificativas, pode-se verificar outros elementos atestando, com precisão, a autonomia da função executiva. A necessidade de citação, prevista no CPC, para a execução baseada em título extrajudicial, demonstra com clareza a existência de processo autônomo. No que diz respeito à execução de título judicial dispensa-se a citação, mas há a transformação do procedimento, com o que se atesta a autonomia. Neste particular ainda existe a possibilidade de alteração das partes, como se pode vislumbrar na execução autônoma decorrente da condenação em honorários advocatícios, a despeito do Estatuto da Ordem. O processo de conhecimento deu-se entre autor e réu, e o de execução, com relação a essa verba, não será entre essas mesmas partes, exigindo um novo processo. Outras razões são apresentadas por Ari Ferreira de Quiróz,[254] com alentados fundamentos, especialmente quando afirma que nem todo o processo de conhecimento deságua numa execução, ou nem toda execução tem como pressuposto uma condenação, e que, ao lado destes argumentos, o comando previsto no artigo 463 do CPC, é norma cogente.

Uma última observação é pertinente frisar, a fim de tornar claro o pensamento; não se está tratando de execução *lato sensu*, como denominada por Pontes de Miranda, ou de *executiva*, por Ovídio Baptista, ou ainda denominadas execuções reais, às quais não se aplicam as regras e os princípios aqui defendidos. Na esteira da melhor doutrina, há autonomia da função executiva com relação à cognição, quando se trata de execução obrigacional. Em verdade, estas são tipos de ações de conhecimento, apesar de possuírem carga preponderante executiva, v.g. aquelas previstas no 461 do CPC, despejo, possessórias.

Em arremate, com os olhos fixos nos objetivos teleológicos de cunho epistemológico, deve-se, a modo de equalizar idéias, considerar

---

[253] FAZZALARI, Elio. *Lezioni di Diritto Processuale Civile*, 1986, p. 18. "Piuttosto, da quanto fin qui detto emerge a si conferma un altro carattere, a ragione attribuito al processo esecutivo: l'autonomia. Ove sia necessario l'intervento del giudice per sanzionare la carenza del titolo esecutivo, esso avrà luogo in um processo – di cognizione – distinto da quello esecutivo che per avventura sia giá in corso (...)".

[254] QUIRÓZ, Ari Ferreira de. *Direito Processual Civil*, 1997, p. 35.

A Coisa Julgada na Exceção de Executividade

a função executiva para a realização obrigacional, autônoma, independente e incondicionada, devendo, a par disso, para se tornar apta a produzir efeitos no mundo jurídico, adequá-la aos pressupostos processuais gerais e específicos, assim como também atrelá-la às condições que o sistema jurídico requer. Finalisticamente, o processo é o veículo da realização do direito, e, para tal nuança, faz-se necessário estar comprometido com o sistema jurídico no qual está inserido. A idéia de sistema, verificada e desdobrada em capitulo próprio, é o fio condutor através do qual se desenvolvem as questões metodológicas norteadoras do estudo.

4. Contraditório

Questão polêmica, da qual não se pode furtar, por essencial ao desiderato, é a da existência do contraditório *in executivis*. Grande parte da doutrina, especialmente a mais conservadora, não a aceita. Liebman,[255] em seu processo de execução, refere não ser possível, no processo de execução, o contraditório, pois não há equilíbrio entre as partes, uma vez que uma está condenada e deve se submeter ao julgado. Em verdade, sua atenção é voltada para o direito italiano e, mormente, para a execução de título executivo judicial, devendo tal afirmação ser atenuada para fins do direito pátrio. De outra banda, observa-se em Lopes da Costa,[256] na versão original de seu manual, afirmação textual de que, na execução de sentença, não há contraditério nem se admite discussão. Quando da atualização da obra por Sálvio de Figueiredo Teixeira,[257] através de nota, tal assertiva foi mitigada. Diz o revisor que, apesar de inexistir contraditório quanto ao mérito, pode haver quanto ao *modus procedendi*.

---

[255] LIEBMAN, Enrico Tullio. *Op. cit.*, p. 44. "A posição jurídica das partes também é diferente. Na cognição elas estão em posição de igualdade e de equilíbrio, pois não se sabe qual delas está com a razão, e nada pode ser feito sem que todas elas sejam ouvidas ou possam fazer-se ouvir, de acordo com o princípio do contraditório: todas cooperam, cada uma no sentido do próprio interesse, para as investigações do juiz, procurando convencê-lo da procedência das alegações que elas apresentam; mas o resultado de todo este trabalho conjunto poderá ser afinal favorável tanto para uma quanto para outra. Muito pelo contrário, na execução não há mais equilíbrio entre as partes, não há contraditório (...)".

[256] COSTA, Lopes da. *Manual Elementar de Direito Processual Civil*, 1982, p. 307. "O processo de execução de sentença não é contraditório, não admite discussão. Aqui não se discute, mas realiza. O réu, no processo de declaração, onde se originou a sentença exeqüenda, já foi largamente ouvido. Foi condenado. Resta apenas executar a sentença".

[257] COSTA, Lopes da. *Op. cit.*, p. 308. "Na execução fundada em título judicial não há contraditório quanto ao mérito da pretensão, haja vista que não há mais nada a acertar. Mas o contraditório se faz presente quanto ao "modus procedendi". Na execução fundada em título executivo extrajudicial o contraditório quanto ao mérito é apenas eventual. Quanto ao desenvolvimento dos atos executivos, também se verifica, da mesma forma que na execução alicerçada em título judicial".

Sucessivamente, autores de escol, no cenário processual nacional, também se opõem à incidência do contraditório no processo de execução, pelas mais variadas razões e ordens de idéias. É o caso de Athos Gusmão Carneiro[258] que, em trabalho sobre o processo de execução, defende a não-incidência do contraditório, pois este pressupõe uma lide incontroversa. Com o mesmo pensamento, Celso Ribeiro da Silva[259] afirma não ser dada, na execução, oportunidade ao executado de articular defesa de seus direitos. O próprio criador do CPC atual, Alfredo Buzaid[260] ensina que, na execução, o devedor está em situação de desigualdade com relação ao credor, não lhe sendo permitida a defesa internamente à execução, uma vez que apenas em processo externo pode atacar a eficácia do título.

Na doutrina estrangeira não é diferente do observado no Brasil, v.g. Salvatore Sata,[261] na esteira de Liebman, nega a possibilidade de haver o contraditório, porque este, por definição, não existe na execução. Da mesma forma, Köhler[262] ensina que, por não ser parte, ao executado não é dado o poder de contraditar. Assim por diante, poder-se-ia enumerar várias opiniões, todas elas no sentido de enfrentar o fenômeno contraditório na execução.

Os fatos constatados no laboratório prático da vida forense oferecem a nítida idéia e dimensão do que realmente ocorre no processo executivo. Demonstram, mesmo parte da doutrina não aceitando, a presença firme e inarredável do contraditório espalhado por todo o curso dos atos processuais, e que, quando este é preterido por amor ao dogma, incide a nulidade dos atos praticados sem sua observância, em evidente prejuízo à efetividade tão perseguida e objetivada.

A partir da célebre e histórica definição de José Canuto Mendes de Almeida,[263] hoje, digamos, já ultrapassada, mas digna de nota pelo seu valor histórico: *é a ciência bilateral dos atos e termos processuais e a possibilidade de contrariá-los,* esforçamo-nos, em nosso *O Princípio do Contraditório no Processo de Execução* para demonstrar, com clareza e objetividade, a fragilidade da afirmação de inexistência do contraditório na execução.[264] Para ficar claro nosso pensamento, deve-se enfatizar o lá afirmado, pois, para o nosso mister, é deveras interessante a observância dessa técnica processual.

---

[258] CARNEIRO, Athos Gusmão. Da Execução no novo CPC, *Revista do Processo*, n° 10, p. 97.

[259] SILVA, Celso Ribeiro da. Contraditório no Processo de Execução, *Justitia*, 1969, p. 63-79.

[260] BUZAID, Alfredo. *Do Agravo de Petição no Sistema do Código de Processo Civil*, 1956, p. 109.

[261] SATA, Salvatore. *Diritto Processuale Civile*, 1967, p. 463.

[262] KÖHLER apud TARZIA, Giuseppe. O Contraditório no Processo Executivo, *Revista de Processo*, n° 28, p. 57.

[263] ALMEIDA, José Canuto Mendes de. *A Contrariedade na Instrução Criminal*, 1947, p. 110.

[264] Kuhn, João Lacê. *O Princípio do Contraditório no Processo de Execução*, Livraria do Advogado, 1998.

Não restam equívocos que o processo judicial, independentemente de qual seja o rito, a causa ou a ação posta em juízo, angulariza-se com a citação do demandado. Não há de ser diferente na execução. A falta de citação ou de intimação nos termos da Lei 11.232/2005 conduz o procedimento, até então existente, a uma dose de ineficácia absoluta, isto é, o leva à extinção. Esta hipótese processual, na ordem dos fatos, não tem interesse algum, pois quem bate às portas do judiciário pedindo providências pensa ter razões de ordem material para tanto, ou será inconseqüente por utilizar a ação processual arbitrariamente, contrariando o vislumbrado por José Bedaque,[265] como utilidade do processo. Tem ampla razão o professor paulista, pois não será de boa-fé a movimentação de máquina judiciária, já combalida diante do grande número de demandas, para não se obter nenhum resultado prático. Não se está tentando desenterrar a teoria concreta da ação, já definitivamente sepultada, e, se assim fosse, não se poderia admitir a ação improcedente ou a execução frustrada. Está-se tentando inibir a utilização temerária de instituto processual necessário e imperativo para o sistema democrático de direito.

Pois bem, o processo civil tem como um de seus princípios a utilidade, em face de sua instrumentalidade; sendo assim, requer seja angularizado, e o ato legal específico para tal mister é a citação, também no processo executivo. Não se pode olvidar que a citação é uma demonstração inequívoca da presença do contraditório no processo de execução. A possibilidade da citação por edital, com as exigências previstas no artigo 9º, II, do CPC, informam exatamente os contornos dessa visão instrumental, ancorada na utilidade do processo e especialmente na observância de princípio democrático, demonstrando a necessidade do contraditório no processo de execução.

Uma vez iniciado exitosamente o processo executivo, outros tantos incidentes requerem a presença do contraditório e fica impossível negá-lo. Pelo contrário, deve-se aceitá-lo como pacífico. Fenômenos quanto à ordem de nomeação dos bens à penhora, contido no artigo 656 do diploma adjetivo, exigindo a ouvida do credor sobre a inversão da ordem prevista no artigo 655, indica que o legislador não abre mão do princípio da dialética, não bastando o convencimento do *inaudita altera parte;* requer-se, pois, a participação do credor. Logo a seguir, com os incidentes da penhora, balizados no artigo 620 do CPC, podem demonstrar com perfeição o contraditório, amplo e soberano. A oposição à penhora, concebido com acerto por Pontes de Miranda,[266] oportuniza

---

[265] BEDAQUE, José. *Op. cit.*, p. 14-44. "Depois de longo período caracterizado por preocupações endoprocessuias, volta-se a ciência para os resultados pretendidos pelo direito processual. A partir da visão do processo como instrumento voltado a resultados externos, pretende-se revisitar alguns temas clássicos do direito processual".

[266] MIRANDA, Fernando Cavalcanti Pontes de. *Op. cit.*, p. 43.

ao devedor, internamente à execução, opor-se à penhora, quando esta for ineficaz (art. 659 II) ou quando for excessiva.

Ainda dentro do incidente penhora, observa-se a necessidade de intimação desta, procedimento obrigatório sob pena de nulidade do feito executivo (art. 669), a ampliação e redução da penhora (art. 685), dando mostra de ser incorreto não se admitir a possibilidade de contraditar os atos e termos processuais. Pondere-se, todavia, que é a oportunização da manifestação balizadora da existência do contraditório e não a efetiva participação do demandado ou do intimado no processo. Se provada a ciência, incide, sobre essa inércia, o instituto da preclusão, diverso no Processo Penal, onde deve efetivamente existir a manifestação em contraditório, sob pena de nulidade.

Em prosseguimento, na execução faz-se necessária, salvo raras exceções, a avaliação (art. 680 CPC), ato tendente a precificar o valor do bem objeto da constrição. Sobre tal episódio pontifica-se o contraditório como instrumento ao alcance do judiciário para a perfeita condução do feito executivo. O ato do perito avaliador sofrerá o crivo das partes concordando ou não. Discordando entre si, em evidente batalha dialética, a qual deverá ser decidida pelo juiz, só após ter sido vencida tal etapa, prosseguir-se com os atos tendentes à alienação dos bens.

Como ato singular de alienação *in executivis*, tem-se na arrematação, assim como nos demais itens necessários à execução, o crivo do contraditório de diversas maneiras, ou seja, entre as partes do feito executivo ou entre uma delas e terceiros, que são os eventuais arrematantes. Da mesma forma, como se disse sobre a avaliação, caberá também ao magistrado, após a verificação exaustiva das provas e das circunstâncias norteadoras do evento, decidir. A decisão, assim como as demais, ficará sujeita ao exame do segundo grau de jurisdição e, em não raras vezes, até dos tribunais superiores, quando objeto de Recursos Especial e/ou Extraordinário. Temas como o da intimação da praça (art. 687, § 2º), preço vil (art. 692 do CPC), são pródigos em oportunizar oposições, embargos e outros tipos de discordâncias, com o manejo inclusive de cautelares inominadas.

Vencidas todas essas etapas, nas quais se verificou a incidência do contraditório, devem-se enfrentar os atos finais da execução destinados ao pagamento do credor, com a conseqüente extinção da execução, nos termos do artigo 795 do CPC. Não é de simples solução tal epílogo. Deve-se iniciar pela atualização do valor do débito, isto é, pela formação da conta final. Vive-se em um país definitivamente marcado pelos efeitos inflacionários, onde a prodigalidade de índices voltados a atualizar o valor da moeda é vasta. Cada instituto de pesquisa, público ou privado, possui uma metodologia para dita atualização. É este o cenário que se monta para o juiz e as partes, no momento de quantificar

A Coisa Julgada na Exceção de Executividade

o exato valor a ser entregue ao credor para sua total satisfação, incluído aí o principal: juros, correção monetária – atualmente conhecida como atualização do valor da moeda –, custas e honorários. Os pontos conflitantes são tormentosos e a possibilidade de controvérsia é ampla. O contraditório é o único meio capaz de solucionar esta gama inimaginável de discordâncias. Não se pode imaginar a jurisdição sem este expediente, pois somente através dele elide-se o antagonismo, obtendo-se, assim, a possibilidade de fazer-se o pagamento ao credor.

Neste diapasão, verifica-se também a preocupação, não só do legislador como também do judiciário, na aplicação concreta da lei ou com a realização objetiva de medidas práticas no processo de execução. Tanto o legislador como a jurisprudência estão, a cada dia, a consagrar o contraditório como instrumento de uso democrático ou de mecanismo de política de direito processual constitucional.

Como corolário do acima afirmado tem-se, como demonstração, a reforma de 1994. A Lei nº 8.953, de dezembro/94, alterou o texto dos artigos 599, 600 e 601 do código de 73. Está-se falando do *Comtempt of Court*, instituto do direito anglo-norte-americano, significando, em tradução livre, a *produção de atos atentatórios à dignidade da Justiça*. Tal advertência é necessária, como ensina Roberto Molina Pasquel,[267] pois não se encontra sentido na tradução clássica do instituto inglês para as línguas latinas. Em resumo, seria o desrespeito ou a desobediência à ordem de um tribunal. Neste sentido, foi apanhado pelo legislador da reforma, quando alterou a regra processual, que punia quem agisse em oposição à determinação do judiciário, ou não cumprisse determinado ato, com a pena de não poder se manifestar nos autos, substituindo-o por multa. Essa atitude é uma petição de princípios em favor do contraditório.

A proibição de falar nos autos, contida no dispositivo sob comento, ofendia ao contraditório, não oportunizando ao faltoso, sob hipótese alguma, a justificação do não atendimento ou da contrariedade ao ato determinado pelo judiciário. A substituição por multa não isenta da pena o executado renitente, mas respeita o princípio constitucional insculpido no artigo 5º, LV, da CF.

Outras manifestações são as decorrentes das inúmeras decisões judiciais sobre a exceção de executividade, utilizando-a como defesa direta, nas quais se ventilam e se discutem temas da maior relevância para o direito, sem a necessidade dos embargos e, por decorrência

---

[267] PASQUEL, Roberto Molina. *Contempt of Court, Correciones Disciplinarias Y Medios de Apremio*, 1954, p. 23. "El Corpus Juris define Comtempt of Court como 'la desobediencia a un tribunal por actuar en oposición a su autoridad, a su justicia o a su dignidad'. Cita cinco variantes de la definición genérica, tomadas de jurisprudencia que invoca, y de otras definiciones descriptivas del Comtempt of Court (...)".

lógica, sem a necessidade de seus bens sofrerem constrições para viabilizar a manifestação de defesa.

Este tema será desenvolvido com maior profundidade no capítulo seguinte, pois faz parte integrante do núcleo de nossa investigação. Por hora apenas o registro, pois é um dos procedimentos a demonstrar, com clara evidência, a presença do contraditório no processo executivo. Sem aceitar tal incidência, seria inócuo o prosseguimento do estudo. É exatamente em contraditório que se dá a exceção; sua verificação poderá resultar em coisa julgada. Estando a investigar o processo de execução, deve-se aceitar a tese da incidência plena de um dos princípios vetor do processo civil, pois a partir dele é possível a produção de jurisdição, cuja finalidade máxima é atingir, através do processo, a pacificação com justiça.

VI – Exceção de Executividade

1. Prolegômenos

A questão prodrômica que se impõe é a de fixar a exata localização e a extensão do fenômeno sob observação dentro do processo de execução. A nosso ver, não há como fugir de enquadrá-lo como defesa do executado *lato sensu*.

As defesas do executado, conforme o sistema tradicional, nos termos da legislação vigente, exceto a impugnação, são todas elas externas ao processo de execução, com o escopo de proteção à integridade do procedimento a dar-lhe maior unidade, mas sobre esse exerce uma prejudicialidade (embargos, ações ordinárias e cautelares). O CPC não contempla expressamente nenhum tipo de defesa interna, isto é, defesa praticada no seio do processo de execução, requerendo, destarte, a formação de procedimento autônomo como os previstos nos artigos 585, § 1º, e 736 do CPC, ou até mesmo através das cautelares inominadas, realizando-se externamente ao feito executivo, exceção feita ao artigo 475-J, § 1º, incluido pela Lei 11.232/2005. A dicotomia existente entre interno e externo, no dizer de Danilo Knijnik,[268] é, sem dúvida, *uma atávica negação da hominidade do executado*. Mazzarella[269] trilha o mesmo ideário de afastar as razões históricas. Não há como se negar esta possibilidade em respeito ao devedor; estuda-se, entretanto, separadamente não por razões lógicas, mas por razões de não se considerar o devedor como sujeito de direito, o que não se pode aceitar modernamente.

A proposta não é de justificar ou provar a possibilidade da exceção de executividade, mas, a partir de uma premissa consolidada, apresentá-la sistematizada. Nada obstante a carência de regras expressas, definitivamente a exceção está consolidada. Seus fundamentos

---

[268] KNIJNIK, Danilo. *A Exceção de Pré-executividade*, 2000, p. 129. "A dicotomia externo-interno é antes de tudo uma atávica negação do hominidade do executado, com desprezo ao real sentido da eficácia operada pela sua utilização".

[269] MAZZARELLA, Ferdinando. *Contributo Allo Studio del Titolo Esecutivo*, 1965, p. 58. "È chiaro che, attraverso lo scorcio di prospettiva, del discourso sull' 'esterno' e sull' 'interno' del processo di esecuzione, è in giuoco, come possiamo bem dire, l'umanità estessa del debitore nel processo di esecuzione".

metodológicos são de ordem processual, constitucional, mas fundamentalmente estão ancorados na teoria geral do direito, através da hermenêutica a qual se encarrega de hierarquizar norma, conceito e valor, como se viu, cujos excursos teóricos serão apresentados a seguir.

Cientes da aceitação de que a exceção faz parte de uma evolução do direito processual no campo executivo – quase sempre relegado a um segundo plano, quando se trata de formulações teóricas dogmáticas, em torno da teoria geral do processo – seu aspecto secundário, até bem pouco tempo difundido, contribui para uma evolução mais lenta em termos de propostas conceituais. Como se sabe, nem a doutrina mais tradicional, nem o sistema vigente (vide art. 575-J) aceitam a utilização de defesa interna no processo executivo, mas somente com o manejo dos embargos, assim é o desenho legal. Alcides Mendonça Lima[270] é um dos mais ferrenhos representantes dessa corrente doutrinária. Em célebre parecer sobre a questão, posicionou-se radicalmente contra, dizendo não poder, em execução, discutir-se o mérito sem embargos do devedor; não deve a inicial ser indeferida por falta de requisitos de admissibilidade, nem tampouco se insurgir o devedor contra a decisão deferitória da penhora.

Há de se aclarar que o tema versado pelo saudoso mestre gaúcho diz respeito ao ajuizamento de títulos executivos extrajudiciais não vencidos, obrigando a devedora a agravar da decisão deferitória da citação no processo executivo, fazendo com que o juiz reformasse sua decisão, excluindo do processo os títulos não vencidos por faltarem-lhes requisitos de admissibilidade, mais precisamente a exigibilidade. E, nessas circunstâncias, objetou o procedimento, com brilhantismo, de defesa sem embargos, que não resistiu, gize-se, ao exame mais racional e axiológico submetido nas diversas instâncias do Poder Judiciário, vindo ao final restar vencido em sua tese.

Ainda há focos doutrinários de resistência que, apesar de isolados, é verdade, demonstram a força do formalismo herdado do velho direito português, resistente em abandonar o intelecto de nossos pensadores processuais; é o caso de Willis Santiago Guerra,[271] ao defender a impossibilidade na estrutura da execução de espaço para

---

[270] LIMA, Alcides Mendonça. *Ação Executiva – Necessidade de Penhora para Discutir a Exigibilidade do Título*, In Processo de Conhecimento e Processo de Execução cit. 1983, p. 289. "No sistema brasileiro, tradicionalmente, o devedor (antes denominado de executado) somente pode pretender elidir a ação executiva, opondo-se ao título, por via apenas de embargos, que exigem a penhora, quer por nomeação de bens pelo próprio devedor, quer por escolha dos oficiais do juízo".

[271] GUERRA, Willis Santiago. *Aspectos da Execução Forçada no Sistema Processual Brasileiro*, 1996, p. 65. "Por outro lado, a estrutura da execução não abre espaço a que o devedor *ab interno*, quer dizer, dentro do processo executivo possa insurgir-se seja a respeito dos pressupostos de constituição e desenvolvimento válido e regular do processo (CPC, art. 267, inc. VI) ou condições da ação executiva, ou, principalmente, quanto ao direito subjacente no título executivo".

uma defesa interna, nem mesmo para as questões relacionadas com os pressupostos e as condições e, principalmente, quanto ao título.

Oportuno alguns esclarecimentos quanto à opção pela nomenclatura, pois, tanto em doutrina quanto na jurisprudência, outras haverão, como exceção de pré-executividade; defesa do devedor sem embargos; oposição de pré-executividade; objeção de pré-executividade, ou, simplesmente, embargos do executado sem penhora, como é o caso de Pedro dos Santos Barcelos,[272] defensor de uma teoria em função da possibilidade de o executado objetar a execução através de embargos, mesmo inexistindo penhora, nos casos de ofensa aos pressupostos e às condições da ação, ou José Raimundo Gomes da Cruz,[273] que admite o incidente sob os mesmos fundamentos, mas como defesa sem penhora.

Sem maiores críticas a qualquer outra nomenclatura, entende-se adequada a utilização da expressão *exceção de executividade*, por uma simples razão: as matérias passíveis de serem argüidas em defesa direta, dependendo do grau de cognição exigido, são mais amplas das inicialmente previstas e que conduziram seus defensores a denominar o fenômeno de pré-executividade, pois se pensa ser viável, além das exceções propriamente ditas, sejam sindicadas matérias relativas às condições da ação e ao mérito da execução, sem a exigência de um processo autônomo de cognição incidental, não punindo o devedor injustamente demandado, para viabilizar sua pretensão de defesa. Outro fator a justificar nossa opção refere-se à lei processual, por não contemplar qualquer tipo de defesa interna no processo de execução. Seu manejo, quando houver, se dará por via de exceção, esta compreendida em *largo senso*, como a indicar que alguma irregularidade existe no procedimento e deve este ser obstado.

Ainda a convencer da plausibilidade da nomenclatura, tem-se idéia muito clara no que tange à distinção existente entre processo executivo e execução, sendo o primeiro conjunto de atos de preparação, de forma a autorizar o Estado a ingressar no patrimônio do devedor,

---

[272] BARCELOS, Pedro Santos. Embargos do devedor: Possibilidade de Admissão sem Estar Seguro o Juízo para Execução, *Revisa Jurídica*, 1990, nº 156, p. 32. "É certo que a Lei procura, de todas as formas, disciplinar as matérias jurídicas, mas como o direito não é uma ciência exata, o legislador não consegue dar uma dimensão tão abrangente à norma, que deixa escapar casos excepcionais. Estes casos são descobertos, tratados e adaptados pela doutrina e jurisprudência no decorrer da vigência da lei que, apesar de tímidas, têm se manifestado favoráveis sobre a possibilidade de admitir embargos do devedor, mesmo quando o juízo não se acha seguro para a execução".

[273] CRUZ, José Raimundo Gomes da. Aspectos do Processo de Execução, *Revista dos Tribunais*, n. 639, p. 34. "Outro aspecto relevante no processo de execução, com ênfase em sua integração na teoria geral do processo, reside na defesa do executado. De certa forma, tivemos a oportunidade de desenvolver alguns aspectos de tal matéria. Tal tese foi acolhida no próprio STF. Agora, a questão restringe-se á defesa do executado antes da penhora, aspecto que contemplamos com apoio principalmente, na excelente doutrina de Rangel Dinamarco e Pontes de Miranda, para admiti-la".

coativamente, realizando atos de sanção com relação ao patrimônio do devedor, tendentes a autorizar o Estado a realizar de forma substitutiva a execução, uma vez que não é permitido ao particular fazê-la. É justamente contra eventual irregularidade formal ou substancial no processo executivo que se autoriza o devedor a agir, através de suas exceções formais e substanciais, visando a impedir a efetiva execução materializada nos atos de império, realizados unicamente pelo poder estatal, no exercício da jurisdição. Da mesma forma, em razão de o prefixo *pré* ligar-se ao significado de anterioridade, não se adapta ao incidente, pois a pretensão – executiva – já foi exercida voluntariamente, em face da autonomia do processo executivo em relação ao direito material. Portanto, através de uma exceção, obsta a execução – atos executivos – e, por tal razão, opta-se por cognominar o instituto de *exceção de executividade.*

Impende registrar que a intenção e o objetivo de todos os autores, mesmo ao utilizarem outras nomenclaturas, são idênticos, não havendo divergência maior quanto aos mecanismos empregados pelos demandados no exercício regular de seu direito de defesa. Apenas pode haver, e definitivamente há, quanto à extensão das matérias alegadas. Tais polêmicas, oportunamente, verificar-se-ão uma a uma, pois a fixação de limites é importante para o desiderato.

Em outra dimensão, não se pode olvidar: parte da doutrina não concorda com a utilização da expressão *exceção*, como é o caso de Nelson Nery Junior,[274] que alega trazer o termo ínsita a idéia de disponibilidade, sendo direito privativo da parte, e se, não exercido, operará a preclusão, sugerindo, em decorrência, o nome de objeção. Marcos Valls Feu Rosa[275] discorda integralmente da nomenclatura, mas a aceita por já estar consagrada na doutrina e na jurisprudência. Segundo ele, pouco significativa seria sua mudança, sugerindo o emprego de objeção executiva. No tocante à busca de um nome ideal, concorda-se com o magistrado capixaba ser de questionável interesse tal preciosismo, tendo em vista o objetivo perseguido, independente de o nome *iuris* ser iniludivelmente sempre o mesmo: obstar a execução.

Prefere-se ficar com a noção chiovendiana[276] de exceção no sentido *lato,* por ser a de melhor adequação à espécie. No entender do mestre

---

[274] NERY JUNIOR, Nelson. Princípios, *cit.,* p. 131. "A expressão é imprópria porque 'exceção' traz ínsita a idéia de disponibilidade de direito, razão por que não oposta a exceção ocorre a preclusão. O correto seria denominar esse expediente de objeção de pré-executividade, porque seu objeto é matéria de ordem pública decretável *ex offico,* pelo juiz, e, por isso mesmo, insuscetível de preclusão".

[275] ROSA, Marcos Valls Feu. *Exceção de Pré-executividade,* 1976, p. 96. "Embora tecnicamente esta denominação seja indevida, na prática ela já ganha corpo e forma, tornando-se de uso comum pelos operadores do direito, o que vem colaborando para sua difusão no mundo forense. De questionável vantagem seria, assim, a mudança do nome".

[276] CHIOVENDA, Giuseppe. *Op. cit.,* vol. I, p. 338. "Em sentido próprio, a exceção é, por conseguinte, um contra-direito perante a ação e, por isso mesmo um direito de impugnação, quer dizer, um direito potestativo destinado à anulação da ação".

peninsular, exceção é o contradireito do réu: o direito do réu de contrapor-se à ação. Isto ocorre efetivamente com a exceção de executividade, pois uma ação de direito processual – ação de execução – proposta irregularmente, ou com desobediência a pressuposto, ou faltando-lhe condições ou ainda desprovida de mérito é suficiente para desencadear os atos executivos através da jurisdição. Na mesma ordem de idéias, está autorizado o demandado a utilizar seu direito, considerado no processo como contradireito, aí incluídas matérias passíveis de serem argüidas de ofício ou não, destarte, alegáveis somente pelas partes prejudicadas.

A exceção não significa pré-processo, como adverte Alberto Camiña Moreira,[277] e nem seria pré-processual, mas significa uma alegação de direito contra a execução, devendo ser proposta antes da penhora ou, como chamado à atenção anteriormente, antes da execução propriamente dita. Significa dizer que sempre se dará no curso da ação executiva, isto é, após a propositura nos termos do artigo 263 do CPC, e antes da penhora.

Em suma, para emprestar uma abrangência significativa ao tema, independentemente do conhecimento técnico de cada um dos termos utilizados pelo processo, principalmente no relativo à objeção e às exceções, não deve haver fixação nem numa nem noutra, tratando-as, como definidas em Chiovenda, todas como contradireito, independentemente de poder ou não serem conhecidas de ofício, necessitarem ou não de manifestação da parte, eis que as matérias tratadas possuem fronteiras muito tênues, demandando uma dispersão enorme no trato minucioso de tais limites para estabelecer uma divisão definitiva que nos deslocaria do pivô central. Objeção e exceção, seguindo-se a tradição nacional, serão tratadas de uma mesma maneira para efeito de nossas reflexões.

1.1. Dos princípios e da admissibilidade executiva

Antes dos casuísmos poliformes, devem os operadores do direito, e especialmente os interessados pela ciência processual como instrumento de realização dos direitos individuais e coletivos, preocupar-se com os modelos que norteiam os procedimentos. Pela natureza do procedimento executivo, impõe-se primar pela observância dos princí-

---

[277] MOREIRA, Alberto Camiña. *Defesa Sem Embargos do Executado*, 1998, p. 35. "Pré-executividade não significa, por evidente, pré-processo de execução, o que representaria atividade extrajudicial, mas sim possibilidade de defesa antes da penhora, antes do gravame, antes da constrição, antes, enfim, dos atos marcadamente executivos. Esse é o significado da expressão; mas é defesa intraprocesso, evidentemente".

pios informadores da execução como instrumento do Estado para realização do direito submetido à apreciação jurisdicional.

Um dos princípios basilares da execução moderna não se encontra unicamente insculpido no CPC, mas na teoria geral do direito e, basicamente, decorre das cláusulas intangíveis inseridas na Constituição Federal, referindo-se à dignidade da pessoa humana, que, trazida para os termos do presente estudo, se aloja na figura do devedor. Só após a verificação da aplicação dos princípios gerais do direito surge a legitimidade do Estado para submeter o patrimônio do devedor à constrição. A inexistência do direito à execução, baseado na falta de pressupostos processuais, na falta de alguma das condições da ação, ou em matérias que, a *prima facie*, podem ser verificadas com segurança a atestar a inexistência de direito do exeqüente, merece censura. Justifica-se, assim, a utilização de mecanismos não previstos expressamente na lei processual, mas com ela se acomodando, porque a sua não-utilização provocará um dano de maior intensidade à pessoa do demandado.

Adverte, com propriedade, Lenice Silveira Moreira[278] ser despicienda a segurança do juízo, com a conseqüente constrição patrimonial obrigatória nos casos em que o título em execução não está revestido de todas as exigências legais, porque, em tal circunstância, a execução estaria a ser proposta em evidente abuso de direito, circunstâncias não toleradas pelo sistema jurídico contemporâneo. A mácula no título, a inexistência do direito, ou o inatendimento dos pressupostos e condições são matérias processuais e, portanto, de ordem pública, justificando sua argüição independente de comando legislativo autorizador. A dignidade da pessoa humana está prevista no artigo 1º, III, da CF, e como tal serve de vértice hierárquico, como se observou no capítulo inicial.

Nessa ordem de idéias, deve-se considerar que o direito de propriedade é integrante dos princípios inalienáveis previstos na Carta Magna, especialmente no artigo 5º, XXII. Não poderá o Estado, apenas por questões de formalismo, no exercício da sua função jurisdicional, ferir disposição constitucional, ou submeter o particular a sofrer limitação na sua propriedade através da penhora, para ver declarada a ilegalidade do direito posto em causa executiva.

Com base em tal argumentação, explica-se que, nos primórdios do Direito Romano, tal atividade não estava franqueada a *actio*, por ser privada. Estava reservada juntamente com os interditos ao *praetor*. Em tempos hodiernos, pela inexistência da dicotomia da jurisdição, à execução é reservado um encarceramento procedimental muito maior,

---

[278] MOREIRA, Lenice Silveira. *A Exceção de Pré-executividade e o Juízo de Admissibilidade na Ação Executiva*, 1988, n. 28. p. 38. "Entende-se que a segurança do juízo não pode ser imposta naqueles casos em que o título em execução não se reveste das características de título executivo, porque, destarte, a própria execução estaria sendo ajuizada com abuso de direito por parte do credor, utilizando uma via processual que a lei, em tese, não lhe concede".

pois essa transforma o direito em fato, e, se tal direito inexiste ou é viciado, não pode o Estado correr risco de realizar tarefas tão nobres sem o máximo de segurança.

Atestado da preocupação com a dignidade da pessoa humana é encontrado no comando do artigo 649 do CPC, a não permitir a utilização da execução para levar à ruína o devedor, causando-lhe fome ou desabrigo, tanto próprio como de sua família.

Não se deve desprezar a idéia de que, com relação ao processo executivo, faz-se necessária a incidência da mesma principiologia reservada ao processo de cognição, não só pelas razões óbvias já demonstradas adrede, mas basicamente por pertencer também aos atos jurisdicionais, um dos pilares do Estado. Conduzidos às funções da execução, tais princípios devem ter atenção redobrada, conquanto de sua utilização decorrem realizações práticas.

Cientificamente, uma gama de princípios são estudados em processo civil, como esteio de sua formação dogmática. Não serão, por conseguinte, desprezados quando do exame da admissibilidade da execução. Princípios macros instruem o processo como um todo. Referenciais políticos, jurídicos, lógicos, instrumentais e sociais são decisivos para a formação ideológica do processo. São definitivamente as amarras que encarceram o processo e o procedimento dentro de uma bitola científica a emprestar segurança aos usuários do produto justiça. Entretanto, alguns deles, para efeito de melhor compreensão do fenômeno exceção de executividade, são de enorme valia.

A isonomia, ou igualdade substancial das partes, é instrumento democrático de enorme valia. Em tempos modernos, a igualdade deixa de ser unicamente formal, pois se exige que a isonomia seja também substancial, devendo o Estado zelar pelo equilíbrio real, como ensina Ada Pellegrini Grinover.[279] A realidade atual aguça as diferenças sociais, cria um vácuo entre a *elite* e o *povo*. O substrato social se altera diariamente; as necessidades individuais, da mesma forma, sofrem mutações em face de diversas influências externas – mídia, novos valores, consumo, assim por diante. Com o processo de execução, não é diferente, sendo imperativo ao Estado-Juiz ser o filtro destas irregularidades através da observação aguda do juízo de admissibilidade calcada nos princípios gerais.

Quando se fala em contraditório, está se colocando a isonomia em uma relação simétrica, pois, como leciona Ovídio,[280] está-se diante de uma paridade de armas: a igualdade a proporcionar o melhor resultado em decorrência de um efetivo equilíbrio.

---

[279] GRINOVER, Ada Pellegrini. *Novas Tendências do Direito Processual Civil*, 1990, p. 6. "Na visão dinâmica, verifica-se caber ao Estado suprir as desigualdades transformando-as em igualdade real".

[280] SILVA, Ovídio A. Baptista da. *Curso de Processo Civil*. v. I, 3ª ed. Porto Alegre: SAFE, 1996, p. 56.

Outro princípio não pertencente só ao processo, nem tampouco só ao executivo, mas à sociedade como um todo, é o chamado "princípio informativo econômico", ou, simplesmente, da economia processual. Leciona Rui Portanova[281] que o processo procura obter o maior resultado com o menor esforço possível de dinheiro, tempo, sacrifícios; busca-se o máximo com o mínimo de atuação. Não é diverso na execução. Não obstante sofrer enormes críticas, especialmente dos formalistas, é de fundamental importância para o desenvolvimento harmonioso e eficaz do processo tal aplicação. Com razão, Galeno de Lacerda,[282] quando afirma que economia processual não visa apenas a poupar trabalho aos envolvidos, a diminuir gastos, em suma, não visa à comodidade dos agentes, mas fundamentalmente visa à busca da perfeição humana, com a obtenção de justiça com o menor ônus possível.

A execução é instaurada unicamente em favor do credor e deve contribuir para ver satisfeito o direito que espontaneamente não o foi. Por outro lado, deve realizar-se pelo modo menos gravoso para o executado, nos termos do artigo 620 do CPC.

A tutela executiva está condicionada, em juízo de admissibilidade, como qualquer outro tipo de tutela, aos princípios gerais do processo. Ao admitir uma execução, deve o juiz examiná-la com os olhos na realidade e no resultado útil a ser alcançado pelo processo, com atendimento aos pressupostos processuais e às condições da ação, deixando o exame do mérito a um momento posterior.

Os requisitos controladores da admissibilidade da ação de execução estão a cargo do juiz, por serem tarefa de ordem pública. Como adverte Marcelo Lima Guerra,[283] a doutrina, equivocadamente, a nosso sentir, não dá maior atenção a tal fenômeno; não se preocupa com uma sistematização mais profunda, pois está exclusivamente vinculada à figura do título executivo, explicitando assim o porquê do processo de execução estar ainda em fase embrionária e, como se vê diuturnamente, ser um instrumento em evolução.

Com esses paradigmas, examinados em sede de admissibilidade através dos pressupostos e das condições, uma intrincada questão deve

---

[281] PORTANOVA, Rui. *Princípios do Processo Civil*, 1999, p. 24. "O processo procura obter o maior resultado com o mínimo de esforço. Os processualistas perseguem ideal de uma justiça, barata, rápida e justa".

[282] LACERDA, Galeno de. *Op. cit.*, p. 6. "A função da economia no processo transcende, assim, a mera preocupação individualista de poupar trabalho dos juízes e partes, de freiar gastos excessivos, de respeitar o dogmatismo dos prazos. Não visa à comodidade dos agentes da atividade processual, mas à ânsia de perfeição da justiça humana – reconhecer e proclamar o direito, com o menor gravame possível".

[283] GUERRA, Marcelo Lima. *Op. cit.*, p. 12. "De outra parte, verifica-se que os requisitos aos quais está subordinada a prestação de tutela executiva e o controle pelo juiz desses mesmos requisitos, não recebem, por parte da doutrina, um tratamento sistemático com o rigor e a precisão que se verifica quanto ao processo de conhecimento".

ser ultrapassada. A questão é a relacionada com o título – forma e conteúdo – como pressuposto legal, e o inadimplemento, como pressuposto de fato. Devem também ser examinados em juízo de admissibilidade executivo, ou postergados para um segundo momento? Se forem diferidos por motivo de técnica processual, continuam sendo questões de ordem pública e, destarte, passíveis de alegação a qualquer tempo e em qualquer processo, não padecendo de preclusão para as partes, se não forem deles cientificadas? Para o juiz também ou só para o juiz? Respostas a estas e outras questões deverão ser fornecidas quando do exame dos excursos teóricos justificadores da exceção de executividade.

A tutela executiva deve ser efetiva. Tal predicado é alvo de incessantes medidas legislativas, a fim de tornar o processo como um todo mais ágil e pragmático para a sociedade. Em se tratando de execução, em que aparentemente não mais se discute a certeza do direito, mas apenas, de forma encadeada, realizam-se atos de transformação do direito em fato, não pode ser diferente. Tal preocupação acompanha nossa lei processual desde a sua criação, nos termos das afirmações de seu criador, o Professor Buzaid,[284] alertando que a execução se presta para manobras protelatórias, e, para coibi-las, foram introduzidos no Código os atos atentatórios à dignidade da justiça, insculpidos nos artigos 599 a 601, para evitar atos contrários ao normal desenvolvimento do processo. Todavia, o desejo de atribuir maior efetividade não pode ser causa de menosprezo da igualdade das partes, nem do devido processo legal, nem dos princípios máximos de direito, garantidos constitucionalmente, como ensina Egas Moniz de Aragão,[285] e arremata com frase emblemática: "Não se alcança a efetividade do processo com o sacrifício de direitos".

O Código de 73 afastou a chamada ação executiva e disciplinou sob o mesmo livro – II – todo tipo de execução. O CPC dá tratamento igualitário a coisas diversas. Optou o legislador pelo que denomina Athos Carneiro,[286] unificação das vias executivas,[287] seguindo a tradição do sistema continental europeu hodierno, exceto a Espanha, e, mesmo com a reforma de 1988, não consegue construir um sistema

---

[284] BUZAID, Alfredo. *Exposição de Motivos* nº 18, último parágrafo.

[285] ARAGÃO, Egas Moniz del Efetividade no Processo de Execução, Revista de Processo, n. 72, p. 21. "O desejo de atribuir maior efetividade à execução não pode ser causa de menosprezo à igualdade das partes e ao devido processo. Seja no caso das execuções que ocorrem extrajudicialmente, seja nos das que acontecem no processo judicial, os litigantes não podem ser privados das garantias que a constituição outorga. Não se alcança a efetividade da justiça com o sacrifício de direitos".

[286] CARNEIRO, Athos Gusmão. *Op. cit.*, p. 97. "Não será demasia recordar que o novo Código de Processo Civil filiou-se ao sistema continental europeu hodierno, instituindo a unificação das vias executivas".

[287] Formalmente alterado pela Lei 11.232/2005.

executivo organizado. França e Alemanha mantêm, ao lado da execução de sentença, outros tipos de formas executivas.

Trata o CPC dos títulos judiciais que passaram pelo crivo da jurisdição e, assim, possuem procedimentos executivos próprios (Lei 11.232/2005), e os títulos extrajudiciais, que são formados através do consenso, não possuindo nenhum tipo de albergue estatal a lhes emprestar segurança. Aflora, desta forma, a questão das chamadas igualdades formais, provocando deformações na vontade, especialmente nas relações de massa, em que a consciência crítica inexiste, v.g., nas relações de consumo ou em outras inúmeras situações formadoras dos títulos executivos apenas com caráter formal a não traduzir ou a verdadeira vontade ou o verdadeiro conteúdo. Não se preocupou a disciplina do Código com a diversidade de títulos executivos, como fez, v.g., o direito alemão ao praticar o chamado processo documental cambiário relativo ao título executivo extrajudicial, que se destina, segundo Leonardo Greco,[288] ao pagamento de quantia certa ou de entrega de coisas sempre que a prova a fundamentar o pedido for documental.

Outro fator importante, do qual não se pode duvidar ao analisar os princípios com relação aos juízos de admissibilidade, é a falta de uma parte geral no CPC atual, como a existente no Código Civil brasileiro, por exemplo. Tal situação, por força do artigo 598 do CPC, provoca o emprego como parte geral, a reger toda a principiologia do processo de execução, das normas dirigidas ao processo de cognição. Sem dúvida, falece de sistematização nosso Código nesse particular e, por conseguinte, vem a causar desconforto na exegese do processo executivo, quando há imperiosa necessidade de se buscar nos princípios gerais do processo, ou do direito, contornos para uma atuação mais justa sem ser ineficaz. Na verdade, muitas categorias regentes do processo de conhecimento do livro I são aplicadas ao processo de execução e são engendradas para aplicação no processo de execução. Não se pode descurar, todavia, seguindo a advertência de Teresa Arruda Alvim Wambier,[289] que tais normas foram concebidas levando-se em conta a natureza e a finalidade do processo de cognição

---

[288] GRECO, Leonardo. A Execução Civil no Direito Comparado, *Revista de Direito Comparado*, 1998, p. 188. "O processo documental e cambiário, regulado nos §§ 592 a 605a da Ordenação do Processo Civil, a ZPO, que é o Código de Processo Civil Alemão, tem por objetivo o pagamento de quantia em dinheiro ou a prestação de uma quantidade determinada de outras coisas fungíveis ou de valores, sempre que a prova dos fatos necessários para fundamentar o pedido possa fazer-se por meio de documentos (letras de câmbio, cheques)".

[289] WAMBIER, Teresa Alvim. *Nulidades do Processo e da Sentença*, 1997, p. 100. "Todavia, não se pode perder de vista a circunstância de que muitas categorias que foram tratadas no livro I do CPC, que de fato, desempenha o papel de parte geral do Código, foram engendradas, concebidas e sistematizadas em função das naturezas e finalidades do processo de conhecimento individual. Podem ser tidas, assim, como regras de caráter genérico".

individual, podendo, assim, no caso da execução individual, ser tidas como regra geral.

Entretanto, tais dificuldades de sistematização não impedem, ou melhor, não elidem obrigatoriedade de se aplicarem ao juízo executivo os princípios vetores do processo civil, devendo sua existência ser constatada em juízo de admissibilidade, a não permitir o prosseguimento de eventual procedimento inadequado, e, se assim não for franqueado ao prejudicado, *in causa* o devedor, argüir no primeiro momento, internamente ao feito executivo, tais irregularidades.

A aplicação subsidiária dos princípios, como adverte Ernane Fidélis dos Santos,[290] requer cuidados e adequação, pois não se podem afastar os elementos específicos de cada tipo de processo. Cada um deles tem fundamentos próprios e devem ser preservados. As dificuldades decorrem da falta de uma abordagem correta, pois, quando se fala em teoria geral do processo, não se pensa em incluir o *processo de execução*. Os teóricos e pensadores sobre a relação de direito processual, até hoje, vinculam-se quase sempre ao *processo de conhecimento*, não havendo uma preocupação efetiva e objetiva com o de execução, que, aos olhos de tais mestres, parece definitivamente não integrar o sistema.

Estão as partes ao broquel dos princípios norteadores do processo e do direito, do qual este procedimento é o veículo. Difícil é conciliá-los, de modo eficaz, a produzir o resultado desejado com o feito executivo. Não se pode permitir a subjugação do devedor incondicionadamente; deve-se preservar sua dignidade e respeitar as garantias constitucionais, mas também deve o processo ser útil, ser efetivo e eficaz, atingindo, assim, sua finalidade maior, que é a de ser instrumento do Estado na pacificação social.

Esse é o objetivo, pois, como afirma Leonardo Greco,[291] os anseios de justiça, de respeito à dignidade humana e de efetividade irão buscar novos modelos para o processo de execução, menos atrelados às condições e mais adequados à realidade de nossa época, sempre com o luminar da justiça, independentemente do sistema jurídico aplicado.

---

[290] SANTOS, Ernane Fidélis dos. Aplicação Subsidiária de Normas do Processo e Conhecimento no Processo de Execução, *Revista de Processo*, n. 29, p. 41. "A aplicação do princípio da subsidiariedade, porém, requer cuidados, pois não se pode fugir dos princípios elementares que especificam o tipo de processo. Tanto o processo de conhecimento, quanto o de execução e o cautelar têm fundamentos próprios, exatamente pela diversidade da forma de provimentos jurisdicionais que, através deles, são postulados".

[291] GRECO, Leonardo. *Op. cit.*, p. 238. "Os anseios de Justiça, de respeito à dignidade humana e de efetividade dos direitos irão certamente em busca de um novo modelo para o processo de execução, menos atrelado à tradição e mais adequado à realidade das relações negociais de nossa época, que tendem a assemelhar-se em todos os países do mundo, independentemente dos respectivos sistemas jurídicos originários".

2. A cognição na execução

Na parte reservada aos conceitos básicos, como idéia equalizadora para prosseguimento eficaz da investigação, demonstrou-se a possibilidade científica de encontrar *in executivis* o contraditório. Como corolário disso, deve-se admitir a cognição interna ao processo executivo. Aceitar a cognição no juízo executivo faz parte de nossa reflexão em razão de, a cada dia, estar sendo melhor vista pela doutrina especializada, não como óbice intransponível, mas como uma necessidade imperiosa para o processo. As dificuldades iniciam-se no momento do exame dessa atuação verificado de forma ampla, pois se oferece mitigada, tendo em vista o sistema processual vigente. O arquétipo dogmático presente não admite a existência de uma cognição exauriente em sede de execução. Assim, a presente tarefa é a de quantificar a possibilidade de cognição, sem *ferir de morte* o processo de execução com todos seus consectários legais, inclusive sem descurar dos embargos do devedor, modo lógico e legal de o devedor opor suas razões de defesa.

Questionamento ímpar se faz no tocante à possibilidade de internamente haver cognição integral ou apenas mitigada. A relação processual executiva, como qualquer outra, transita pelo trinômio pressupostos, condições e mérito. Neste momento, basta aferir se comporta ou não existência cognitiva com relação a estes três elementos. Certo é que a prova ampla desnaturaria o procedimento executivo, e, por certo, não deve ser admitida. Tal cognição-fenômeno deve ser bitolada cientificamente, a fim de emprestar segurança nas relações processuais executivas e, especialmente, indicar como solução a exceção de executividade.

Debatem-se, doutrina e jurisprudência, na questão supracitada. Para tanto, importa lembrar o significado de cognição e qual sua finalidade. Nesse mister, busca-se arrimo em Kazuo Watanabe[292] para elucidar dito questionamento. Para o autor, é fenômeno prevalentemente lógico, com o objetivo de valorar as alegações das partes, tanto referentes às questões de fato quanto de direito, no que lhe assiste razão; todavia, como anota Calamandrei,[293] é uma atividade extrema-

---

[292] WATANABE, Kazuo. *Da Cognição no Processo Civil*, 1987, p. 41. "A cognição é prevalentemente um ato de inteligência, consistente em considerar, analisar e valorar as alegações e as provas produzidas pelas partes, vale dizer, as questões de fato e as de direito que são deduzidas no processo e cujo resultado é o alicerce, o fundamento do *judicium*, do julgamento do objeto litigioso do processo".

[293] CALAMANDREI, Piero. Estudios. *cit.*, p. 416. "Ante todo, reconozo que la operación lógica del juez en la forma que de ordinario tiene lugar es mucho más compleja de lo que la he dibujado, ya que en todo o proceso son múltiples los puntos de derecho y de hecho a resolver, y, antes de llegar a la decisión definitiva, el juez debe a menudo pronunciar una cantidad de decisiones prejudiciales e interlocutorias, en las cuales com. las cuestiones de mérito se alternan las cuestiones procesales".

mente complexa, em face dos múltiplos pontos de direito e de fato, devendo o juiz resolvê-los antes de pronunciar-se em decisão. Não se pode supor uma atuação do juiz em pleno processo de lógica ingênua, mas com uma grande dose de concreção em tal operação, o que não deixa de ser silogismo. Na advertência de Engish,[294] pode também o juiz descobrir suas decisões através de caminhos diferentes, baseados na intuição, no sentido jurídico, pela razão prática, baseados em uma sadia razão humana.

Em verdade, a cognição, como fenômeno, envolve muito mais do que uma operação de silogismo formal – envolve componentes não intelectuais, como juízos de valor, acertamentos históricos e, em muitas circunstâncias, aplicação de elementos de justiça caso a caso. Assim, extrai-se, com a segurança dos ensinamentos dos mestres citados, ser a cognição um fenômeno processual de conhecimento aplicado às questões de fato e de direito e, destarte, também na execução civil deverá incidir em todos os módulos do processo – pressupostos, condições e mérito – a justificar a exceção de executividade como defesa interna, convivendo harmonicamente com o sistema processual em vigor. Não há como se afastar da idéia central de que o direito possui uma missão ímpar, realizada através da jurisdição: a de aplicar a maior justiça possível com o escopo de pacificar a sociedade.

Incumbe, neste momento, perquirir do *modus operandi* dessa cognição, *in executivis*. Para compreensão adequada, deve-se examinar como ela se desenvolve no processo em geral, independentemente de especialidade ou de rito particular. Novamente buscam-se subsídios em Watanabe,[295] que bem sistematizou a atuação da cognição no processo civil, e, a partir daí, reduzi-lo conforme o interesse.

No conceito científico atribuído ao fenômeno, basicamente, a atuação da cognição se dá no plano horizontal, tomando como base a extensão e a amplitude e, no plano vertical, a profundidade. Em primeiro lugar, define-se a atuação cognitiva no processo, sem perder de vista o trinômio processual – pressuposto, condições e mérito – pois sobre ele incidirá o conhecimento do juiz. Em tal dimensão, está se aplicando a regra da horizontalidade, pois, como extensão limitadora, encarcera-se a cognição na amplitude geral do processo. Verificar-se-á em qual das etapas do processo irá incidir a tarefa judicial, se apenas nos pressupostos ou condições e pressupostos, ou sobre todo o trinô-

---

[294] ENGISH, Karl. *Introdução ao Pensamento Jurídico*, 1983, p.84-5. "(...) a idéia de que o jurista, especialmente o juiz, exteriormente fundamenta a sua decisão normativa concreta a partir da lei e satisfaz assim, aparentemente, o princípio da legalidade na aplicação do Direito, mas freqüentemente, as mais das vezes mesmo, descobre a sua decisão por vias completamente diferentes, a saber, intuitivamente, instintivamente, pelo sentido jurídico, pela razão prática, a partir de uma sã razão humana".

[295] WATANABE, Kazuo. *Op. cit.*, p. 83 e ss.

mio lógico, assim como e com que intensidade. Isto é fundamental para nossas pretensões, pois decorre dessa observação a classificação em cognição total, eventual ou rarefeita.

O segundo modo de classificação é verificado quando do exame da profundidade da cognição e aplica-se quando se mergulha no plano vertical. A cognição ampla, completa, ou também chamada de exauriente, é aquela que atinge todas as questões postas em causa, não sofrendo limitações, por conveniência ou por técnica processual. Ainda no campo vertical, há a cognição chamada de sumária, que se contenta com a verificação superficial dos fatos componentes da relação processual.

A identificação das áreas de atuação da cognição como se apresentam é a chave da compreensão do fenômeno cognitivo em geral. Restou vencedora a idéia de que cada tipo de procedimento possui características elementares e, assim, para preservá-los, deve-se reduzir ou ampliar as áreas de atuação cognitiva, obtendo-as de maneira ampla ou limitada, parcial ou total.

No feito executivo, como o próprio Watanabe[296] – arrimado em Pontes de Miranda[297] – afirma, há uma cognição mais tênue e rarefeita, sendo a mesma eventual, não podendo, todavia, ser desprezada, uma vez que inerente à atividade jurisdicional. Ou seja, deve haver uma cognição adequada ao processo executivo, pois este tem objetivos, finalidades e procedimentos próprios, não podendo, entretanto, pelo simples fato de assim ser, inadmitir-se cognição, em evidente prejuízo do direito processual e do direito em geral.

Quanto à identificação das áreas passíveis de cognição na execução deve-se, mesmo rapidamente, tecer alguns esclarecimentos entendidos como úteis para o desiderato. No sentido de primeiramente observar o plano horizontal, deve o juiz, inexoravelmente, conhecer, inclusive, quando a situação permitir, de ofício, as matérias referentes aos pressupostos processuais e às condições da ação; isto é inegável e incontestável. Alerta-se para o fato de alguns doutrinadores inadmitirem a existência das condições da ação em execução, mas, ultrapassado tal óbice, a matéria torna-se pacífica, devendo a cognição incidir de forma ampla sobre estes dois elementos do trinômio.

Resta-nos saber como será a atuação *in executivis* da cognição sobre o mérito da execução. Na ante-sala da resposta para tal indagação, deve-se examinar se há ou não mérito no processo de execução. Como será visto, de forma mais ampla, no ponto seguinte, a conclusão preliminar e simplificada é pela existência de mérito, mas um mérito diferenciado daquele perseguido nos demais procedimentos – diferen-

---

[296] WATANABE, Kazuo. *Op. cit.*, p. 82.

[297] MIRANDA, Fernando Cavalcanti Pontes de. *Op. cit.*, p. 94.

ças decorrentes da diversidade da causa de pedir, no direito posto em causa e na pretensão buscada; circunstâncias peculiares que diferenciam o procedimento executivo do ordinário. Com respeito a essas peculiaridades, encontra-se o mérito da execução, não podendo, destarte, sofrer uma cognição relativa ao direito apresentado como certo, por já haver ultrapassado a fase de acertamento, independentemente de ocorrer na esfera judicial ou extrajudicial, sem, entretanto, deixar vencer-se pelo dogma de não poder conhecer o direito constante no título, podendo, em certa medida, ser conhecido e decidido internamente à execução e/ou com relação ao direito à própria execução, é inadequado.

Por extensão, deve-se aplicar à execução as mesmas regras da cognição, as quais incidem em todos os seus termos, tanto processuais como substanciais. Quanto ao plano específico de cognição horizontal, ou seja, dos meios cognitivos aplicáveis, pela natureza do processo de execução, deve ser atenuado ou mitigado, pois há óbices de ordem prática e sistemática para tal mister. Pode-se, assim, dizer com tranqüilidade que todas as normas incidentes sobre processo ordinário podem ser aplicadas – desde que respeitadas as peculiaridades da execução – e mostram-se úteis e eficazes. Tal possibilidade cognitiva é outro elemento justificador da exceção de executividade e será examinada oportunamente.

Por fim, quanto à cognição executiva, deve-se verificar qual é seu comportamento vertical, no âmbito da profundidade, a incidir sobre o trinômio antes referido. Nesse particular, porém, em face das já referidas especificidades a serem respeitadas, dificuldades aparentes se apresentam: será ela exauriente ou sumária, diante do contido no sistema do CPC ? A dificuldade é somente aparente; a solução passa pela possibilidade da questão de mérito que pode ser mediatizada pelo título, objeto de conhecimento do juízo executivo, estando, assim, a classificar-se tal atividade como de cognição especial, relativa ao mérito.

Em resumo, tem-se a incidência da cognição, mesmo eventual ou rarefeita, no processo executivo. Eventual, porque a existência de cognição não é obrigatória para a validade do processo. Rarefeita, porque só permitida quando possível, sem ferir o sistema vigente. Incide e pode ser exercitada internamente, com cientificidade e legalidade. Pode-se verificar sua aplicação em todos os atos e termos do processo, porém na sua profundidade (vertical) de forma ampla ou limitada. Deve, porém, restringir-se no plano horizontal, limitando a dilação probatória quanto ao mérito executivo. Essa é a nossa percepção quanto ao fenômeno cognitivo aplicado aos feitos executivos. Sua utilização é elemento primordial à aplicação da justiça, vista de forma holística, a extrair-se da aplicação dos princípios constitucionais do contraditório, devido ao processo legal e demais cláusulas pétreas, constantes na Carta Magna.

A Coisa Julgada na Exceção de Executividade

3. Mérito na execução

Com respeito a tal tema, devem-se pulverizar algumas posições preliminares, situadas na ante-sala do cerne da questão, necessitando ser bem compreendidas, sob pena de gerarem equívocos a ponto de inviabilizarem um estudo sistemático do fenômeno. Não se descura, por evidente, da dificuldade encontrada pela doutrina no trato do tema. Falar-se em mérito executivo provoca um mal-estar generalizado, pois o encamisamento a que foi submetido o processo de execução ao longo da história é responsável por uma série de mal-entendidos. Questões objetivas, tais como o significado de mérito, qual dos pedidos efetivamente é mérito, se insatisfatoriamente respondidas conduzirão a um resultado negativo ou impreciso diante da realidade dos fatos. Todavia, como ocorreu com a execução, aceita modernamente como jurisdicional, após a evolução dos estudos sobre o processo civil, ocorrerá com o mérito no processo de execução, e o desiderato será único: sua aceitação como verdade absoluta.

A primeira grande dificuldade surge da imprecisão do CPC atual com relação à tipificação de certos conceitos, entre eles lide, mérito e causa de pedir. Especificamente quanto ao mérito, não são poucos os dispositivos onde é empregado com um ou outro sentido. Entretanto, o evidente é que houve uma tentativa de identificar mérito com lide, empregando-os como sinônimos, sendo essa uma das grandes dificuldades de, hodiernamente, balizar-se com segurança a conceituação e, por decorrência, identificar isoladamente o de mérito, que em verdade é coisa diferente de lide. Da mesma forma grassa em doutrina a confusão entre mérito e questões de mérito, como adverte Dinamarco,[298] sendo uma preocupação permanente isolar e conceituar o verdadeiro sentido de mérito.

Em face de tais agruras, não resta outra alternativa senão enfrentá-las, a fim de buscar uma pureza de conceito sobre o que se deve entender por mérito. Basicamente, três correntes doutrinárias tentam defini-lo. A primeira delas afirma serem as questões ou conjunto de questões da demanda. A segunda identifica mérito com a própria demanda, ou seja, com as situações trazidas ao processo e, finalmente, aquela apresentada pela exposição de motivos identificando mérito com lide em toda sua extensão. Não faz parte do objetivo buscar o melhor enquadramento, mas apenas demonstrar a origem das dificul-

---

[298] DINAMARCO, Cândido. O Conceito de Mérito em Processo Civil, *Revista de Processo*, n. 34, p. 21. "Desse exame do Código, vê-se que houve realmente o empenho em identificar mérito e lide, mas algumas imperfeições e incongruências sempre restaram. Além disso, a doutrina também vem empregando o vocábulo mérito sem muita atenção ou rigor, incorrendo muitos autores naquela confusão, já referida, entre mérito e questão de mérito".

dades para visualizar o mérito no processo executivo. Não se intenciona, com os estudos apresentados, uma noção apenas acadêmica, mas um objetivo propedêutico e prático de demonstrar o estado atual das teorias, a fim de poder solucionar o problema de enquadrar o mérito na execução, a partir daquela teoria empregada pelo Código.

Para se poder estabelecer uma simetria adequada entre os significados de mérito e lide, em função de a linguagem do Código, por vezes, ser dúbia, inexoravelmente deve-se passar pelo estudo da causa de pedir e do pedido. Tais visitas são importantes para, sem margem de erros, poder-se identificar a existência ou não de mérito no processo executivo. Se há, o estudo em questão permitirá definir o seu significado e extensão. Buzaid,[299] no escol de Liebman, carreou para o Código, como ele mesmo afirma, lide e mérito como sinônimos, ressalvando ser o mérito não um conflito extraprocessual, mas limitado naquele pedido endoprocessual. O elemento que limita o mérito não é o conflito, é o pedido mediato posto em causa.

A causa de pedir, no processo de execução, segundo ensinamentos de José Rogério Cruz e Tucci,[300] é identificada com uma situação substancial. É exatamente o inadimplemento da obrigação e a lesão do direito subjetivo do credor, verificáveis no título e/ou afirmados na inicial. Dessas variáveis decorrem todos os demais atos da execução atrelados à situação descrita na exordial, pois este é elemento individualizador da ação. Através dela – inicial – o demandante introduz o seu direito subjetivo no processo, *in executivis*, tendente a satisfazer direito não satisfeito espontaneamente.

Ainda relativo à causa de pedir, é importante salientar a advertência doutrinária especialmente de Carlos Silveira Noronha,[301] da diferença existente entre execução fundada em título judicial (vinculada pela reforma como prolongamento do processo de cognição nos termos da redação do novo artigo 475, I, do CPC) sem a inconcussa incerteza,

---

[299] BUZAID, Alfredo. *Op. cit.*, p. 96-103. "O elemento que delimita em concreto o mérito da causa não é, portanto, o conflito existente entre as partes fora do processo e sim o pedido feito ao juiz em relação àquele conflito. Parece-nos, todavia, que o conceito de lide se presta de modo fecundo a caracterizar o mérito da causa".

[300] CRUZ, Rogério; TUCCI, José Rogério Cruz e. *A Causa Petendi no Processo Civil*, 1993, p. 110 "No processo de execução a situação substancial, consistente no inadimplemento da obrigação e na respectiva lesão do direito subjetivo do credor, é igualmente introduzida *in limine* em decorrência da prova do título que propicia a execução, sendo que os atos processuais subseqüentes têm por pressuposto a situação 'de qua agitur' descrita na inicial".

[301] NORONHA, Carlos Silveira. A Causa de Pedir na Execução, *Revista de Processo*, 1994, n° 75, p. 35-6. "Situação um tanto diversa verifica-se na execução fundada em título extrajudicial. Nesta, ao invés da certeza absoluta que caracteriza o título emanado de sentença condenatória, está-se diante de uma certeza relativa, que a lei confere ao título, resultado desse fato, ao credor, uma incerteza relativa quanto à validade, eficácia executiva do título e, conseqüentemente, à efetiva realização do seu direito. (...) Guarda, pois, o processo de execução por título extrajudicial semelhança próxima, no que pertine à causa de pedir, ao processo de conhecimento de natureza condenatória".

extirpada pelo processo de cognição anterior, e a execução aparelhada com título executivo extrajudicial que, por sua natureza e índole, não goza de uma certeza substancial, mas apenas formal. Neste caso, deve a *causa petendi* ser entendida como complexa, pois consubstanciada não só no fato constitutivo da insatisfação, mas também na incerteza relativa, própria do título executivo sob exame. Com efeito, pode-se afirmar a grande semelhança existente com o que pertine à causa de pedir na ação condenatória, cuja solução depende do exame *in concreto*, porque o direito posto em litígio é incerto por natureza.

A segunda investigação necessária é a da constituição do pedido no processo executivo, pois, como se viu, para Buzaid, é este que delimita o mérito da causa. Nesse particular, constata-se a toda evidência a existência de dois pedidos distintos. O primeiro deles é o imediato, que visa a requerer ao órgão jurisdicional a prestação devida; chamam-no de pretensão processual. O segundo pedido verificado no processo de execução é o mediato, também conhecido como pedido de pretensão material. Deve-se ficar atento a tal dicotomia, pois a inobservância de tais fenômenos pode conduzir a equívocos conceituais. Em resumo, nada obstante a acertada divisão retrocitada, o pedido é, como ensina Ricardo Luiz da Costa Tjäder,[302] o bem da vida que o autor pretende ver incorporado ao seu patrimônio jurídico, ainda não feito por violação legal do demandado, que por isso necessitou de uma demanda realizada jurisdicionalmente. Em sede executiva, tal situação exsurge cristalina. O somatório dos pedidos tem por objetivo o pagamento da quantia, cuja obrigação o executado não realizou, no modo, tempo ou local previsto. Isto é o objeto do processo.

Advertência imperativa, à semelhança de tantos outros institutos, a teoria processual a respeito do mérito foi formada visando ao processo de conhecimento, não se preocupando em nenhum momento com o processo da execução.[303] Dessa forma, há uma enorme área para o crescimento e formação de uma teoria adequada ao mérito executivo, não ficando sua discussão reduzida unicamente aos embargos, já havendo alargamento dessa realidade na atualidade. Dentro dessa premissa, deve-se mitigar e, principalmente, adequar o significado de mérito,

---

[302] TJÄDER, Ricardo Luiz da Costa. *Cumulação Eventual de Pedidos*, 1998, p. 22. "Com estes elementos, opto pela conclusão que afirma que o pedido é o bem da vida que o autor pretende seja incorporado ao seu patrimônio jurídico (efeito jurídico) ao final da ação intentada perante o Poder Judiciário".

[303] Neste momento chamamos de mérito, aquilo que para a doutrina clássica se chama direito, isto é, o Direito de exigir do Estado a jurisdição através do processo específico. De outra banda deve-se incluir no mérito executivo material a causa de pedir e o pedido que juntamente com o autor compõem o objeto de demanda. Assim sendo, não se descuida da compreensão moderna de mérito, mas para efeito de execução, trata-se de mérito em dois sentidos; o primeiro da própria jurisdição e o segundo do bem jurídico buscado, compreendido pelo pedido mediato e da causa de pedir.

compreendido para o processo de conhecimento e para o processo de execução, em face do conteúdo e objetivo diversos daquele. Esta tarefa é fundamental para a compreensão do fenômeno *in executivis*, pois, caso se persista em pensar mérito esteado na cognição, não se conseguirá defini-lo e nem mesmo admiti-lo no processo de execução.

Assim entendido, pensa-se o mérito no processo de execução, a partir do pedido e da causa de pedir. Possui, destarte, dois significados diversos com alcance e conseqüências outras tantas. O primeiro deles, a partir do pedido imediato, diz respeito aos atos jurisdicionais preparatórios à execução, possuindo cognição plena em contraditório adequado à sua estrutura e função. Correta, assim, a afirmação de Frederico Marques,[304] no sentido de que, iniciada relação processual, desencadeia-se uma fase preparatória, destinada a satisfazer a obrigação contida no título. Ou, como diz Dinamarco,[305] é o momento de instruir, que significa preparar, e não só provar; mesmo não admitido espaço para julgamento de mérito na execução, leciona que em muitos momentos o juiz é chamado a julgar, especialmente na fase instrutória. Quer parecer, assim, que o pedido imediato atua em freqüência única, ou seja, dentro dos limites da atuação do órgão judicial. Tais providências instrutórias levarão o Estado a atender ao pedido mediato, incorporando ao patrimônio do exeqüente um bem jurídico retirado da esfera patrimonial do devedor. Em resumo, satisfazendo o bem da vida buscado pelo autor, via jurisdição.

Nesta linha de idéias, encontram-se Danilo Knijnik,[306] ao afirmar, baseado em Martineto, que o mérito da execução consiste nos atos executivos praticados, possuindo cognição plena e contraditório adequado à finalidade proposta, e Olavo de Oliveira Neto,[307] entendendo que são os atos executivos que visam à expropriação dos bens do executado com a finalidade de satisfazer o exeqüente em seu direito.

---

[304] MARQUES, José Frederico. *Manual de Direito Processual Civil*, vol. 4, 1983, p. 76. "Completada a relação processual executiva com a citação do réu, tem início a fase preparatória da execução, que consiste numa série de atos destinados a preparar a satisfação do título executivo. Essa fase constitui-se de vários atos que se agrupam e se sucedem de modo proteiforme, fase que varia na sua estrutura e coordenação segundo a espécie de execução".

[305] DINAMARCO, Cândido. Execução Civil. *cit.*, p. 325. "Não julgar o mérito no processo executivo não significa, todavia, que nenhum julgamento o juiz profira nesse processo. Muitas questões ele é chamado a julgar, especialmente na fase instrutória, mediante autênticas decisões interlocutorias. Além disso, muitos requisitos da execução ele fiscaliza e julga, podendo e devendo extinguir o processo executivo quando ausentes; pensar nas condições da ação e, muito especialmente na existência do título executivo".

[306] KNIJINIK, Danilo. *Op. cit.*, p. 154.. "O mérito da execução – entendido a partir do pedido consistente na expedição dos atos executivos – tem cognição plena, contraditório adequado a estrutura satisfatória à sua finalidade precípua".

[307] OLIVEIRA NETO, Olavo de. *Da Defesa do Executado e dos Terceiros na Execução Forçada*, 2000, p. 78. "Podemos concluir, pois, que mérito, na execução por quantia certa contra devedor solvente, é a realização dos atos executivos visando a expropriação dos bens do executado, com a finalidade de satisfazer o direito do exeqüente".

A Coisa Julgada na Exceção de Executividade

Pela análise das colocações, brota a figura de um mérito processual, que se visualiza a partir da realização dos atos executivos constantes do procedimento executivo.

Ao avançar, no exame das situações fáticas existentes no laboratório forense hodierno, intriga a possibilidade de haver equívoco em tais afirmações. Como leciona Ovídio Baptista da Silva,[308] os limites da cognição da execução, que deviam cingir-se às defesas processuais, estão se alargando, permitindo ao executado, internamente à execução, propor defesas relativas ao *meritum causae*. Não é desprovido de fundamento científico Gelson Amaro de Souza,[309] com apoio jurisprudencial, ao afirmar que pode existir mérito no processo de execução acaso esta extinga o processo com base nos artigos 269 e 794 do CPC. Nesta hipótese, se põe fim à relação processual, assim como também à relação jurídica material, isto é, ao direito material, não podendo ser reeditada em outra demanda jurisdicional, qualquer que seja o procedimento adotado, apenas sensível quando atacado por ação rescisória.

Interessante é o raciocínio de que, quando se fala em mérito, no processo executivo, como acusa Donaldo Armelin,[310] não se pode pensar no mérito clássico correspondendo à lide que se decidirá através de uma sentença de mérito quando ficará resolvido o direito material controvertido posto em causa. No processo de execução, deve-se pensar em satisfação do credor como sendo o mérito – este se confunde com o pedido. Se mérito é pedido, pedido na execução é a satisfação do exeqüente; portanto, mérito haverá. O fato de não existir sentença ou inexistência de juízo de valor não autoriza a conclusão da inexistência de mérito.

Também muitos doutrinadores não aceitam o mérito *in executivis*, por negar a existência de lide no feito executivo, o que parece em doutrina coeva superado, no mínimo em parte. Tal elemento (lide) é na verdade a demonstração do caráter jurisdicional da execução.

A nosso juízo, fator decisivo para a afirmação da existência de mérito no processo de execução, fica evidente quando da exceção de executividade, pois havendo procedência de tal incidente, na qual a

---

[308] SILVA, Ovídio Baptista da. Curso, *cit.*, vol. 2, p. 23-4. "Tem-se verificado, na verdade, que os limites de cognição do juiz da execução, que deveria limitar às defesas processuais, ou como lhes chama o direito italiano, *defesas contra os atos executivos* e não defesas de mérito *contra a execução*, têm-se alargado para permitir que o executado, nos autos do processo executivo, suscite determinadas exceções que dizem respeito com o *meritum causae*".

[309] SOUZA, Gelson Amaro de. Mérito no Processo de Execução. *Processo de Execução e Assuntos Afins*, 1998, p. 267. "Com estas colocações, pode-se concluir que pode existir mérito na sentença que extingue o processo de execução. Sempre que esta extinguir o processo com base nos artigos 269 e 794 do CPC, estar-se-á pondo fim à relação processual e também a de direito material, como acontece com o reconhecimento do pagamento, inexistência de dívida, transação, renúncia ao direito do crédito, prescrição ou decadência. Nestas hipóteses há sim julgamento de mérito. Tanto isto é verdade que não mais o exeqüente poderá repropor a execução".

[310] ARMELIN, Donaldo. *Embargos de Terceiros*, 1981, p. 237.

declaração do juiz visa pôr fim à relação jurídica material e, por decorrência, à processual, para que sejam reexaminadas as questões, há necessidade da propositura de ação rescisória. Sérgio Rizzi[311] refere-se ao tema, apoiado em Frederico Marques e José Afonso da Silva, sem perquirir do fenômeno da exceção, afirmando que as decisões de mérito proferidas em execução, especialmente as constantes nos incisos I a III do artigo 794, são rescindíveis unicamente através da ação própria prevista no artigo 485 do CPC. Todavia, tal constatação, aplicada às defesas internas, conduzirão, com muito maior segurança, à afirmação de que inquestionavelmente há mérito no procedimento executivo, assim como também o julgamento desse mérito será basicamente uma declaração capaz de formar coisa julgada material, como se verá a seu tempo.

Este é o segundo tipo de mérito referido supra, quando se afirmou que, em execução, haveria dois tipos de mérito: um, com relação aos atos processuais, isto é, ao pedido imediato, e outro, com relação ao bem da vida requerido, que, em última análise, é o direito subjetivo violado, afirmado pelo exeqüente, controvertendo-o no procedimento executivo. Evidentemente, não se pode ser inconseqüente a ponto de entender que este tipo de situação – ataque ao direito subjetivo – seja a norma ou deveria ser a regra no procedimento executivo, pois sua constatação é eventual, em situações excepcionais, nas quais o sistema do estado de direito se sobrepõe às normas ordinárias de procedimento, harmonizando-as com a teoria geral do direito.

Esse entendimento é confortado em estudos de doutrinadores preocupados com tal perspectiva, como Marcelo Navarro Ribeiro Dantas,[312] que, já em 1987, afirmava que há mérito na execução na exata medida do pedido do credor para que o Estado intervenha, em substituição, a fim de satisfazer o direito subjetivo violado, constituindo-se um conflito – lide –, pois o credor quer receber, e o devedor não quer pagar. Sempre que houver óbices de admissibilidade de algum requisito para execução, deverá o juiz ser concitado a decidir, e, se procedente a exceção, fulminará a relação jurídica processual que, muitas vezes, fulminará também a relação de direito material, pois

---

[311] RIZZI, Sérgio. *Ação Rescisória*, 1979, p. 27. "Dessa resenha de decisões, muitas das quais compreendidas no processo de execução, outras, a rigor, finalizando processos de conhecimento, decorrem conclusões que seguem; 1ª) as decisões de mérito, proferidas nos casos prefigurados nos incisos I a III do artigo 794 do Código, são rescindíveis; 2ª) as decisões que ponham termo aos processos de conhecimentos incidentes no de execução ou que lhe sejam conexos (em sentido lato), também ficarão sujeitos à rescisão quando tenham apreciado o mérito".

[312] DANTAS, Marcelo Navarro Dantas. Admissibilidade e Mérito na Execução, *Revista de Processo*, n. 47, p. 36. "Assim encerramos o capítulo, com a convicção que há mérito na execução: a satisfação dos direitos do credor, que é exatamente o pedido do exeqüente, e constitui a lide nesse processo, porque revela um conflito entre o que ele pretende (receber o que lhe é devido) e a posição do executado (não cumprir o que deve)".

ficará obstada a possibilidade de repetir-se outra ação com base nas mesmas condições entre aquelas mesmas partes. Por tal razão, o mérito executivo não se confunde com o mérito do processo ordinário, diante do fato de as pretensões postas em juízo num e noutro procedimento serem distintas, cada uma com suas características.

Algumas peculiaridades são encontradas no conceito de mérito que se pretende esquadrinhar. Não se olvida a ligação deste com as questões da admissibilidade da execução, que poderia ser chamada de um pressuposto executivo e que influencia diretamente o direito material. Com efeito, ocorre em vários casos fulminando o processo, v.g., o do pagamento argüido em exceção de executividade. Ninguém discorda de que, se o título já está pago, não pode a execução prosseguir, pois há falta de pressuposto prático para isto: falta o inadimplemento. No momento em que o juiz declara a inexistência de pressuposto, fulmina o direito material afirmado pelo exeqüente, restando controvérsias apenas no sentido de saber se pode ser reaberta tal discussão ou não; se haverá ou não coisa julgada; o que no tempo certo será objeto de análise.

4. Excurso dogmático

Os estudos relacionados ao tema da exceção de executividade, por se tratar de uma matéria nova, ainda não totalmente sistematizada, possuem várias matizes voltados a dar uma consistência científica ao instituto. Todas elas apresentam subsídios importantes e de validade para a elucidação, mas pecam por utilizar apenas este ou aquele elemento como justificador. Pode-se afirmar que a exceção se consolida pelo somatório das justificativas encontradas em todos os excursos. Cada um deles possui razão ao apresentarem seus motivos, devendo aproveitar-se tais trabalhos para, assim, sedimentar a existência da exceção, coabitando no sistema do procedimento executivo sem ferir normas básicas e tradicionais. Da mesma forma, não se quer criar um novo excurso dogmático, porque não é objetivo; prefere-se examiná-los um a um, mesmo que perfunctoriamente, a fim de recolher substratos para encamisar as conclusões a parâmetros dogmáticos que ofereçam um grau de segurança no trato com o tema.

4.1. Constitucional

Como já abordado, as normas constitucionais formadoras do chamado direito constitucional processual são de máxima importância para a existência de um sistema de direito baseado na axiologia e hierarquização. É verdade insofismável que toda norma conflitante com norma ou preceito constitucional deve ser eliminada do sistema por não se coadunar com os objetivos maiores previstos na Carta Política, ou simplesmente por ser a Constituição a Lei maior que contém a garantia fundamental da justiça. Os princípios previstos na Constituição são argüíveis em qualquer processo ou procedimento e, quando não atendidos ou contrariados, ditos processos e procedimentos poderão ser considerados ineficazes por colidirem com regramentos superiores.

Com efeito, verbera o desembargador Honildo Amaral de Melo Castro[313] que os princípios e as normas constitucionais sobrepõem-se aos princípios e normas processuais, pois aqueles são fontes primárias de todo o sistema. Essa supremacia deve ser observada através da hermenêutica axiológica, pois como afirma o Prof. Celso Agrícola Barbi,[314] o postulado constitucional repele qualquer tipo de interpretação que venha contrariá-lo. Não se interpreta o ordenamento a partir da lei, mas, sim, a partir da Constituição.

A obediência ao contraditório, ao devido processo legal, à dignidade humana, à propriedade privada, à liberdade e outros são princípios maiores, insculpidos na Carta de 1988, que não podem ser feridos por procedimentos arrimados em legislação ordinária. Não se justifica a atuação do Estado, mesmo baseado em processo regularmente instaurado, quando este contiver vícios ou irregularidades congênitas. Alguém pode alegar a ilegalidade em atacar uma execução através da exceção, isto é, sem penhora e sem embargos, porque as regras processuais vigentes não contemplam tal possibilidade. Entretanto, acaso tal execução fosse injustificada, ou padecesse de vício insanável, ou proposta de má-fé, qual seria a ilegalidade maior? O Estado adentrar ao patrimônio do devedor realizando a penhora, como ato necessário para opor sua defesa de forma externa, ou aceitar a manifestação interna à execução, tendente a proteger o devedor de arbitrariedade ou irregularidade? É óbvio que a resposta sensata se inclinaria pela segunda, ou seja, a de permitir o manejo da exceção, mesmo não prevista, a fim de proteger aquele bem que na escala de valores do legislador é

---

[313] CASTRO, Honildo Amaral de Melo. *Nulidade, Princípios Constitucionais e Processuais*, n. 761, p. 45. "Esta nossa conversa sobre nulidades, penso, há de ser enfocada à luz da doutrina predominante e mais moderna, da interpretação jurisprudencial do C. STJ e sob quatro prismas fundamentais: o primeiro, analisando os princípios e normas constitucionais de relevância processual, como fonte de todo o sistema; o segundo (...)".

[314] BARBI, Celso Agrícola. *Hermenêutica e Interpretação Constitucional*, 1997, p. 102. "O postulado da supremacia da Constituição repele todo o tipo de interpretação que venha de baixo, é dizer, repele toda a tentativa de interpretar a Constituição a partir da lei. O que cumpre ser feito é sempre o contrário, vale dizer, procede-se à interpretação do ordenamento jurídico a partir da Constituição".

superior, uma vez que a proteção da propriedade privada é cláusula pétrea e não pode ser violada. É simplesmente uma questão de hierarquização de normas e valores, numa interpretação axiológica do sistema jurídico nacional. Da mesma forma, e na mesma ordem de fatores, a falta de citação, em evidente prejuízo do contraditório, provocará danos enormes ao devedor, além de descumprir princípios superiores.

A concepção sob enfoque, também denominada de ideológica-interpretativa, perpassa, em todas as circunstâncias, pela interpretação axiológica constitucional, a estabelecer uma simetria direta com os princípios consagrados pela Carta Maior, ou por formas hermenêuticas, como aquelas utilizadas para a completude das lacunas, como ensina Luiz Edmundo Appel Bojunga.[315] As pautas procedimentais do sistema levam a deduzir a necessidade de apresentação de penhora para o exercício da ação de embargos, mesmo sendo um limitador de legalidades questionável ao livre exercício da ação, pois esta é incondicionada, autônoma e abstrata, conforme preceito constitucional. A situação presente somente é contornada através de uma interpretação racional. É uma tentativa de justificar a exceção de executividade ancorada sempre em princípios processuais constitucionais, e, por tal razão, é denominada de modelo dogmático constitucional.

4.2. Científica tradicional

Científica, porque, como leciona Danilo Knijnik,[316] não está unicamente arraigada a *standards* constitucionais, mas em pressupostos teóricos sólidos e restritivos, no entender do mesmo autor, em face da limitação que possuem em não agir no campo do mérito executivo, restringindo-se às condições da ação e aos pressupostos processuais,

---

[315] BOJUNGA, Appel. A Exceção de Pré-executividade. *Ajuris*, n. 45, p.155-6. "Ao magistrado cabe, portanto, ao constatar a lacuna, verificar se na legislação não ocorrem casos análogos, observando, após, as regras consuetudinárias e os princípios gerais do direito e, enfim, recorrerá à eqüidade, levando em consideração as pautas axiológicas do sistema jurídico. Ao preencher as lacunas do ordenamento o Juiz aplica direito concreto novo, devendo normas que de modo implícito estavam contidas no sistema jurídico".

[316] KNIJNIK, Danilo. *Op. cit.*, p. 148. "Essa designação, um tanto arbitrária – corrente científico-restritiva – deve-se a razões bastante singelas. É *ab initio*, uma corrente científica, pois que arrimada, não simplesmente em apelos sem maior jurisdicidade a *standards* como, p. ex., o *due process of law* ou do contraditório, mas em pressuposto teórico sólido – os planos da cognição judicial –, é científica exatamente por isso, porque arranca da irrelevância ou mesmo impertinência do direito subjetivo material à execução sua limitação ao plano meritório: pressupostos processuais e condições da ação restam atrelados à argüição, o que não deixa de ser, comparativamente a leituras diversas, alguma limitação (se procede ou não, é coisa que será visto a seu termo), daí – 'restritivo.' Em seu rigor científico, mesmo para esses assuntos, deve haver prova pré-constituída, sinal de coerência da rarefação da cognição possível".

daí a nomenclatura utilizada. Diferencia-se da corrente dogmática constitucional, porque deita raízes apenas nos pressupostos processuais e nas condições da ação e também é denominada de restritiva, por não avançar nas questões de mérito incidente sobre o processo executivo.

Na verdade, tal corrente é precursora das idéias inspiradoras da exceção, como se verifica pelos estudos históricos do instituto; tudo começa com Pontes de Miranda, no parecer do caso Manesmam, quando o gênio de Pontes se solta ao criar uma possibilidade de defesa para a empresa que se via acuada por uma execução injusta; este defende a idéia de uma verdadeira negativa de executividade, não com relação ao mérito, mas com relação à pretensão executiva, como se pode verificar com clareza em passagem de seu parecer.[317] Discorre sobre premissa básica, por ele mesmo já defendida no seu Tratado das Ações, de que a cognição e execução deviam conviver harmonicamente, não havendo óbice em tratar conjuntamente esses dois conceitos em sede de processo de execução.

Outros tantos doutrinadores,[318] preocupados com a evolução do processo e seus efeitos, enfrentam a problemática, debatendo-se na perseguição da formação de um modelo teórico para viabilizar a possibilidade de defesa do executado sem necessidade de suportar o ônus da penhora, ou por ser injusta, ou, por muitas vezes, nem possuir bens suficientes e capazes para garantir a execução, ficando totalmente prejudicado no exercício do direito de defesa. Mais próximo de nós, Galeno de Lacerda, em reflexões sobre o tema, filia-se à concepção restritiva, excluindo-a do exame do mérito propriamente dito da execução, residindo suas justificativas apenas nos pressupostos e juízos de admissibilidade.

As justificativas científicas de cunho sólido estão baseadas, segundo Carlos Renato de Azevedo Ferreira,[319] na combinação dos permissivos processuais constantes nos artigos 586, 618, 652, 736 e 737, todos do CPC. No seu entender, está assegurada a possibilidade de o executado insurgir-se contra o despacho inaugural da execução, através de argüição de nulidade da execução, oposta por exceção. Já José Fernan-

---

[317] MIRANDA, Pontes de. *Dez Anos de Pareceres*, 1975, p. 128. "Se o sacado ou aceitante da letra de câmbio, dentro de 24 horas, disser que sua assinatura é falsa, ou que o nome é igual ou parecido, porém não foi ele que se vinculou ao título cambiário ou cambiariforme, o juiz tem de decidir, quanto a isso, porque está em exame a pretensão à execução e não o mérito da causa".

[318] Galeno de Lacerda, Carlos Renato A Ferreira, José Fernando Silveira Cruz (...).

[319] FERREIRA, Carlos Renato de Azevedo. Exceção de Pré-executividade, *Revista dos Tribunais*, n. 657, p. 243. "De regra geral, a defesa do executado, efetuada por meio de embargos à execução, só pode ocorrer após seguro o juízo, na linguagem do art. 737. No entanto, da combinação dos permissivos processuais codificados sob os ns. 586, 618, 652, 736, e 737, esboça-se nos nossos Tribunais a possibilidade, em casos específicos, de o executado insurgir-se contra o despacho inaugural proferido na execução, através de argüição de nulidade da execução, agravo de instrumento e mandado de segurança mesmo sem estar seguro o juízo".

do Silveira Cruz[320] afirma ser científica, porque baseada em uma nova teoria das exceções apoiada nos artigos 125 e 129, também do CPC, visando a coibir os atos atentatórios à dignidade da justiça e à fraude como elemento do processo.

Dentro da mesma freqüência doutrinária, mas com argumentos diversos, Marcos Valls Feu Rosa[321] entende não ser a exceção uma defesa do executado, mas apenas um requerimento do executado para que o magistrado cumpra o seu ofício, atuando de forma a reprimir os feitos executivos desprovidos das condições da ação ou de algum pressuposto processual. Por ser tarefa do juiz, não se exerce defesa, mas um simples requerimento para a realização de forma adequada da jurisdição.

Embora reconhecendo a exceção como instrumento de defesa, Luiz Peixoto de Siqueira Filho[322] socorre-se da mesma argumentação de Valls Feu, antes mencionada, de que a participação do executado deve resumir-se apenas a requerer ao juiz o cumprimento de seu ofício básico, relativo ao respeito dos requisitos de admissibilidade da execução. Se não respeitados e não sendo observados de ofício – ou porque o juiz não os conhecia ou porque lhe passaram despercebidos –, cabe, destarte, à parte prejudicada pelo ato ilegal intervir, em forma de exceção. Justifica, assim, o autor, a exceção de executividade, limitada, às questões de ordem pública, atinente apenas às condições e aos pressupostos processuais.

Nesta seqüência de opiniões, não se pode deixar de incluir Araken de Assis,[323] que defende *prima facie* também ser possível a exceção, mas tão-somente quando se refere aos pressupostos processuais, pois inad-

---

[320] CRUZ, José Fernando da Silveira. Pré-executividade do Título, *Estudos Jurídicos*, 1996, nº 29, p. 138. "Como embasamento legal, permitindo ao magistrado aceitar a argüição da exceção de pré-executividade do título de crédito, sem a segurança prévia do juízo, invoca os artigos 125 e 129, do CPC".

[321] ROSA, Marcos Valls Feu. *Op. cit.*, p. 98. "A exceção de pré-executividade, portanto, não é um instrumento de defesa, pois com o seu oferecimento não há defesa, mas, sim, de que o juiz cumpra com o seu ofício. É a exceção de pré-executividade, pois, um instrumento de provocação do órgão jurisdicional, através do qual se requer a manifestação acerca dos requisitos da execução".

[322] SIQUEIRA FILHO, Luiz Peixoto de. *Exceção de Pré-executividade*, 1977, p.90. "O juiz, ao despachar a inicial da execução, realiza atividade de conhecimento, embora de ofício. Neste momento diz-se estar sendo desenvolvida a atividade de controle da admissibilidade do processo de execução. Infelizmente, nem sempre esta atividade é exercida de forma satisfatória, ocorrendo que, às vezes, o despacho mandando citar o devedor para pagar ou nomear bens a penhora baseia-se em relação jurídica processual nula ou mesmo inexistente. Configurada esta situação de ilegalidade, restava ao réu, no processo de execução, submeter-se à invasão de seu patrimônio. No entanto, estudiosos verificaram a possibilidade de, mesmo sem que se procedesse à penhora, argüir-se a nulidade do processo executivo. Assim, surgia a exceção de pré-executividade como forma de defesa do executado no interior do processo de execução".

[323] ASSIS, Araken de. *Op. cit.*, p. 446. "Esta modalidade excepcional de oposição do executado, controvertendo pressupostos do processo e da pretensão a executado, se designa exceção de pré-executividade. O elemento comum é a iniciativa de conhecimento da matéria, que toca ao juiz, originariamente, cabendo ao devedor suprir sua ocasional inércia. Exemplo de exceção desta natureza se depara na alegação do executado de que o exeqüente se despiu da legitimidade ativa cedendo o crédito a outrem antes da demanda".

mite a existência das condições da ação *in executivis*. Francisco Carlos Jorge,[324] ao apreciar embargos do devedor, nos quais se discute execução de sentença contendo parte líquida e ilíquida, não acompanhada de carta, por se processar em apenso aos autos do processo de conhecimento, não aceita a falta de pressupostos e rejeita os embargos, entendendo inexistir ofensa ao procedimento executivo. Da mesma forma, outros tantos autores vaticinam a possibilidade da incidência da exceção na execução, como o já citado Pedro dos Santos Barcelos,[325] Schubert de Farias Machado,[326] limitando a possibilidade ao juízo de admissibilidade da ação de execução e assim por diante.

Como se depreende da verificação supra, encontra-se nessa concepção o maior número de adeptos da exceção de executividade, que por tal circunstância é possuidora de maior difusão nos meios jurídicos nacionais. De tal circunstância também decorre a preferência jurisprudencial dos nossos tribunais, pois se pautam, em sua maioria, por aceitar a exceção de executividade quando baseada apenas nas questões de ofensa às condições e aos pressupostos, filiando-se, assim, à corrente científica tradicional ou restritiva sob comento.

Tal entendimento cria um obstáculo de cunho científico, quanto à possibilidade de traçarmos um contorno dogmático efetivo para o fenômeno exceção, pois, às vezes, é tratado como defesa, outras não. Sempre, todavia, com o intuito de impor ao juiz o cumprimento de seu mister, em função de as alegações permitidas serem de ordem pública, e, portanto, não estarem sujeitas à preclusão, pois essas não precluem para o juiz. Esta ordem de idéias poderia ser aplicada em qualquer fase do processo, mesmo após a penhora, ou em fase de expropriação ou até após o pagamento do credor. Entretanto, se praticado após a penhora, não se trataria de exceção, tendo em vista existir previsão legal para a correção dessas irregularidades.

Entendimentos nesse sentido são encontrados em Dinamarco,[327] que afirma inexistir qualquer óbice ao exercício da jurisdição, podendo esta ser alegada em qualquer momento do procedimento, ou, como leciona Carlos Alberto Alvaro de Oliveira,[328] a defesa do executado se

---

[324] JORGE, Francisco Carlos. *Decisões de 1º Grau – Embargos à Execução de Sentença – Execução de Pré-executividade*, 1994, p. 289.

[325] BARCELOS, Pedro dos Santos. *Op. cit.*, p. 306.

[326] MACHADO. Schubert de Farias. Defesa do Executado Antes da Penhora. *Revista de Direito Tributário.* 1997, n. 22, p. 65. "Conforme a teoria geral do processo todo ato postulatório deve ser submetido ao crivo do juízo de admissibilidade. No processo de execução o juízo de admissibilidade está previsto no art. 616 do CPC, e no art. 7º da Lei 6.830/80, oportunidade na qual pode o juiz constatar vícios insanáveis no título, e, assim o fazendo, deve indeferir a inicial".

[327] DINAMARCO, Cândido. *Op. cit.*, p .447. "Por isso, a inépcia da petição inicial executiva ou a presença de qualquer óbice ao regular exercício da jurisdição *in executivis* constituem matéria a ser apreciada pelo juiz da execução, de-ofício, ou mediante simples objeção do executado, a qualquer momento e em qualquer fase do procedimento".

[328] OLIVEIRA, Carlos Alberto Alvaro de. Execução de Título Judicial e Defeito ou Ineficácia da Sentença, *in Processo de Execução em Homenagem ao professor Alcides de Mendonça Lima*, cit. 1995,

ará a qualquer tempo, mesmo sem os embargos. Nesta mesma linha, encontra-se em Pontes de Miranda,[329] o precursor do instituto, em seus comentários ao artigo 295 do CPC, assim como também Schubert de Fárias Machado,[330] pregando, no mesmo sentido, a decretação da nulidade em qualquer fase da execução, quando a causa para tal for de ordem pública, podendo, inclusive, ser de ofício pelo juízo da execução.

Evidentemente, tal crítica não invalida a possibilidade de serem tais argumentos utilizados pelo devedor quando escaparem à percepção do juiz condutor do feito executivo. Apenas gostaria de gizar a afronta ao processo e à jurisdição, diante da não observação das questões prejudiciais, que, mesmo com a penhora, podem ser manejados com sucesso. Evidente, frisar-se, que, quando essa ainda não se realizou, através de simples provocação do devedor, deve o magistrado atender ao pedido, provocando a suspensão do feito para a correta verificação do alegado, produzindo um julgamento sobre a questão posta, que, se procedente, extinguirá o feito; se improcedente, tornará inexorável o seu prosseguimento. Situação oposta se verifica na hipótese de já ter havido a penhora; devem-se manejar com certeza os embargos, e será nessa sede o pronunciamento judicial sobre os pressupostos e as condições, não sendo necessário abertura de um incidente no feito executivo. Nesse sentido, lição de Alexandre Freitas Câmara[331] entendendo pela falta de interesse jurídico para o devedor que, após a penhora, procurasse lançar mão desse expediente, por ser de todo inútil nesse caso.

4.3. Científica amplexiva

Como terceiro excurso teórico justificativo da exceção de executividade, pode-se visualizar uma outra corrente mais recente denominada de amplexiva pelo fato de considerar possível recair o incidente de exceção sobre todos os elementos do processo. Além dos pressupostos, das condições da ação, vislumbra-se a possibilidade de atacar-se o mérito executivo, considerando esse como aquele desenvolvido para a

---

p. 91. "A defesa do executado poderá ser realizada a qualquer tempo, ainda antes de seguro o juízo, nos próprios autos do processo de execução".

[329] MIRANDA, Fernando Calvalcanti Pontes de. *Op. cit.*, tomo III, p. 85-6. Ao comentar o artigo 295, deixa clara a possibilidade, especialmente nas notas 11 e 12, de que as exceções podem ser argüidas a qualquer tempo.

[330] MACHADO, Schubert de Farias. *Op. cit.*, p. 65. "A nulidade da execução pode ser decretada em qualquer fase do processo por iniciativa do próprio Juiz".

[331] CÂMARA, Alexandre Freitas. *Lições de Direito Processual Civil*, 1998, p. 389. "Considerando-se, porém, que a objeção de pré-executividade não tem o condão de suspender a execução, parece claro que, uma vez realizada a penhora (ou o depósito na execução para entrega de coisa), e estando ainda em curso o prazo de dez dias para o oferecimento dos embargos do executado, não teria este nenhum interesse (por ser inútil neste caso) no oferecimento deste meio de defesa".

satisfação do credor e, em certos casos, até com relação ao mérito considerado como o direito material posto em causa contido no título.

Dessa forma de pensar deflui a possibilidade de o devedor exercer defesa interna à execução, quando se está frente a determinadas circunstâncias, tais como a prescrição, a extinção da obrigação, em geral com v.g., pagamento, compensação, composição, novação, e outras, questões evidentemente que escapam à definição de pressuposto ou mesmo das condições da ação. Não há dúvidas de que tais circunstâncias são tidas como de mérito, pois sua constatação impede o prosseguimento do feito executivo ou extingue o próprio direito posto em causa.

Essa é a posição defendida por Ovídio Baptista da Silva,[332] baseada em doutrina italiana, a qual há muito já permite o exercício das defesas internas em processo executivo, e não apenas o manejo dos embargos. A evolução dessa operação é evidente em nossos tribunais, já sob a égide do CPC vigente. Num primeiro momento, negaram qualquer tipo de prática nesse sentido; num segundo, entretanto, aceitaram conhecer *in executivis* matéria tendente a corrigir imperfeições, especialmente quanto aos pressupostos processuais. Hoje se espalha com velocidade a idéia da possibilidade de atacar a execução sem obedecer ao encamisamento da arquitetura legal dos embargos, mesmo que tal defesa, dependendo do modo e da intensidade da cognição, seja autêntica defesa de mérito. Alarga-se, assim, a aplicabilidade do instituto da exceção de executividade, passando a atuar por inteiro no processo executivo, não se restringindo às questões passíveis de declaração de ofício pelo juiz condutor da causa, mas também com relação àquelas argüidas unicamente pela parte. Não se pode permitir, como bem diz Teresa Arruda Alvim Wambier,[333] que através de um processo hermenêutico absurdo se imponha ao devedor um ônus considerado não-jurídico de nomear bens, ou vetar-lhe a possibilidade de defesa, em execução ilegal ou ilegítima.

Alinha-se a esse pensamento Sérgio Shimura,[334] quando afirma ser a dilação probatória o balizador para distinguir, com eficiência, a

---

[332] SILVA, Ovídio B. da. Curso, vol. II, cit., p. 23. "Insinua-se nas concepções modernas da 'ação' executiva, cada vez mais com maior intensidade, a consideração de que o respectivo processo, longe de estar privado de cognição, contém elemento às vezes relevante de conhecimento, não apenas tendente a corrigir eventuais imperfeições da relação processual, mas em determinados casos objetivando a 'totale e definitiva eliminazione del processo esecutivo', de modo que a proposição dos embargos do devedor nem sempre será necessária para que o executado impeça o desenvolvimento da demanda executiva, ainda que esta reação oposta pelo executado seja uma autêntica defesa de mérito como quando ele – no interregno entre a citação e a penhora – demonstra cabalmente que o documento exibido pelo credor não é título executivo ou lhe falta, evidentemente, legitimidade *ad causam*".

[333] WAMBIER, Tereza Arruda Alvim. *Sobre a Objeção de Pré-executividade. Processo de Execução e Assuntos Afins*, 1988, p. 405. "Isto porque deve-se afastar todo o processo hermenêutico que conduza ao absurdo, e o absurdo seria obrigar, no sentido de impor ônus, o executado a garantir a execução quando de execução não se tratar, porque inadmissível".

[334] SHIMURA, Sérgio. *Op. cit.*, p. 78. "Dissemos no item 'b', supracitado, que existem matérias que devem ser objeto de argüição da parte, mas que não demandam qualquer dilação probatória para sua demonstração. Embora não sejam decretáveis de ofício pelo juiz – pressupondo, pois, a

obrigatoriedade ou não de se manejar embargos à execução, como instrumento de proteção do devedor, não se podendo admiti-la nas defesas internas. Para comprovar a veracidade das alegações do devedor, deve-se verificar, a *prima facie,* o alegado, pois o processo executivo é incompatível com a cognição ampla e exauriente, fundada em todos os meios de prova existentes, sendo exigível apenas quando a constatação se dá em momento único, como, por exemplo, quando da alegação da prescrição, que se observa pela simples contagem do prazo entre o vencimento e o ajuizamento da execução.

Interessante anotar a distinção efetuada pelo autor acima mencionado, com relação às matérias a serem argüidas quando forem passíveis de conhecimento de ofício pelo juiz, tais como pressupostos e condições da ação, cuja denominação correta seria de *Objeção de Pré-executividade,* vinculando-se, portanto, à corrente que entende ser a exceção apenas possível quando alegada pela parte; é a tese da utilização como defesa só das matérias não passíveis de conhecimento *ex officio.* As demais, todavia, podem ser apresentadas pela parte, somente se não reclame dilação probatória e serão denominadas de *Exceção de Pré-executividade,* conforme conclui o autor. O objetivo perseguido tanto numa como noutra é o mesmo: oportunizar ao devedor exercer suas defesas internamente ao feito executivo, sem necessidade de suportar ônus de ver penhorados seus bens para somente após poder, em ação incidental, alegar matérias que fatalmente conduzirão a execução para seu encerramento, ou por lhe faltarem pressupostos, condições, ou por lhe falecer direito processual de ação ou direito material subjetivo para alicerçar sua pretensão.

Diversas outras argumentações são apresentadas para alargar o campo de aplicação da exceção de executividade; dentre elas, destaca-se o estudo das exceções realizado por Jorge de Miranda Magalhães,[335] chancelando a possibilidade de o devedor, quando houver certas situações substanciais, a marcar a execução de alguma forma com irregularidade, tais como novação, compensação, prescrição, *exceptio adimpleti contractus* e outras – atacá-la nos próprios autos executivos, como forma de defesa sem garantia de juízo, que, segundo o mesmo autor, seria tal exigência uma negativa da própria defesa. Também, com relação à execução fiscal, com base na Lei 6.830, manifestou-se Carlos

---

alegação da parte – em nosso ver, podem ser discutidas e decididas independentemente de penhora, desde que demonstradas de pronto e de modo inequívoco, sem a necessidade de produção de outras provas".

[335] MAGALHÃES, Jorge de Miranda. A Execução e a Exceção Pré-processual. Revista de Direito – TJRJ, n. 25, p. 19. "Parece-nos, portanto, ser também a assunção de dívida incluível, ao lado da novação, compensação, nulidade prescrição, *exceptio adimpleti contractus* e outras matérias, como exceção pré-processual, apresentáveis nos próprios autos da execução independente de garantia do Juízo, entendendo-se por tal não só as exceções matérias próprias destas, como também as objeções".

Henrique Abrão,[336] no sentido de interpretar o artigo 16, § 1º, de forma teleológica, em atenção ao *due process of law*, pois os casos de excesso à execução, por atingir a legalidade da mesma, devem ser atacadas pela exceção substancial em incidente executivo.

Nessa balada, segundo inúmeros outros doutrinadores, decisões jurisprudenciais são encontradas, todas com real substancialidade e com coerência científica, a acomodar-se dentro do sistema processual sem maiores dirupções. De fato, presente corrente é mais coerente por não ser possível apenas pensar no incidente de exceção quando estivermos frente àquelas questões que podem ser conhecidas de ofício pelo juiz, mas se deve alargá-las para outras tantas substâncias, no sentido de objetar o direito subjetivo posto em causa. Não se ignora, mormente a necessidade de limitar à dilação probatória, para não lhe diminuir a efetividade sempre buscada pela execução. E, como leciona Egas Moniz de Aragão,[337] o desejo de atribuir efetividade ao processo de execução, além de não poder causar a desigualdade das partes, não poderia descurar de considerar o devido processo legal, nem tampouco as garantias constitucionais, uma vez que não se alcança efetividade com sacrifício de direitos.

5. Possibilidade, fases e momentos

Colocado em cena o panorama dogmático científico existente, resta testá-lo, a fim de descobrir com segurança os limites e os reais contornos do incidente sob exame, em face da necessidade de trilhar um caminho seguro baseado em teorias sólidas, possibilitando a juízes, advogados, enfim, aos operadores do direito atuarem com segurança no trato da matéria, não vulgarizando o instituto ao manejá-lo inadequadamente, tentando dar outro rumo à própria ciência processual.

Da leitura das teorias anteriores depreende-se com clareza que, se examinadas isoladamente, todas deixam a desejar, pois a tentativa reducionista a apenas um plano é totalmente infrutífera para o mister.

---

[336] ABRÃO, Carlos Henrique. Exceção de Pré-executividade na Lei 6830/80. *Revista Dialética de Direito Tributário*, n. 22, p. 17. "O Excesso de execução se ressente de vício suscitado na exceção, enquanto a debilidade para garantia do Juízo tem conotação adstrita ao princípio do *due process of law*, resvalando na interpretação teleológica e não literal do artigo 16, parágrafo primeiro da Lei 6.830/80".

[337] ARAGÃO, Ergas Moniz de. *Op. cit.*, p. 21. "O desejo de atribuir maior efetividade à execução não pode ser causa de menosprezo à igualdade das partes e ao devido processo. Seja caso das execuções que ocorrem extrajudicialmente, seja das que acontecem no processo judicial, os litigantes não podem se privados das garantias que a Constituição outorga. Não se alcança efetividade do processo com o sacrifício dos direitos".

Sem dúvida, os *standards* e os princípios gerais de direito são importantes para manter a coerência do sistema jurídico. Todavia, hão de ser postos em xeque quando somente com tais argumentos se quer justificar uma teoria e em concreto um incidente processual. Por outro lado, a teoria científica restritiva deixa a desejar, por não abrigar no instituto questões elisivas à apresentação de embargos, justamente pela necessidade da penhora, as questões de mérito, como se viu, não satisfazendo como teoria capaz de solucionar *tout court* o problema existente da falta de contornos dogmáticos para a exceção.

Por fim, e por razões outras, também a teoria científica amplexiva ressente-se de ter conformidade nos princípios gerais do processo e do direito, especialmente de assentar-se também nos *standards* constitucionais. Entretanto, essa situação seria de fácil solução; bastaria, obviamente, acoplar tais contornos a essa teoria e aparentemente ter-se-ia resolvido o problema em termos científicos, podendo esta ser utilizada com segurança pelos operadores do direito. Mas isto também não é verdade; o limite de atuação intra-executivo é fundamental para juízes e advogados seguirem com segurança seus ofícios. Até onde se pode chegar, sem ferir o sistema processual vigente? Quais as matérias alegáveis que se coadunam com o novo instituto?

Em conclusão do até aqui dito, não se pode furtar, com âncora na melhor doutrina e conforto na jurisprudência moderna, de tentar oferecer aos envolvidos com o tema uma proposição capaz de dar um norte seguro, não permitindo a banalização do incidente levando-o, sem dúvida, ao obscurantismo. Deve-se também deixar bem claro o fato de não se ter pretensão de teorizar o instituto; utiliza-se o conhecido considerando-o como uma situação consolidada para servir de base para um estudo sistemático, até a presente data inexistente. Apenas isto. Todavia, dentro dessa mundivisão, existem certas circunstâncias a permitir aproveitar o material já existente e apenas emprestar-lhe um contorno que, acredita-se, seja útil não só para o presente estudo, mas também para pautar decisões na vida prática dos operadores do direito.

Assim, dois novos paradigmas devem se adicionar aos já tratados pela teoria científica amplexiva, um deles ainda capaz de dar-lhe um sentido mais amplo do que o atual, outro limitador, a fim de colocar-lhe balizas, de cunho científico, a fim de emprestar-lhe segurança no trato das questões versadas em exceção de executividade. O primeiro deles é que o sistema processual vigente não pode deixar de obedecer a uma forma hierarquizada de princípios, normas e valores, isto é, não se pode furtar da incidência de uma exegese capaz de harmonizar o texto ordinário – CPC – com o texto constitucional, pois todo comando de menor hierarquia em confronto com o superior cede, sob pena de se

submeter ao crivo da constitucionalidade, que, uma vez não constatada, extirpará o comando legislativo menor do conjunto de normas. Isto
parece curial, mas nem sempre é visualizado corretamente, dificultando a consolidação do incidente, que, sem dúvida alguma, tem seus
cânones na hermenêutica entre normas, princípios e valores, oferecidos
pelo direito à comunidade jurídica, visando ao desiderato maior, isto é,
à paz social. Este é o primeiro elemento adicionado aos termos da
teoria científica amplexiva.

A segunda e inevitável adição feita é justamente aquela de tentar
balizar os contornos do instituto, delinear seus limites, a fim de
emprestar segurança aos operadores do direito. Em suma, a de identificar as matérias alegáveis, de inferir como podem ser alegadas, e de
traçar uma linha divisória entre a exceção de executividade e os demais
meios de defesa do executado, através de indicação de elementos e de
matérias passíveis ou não de serem alegadas em tal sede, ou de
identificar se, por sua característica e natureza, devem ser remetidas à
via tradicional dos embargos, pois do contrário estaria desnaturando o
instituto e destruído o sistema, o que não interessa. Assim veremos.

5.1. Quanto aos pressupostos

Abordados em capítulo próprio, os pressupostos processuais
pertencem ao quadro de elementos essenciais para a constituição, validade e prosseguimento regular de qualquer processo e, especialmente, o de
execução, requerendo, em face da sua finalidade, o atrelamento à legalidade em escala muito maior do que a dos demais. Não há como olvidar
que a falta dos pressupostos processuais, como premissa metodológica,
é fator impeditivo do prosseguimento do feito executivo.

A doutrina italiana, ao tratar de tal assunto, refere-se a uma classe
especial de oposição do executado, denominada *opposizione agli atti
executivi*, a qual é explicada por Salvatore Sata[338] como sendo aquele ato
que não se volta contra a injustiça da execução, mas contra a irregularidade de sua realização, postulando-se a sua invalidade por motivos
formais; não está relacionado com a execução propriamente dita,
decorrente da realização pelo Estado do direito estampado no título,
mas refere-se ao processo indiscutivelmente. Da mesma forma, com
relação a *L'opposizione All'esecuzione*, esta se volta contra o direito de
executar, e não contra o direito subjetivo de estar em juízo, como afirma

---

[338] SATA, Salvatore. *Op. cit.*, p. 144-5. "Come abbiamo accennato, l'opposizione agli atti
esecutivi mira ad affermare no l'ingiustizia dell'esecuzione, ma che l'esecuzione si sia giusta-
mente realizzata. Essa si dirige quindi sostanzialmente contro un singolo atto esecutivo del quale
postula la invalidità per motivi formali propri all'atto stesso, o agli atti che lo hanno preceduto".

Francesco Bucolo[339] ou, como afirma Eduardo Gorbagnate,[340] se trata de contestação ao direito da parte em promover à execução, sendo, entretanto, significativa em ambos os casos a controvérsia com relação à execução como processo (jurisdição) ou ao título (como documento formal), não se voltando exatamente contra a relação jurídica substancial, pois essa fica oculta pelo continente que autoriza tutela executiva, sendo o título e a execução o alvo das *opposiziones* italianas, em toda sua extensão, quando realizada em desacordo com a estrutura processual.

Tanto uma hipótese quanto a outra é fator de atuação do contraditório no processo executivo, tendente a contrapor o direito de executar de quem tem um título executivo, a fim de reequilibrar as forças para manter o princípio constitucional da igualdade, como ensina Giuseppe Vignera.[341]

Será justo e legal exigir-se do devedor a submissão aos atos de penhora para poder alegar, e.g., a irregularidade da jurisdição, a inadequação da competência, ou questões relativas à demanda como irregularidade da peça vestibular, ou mesmo alegar vícios de citação, ou impedimento do juiz, a ilegitimidade *ad processum*, tudo matéria que devia ser conhecida de ofício pelo magistrado condutor do feito, no exercício de sua tarefa de fiscal da regularidade processual? A resposta para tal indagação certamente será negativa. A lei não impõe ao devedor o ônus de ver submetida parte ou a totalidade de seu patrimônio pela constrição decorrente da penhora, como condição para alegar tais matérias, porque, se assim fosse, seria chancelar uma indiscutível injustiça.

Nesse sentido, há disposição expressa na lei constante no artigo 267, IV, devendo o juiz extinguir o feito executivo com arrimo no comando retro, aplicável à execução por força do artigo 598 do mesmo

---

[339] BUCOLO, Francelo. *L'opposizione All'esecuzione*, 1982, p. 9. "Si è pure sostenuto che quando si contesta il diritto della parte instante a procedere esecutivamente non si contesta nella realità 'la pretesa esecutiva' giacché questa si fonda su un diritto soggettivo – il credito – e, al contempo, su um diritto processuale – l'azione – i quali, ciascuno per suo conto, sono sprovvisti di qualsiasi autonomia".

[340] GORBAGNATE. Eduardo. Opposiaione All'esecuzione, in *Novissimo Digesto Italiano*, 1968, p. 1070 "A norma dell'art. 615, 1º comma, C. Proc. Civ., con l'opposizione all'esecuzione, si contesta il diritto della parte instante a procedere ad execuzione forzata".

[341] VIGNERA. Giuseppe. La sospensione cautelare dell'esecutività del titolo strumentale all'oposizione a precetto. *Rivista di Diritto Processuale*, n. 52, 1997, p. 176-7 "Anche a prescindere da quell'orientamento dottrinario ravvisante nell'oposizione all'esecuzione lo strumento attuativo del princpio del contraddittorio nel processo esecutivo, pare comunque innegabile (quanto meno da un punto di vista descrittivo-funzionale) che quell'opposizione, quale impugnazione dell'azione esecutiva, rappresenta il pendat di quest'ultima (di cui il titolo constituisce l'única condizione), il 'contrapotere' riconosciuto dall'ordinamento processuale al soggetto passivo dell'esecuzione rispetto al potere del creditore cum título di procedere in exsecutivis nell'ambito della sfera giuridico-patrimoniale del primo: lo strumento, in definitiva, attraverso il quale, 'riequilibrandosi' le chances processuali dell'uno e dell'altro, viene formalmente assicurata ad entrambi quella 'parità delle armi' constituente l'ipostatizzazione nel processo giurisdizionale del princpio constituzionale dell'eguaglianza".

Código. No mesmo sentido, quanto aos pressupostos denominados pela doutrina de negativos, previstos no artigo 267, V, quando existentes e não verificados de ofício pelo juiz do feito, devem ser argüidos pelo executado, em peça simples nos autos da execução, sendo desnecessários os embargos do devedor.

Em relação à aplicação do incidente, baseado na ofensa aos pressupostos processuais, parece não haver controvérsias em tempos coevos, tanto em doutrina como na jurisprudência, da aceitação; todas as opiniões são unânimes, não oferecendo maiores dificuldades, inclusive, pelo fato de integrar as três correntes dogmáticas retrotratadas. Portanto, é a primeira circunstância a permitir ao devedor manifestar-se contra o processo de execução, que, em tese, possa ser justo, mas não possui os requisitos de existência ou validade exigidos.

Talvez o único questionamento derivado da verificação e do exame dos pressupostos processuais diga respeito à preclusão e à oportunidade de sua alegação, internamente à execução. Para instruir nossa tese, basta a situação autorizadora, na qual a falta de qualquer dos pressupostos enseja e oportuniza ao devedor, sem a necessidade do manejo dos embargos, utilizar-se da exceção de executividade para ver regularizada ou até extinta a execução. A alegação dessas matérias, quando não realizadas *prima facie*, não acarretam preclusão, pois se trata de matéria de ordem pública, podendo ser conhecida pelo juiz em qualquer momento ou grau de jurisdição. Entretanto, perdem significado, para nosso estudo, quando argüidas após a penhora, pois o instituto em enfoque tem por cânone principal impedir a realização dessa. Se alegadas em embargos, deverão ser apreciadas, podendo contribuir para a extinção deste e, em decorrência, da execução, mas nessa altura já provocaram o ônus da constrição judicial. A importância de sua alegação em exceção de executividade é justamente para atribuir eficácia e legitimidade aos atos executivos que não se prestam para acobertar ilegalidades, irregularidades ou nulidades processuais, nem tampouco movimentar a máquina do Judiciário sem a devida utilidade, ínsita a qualquer execução.

5.2. Quanto às condições da ação

O segundo elemento do trinômio processual é as condições da ação, muitas vezes inaceitas, como categoria autônoma pela doutrina, como visto, mas indiscutivelmente presentes em todo e qualquer tipo de processo. Em verdade, as condições da ação dizem respeito ao direito posto em causa, pois se ausentes, impedem o prosseguimento do processo por falecer-lhe de possibilidade jurídica, interesse de agir ou legitimidade.

Várias teorias tentam explicar o conceito moderno de ação, tema já controvertido em capítulo próprio. Todavia, em sede de definição na atuação em exceção de executividade, vale dizer, na esteira de Alessandro Pekelis,[342] que o direito subjetivo é o eixo comum de todas as teorias sobre o conceito de ação, por traduzir uma determinada situação de vantagem relativamente ao titular deste com relação ao terceiro que sofre a ação. Manifesta-se (a ação) freqüentemente através da liberdade de agir, ou faculdade, ou poder, não importa a denominação, mas sempre será relativa a um direito subjetivo, que requer a presença da jurisdição, onde deverá ser sindicado se esta atitude está ou não confortada pelas condições de processabilidade exigidas pela norma processual, e, acaso inexistentes, não será permitido o prosseguimento do feito, pois diante de tal lacuna não há *chance* de êxito. Este não no sentido de assegurar a procedência ou a realização dos atos executivos, mas de justificar a atuação do Estado como prestador de justiça. Tal verificação, imperativo para o desenvolvimento regular da ação, efetivamente é conhecida como exame das condições da ação.

Do ponto de vista das pessoas, como demonstra Liebman,[343] a ação tem como foco duas diretivas fundamentais: uma do autor e outra do juiz que, ao se encontrarem através da relação processual por iniciativa do primeiro, inflamam em concreto a jurisdição. Vale dizer, acrescenta o mestre, há a necessidade da invocação do juiz para *proceder* segundo as normas reguladoras da atividade do judiciário. Para tanto, é inevitável a obrigatoriedade de um exame prévio da capacidade da parte, para ver impulsionado o procedimento jurisdicional.

Dentro dessa ordem de idéias, sendo o processo de execução jurisdicional, requer para seu desenvolvimento válido e regular uma demanda provocada pela parte, em obediência ao princípio dispositivo, cujo interessado deve ser, no mínimo, portador de direito verossímil, isto é, o direito deve ser afirmado e aparente, pois só nessas circunstâncias terá necessidade da jurisdição, que só se efetiva pelo uso do processo.

Temas como interesse de agir, possibilidade jurídica do pedido e legitimidade são perfeitamente detectáveis no processo de execução, e, por ligarem-se diretamente com o direito de ação, também são temas

---

[342] PEKELIS., Alessandro. *Azione (Teoria Moderna).* p. 34. "A grande divergência gira de fato, em torno a esse eixo fundamental. É a ação um elemento do direito subjetivo? Ela é uma parte, um momento, uma determinada atitude? É, a respeito disso, um direito autônomo, acessório, instrumental, primário, secundário? E se é um direito, ante, contra ou frente a quem é dirigido? Eis o complexo das demandas, nas diversas combinações das respostas às quais se pode resumir o movimento das idéias em torno da ação. A relação com' o direito subjetivo em geral é o denominador comum de todas as doutrinas da ação".

[343] LIEBMAN, Enrico Tullio. L'azione nella teoria del processo civile. *In Problemi del Processo Civile,* 1962, p. 234. "Um rápido exame crítico das principais teorias demonstrará a exatidão do que se está dizendo. Elas se distribuem em torno de duas diretivas fundamentais, uma que a ação do ponto de vista do autor, a outra que a considera do ponto de vista do juiz".

de ordem pública, devendo, quando detectada a irregularidade, ser declarada de ofício, ou, quando passar despercebida pelo juiz, pode a parte demonstrá-la – no caso, o devedor executado – sendo-lhe lícito alegar, em petição intra-executivo, sem a necessidade de manejo dos embargos, procedimento idêntico ao que se proclama quando da falta de algum dos pressupostos. Reitera-se não ser justo ao devedor – para demonstrar que seu exeqüente não possui interesse, ou a execução não é possível, ou ainda ser parte ilegítima – seja obrigado a garantir o juízo através da penhora, estando o titular da ação despido de uma ou mais condições para exigir direitos de forma coativa, através da jurisdição.

O direito processual executivo possui regras próprias; a jurisdição não pode ser movimentada para causar prejuízo a terceiros e não proporcionar benefício a ninguém. Casuisticamente, tem-se a situação do titular de conta conjunta demandado por cheque de emissão do co-titular; do antigo proprietário por dívida do IPTU; a execução de letra de câmbio sem aceite, juntada por cópia; execução contra a fazenda pública; de dívida de jogo e várias outras situações que não seria proveitoso resenhar, por ser enfadonho e, por certo, pela incompletude do rol.

Certo é, porém, a aplicação do incidente também nos casos de falta de condições da ação de execução. Seguem-se as mesmas regras previstas para os pressupostos, porque possuem uma similitude teleológica muito grande, por pertencerem à classificação de ordem pública e por servirem para verificar a regularidade do processo *ab initio*, momento no qual podem e devem ser sindicados, tanto pelo juiz como pela parte, situação em que o magistrado deverá apreciar o incidente, acolhendo-o ou rejeitando-o.

5.3. Quanto ao mérito

Quadra, *ab initio*, reavivar o que se pretende entender como mérito no processo de execução, referido alhures. Inegavelmente, não se preocupa a doutrina quando teoriza sobre o tema, em observá-lo sob o enfoque da execução. Assim, não se pode enfocar o mérito executivo através de sua construção dogmática tradicional. Deve-se entender mérito no processo de execução como foi observado, ou seja, pode-se vislumbrá-lo sob dois vetores básicos: um sob a ótica do pedido mediato, e outro sob a ótica do pedido imediato. O primeiro incide sobre os atos executivos praticados pelo juiz, e o segundo, sobre o direito subjetivo posto em causa, neste caso confundindo-se com o conceito tradicional, ainda que obtido por meios diversos.

A Coisa Julgada na Exceção de Executividade

Equalizado o primeiro enfoque, resta prosseguir com a análise de como tal situação poderá ocorrer internamente à execução, já que o sistema processual oferece para tal mister regras próprias através dos embargos à execução ou da impugnação. Os procedimentos são por excelência, cognitivos puros, com cognição exauriente, tanto no plano horizontal como no vertical, e não diferem do processo de conhecimento tratado no livro I do CPC. Em verdade, são assim classificados. Em seus bojos, podem ser alegadas todas as matérias possíveis e praticado todo o elenco probatório posto à disposição das partes. Por certo, em sede de exceção, não poderá ser assim, ou estar-se-á prestando um desserviço à ciência processual, tumultuando o procedimento que deve ser o mais puro possível a fim de cumprir seu escopo precípuo.

Sob outro enfoque, certas situações envolvendo o mérito podem ser articuladas, sem a obrigatoriedade da penhora, podendo, assim, ser deduzidas em *exceção de executividade*, pois, se tal não fosse permitido, estaria o direito, contrariamente a seu objetivo, causando uma injustiça inaceitável. Pelo simples apego à forma, chancelar-se-ia o absurdo, e isto é inconcebível. Nada que uma boa hermenêutica não resolva e, sem dúvida, através dessa técnica deve o juiz equacionar tal dificuldade através de critérios científicos e em bases sólidas, a fim de não desestabilizar o sistema, mantendo-o simples, claro e objetivo.

A procura da resposta para tais incompatibilidades deve ser buscada, s.m.j., basicamente em dois patamares. O primeiro deles diz respeito à dilação probatória, cuja finalidade é limitar a possibilidade no exercício da defesa do devedor internamente à execução, pelo exercício restrito da produção de provas. Em outras palavras, só é cientificamente adequado argüir-se defesa fulcrada em matéria relativa ao mérito executivo, quando não dependa de instrução probatória, situação candente de embargos. O segundo patamar verifica-se pela ocorrência de a irregularidade estar contida no título aparelhador da execução. Tudo que for possível mediatizar pelo título e não requeira dilação probatória poderá, com êxito, ser argüido em exceção de executividade.

A esta altura das reflexões, imperioso aduzir a impossibilidade inquestionável de se estabelecer uma cognição ampla e admitir uma produção de provas sem limites. Nesse particular, concorda-se com a advertência de Mariana Tavares Antunes,[344] com acerto, de que, se admitida uma cognição desse tipo, estar-se-ia a desnaturar o processo

---

[344] ANTUNES, Mariana Tavares. *Exceção de Pré-executividade e os Recursos Cabíveis de Seu Indeferimento e de Seu Acolhimento*, 1999, p. 463. "De fato, pelos argumentos já expostos, não nos parece acertado permitir uma dilação probatória ampla dentro do processo executivo, sob pena de desnaturação do mesmo e até de esvaziamento do conteúdo da ação incidente de embargos, fazendo letra morta do dispositivo legal que determina que a defesa do devedor no processo executivo se faz após a segurança do juízo, através da oposição dos embargos do devedor".

de execução e a fazer letra morta da ação de embargos, exatamente criada para esse fim. A dilação probatória ampla é demorada, pois a produção de prova implica retardamento, e é inadequada intra-executivo, não devendo ser coroada como plausível, sob pena de se prostituir o incidente, criando uma aversão da comunidade jurídica.

Para aceitação do instituto de forma palatável, este deve estar revestido de contornos científicos, a emprestar segurança no seu manejo. Assim, devem-se separar aquelas questões de mérito para cuja solução for reclamada uma longa e penosa dilação probatória, daquelas verificáveis de inopino, a *prima facie*, ou melhor, em *única facie*, tais como prova do pagamento, sem ferir o contraditório, mas em manifestação satisfatória, presumindo-se a verdade das alegações. Casos de prova documental ou pré-constituída são perfeitamente adequáveis ao sistema, não causando prejuízo algum ao procedimento nem ao credor, sempre com o devido respeito ao contraditório.

O critério, portanto, adequado para balizar a possibilidade do exercício de defesa do executado intra-execução através de exceção, mesmo se voltando contra o mérito, é a intensidade da cognição verificável na sua linha horizontal; como afirma Sérgio Shimura,[345] se o fato alegado depender de prova mais profunda, deve-se remeter para sede própria, a dos embargos do devedor.

Parte da doutrina, embora timidamente, já começa a professar a possibilidade de se atacar a execução, tanto nas questões de ordem pública – pressupostos e condições – como também nas questões de mérito – pois também seriam de ordem pública –, desde que a dilação probatória não ultrapasse uma simples verificação e de pronto indique a impossibilidade de prosseguimento do feito, pela inexistência do direito à ação ou mesmo pela inexistência do direito material posto em causa. Dentre os mais recentes, encontra-se Alberto Camiña,[346] inclinado a admitir que a prova do pagamento e a extinção da execução não se dará por qualquer imperfeição, mas porque não existe inadimplemento, isto é, mérito da execução a ensejar coisa julgada, como se verá na última parte deste trabalho.

A construção teórica aplicável ao caso pode ser a mesma utilizada para justificar a ação mandamental, pois também formada a partir dos conceitos de certeza e liquidez. A certeza é a principal exigência, sendo

---

[345] SHIMURA, Sérgio. *Op. cit.*, p. 81. "É imperioso relembrar que, se o fato alegado depender de um exame mais aprofundado, máxime no que tange à prova, a análise deve ser feita pelos meios próprios, que são os embargos do devedor. O critério, pois, a ser levado em linha de conta é a intensidade da cognição, em sua perspectiva horizontal".

[346] CAMIÑA, Alberto. *Defesa sem Embargos do Executado*, p. 148: "Mas, uma vez admitida a prova do pagamento, mediante a exceção de pré-executividade, a extinção da execução, não se dará com a máxima vênia, em 'razão da imperfeição do título', como afirma Donaldo Armelin, mas porque inexiste inadimplemento, mérito da execução, a ensejar sentença com força de coisa julgada".

A Coisa Julgada na Exceção de Executividade

necessária para haver a adequação do procedimento executivo. Ao apresentar a defesa, deve o executado expor elementos que conduzam à certeza de sua alegação e, por decorrência, à incerteza do direito posto em juízo. O direito deve ser líquido e deve permitir ser declarado à luz dos elementos apresentados, sendo desnecessária uma investigação mais profunda.

Questões de verossimilhança, onde haja a prova inequívoca do alegado, da mesma forma, enquadram-se nos contornos traçados e não reclamam dilação probatória, desde que respeitado o contraditório.

Como segundo pilar tem-se a questão da mediatização do título. Viu-se em capítulo próprio tanto a conceituação do título como a função que desenvolve diante da jurisdição executiva. O título é bastante para provocar o desencadeamento da atividade estatal tendente à realização de atos práticos no sentido de retirar parcela do patrimônio do devedor para satisfação do credor. Somente esta concepção é suficiente para autorizar a conclusão de que, se o título for portador de eventual irregularidade, visível ou passível de ser detectada por exame simplificado, não será considerado apto para o Estado iniciar sua tarefa de execução, realizando os atos executivos conforme pedido imediato do exeqüente.

A questão relativa à mediatização é extremamente interessante e foi tratada por Danilo Knijnik em sua obra. Os estudos partem do princípio básico haurido do léxico, completando-se imediatamente com tudo aquilo que tem relação com alguma coisa não diretamente, mas por intermédio de uma outra. Suas investigações passam por Hegel, por Henri Piéron, Segni e Furno, para afirmar, ao final, nessa ordem de idéias, que o título executivo está umbilicalmente vinculado ao sistema da mediatização, servindo para estabelecer a relação jurídica com o próprio direito, e sua dimensão ontológica é justamente a representação documental típica do crédito.[347]

Em outras palavras, deve-se ter presente a possibilidade de todas as matérias passíveis de verificação, inclusive aquelas respeitantes ao mérito, encontradas no título executivo, serem passíveis de ataque em exceção, desde que não requeiram dilação probatória. Não se concebe, destarte, o ataque nestas circunstâncias a matérias típicas da constituição da relação jurídica de direito material, situadas fora do alcance da defesa interna na execução, devendo ser remetidas para os embargos, sua sede própria. Como afirma Danilo,[348] as matérias que, embora

---

[347] KNIJNIK, Danilo. *Op. cit.*, p. 183. "Com efeito, não se poderia olvidar – e este é um progresso da ciência – que, modernamente, na melhor explicação quanto à dimensão ontológica do título executivo, vislumbra-se uma *representação documental típica do crédito*".

[348] KNIJNIK, Danilo. *Op. cit.*, p. 183-4. "Todavia, as matérias que, embora situadas no monômio do mérito, destituam, de plano, a existência do direito do exeqüente *sub especie juris*, ou seja, sob o ponto de vista de sua 'representação documental típica'- que, em última análise, é a dimensão

situadas no mérito, atingem de plano o direito do exeqüente nesta espécie, sob o ponto de vista do título, podem ser conhecidas, pois fazem parte das objeções de direito material compatíveis com a estrutura executiva. Fora dessa hipótese, estariam a macular o processo de execução.

A idéia central vincula o título como elemento necessário para qualquer execução, sendo o termo médio entre o processo de execução e o direito nele contido em sua parte substancial, mediando o início e a conclusão do silogismo representado pelo processo. Como diz Furno,[349] o título está fora da relação processual e da material, mas, se colocado em atividade jurisdicional, aparelhando o procedimento executivo, terá toque sobre as duas, isto é, terá uma definição clara do significado de mediatização exercida.

Todas as falhas ou vícios que contaminarem o título, na condição de mediatizador do processo com o direito subjetivo material, apreciável a partir do título, podem ser atacadas em exceção: a liquidez e certeza, a prescrição, a falta do pressuposto específico de fato, a ilegitimidade passiva do executado são elementos detectáveis pelo exame do título, e, portanto, perfeitamente viáveis de serem deduzidos, sem a obrigatoriedade de penhora para garantir o juízo, imperativa para os embargos. Tal procedimento *in executivis* não cria problema de violação do sistema, nem causa prejuízo ao credor, pois é realizado com a segurança do contraditório e não permite alongar-se em tarefas jurisdicionais totalmente desprovidas de objetivos, cujo resultado não será útil.

5.4. O *Officium iudicis*

Uma outra observação instala-se como corolário das demais e faz com que se possa conduzir a uma síntese das situações adrede colocadas; referem-se aos poderes do juiz decorrentes da natureza histórica do *officium iudicis*, conhecido desde os tempos romanos, mas conduzidos à execução pelos glosadores, como nos informa Liebman.[350]

O exame relacionado aos poderes do juiz na execução, por ser tema amplo e apaixonante, deve ser analisado isoladamente. Todavia, apenas para registro, far-se-á uma breve incursão a ele, pois não se pode desorientar o rumo da argumentação.

---

ontológica do título *enquanto tal*, podem ser conhecidas, porque, repita-se, incluem-se na categoria das *objeções de direito material compatíveis com a estrutura recognitiva do executivo*".

[349] FURNO, Carlo. *La Sospensione del Processo Esecutivo*, 1956, p. 17.

[350] LIEBMAN, Enrico Tullio. *Embargos do devedor*, 1952, p. 80.

Surpreendentemente, quando se revisita o instituto do *officium iudicis*, observa-se, com clareza, que a exceção de executividade tratada modernamente se enquadra no modelo previsto no instituto elaborado pelos glosadores, como nos mostra Martineto,[351] informando poder a defesa do devedor se dar por uma simples *imploratio iudicis officii*, não requerendo a constituição de uma nova *actio iudicati*, correspondendo, nada mais nada menos, aos embargos coevos. Esta concepção de procedimento transporta-se, com muita atualidade, para os dias hodiernos, tendo em vista a necessidade de mudança de postura do juiz ante a nova realidade social e jurídica. Como se sabe, o juiz inoperante, distante, estático, não atuante em seu ofício, não serve com a brilhantura necessária para engrandecer sua função e atividade. Extrai-se dessa sistematização que o Estado confere poderes ao juiz para dirigir e instruir o processo, e tais poderes devem ser exercidos, a ponto de não permitir operações inúteis ou desprovidas de fundamentos. A execução irregular, injusta ou nula se enquadra nessa moldura, conferindo, destarte, poderes ao juiz de agindo tanto no vetor administrativo, como no processual, e também no substancial, exercer sua função pública e maior em razão do seu ofício judicial.

Não se pretende avançar no tema para não haver distanciamento do eixo central, mas não se pode deixar de gizar que tal poder conferido ao juiz, na verdade, relaciona-se com os seus deveres para com o procedimento jurisdicional, ligado diretamente aos princípios informativos do processo, nos seus vários campos. Como leciona Sérgio Alves Gomes,[352] devem espraiar-se para os campos da lógica, do jurídico, da política e da economia processual, enquadrando-se, assim, a aplicação do *officium iudicis* à exceção de executividade, em razão de o magistrado condutor do feito ser concitado pela parte demandada para cumprir sua função, não requerendo, dessa forma, um processo próprio para o exercício da defesa. Tais princípios são encontrados no sistema legal, especificamente no artigo 125 do CPC vigente, que, por evidente, se aplica à execução, quando trata dos poderes do juiz.

A função mínima do juiz, como agente público, liga-se à máxima da publicização do processo, não encontrando, em doutrina, contrariedade quanto à sua função jungida às questões de ordem pública. Com efeito, no processo de execução não será diverso. O processo de execução é instrumento de ordem pública e, portanto, deve, seguir as

---

[351] MARTINETO, G. *Op. cit.*, p. 5

[352] GOMES, Sérgio Alves. *Os Poderes do Juiz na Direção e Instrução do Processo Civil*, 1995, p. 69. "Ao Dirigir o processo, o juiz deve manter-se atento aos princípios processuais, cuja função consiste em indicar aos sujeitos do processo, as diretrizes, os meios e o modo de agir processualmente para a realização dos valores que o sistema processual tem por finalidade alcançar. Vários princípios processuiais emanam diretamente da Constituição, a qual traça princípios fundamentais que dão fisionomia ao Estado por ela organizado".

normas e as regras desta, não se permitindo ao juiz ficar alheio a essa realidade sem atuar sua tarefa de condutor do processo de acordo com tais princípios. Estará assegurando, com uma postura ativa, a realização dos meios pelos quais o Estado é devedor à sociedade: a jurisdição, tendo como escopo a pacificação social com a distribuição de justiça. Em um processo de execução, tendo já havido o pagamento, pode e deve sim, o juiz agir, sem necessidade de condicionantes, mas, se alertado, tem o dever de tomar uma atitude positiva, dentro das regras e dos princípios de direito, culminando pela extinção do feito, em atenção à regra do artigo 126 do CPC, pela falta de inadimplemento, como requisito de fato para a constituição válida da execução *stricto sensu*.

Uma nova leitura dos artigos atinentes aos poderes do juiz constantes do livro I, capítulo IV, seção I, afirma a certeza da participação desse na execução, agindo de forma efetiva no caso *sub judice*. Sua atuação é imperativa, nos termos da legislação processual vigente, em que, também com segurança, se enquadraria a atividade desenvolvida pelo magistrado na exceção de executividade, visando, de ofício ou a requerimento da parte, a obstar o prosseguimento injusto ou irregular de um processo que resultará infrutífero.

Assim, compreende-se o incidente de *Exceção de Executividade* como sendo uma possibilidade posta à disposição da parte para agir quando o magistrado não o fez de ofício, em razão de um vício de processo, da falta de um dos requisitos – condições ou pressupostos – ou de exceções de mérito, sendo possível mediatizá-las no título, desde que respeitado o contraditório, em dilação probatória rarefeita, temporalmente única, a fim de preservar o sistema – tanto o geral como o específico executivo –, irradiando efetividade a alcançar o escopo maior da jurisdição, realizada através do juiz no exercício de seu poder constitucional.

VII – Coisa Julgada

1. Pródromos

O instituto da coisa julgada exerce um verdadeiro fascínio nos operadores do direito, estudantes ou, simplesmente, nos estudiosos do tema, o que pode parecer paradoxal dada à reduzida utilidade prática de estudo de complexidade tão elevada. Um simples exame da jurisprudência atesta o afirmado. Todavia, o interesse acadêmico é preponderante e não se pode furtar ao enfrentamento do assunto, até porque a resposta ao nosso questionamento principal passa por um exame, mesmo perfunctório, das funções, limites e objetivos decorrentes da coisa julgada. Não se pretende afirmar que a compreensão do fenômeno *res iudicata* não é pouco importante no estudo do processo; certamente o é, inclusive, fundamental para a própria sobrevivência da função jurisdicional. Mas, objetivamente, pela sua pouca incidência no dia-a-dia, nas lides forenses, contrastando com o intrincado modelo dogmático, torna-se muito atraente e fascinante.

Ainda, mais paradoxal se apresenta quando do exame das palavras do mestre Chiovenda,[353] proferidas em 1913, afirmando que nesta matéria pouca coisa ou nada mais poderia se dizer. Passados mais de noventa anos de tal afirmação, verifica-se com freqüência, em doutrina, a falta de unidade do pensamento sobre o assunto, como lecionam Sérgio Gilberto Porto[354] e Araken de Assis,[355] ao afirmar que o vaticínio gorou, e as questões duvidosas permanecem até hoje a desafiar os estudiosos.

Tem razão Barbosa Moreira,[356] quando afirma que os problemas se avolumam na medida exata do aprofundamento dos estudos e das

---

[353] CHIOVENDA, Giuseppe. Sulla cosa Giudicata, *Sagi di Diritto Civile*, 1931, p. 399. "Della cosa giudicata dirò poche cosa ed assai brevemente; perchè sul vastissimo tema poco ormai a dire che non sia inutile".

[354] PORTO, Sérgio Gilberto. *Coisa Julgada Civil*, 1996, p. 39. "Inexiste, na doutrina, unidade de pensamento sobre o fundamento jurídico do instituto da coisa julgada".

[355] ASSIS, Araken de. Reflexões sobre a Eficácia Preclusiva sobre a Coisa Julgada. *Saneamento do Processo*, 1989, p. 109-10. "Evidentemente, o vatícinio audaz e atrevido gorou, e as questões duvidosas até hoje atormentam os sucessores de Chiovenda".

[356] MOREIRA, José Carlos Barbosa. *Ainda e Sempre a Coisa Julgada*, 1970, p. 9. "Conforme eloqüentemente atesta a vastidão da bibliografia a respeito, poucos temas jurídicos têm merecido

investigações sobre o tema. Exemplo disso é a compreensão hodierna com relação à coisa julgada, divergente daquela trazida dos romanos, mesmo sendo o nosso caudal cultural jurídico oriundo dessa fonte, como denuncia o professor. Atualmente, transita-se entre várias correntes, todas reivindicando a exatidão de seus conceitos para a definição e extensão da coisa julgada, especialmente destacando-se aquelas relacionadas ao conteúdo da sentença, à eficácia da sentença ou à autoridade do comando sentencial, ou ainda ao elemento declaratório da sentença. Examinar-se-á uma a uma a fim de melhor situar a questão.

Nessa seqüência, carecem de balizamento o momento e o ato jurisdicional que tenha potencialidade para ser erigido à categoria de coisa julgada. Essa é a primeira dificuldade. Que tipo de provimento se exige para obtenção da coisa julgada? Deve-se avançar na perspectiva ulterior e buscar seus fundamentos e razões nos preceitos normativos do Direito e na força sancionatária que ele possui. Não se pode se afastar da idéia, como alerta Corrado Vocino,[357] de ser o estudo do direito um complexo orgânico de normas, possuindo cada uma delas um juízo hipotético, decorrente das experiências jurídicas tendentes a afirmar o direito através da jurisprudência.

Num primeiro momento, ao tratar do fenômeno da coisa julgada, ocupa-se o pensamento com sua origem decorrente inexoravelmente de uma sentença de mérito; entretanto, no passo do aprofundamento das investigações, outras questões surgem e turbam as concepções até então claras, especialmente quando nos deparamos com as chamadas questões prejudiciais, ou com as questões incidentais e assim outras tantas, como se os motivos da sentença fazem ou não coisa julgada, ou deve ser utilizada a teoria da substanciação ou da individualização, e assim sucessivamente. Nesta perspectiva, a questão reveste-se de aspectos particulares, cujo exame não se vincula ao presente estudo em face da opção deliberada de trilhar o caminho mais clássico da coisa julgada, pois o escopo do tema é relacionar a exceção de executividade com a coisa julgada.

Basta identificar o fenômeno sob análise, como sendo a decisão que apreciou incidente *intra-executivo,* versando sobre matérias relacionadas a qualquer um dos elementos da trilogia processual, de forma

---

dos estudiosos atenção maior que o da coisa julgada. Quem se detiver, porém, no exame do material acumulado chegará à paradoxal conclusão de que os problemas crescem de vulto na mesma proporção em que os juristas se afadigam na procura das soluções".

[357] VOCINO, Corrado. *Considerazioni sul Giudicato,* 1963, p. 13. "Ci si convincerà che l'insegnamento che fa del diritto un complesso organico di norme e di ogni norma un giudizio ipotetico, come 'teoria formale dell'esperienza giuridica' potrà andare dacché esso transcura il per dire meglio, rinunzia ad attingere i fini del diritto ed i modi di conseguirli, ed a renderli obbietto della giurisprudenza".

isolada ou conjuntamente. A decisão pode ser pela procedência ou pela improcedência da alegação do executado, sendo na segunda hipótese indiferente para nós. Resumindo, vincula-se apenas à decisão extintiva do processo executivo por falta de pressupostos, de condições ou por alguma questão de mérito decidida sem dilação probatória. Para o mister, indiscutível a verificação de algumas premissas metodológicas, cuja finalidade é chancelar ou não a assertiva de que existe coisa julgada na exceção de executividade.

2. Fundamentos e natureza jurídica

Assiste razão a Ovídio,[358] ao afirmar ser o estudo da coisa julgada um dos mais intrigantes do direito processual brasileiro; seus fundamentos transcendem o processo em si e alojam-se no Direito Constitucional enquanto garantia insculpida no artigo 5º, XXXVI, da Carta vigente.

Na medida em que a sociedade, por imposição estatal, para resolver seus conflitos, leva-os ao Judiciário, deve, em contraprestação, o Estado dar uma resposta final. Impossível imaginar os conflitos prolongando-se indefinidamente. É conhecido o escopo ideológico do processo de conhecimento por se estear na premissa da busca da certeza, ou, no mínimo, da certeza jurídica. Como tal valor, absolutamente considerado, refoge ao âmbito do homem em face da sua falibilidade, o legislador arquitetou o processo, sabiamente, com o sistema de recursos, isto é, possibilitando às partes vencidas lançarem mão desse expediente para ver apreciada sua causa em outra instância, com a esperança de que nessa oportunidade irá obter reconhecimento da pretensão refutada pelo primeiro julgamento realizado. Agregada a este elemento – recorribilidade – tem-se outra possibilidade lógica a justificar o sistema de revisão das decisões judiciais por outros juízes ou por órgãos colegiados. É a possibilidade de erro judiciário. Dentro do mesmo aspecto da falibilidade do juiz, é necessário que se ofereça às partes, consumidoras do produto justiça, a alternativa de verem revisadas as decisões judiciais que não as favoreçam.

---

[358] SILVA, Ovídio B. da. Coisa Julgada e Efeitos da Sentença. *Teoria Geral do Processo*, 1997, p. 317. "O Estudo da coisa julgada é um dos mais polêmicos e intrigantes do direito processual civil. Provavelmente seja o tema sobre o qual mais tenham escrito os juristas em todos os tempos. Sua inegável importância transcende os limites do direito processual, para refletir-se, nos demais domínios do direito, como uma das questões hoje consideradas de natureza até mesmo constitucional, enquanto garantia inscrita nos textos de nossas Cartas Políticas (cf. art. 5º, XXXVI, de nossa atual Constituição)".

O afirmado supra encontra respaldo nas estatísticas, como leciona Paulo Roberto de Oliveira Lima.[359] Salvo poucas exceções, ninguém se convence do acerto das decisões desfavoráveis, às vezes atribuindo a falha ao juiz; outras, ao advogado. Enfim, todos os envolvidos podem ser acusados de desídia ou negligência, quando a decisão proferida contraria interesse individual da parte que *pensava* possuir direito inquestionável.

Diante deste panorama, indiscutível é o acerto da inserção de norma limitadora da ação das partes quando sofrem reveses não desejados em suas pretensões. A postergação indefinida da decisão é fator de cultivo do conflito que não interessa ao Estado. Portanto, é de caráter político e social a existência da coisa julgada nos sistemas processuais modernos. Sua necessidade coeva decorre da experiência histórica jurídica da ciência do direito que, no curso de sua evolução, lapidou conceitos e princípios cultuados modernamente, mantendo-se úteis e necessários ao regramento do convívio humano.

Especialmente duas posições se destacam no sentido de explicar o fundamento e a natureza jurídica da coisa julgada. Uma delas, *a certeza*, de ordem histórica – como diz Celso Neves,[360] baseado na razão natural, derivada da essência do direito –, viabilizando a estabilidade social, detém a simpatia da maioria da doutrina, nada obstante a crítica de Couture,[361] quando afirma ser necessária a certeza ceder diante do aparecimento de uma nova circunstância para a verdade prevalecer. A outra, *segurança*, com âncora na sociologia política, afirma-se pela sobrevalência do elemento político ao jurídico. Liga-se mais a suprir uma necessidade política de emprestar segurança e estabilidade às relações jurídicas do que propriamente a qualquer primado jurídico ou direito natural existente.

Na dimensão atual da jurisdição, o Estado deve responder satisfatoriamente aos reclamos de justiça dos seus súditos. Nessa esfera, fundamenta-se a coisa julgada como elemento político de exigência

---

[359] LIMA, Paulo Roberto de Oliveira. *Contribuição à Teoria da Coisa Julgada*. 1997, p. 14. "A realidade tem demonstrado que, salvo poucas exceções, ninguém se convence do acerto das decisões desfavoráveis obtidas em juízo".

[360] NEVES. Celso. *Coisa Julgada Civil*. 1971 p. 429. "Duas posições devem ser previamente consideradas quando se estuda a coisa julgada, ambas atinentes ao problema do seu fundamento. A primeira é a da sua necessidade histórico-jurídica; a Segunda, a da sua adoção nos moldes da doutrina denominada sociológica ou política. Para a primeira, a coisa julgada seria um instituto imposto pela razão natural, decorrente da própria essência do direito que dela dependeria para realizar a estabilidade social".

[361] COUTURE, J. Eduardo. *Op. cit.*, p. 406. "Pero la verdad es que aun siendo esto así, la necesidad de firmeza debe ceder, en determinadas condiciones, ante la necesidad de que triunfe la verdad. La cosa juzgada no es de razón natural. Antes bien, la razón natural parecería aconsejar lo contrario: que el escrúpulo de verdad sea más fuerte que el escrúpulo de certeza; y que siempre, en presencia de una nueva prueba o de un nuevo hecho fundamental antes desconocido, pudiera recorrerse de nuevo el camino andado para restablecer el imperio de la justicia".

prática no sentido de assegurar estabilidade social, pois do contrário a desordem imperaria, o caos seria o habitual, não permitindo assim a consolidação do Estado como ente político. Não se pode atribuir ao aspecto jurídico nem ao aspecto do direito a necessidade da coisa julgada; certo é que seu elemento justificador fica fora dos critérios do direito e do jurídico, certamente hospedado no político. É eminentemente pragmático. A lição de Barbosa Moreira,[362] salvo melhor juízo, encerra o assunto de forma magistral, quando ensina ser tarefa do legislador, como ato próprio de vontade política, o poder de atribuir autoridade a determinados pronunciamentos visando a emprestar certeza ao comércio jurídico, tendo presente a necessidade de estabilização e agregando um atributo que os imuniza de ulteriores controvérsias. Isto é, a escolha de quais os provimentos judiciais que receberão tal chancela é política, assim como política e social é a necessidade de paz entre os membros da comunidade pela eliminação definitiva do conflito inerente à sua convivência.

Fixado o fundamento da coisa julgada como sendo de *ordem política*, cabe nesse viés uma segunda indagação: quais são as razões dessa ordem para justificar um instituto cuja finalidade única é a fixação de limites da discussão e dos conflitos? Tal perspectiva, por transitar na dimensão política, varia de acordo com o momento histórico. Os fundamentos jurídicos servem de justificação política para a inserção e a conceituação da coisa julgada nos diversos ordenamentos, através dos sucessos históricos.

O regulamento 737 adotou o fundamento da *presunção da verdade*, defendido por Ulpiano, conforme nos informa Luis Ivani de Amorim Araújo,[363] cuja consolidação está no artigo 185,[364] onde se verifica a coisa julgada como uma presunção criada pela lei com o objetivo de reputar como verdade absoluta a sentença trânsita em julgada. Savigny apresenta a *ficção da verdade* com o escopo de justificar as decisões injustas. Hellwing justifica a coisa julgada no *efeito declaratório de certeza que contém a sentença*. Liebman, *na qualidade da imutabilidade que se agrega*

---

[362] MOREIRA, José Carlos Barbosa. *Questões Prejudiciais e Coisa Julgada*, 1967, p. 61. "Desde que, atento à exigência de segurança no comércio jurídico, à necessidade de estabilização das situações litigiosas ou incertas, confere o legislador a certos pronunciamentos judiciais essa particular autoridade, que os imuniza a ulteriores controvérsias, põe-se o problema relativo à fixação das condições cujo implemento se há de requerer para a produção do fenômeno".

[363] ARAÚJO, Luis Ivani de Amorim. Da Coisa Julgada. *Revista Forense*, n. 321, p. 63-4. "Tem prendido a atenção da doutrina a discussão de saber-se qual o fundamento da coisa julgada. Assim surgiram várias teorias, que sucintamente apresentamos: a) da presunção da verdade – defendida por Ulpiano (D.1.5.25); b) ficção da verdade – para Savigny; c) eficácia da declaração (Hellwing, Binder, Stein) d) a extinção da obrigação jurisdicional de Hugo Rocco; e) vontade do estado de Chiovenda".

[364] Art. 185, Reg. 737 de 1850. São presunções legais absolutas os fatos ou atos que a lei expressamente estabelece como verdade, ainda que haja prova em contrário, como a coisa julgada.

à sentença. Moacyr Amaral dos Santos[365] cimenta sua posição ao escoliar as premissas existentes como sendo um comando emergente do Estado representativo de império. Tal concepção é apanhada pela Lei de Introdução do Código Civil brasileiro, em seu artigo 6°,[366] e na Constituição Federal, art. 5°, XXXVI.[367]

Discorridos, mesmo superficialmente, os fundamentos e as razões justificadoras e exteriorizadoras da coisa julgada em nosso sistema, deve-se avançar, no sentido de investigar a natureza jurídica do instituto. Neste particular, deve-se gizar, na esteira de Couture,[368] que conhecer a natureza da coisa julgada não significa saber seu significado, ou os elementos que a exteriorizam, mas identificar como sendo ou não um direito novo. Situa-se no campo do direito material ou do direito processual? Simplesmente, reafirma direito já existente ou a partir dela tem-se um novo direito produzido pela agregação de dois núcleos: o do direito subjetivo afirmado e a declaração judicial?

Imperativo estar ciente de o sentido da coisa julgada, hoje empregado, ser profundamente diferente daquele inicialmente conhecido pelos romanos; lá, como mostra Barbosa Moreira,[369] o particípio *judicato* qualifica o substantivo *res* para indicar uma nova realidade decorrente do julgamento proferido com relação àquele tema.

Tal planteamento decorre da evolução da concepção publicista sobreposta à privatista do conceito de ação ocorrido a partir do século passado, acompanhando a evolução do processo civil. A evolução do conceito romano de coisa julgada certamente contribui para uma investigação mais profunda. O afastamento da *res in iudicium dectucta*

---

[365] SANTOS, Moacyr Amaral dos. *Primeiras Linhas de Direito Processual*, 1983, Vol II, p. 43. "O comando emergente da sentença, como ato imperativo do Estado, torna-se definitivo, inatacável, imutável, não podendo ser desconhecido fora do processo. E aí se tem o que se chama de coisa julgada material, ou coisa julgada substancial, que consiste no fenômeno pelo qual a imperatividade do comando emergente da sentença adquire força de lei entre as partes".

[366] LICC, art. 6°. "A lei em vigor terá efeito imediato e geral, respeitados o ato jurídico perfeito, o direito adquirido e a coisa julgada. § 3° Chama-se coisa julgada, ou caso julgado a decisão judicial de que não caiba recurso".

[367] C.F. art. 5°, XXXVI. A lei não prejudicará o ato jurídico perfeito, o direito adquirido e a coisa julgada.

[368] COUTURE, J. Eduardo. *Op. cit.*, p. 409. "Es necesario, pues, orientar el examen hacia el problema de la esencia de la cosa juzgada. Ese problema propone la dificultad de determinar la naturaleza vinculativa de la declaración judicial. Reducida a sus términos más simples se renueva aquí la cuestión de determinar si la cosa juzgada obliga bajo la forma de derecho nuevo, no existente antes de la sentencia (función creativa), o si, por el contrario, eso ocurre por la mera declaración (función declarativa) de los mismos derechos que se hallan instituidos en el orden jurídico de la demanda y de la sentencia".

[369] MOREIRA, José Carlos Barbosa. Ainda e Sempre a Coisa Julgada. *Revista dos Tribunais*, 1970, n. 416, p. 9. "De 'coisa julgada', com efeito, tem-se falado em sentido muito diverso. Entre os romanos, o particípio 'iudicata' qualificava o substantivo 'res' , para indicar em relação a este, a situação particular que advinha de já se ter proferido o julgamento – tal como a expressão 'in iuducium deducta' qualificava a 'res' submetida ao conhecimento do juiz, mas ainda não julgada".

respeitada naquele tempo pela autoridade em função da exigência da vida em sociedade, é sinalizador de uma nova concepção para a coisa julgada existente entre nós.

O estudo dessa fenomenologia é profundamente intrigante, e sua investigação é gratificante, mas basta no presente excurso a superficialidade de identificar as duas grandes correntes em disputa pela natureza da coisa julgada: uma, a do direito material, chamada de teoria *substancialista*, e a outra, entendendo que o instituto reside em domínio unicamente processual, conhecida por teoria *processualista* da coisa julgada.

Todavia, não se pode olvidar, como fez Chiovenda em 1913, ser o tema palpitante, tendo muito a progredir, como nos demonstra Giovanni Pugliese.[370] Este autor, em estudo magistral sobre o tema, mostra o surgimento, em tempos mais recentes, de uma nova teoria, denominada de eficácia constitutiva processual, com tendência a englobar as duas anteriores, pois, segundo o autor italiano, hoje, tanto a teoria substancial quanto a processual passam por crises e já não dão respostas satisfatórias às necessidades sociais traduzidas pelos novos provimentos jurisdicionais, como imperativo da evolução e modernização.

Na busca dos elementos integradores de uma ou de outra teoria, tem-se a reparar, com Celso Neves,[371] sobre uma tomada de posição quanto a elas, passando inexoravelmente pela noção do conceito de ação, pois, se tomada esta num ou noutro sentido, refletirá no resultado obtido com relação à coisa julgada. A inteligência do conceito de ação como direito subjetivo material ou como direito subjetivo processual e, portanto, público implicará a aceitação de uma ou outra teoria. Contemporaneamente, sedimenta-se na doutrina o segundo conceito, fotografando a ação como figura do direito público, assim como o processo também o é.

Entretanto, nem sempre foi assim. A argumentação mais coerente que utiliza a corrente substancialista é aquela pela qual a instrumentalidade do processo não tem possibilidade de alterar a situação dos demandantes trazida ao processo e, nesse diapasão, a coisa julgada

---

[370] PUGLIESE, Giovanni. Giudicato Civile, *Enciclopedia del Diritto*, XVIII, p. 792. "Piú recentemente anche la teoria processuale, presa per se stessa, è parsa a taluni autori insoddisfacente, e una nuova tendenza si è manifestata, volta ad accostare l'una all'atra o anche a superare le due teorie tradizionali. Cosi il Sauer, pur dichiarandosi seguace della teoria processuale, há parlato di efficacia constitutivo-processuale del giudicato, nel senso de creazione attraverso il fatto processuale del giudicato di una nuova situazione giuridica".

[371] NEVES, Celso. *Op. cit.*, p. 437. "A tomada de posição, ante a divergência doutrinária a propósito da natureza jurídica da coisa julgada, exige uma definição prévia a respeito de noções sobre as quais não é unívoco o entendimento dos autores e das quais decorrem as suas principais construções teóricas sobre o tema. A primeira delas concerne ao próprio direito de ação que a doutrina tradicional vinculava, como atributo, ao próprio direito subjetivo material e que a moderna ciência do processo demonstrou ser um direito autônomo, público-subjetivo, de suscitar a atividade específica do Estado para consecução da tutela jurisdicional".

seria uma mera atribuição de certeza jurídica a uma situação substancial já existente, chancelando, assim, a teoria da substancialidade. Tal conclusão decorre da lógica jurídica e não pode ser desprezada, segundo tal entendimento. O julgamento é sobre um pedaço da realidade social eleita pelo direito em razão da importância, ao fazer incidir sobre ele um comando legal, só podendo ser declarado pelo juiz no exercício de sua função. Adverte Couture,[372] com maestria, que, para essa doutrina, a sentença e, por conseqüência, a coisa julgada traduz um comando concreto do direito material existente antes mesmo do processo, justificando, assim, o caráter material desta.

Em suma, para os seguidores da teoria material, a coisa julgada como extensão da sentença é uma mera reprodução do direito já existente e apenas recebeu o selo da imutabilidade e da impossibilidade de ser rediscutido, nada mais. A jurisdição não tem função criadora, e sua declaração é limitada à existência no plano material. O existente pode ser declarado positivamente; o não existente deve ser declarado negativamente. A composição com uma terceira alternativa seria a criação de um direito novo, tal possibilidade não é concebida nem sequer discutida pelos adeptos da teoria substancial.

No outro pólo, a corrente defendendo a natureza da coisa julgada como processual sustenta, com coerência, dentro dos ditames da doutrina moderna, que o processo deve servir como instrumento jurisdicional tendente a produzir declaração de certeza numa relação jurídico-processual, visando à composição da lide. Constitui um juízo de valor sobre a relação controvertida e só processualmente produz eficácia, estando assim no plano do direito público. Está-se diante de um direito novo produzido pela função criativa da declaração judicial encontrada na sentença, pois esta elimina a incerteza, ficando circunscrita ao campo da eficácia da sentença, que é sempre processual.

Celso Neves[373] leciona ser a coisa julgada um fenômeno processual restrito a esse plano, não possuindo elementos de direito material e operando sobre a relação jurídica estabelecida pelo conflito. Afirma não interferir na relação de direito material, mas apenas chancela-a com a certeza antes não existente, sendo este o elemento característico da coisa julgada, a eliminação da incerteza, e constitui-se, dessarte, objeto de juízo estatal.

---

[372] COUTURE, J. Eduardo. *Op. cit.*, p. 410. "Por una parte se sostiene que la sentencia y su consecuencia, la cosa juzgada, no constituyen sino una determinación concreta del derecho material o sustancial existente antes del proceso. Es el mismo derecho anterior actualizado y echo indiscutible en el caso decidido".

[373] NEVES, Celso. *Op. cit.*, p. 442. "A coisa julgada é, pois, um fenômeno de natureza processual, com eficácia restrita, portanto, ao plano do direito processual, sem elementos de natureza material na sua configuração, teleologicamente destinada à eliminação da incerteza subjetiva que pretensão resistida opera na relação jurídica sobre que versa o conflito de interesse".

Tais considerações são importantes na medida em que se está diante de um instituto eminentemente prático, pois sua conceituação não possui raízes jurídicas, mas decorre de uma racionalidade política da qual o Estado lança mão para poder exercer sua trajetória de império em todas as suas frentes. Assim, nada mais equilibrado do que buscar a classificação da natureza jurídica com certa tranqüilidade dentro dos cânones públicos vinculados ao direito processual constitucional, que efetivamente lhe empresta guarida. Por esse prisma, pode-se entender a coisa julgada. Seria de todo inútil e inoperante as infindadas discussões travadas, em academia, sobre tema tão palpitante e tão intrigante. A coisa julgada é o resultado de uma operação lógico-dedutiva do órgão jurisdicional, decorrente dos fatos postos em causa; é o que empresta à decisão o seu caráter de imutabilidade, vindo assim ao encontro das aspirações de cunho público adicionando a imutabilidade à solução do conflito.

3. Conceito e função

Afirmou-se antes ser o instituto de caráter extremamente prático, mas, dito isso, torna-se necessário investigar quais são estes elementos práticos a serem atingidos, suas diversas formas e como se apresentam em direito. Já se pronunciou a doutrina inúmeras vezes, resta, apenas para compreensão, resenhá-los.

3.1. Conceito

Várias teorias reclamam a láurea de terem sintetizado com clareza e eficiência o conceito de coisa julgada, todas elas transitando sobre os fundamentos e a natureza jurídica, muitas dessas limitam-se a um ou outro fundamento prático, como o da ficção da verdade, da verdade formal e outros. Mesmo assim, o conceito de coisa julgada ainda é um dos temas mais polêmicos existentes no processo civil pela sua multiplicidade de sentidos e de configurações.

Coerente seria tentar a conceituação da coisa julgada a partir dos termos constantes na lei processual, especialmente no artigo 467 do CPC, que nos indica com clareza, apesar de referir-se textualmente apenas à coisa julgada material, o sentido e alcance da compreensão do instituto sob exame. Ei-lo: "Denomina-se coisa julgada material a eficácia que torna imutável e indiscutível a sentença, não mais sujeita a recurso ordinário ou extraordinário".

A Coisa Julgada na Exceção de Executividade

Algumas imprecisões de técnica legislativa existem no comando acima citado. Todavia, tais observações desimportam para o mister. Da mesma forma, uma investigação para a exata compreensão dos termos constantes do artigo, tais como, identificar o exato significado científico de sentença, de eficácia, de imutabilidade, de objeto litigioso e dos demais, implicitamente evocados, mereceriam uma análise mais acurada. Entretanto carecem de oportunidade.

O conceito estabelecido pelo artigo 467 é trazido por Alfredo Buzaid, na exposição de motivos do projeto nº 810/72, o qual foi integralmente aprovado pelo Congresso Nacional. Inegavelmente, como se verifica na doutrina, a opção pela tese de Liebman preponderou no texto legal, a *res iudicata* deixou de ser um efeito para ser uma qualidade. O mestre peninsular, entretanto, demonstra em seus trabalhos a insuficiência das teorias até então conhecidas e afirma ser a coisa julgada formal a imutabilidade da sentença como ato processual, e possuir a coisa julgada substancial a mesma imutabilidade com relação aos conteúdos e mormente a seus efeitos, por evidente, para fora do processo, vinculando o órgão jurisdicional a futuras demandas.

Esclarece Liebman,[374] com singular sabedoria, ser a *res iudicata* não o efeito da sentença, mas a qualidade, que torna imutáveis os efeitos da sentença e define a autoridade da coisa julgada como sendo a imutabilidade do comando produzido na sentença. Na sua obra, critica, em análises aprofundadas, as outras teorias, especialmente as alemãs, capitaneadas por Hellwing e, no Brasil, acolhidas por Pontes de Miranda e Celso Neves, conforme relata Luiz Edson Fachin,[375] tendo como eixo central o efeito específico da sentença não mais recorrível. Tal doutrina é seguida pela maioria dos processualistas brasileiros, como afirmam Negi Calixto e Victor Bonfim Marins,[376] e por estrangeiros,[377] cujos fundamentos e autoridade são reconhecidos pela doutrina e praticados no foro.

---

[374] LIEBMAN, Enrico Tullio. *Eficácia e Autoridade da Sentença.* 1984, p. 54 "Nisso consiste, pois, a autoridade da coisa julgada, que se pode definir com precisão, como a imutabilidade do comando emergente de uma sentença. Não se identifica ela simplesmente com a definitividade e intangibilidade do ato que pronuncia o comando; é, pelo contrário, uma qualidade, mais intensa e mais profunda, que reveste o ato também em seu conteúdo e torna assim imutáveis, além do ato em sua existência formal, os efeitos, quaisquer que sejam, do próprio ato".

[375] FACHIN, Luiz Edson. Coisa Julgada no Processo Cautelar, *Revista de Processo,* n. 49 p. 43. "Em sua obra, Liebman aborda criticamente inúmeras teorias elaboradas a propósito do tema. Uma das primeiras críticas refere-se à confinação da coisa julgada ao efeito declaratório da sentença, consagrada por Hellwing e aderida, no Brasil, por Pontes de Miranda e Celso Neves, consoante anota a Profª. Ada Pellegrine Grinover".

[376] MARINS, Vitor Bonfin; CALIXTO, Negi. Eficácia da sentença e Coisa Julgada perante Terceiros, *Revista dos Tribunais,* n. 632, 1988, p. 45. "A maioria dos processualistas brasileiros, entretanto, segue o ensinamento de Liebman, para quem a coisa julgada não é efeito da sentença, mas uma qualidade (a imutabilidade) dela e de seus efeitos, vale dizer, modo de se manifestarem esses efeitos. Na imutabilidade do comando da sentença estaria a autoridade da coisa julgada".

[377] FRANCOS, Maria Victoria Berzosa. *Demanda, Causa Petendi Y Objeto del Processo,* 1984, p. 190.

Dentre as outras teses ou variações de conceituação de um mesmo fenômeno, merecem destaque as defendidas por Barbosa Moreira e Ovídio Baptista da Silva. O primeiro deles[378] afirma estar correto Liebman, quando fixa suas observações no ângulo da imutabilidade, mas o critica por ter optado pela incidência também sobre os efeitos da sentença, pois na vida prática estes não possuem imutabilidade, basta a simples observação do mundo dos fatos derivados dos provimentos judiciais. Para Barbosa Moreira, a imutabilidade não é da sentença e de seus efeitos, mas apenas do conteúdo daquela, devendo vincular-se a todo o conteúdo da sentença, não sendo suficiente a ligação da imutabilidade apenas com o elemento declaratório, como consta no Código Civil italiano, aceito por vários doutrinadores como se verá. Neste particular, sustenta que todos os efeitos da sentença, com o trânsito em julgado, se tornam imutáveis e não apenas os relacionados com a declaração. Arremata sua crítica a Liebman dizendo faltar ao grande mestre italiano a perspicácia de separar a problemática relativa à eficácia da sentença da teoria da coisa julgada.[379]

Por sua vez, Ovídio, ao observar com atenção a teoria exposta por Liebman, faz algumas considerações interessantes, a conduzir para uma conclusão sobre o conceito de coisa julgada, da ordem a indicar o estudo do conteúdo e dos efeitos, separadamente, por possuírem significados diversos, não podendo ser confundidos, sob pena de prejudicar por completo a compreensão do assunto. Assim, também estabelece distinções bastante claras quanto a eficácia e efeitos, pois, segundo conceituação corrente, um ato é eficaz quando está apto a produzir efeitos, todavia cada um deve ser reduzido a seu efetivo molde. Esta distinção poderá ser fatal, conclui, quando se quer verificar o significado de conteúdo e efeito da sentença.[380] A partir dessa premissa metodológica constrói suas idéias.

Maria Victoria Berzosa Francos, profesora de Barcelona, enseña: "Entendemos por cosa juzgada la cualidad de una resolución jurisdiccional que la hace inmutable; estamos de acuerdo con el profesor Liebman cuando afirma que la cosa juzgada non es un efecto autónomo de la sentencia, sino una cualidad de todos los efectos que ésta produce".

[378] MOREIRA, José Carlos Barbosa. *Ainda e Sempre a Coisa Julgada*, 1970, p. 12-4. "Tem razão, pois, Liebman em fixar-se no ângulo da imutabilidade, para dele, e só dele, visualizar a coisa julgada. Menos feliz parece, entretanto a escolha da direção em que se projetou o feixe luminoso. (...)Imutabilidade, pois: mas não 'da sentença e seus efeitos' como pretende Liebman, senão apenas da 'própria sentença'. e completa: Por sentença imutável há de entender-se aqui a sentença cujo conteúdo não comporta modificação".

[379] MOREIRA, José Carlos Barbosa. *Coisa Julgada e Declaração*, 1977, p. 88-9. "Condiciona a lei ao trânsito em julgado, ordinariamente, a produção dos efeitos da sentença – de todos os seus efeitos, não apenas dos relacionados com a declaração. (...) Faltou a Liebman dar o passo decisivo no sentido de libertar da problemática relativa à eficácia da sentença a teoria da coisa julgada".

[380] SILVA, Ovídio B. da. *Curso de Processo Civil*, 1996, p. 416. "Esta simplificação conceitual, no entanto, poderá ser fatal quando se pretenda determinar conteúdo e os efeitos de uma sentença. Em primeiro lugar, porque a sentença é um ato jurídico de extrema complexidade, onde

Concorda com Liebman, quando diz ser a coisa julgada não um efeito, mas uma qualidade que se ajunta, entretanto discorda daquele com relação à aplicação a todos os efeitos da sentença, pois, para o professor gaúcho, há vinculação apenas dos efeitos declaratórios. Justifica com essa tese a inexistência de coisa julgada material nas ações de jurisdição voluntária ou cautelar pela rarefação do elemento declaratório, esmaecido frente ao constitutivo e ao mandamental. Conceitua a coisa julgada material como sendo *a qualidade que se adiciona, em certas circunstâncias, ao efeito declaratório da sentença, tornando-o indiscutível.*

Para o objetivo proposto, deve-se fixar a conceituação de coisa julgada como sendo uma qualidade que se agrega, e, destarte, não está no conteúdo da sentença, vem de fora, a fim de blindá-la contra novas decisões relacionadas com o mesmo pedido, partes e com base na mesma causa de pedir. Para o estudo, indiferente a discussão de Ovídio, Barbosa e Liebman sobre os efeitos incidentes à coisa julgada, se ocorrem sobre a eficácia interna ou externa. Parece, entretanto, haver a predominância do elemento declaratório como critério definidor; esse certamente jamais poderá ser alterado, diferente do constitutivo e do condenatório, que, inclusive por vontade das partes, pode ser modificado. Em concreto, verifica-se com clareza nas decisões de extinção de execução em sede de exceção, que de fato estão reduzindo aos efeitos declaratórios, e assim desnecessário avançar na investigação dos seus meandros, contentando-se com a observação do seu conceito-base – o elemento declaratório – tanto de eficácia quanto de efeito, que *in causa* se confundem.

3.2. Função

Mesmo diante da problemática conceitual do tema, após terem sido visitadas questões como as relacionadas com o fundamento, natureza jurídica e conceito da coisa julgada, simplificada é a tarefa de identificar qual sua verdadeira função.

Basicamente, a coisa julgada tem uma função prática desenvolvida pragmaticamente através dos conceitos legislados, desdobrada em duas vertentes, denominadas pela doutrina de função positiva e função negativa, ambas voltadas a emprestar segurança ao tráfego das relações jurídicas, eliminando as incertezas ínsitas a determinadas controvérsias.

---

poderiam coexistir, sem qualquer ofensa aos princípios da lógica, o conteúdo do ato jurisdicional e alguns de seus efeitos; em segundo lugar, porque a sentença, não obstante ser um ato jurídico, em sentido lato, é também, e essencialmente, o último elo de uma cadeia de atos que lhe antecedem, e cuja causa está na demanda formulada pelo autor".

Desenganadamente, dentro desse prisma prático, a coisa julgada desempenha a função de vincular as partes ao resultado obtido através do pronunciamento judicial em processo contencioso, assim como também impedir nova decisão judicial sobre o mesmo caso, sendo o primeiro a função positiva e a segunda a função negativa. Ada Grinover[381] não aceita a chamada função positiva, pois entende que o legislador brasileiro fixou-se apenas no sentido da função negativa a fim de proibir o *ne bis in idem*. Tal colocação é contestada e, a nosso juízo, com acerto, por Paulo Valério Dal Pai Moraes,[382] quando afirma discordar da eminente doutrinadora, pois, quando definida a questão controvertida, selecionada a norma em abstrato e aplicada ao caso pelo Estado, não se pode olvidar que tal comando vincula as partes, obrigando-as à observância da decisão. A vinculação das partes é função inequívoca da coisa julgada, como é demonstrado por Celso Neves,[383] Humberto Theodoro Júnior[384] e tantos outros, pois o fenômeno exsurge do comando jurisdicional e, ocorrendo o trânsito em julgado sobre as questões decididas, obriga-as ao cumprimento.

Tal função não decorre somente dos efeitos derivados da própria coisa julgada, mas também dos cânones da teoria geral do direito, especialmente o da obrigatoriedade dos pactos. Não se controverte o cumprimento desses; no presente caso, alia-se à normatividade um comando judicial à chancela e aplicação da norma abstrata ao caso concreto, tornando-o, assim se pode dizer, *mais* obrigatório, por agregar o elemento certeza jurídica, até então inexistente. Assim, aditados tais conceitos, não se têm dúvidas da força vinculativa que torna obrigatória para as partes a decisão emanada do Poder Judiciário. Esta é a função positiva decorrente da coisa julgada.

A imperatividade dos comandos jurisdicionais expressam o poder do Estado como império e não podem ser desrespeitados ou ignorados.

---

[381] GRINOVER, Ada *apud* MORAES, Paulo Valério Dal Pai. *Conteúdo Interno da Sentença*, 1977, p. 44. "Não significa que o juiz está obrigado a rejulgar a matéria em igual sentido, mas sim que ele está impedido de rejulgá-la, não há por que falar-se, entre nós, da função positiva da coisa julgada, a doutrina brasileira afirma preponderantemente a função negativa da coisa julgada".

[382] MORAES, Paulo Valério Dal Pai. *Op. cit.*, p. 45. "Ousamos discordar desta última colocação da eminente autora, pois a função positiva que decorre da autoridade da coisa julgada é evidente. Com efeito, definida uma questão controvertida e concretizada a norma abstrata aplicada ao caso, tal conclusão emanada do Estado, por intermédio da magistratura, servirá como ponto incontroverso para qualquer outra lide que possa ser proposta".

[383] NEVES, Celso. *Op. cit.*, p. 489. "A função da coisa julgada é, pois, dúplice; de um lado, define, vinculativamente, a situação jurídica das partes; de outro lado, impede que se restabeleça, em outro processo, a mesma controvérsia".

[384] THEODORO JÚNIOR, Humberto. *Sentença*, 1997, p. 66. "A imperatividade manifesta-se em 'relação às partes' perante as quais a sentença foi pronunciada, com eficácia de comando (força de lei). Os litigantes não podem mais discutir a lide solucionada. Essa eficácia, portanto, opera fora do processo em que a sentença foi dada, afetando, no plano de direito material, a própria situação jurídica substancial das partes".

A sanção faz parte integrante do conceito de direito, acompanha-o como uma sombra irremovível; direito sem sanção é não-direito; não passa de um postulado ético. Com base nesse conjunto de premissas, modernamente, entende-se não ser possível desconsiderar o efeito *positivo* que a coisa julgada possui.

No outro pilar encontra-se a função *negativa* atribuída à coisa julgada não só aceita pela doutrina, mas também privilegiada pelo legislador processual. Sua inteligência decorre da proibição de qualquer juiz conhecer matéria já decidida anteriormente, cujo conteúdo já foi coberto pelo manto da autoridade da coisa julgada. A relação jurídica já decidida não pode mais ser objeto de nova discussão judicial, e permite a qualquer das partes alegar a *exceptio rei iudicatae*, quando apreciada pelo novo juiz, provocando a extinção do processo em face da prejudicial de coisa julgada.

Nos termos do artigo 471 do CPC, nenhum juiz decidirá novamente questões já decididas relativas à mesma lide. É a consagração legal da função negativa da coisa julgada. Deveria-se apreciar o significado de cada expressão do referido artigo, entretanto, como o escopo maior é apenas conceituar a função da coisa julgada, tangenciar-se-á o aprofundamento do que exatamente significam questões já decididas e o significado de lide para efeito do comando processual. São temas relevantes, mas exame pormenorizado destes conteúdos não cabe nesse momento. Certamente provocaria um desvio de rota quase incorrigível, pois as premissas metodológicas ficariam muito extensas, absorvendo o tema central.

Observa-se que tanto o efeito positivo como o negativo estão intimamente ligados, não sendo assim profícuo estender discussões com mais valor semântico e acadêmico do que prático, chocando-se com a verdadeira vocação da coisa julgada de ser um instrumento de praticidade judiciária. Com acerto, adverte Sérgio Porto,[385] mesmo sem haver unanimidade nas opiniões contemporaneamente, não há como se repelir a idéia de que tanto a função positiva quanto a negativa são produtos do mesmo fenômeno. A proibição de uma nova decisão relativa às questões já decididas está chancelada pela Lei, e o vínculo das partes a essa decisão é fator inerente ao próprio conteúdo da

---

[385] PORTO, Sérgio. *Op. cit.*, 1986, p. 59. "Assim, embora inexista pacífica uniformidade de opiniões em torno das funções da coisa julgada, parece irrebatível, modernamente, que ela efetivamente possui a virtualidade de impedir um novo julgamento e que essa capacidade se define como sendo a função negativa; possui também a potencialidade de substanciar a demanda futura, como no caso em que – por exemplo – controvertem autor e réu sobre a natureza jurídica de certo contrato. Definido este como de locação, emerge daí a possibilidade de, com base na decisão anterior, se buscar o pagamento dos alugueres. Nessa futura demanda, por evidente, a possibilidade de procedência tem suporte, justamente na coisa julgada, e disso decorre o reconhecimento inafastável da função positiva que esta possui e que, ao lado da negativa, encontra suporte, como se viu, em qualificada doutrina".

decisão, sendo um dos efeitos obrigar as partes com relação ao que foi decidido.

Importante observação é encontrada na obra de Vellani,[386] nada obstante ser arrimado na doutrina italiana, especialmente em Allorio, trazendo elevada contribuição para o estudo das funções positivas e negativas da coisa julgada. Agrega conceito novo, muitas vezes perdido nos escaninhos das discussões, que é o de *sanção*, ínsita à norma jurídica, que, em última análise, é a expressão do provimento jurisdicional obtido.

O conteúdo da norma traz em seu bojo uma sanção traduzida através do preceito, isto é, da decisão jurisdicional e tem como seus destinatários finais tanto os particulares como os órgãos do Estado. Esta é uma faculdade do Estado para eleger quem serão os destinatários das normas por ele produzidas. Assim, em nosso sistema, o comando legal é bifurcado, para os particulares e para os órgãos do Estado, pois a sanção, em primeiro lugar, é aplicada ao particular pelo descumprimento da norma e, em segundo lugar, é imposta ao Estado a obrigação e o poder de exigir o cumprimento da norma, sendo, portanto, também ele o destinatário desse comando. No caso da coisa julgada, fica ainda mais clara tal dicotomia, que se pode visualizar com clareza no conteúdo do provimento jurisdicional relativo aos destinatários, uma vez que se vinculam ao cumprimento do preceito, primeiro as partes, logo após os terceiros e, no fim, os órgãos estatais que ficam impedidos de apreciar novamente a mesma demanda.

Para Vellani, a questão da escolha dos destinatários do comando é de ordem político-legislativa, abrangendo não só uma questão lógico-jurídica, mas também uma questão social, em face da necessidade de as normas encontrarem seu ponto de equilíbrio para alcançar sua finalidade como regramento do convívio individual.[387] Assim, não é concebível, quando se trata de norma cuja finalidade tem cunho político e social em muito maior escala do que cunho jurídico, entender o direcionamento apenas para os órgãos estatais (novos juízos), abandonando-se a idéia primária da norma concretizada na sentença ter uma só direção.

Na doutrina brasileira, encontra-se o magistério de Egas Aragão,[388] no sentido de afirmar ser a função positiva da coisa julgada a

---

[386] VELLANI, Mário. *Naturaleza de la Cosa Juzgada. Op. cit.*

[387] VELLANI, Mario. *Naturaleza de la Cosa Juzgada*, 1958, p. 33. "En otras palabras, me parece que el problema de los destinatarios es un problema no solamente lógico (esto es, de estructura de la norma) sino también social, porque es socialmente útil que las normas jurídicas encuentren una espontánea adecuación, y, para alcanzar esta finalidad el modo mejor es precisamente el de establecer reglas de acción al individuo (además de establecerlas para el órgano público, como se há visto antes) a fin de que se ajuste a ellas".

[388] ARAGÃO, Egas Moniz de. *Sentença e Coisa Julgada*, 1992, p. 216. "Outro aspecto a examinar quanto ao problema da coisa julgada é o que concerne às funções, positiva e negativa, que a

verdadeira função por ela exercida, tendo em vista o atingimento dos objetivos perseguidos pelas partes, isto é, o de eliminar o litígio posto em causa, sendo a função negativa apenas decorrência da real função desempenhada pelo instituto. É a imutabilidade o sinal marcante desse fenômeno processual.

Indubitável a intenção primeira das partes em controverter suas questões em juízo e espancar de vez com a dúvida sobre a controvérsia, ficando, assim, inexoravelmente vinculadas à decisão proferida pelo órgão judicial. De outra banda, para completar tal vinculação, quis também o legislador agregar um outro componente: a imutabilidade de que está revestida tal decisão e, em decorrência disso, a proibição de ser novamente apreciada a lide por qualquer outro órgão judicial. Assim, completa-se o fenômeno da coisa julgada, em nosso ver, utilizando-se o somatório das duas funções – positiva e negativa – andando em conjunto, formando um todo único e indivisível, pois uma é prejudicial à outra.

Deve-se, entretanto, advertir, que há autores como Liebman[389] afirmando que a função positiva nada tem a ver com a coisa julgada e nem com sua autoridade, sendo, na verdade, o conteúdo da sentença, não devendo ser com aquela confundida. Liebman entende, como visto, ser a coisa julgada uma qualidade agregada a uma sentença trânsita em julgado, sendo um efeito externo, e neste prisma examina o efeito positivo antes mencionado. Tal redução, entretanto, para efeitos teleológicos do processo, quer nos parecer despiciente, pois a verificação empírica do fenômeno nos conduz a outra compreensão sem prejuízo do conhecimento e da aplicação da teoria de Liebman.

4. Espécies

Não se pretende estudá-los a fundo, mas tão-somente procurar constatar as premissas básicas que conduzam a um resultado satisfatório em nível investigatório, especificamente direcionado para a verificação da incidência do fenômeno *coisa julgada* na exceção de executividade. Este é o desiderato da pesquisa porque é uníssono em doutrina o tratamento isolado da coisa julgada *formal* e *substancial*. Assim, vencida tal etapa, pretende-se definir em qual delas deve-se fixar para um perfeito atendimento às nossas indagações.

---

caracterizam. A primeira pode-se dizer a verdadeira, a função nobre da coisa julgada; consiste em pôr fim ao litígio e proporcionar o resultado pretendido por ambos os litigantes: a extinção do estado de dúvida em que se encontram. Trata-se de chegar ao fim das controvérsias".

[389] LIEBMAN, Enrico Tullio. *Op. cit.*, p. 60. "Tal função positiva, assim chamada, da coisa julgada, com esta nada tem a ver, e é simplesmente a eficácia natural da sentença".

Questões ligadas aos conceitos de preclusão, de conteúdo da sentença, efeitos naturais, trânsito em julgado, julgamento de mérito e outras deverão ser dissecadas para poder-se evoluir com segurança nas investigações. Também, mesmo superficialmente, deve-se dar a atenção merecida às questões relativas à cognição exercida no processo, se exauriente e total, ou se rarefeita e limitada.

4.1. Coisa julgada formal

Desta forma, ao dar início ao estudo das espécies de coisa julgada, devemos ter presente o ambiente para seu desenvolvimento. Mesmo não tendo relação direta obrigatória, é de domínio comum o sistema do duplo grau de jurisdição insculpido, inclusive, em nosso sistema constitucional, pontualmente no artigo 5°, LV, da Carta Constitucional vigente. Assim sendo, aos litigantes é facultada a possibilidade de verem as decisões judiciais desfavoráveis examinadas por órgãos do Poder Judiciário que detenham não hierarquia sobre aquele que prolatou a decisão, mas atribuição funcional de, em colegiado, apreciar as decisões proferidas nos graus inferiores de jurisdição.

Nesta ordem de premissas, a coisa julgada formal é a imutabilidade da sentença operada pela preclusão dos prazos recursais, como define Moacir Amaral.[390] O fenômeno ocorre tendo em vista a sentença – aqui entendida *lato sensu*, ou seja, como provimento final, aí incluídos os acórdãos, em que não há recurso previsto, não interposto tempestivamente, ou por vontade do recorrente satisfeito com a decisão – não mais poder ser reformada, porque o juiz com ela exaure sua atividade. Torna-se, imutável dentro do processo, esgotando as funções jurisdicionais, tendo-se por cumprida e nos limites exarados. Opera-se pelo trânsito em julgado da decisão.

Gabriel Rezende[391] reafirma a lição de Amaral, dizendo ser a coisa julgada formal de natureza processual, por ser o resultado da preclusão dos prazos recursais dentro de um mesmo processo. Está-se diante da impossibilidade de alterar a sentença decorrente da vontade do Estado em determinar o *tempum iudicatis*, visando ao interesse público de não perpetuar a situação de incerteza. Resume bem a idéia Hermann Carvalho Roenick,[392] quando afirma operar-se a coisa julgada formal

---

[390] AMARAL, Moacir. *Op. cit.*, p. 43. "A coisa julgada formal consiste no fenômeno da imutabilidade da sentença pela preclusão dos prazos para recursos".

[391] REZENDE, Gabriel. *Curso de Direito Processual Civil*, p. 93. "A coisa julgada formal é de natureza processual, resultado da extinção dos recursos contra a sentença ou a preclusão dos prazos para a interposição dos recursos".

[392] ROENICK, Hermann Carvalho. A Sentença Civil e a Coisa Julgada. *Revista Forense*, n. 251, 1975, p. 81. "Quando a sentença transita em julgado porque se esgotaram todos os recursos

pelo trânsito em julgado, porque se esgotaram todos os prazos dos recursos existentes à disposição da parte no ordenamento processual e, possuindo, portanto, uma natureza tipicamente processual, habita somente os domínios do processo.

Oportuna uma palavra sobre o trânsito em julgado: segundo a melhor doutrina, é a impossibilidade de modificação pelo juízo prolator da decisão, justificando a recorribilidade para o tribunal *ad quem*. Apenas a decisão do juízo *a quo* é insuficiente para assegurar a imutabilidade da decisão no sistema vigente. Existem fatores intrínsecos e extrínsecos para o ato não ser recorrível. Os primeiros são decorrentes da própria lei; os segundos vêm de fora e são supervenientes, tais como o prazo, a vontade de não recorrer. Quanto à irrecorribilidade, é externa ao ato decisório e com ela opera o trânsito em julgado. Bem adverte Miguel Teixeira de Souza,[393] o trânsito em julgado advém da irrecorribilidade por fatores extrínsecos, sendo tais decisões passíveis de serem atingidas pela coisa julgada. Segue o mesmo autor afirmando existir uma perfeita concordância entre o caso julgado e o trânsito em julgado, servindo para demonstrar que caso julgado não é propriedade do ato, mas uma qualidade dos efeitos adicionado a ele.

Em doutrina, desde os primórdios do Direito Romano, já se concebe a distinção entre a sentença, seus efeitos naturais e a *res iudicata*, como ensina Pugliese,[394] ou, em havendo discordância entre os escritores da existência do sentido de coisa julgada formal e material, no dizer de Liebman,[395] a primeira é uma qualidade adquirida pelo trânsito em julgado, e a segunda, a eficácia específica daquela, condicionada à formação da primeira. Não pende titubear que a coisa julgada formal sempre vai ocorrer quando ocorrer a preclusão recursal,

---

adequados, ou porque estes não foram utilizados nos prazos de lei, ou porque se renunciou à interposição dos cabíveis, ou, ainda, porque se desistiu do recurso interposto, tem-se o que a doutrina convencionou chamar de 'coisa julgada formal'".

[393] SOUZA, Miguel Teixeira de. O Objeto da Sentença e o Caso Julgado Material. *Revista Forense*, n. 292, 1985, p. 163. "O caso julgado pressupõe, assim, a inalterabilidade dos efeitos do ato decisório proveniente de sua irrecorribilidade extrínseca. Por isso, o caso julgado só atinge as decisões transitadas em julgado, o que o distingue da irrevogabilidade pelo tribunal *a quo*, e só afeta os efeitos do ato jurisdicional, o que o identifica com a irrecorribilidade para o tribunal *ad quem*. Deste modo, apenas se atribui valor de caso julgado às decisões cuja irrevogabilidade pelo órgão *a quo* não garante a sua inalterabilidade, isto é, às decisões extrinsecamente irrecorríveis, ou seja, transitadas em julgado".

[394] PUGLIESE, Giovani. *Op. cit.*, p. 800 "Il diritto romano di tutti i tempi, come se è visto, concepì la distinzione tra sentenza e res iudicata come quella fra pronuzia i suo oggetto (o suo contenuto); nel diritto intermedio invece i canonisti e alcuni glosatori civilisti profilarano tra quei due termini un'ulteriore distinzione, considerando la res iudicata come l'oggetto (o il contenuto) della sentenza non più appellabili".

[395] LIEBMAN, Enrico Tullio. *Op. cit.*, p. 60. "Não há, pode-se dizer, discordância entre os escritores sobre o ponto da distinção entre coisa julgada no sentido formal e em sentido substancial (ou material). É a primeira uma qualidade da sentença, quando já não é recorrível por força da preclusão dos recursos; seria por sua vez, a segunda a sua eficácia específica, e, propriamente, a autoridade da coisa julgada, e estaria condicionada à formação da primeira".

mas, advirta-se, nem sempre ocorrendo tal fato, está-se frente a um caso julgado material. Deve ficar bem claro ser a coisa julgada formal prejudicial da material. Não ocorrendo aquela, não ocorrerá esta, mas ocorrendo a primeira, não necessariamente ocorrerá a segunda. É imperativo, todavia, ocorrer a irrecorribilidade da decisão, com a conseqüente formação da coisa julgada formal para, num momento posterior, verificar as condições da decisão proferida para poder se aquilatar a aptidão ou não de formar coisa julgada material.

Algumas observações carecem ser feitas, tendo em vista não existir unanimidade sobre o conceito e a denominação de coisa julgada formal. Egas Aragão entende que nem deveria ser chamado de coisa julgada, pois, para ele, o correto será uma simples preclusão em razão do fato de não caber mais recurso contra a decisão, deixando-se o nome coisa julgada unicamente para a material ou substancial, no seu entender, a verdadeira coisa julgada. Neste particular, ousa-se discordar do eminente professor paranaense, pois preclusão e coisa julgada formal são fenômenos diferentes, assim como também preclusão e trânsito em julgado o são. Entretanto, relativo à eficácia preclusiva, por ser mais extensa do que a preclusão, pode ser considerada como coisa julgada formal, como ensina Luiz Machado Guimarães, por atingir além dos fatos também o direito.[396]

Ao iniciar este capítulo, havia-se alertado sobre a necessidade de se transitar por alguns conceitos, a fim de esclarecer o objetivo. Assim, há conceitos com alto grau de similitude podendo conduzir, destarte, a equívocos. Apenas o alerta, pois não se pode esgotar o assunto, sob pena de dispersão total. Basta-nos, por ora, ter presente, com segurança, que esta preclusão, ou a eficácia preclusiva, muitas vezes também é denominada de coisa julgada formal, que não irradia seus efeitos para fora do processo, ficando a essa limitada e confinada.

Por ser comum a todas as sentenças, a coisa julgada formal é elemento antecedente e indispensável para a formação da material, não sendo suficiente, porém, para tanto. Quando uma sentença põe fim ao processo, não está mais sujeita a recurso, mas não contendo julgamento de mérito da demanda está-se diante da denominada coisa julgada formal. Para alcançar o passo seguinte, ou seja, o *status* de coisa julgada material, é necessário, além da irrecorribilidade (preclusão) do trânsito em julgado (encerramento do processo), que esta sentença tenha examinado o mérito da causa, como se verá no passo seguinte.

---

[396] GUIMARÃES, Luiz Machado. *Op. cit.*, p. 16 "Eficácia preclusiva mais extensa do que a da preclusão é a coisa julgada formal, porque abrange não só as questões de fato como também as de direito, que, estas e aquelas, não mais poderão ser objeto de reexame no mesmo processo".

4.2. Coisa julgada material

Como se examinou, a coisa julgada formal ocorre pelo trânsito em julgado produzindo a eficácia preclusiva, não estando potencialmente apta a irradiar seus efeitos de forma panprocessual; estes ficam restritos ao processo, atuando endoprocessualmente, ocorrendo porque a sentença, objeto da formação da coisa julgada formal, não está apta a produzir a verdadeira *res iudicata*, tendo em vista o seu conteúdo. Em verdade, para se obter coisa julgada material, é necessário a sentença possuir um juízo de valor sobre o pedido.

A segunda observação a ser feita decorrente das reflexões anteriores é que, para ocorrer a verdadeira coisa julgada, é necessário também a preclusão máxima, a eficácia preclusiva, devendo a sentença, para atingir esse *status*, ter apreciado os fundamentos de fato e de direito da lide posta em causa. Este foi o critério no qual o legislador centrou-se quando da redação do artigo 467[397] do CPC, definindo o assunto em termos de legislação, onde se pode verificar com clareza o objetivo de definir a coisa julgada material, relegando para um segundo plano, a coisa julgada formal. Da leitura, conceitua-se a coisa julgada como sendo a eficácia que torna imutável a sentença não mais sujeita a recurso ordinário ou extraordinário. Não há como negar a ambigüidade da conceituação, mas pode-se extrair a intenção da verba legislativa de querer estabelecer a imutabilidade da coisa julgada material, a partir da existência da indiscutibilidade, adquirida através da coisa julgada formal.

Estabelecidas as duas premissas básicas, que devem concorrer para a existência da *res iudicata*, vai-se adiantar a questão e incursionar pelos termos do artigo 467, a fim de possibilitar elucidar seus verdadeiros objetivos e, assim, desenhar um perfil, além de científico, claro e prático, para que, quando ocorrerem situações jurídicas passíveis de enquadramento, não se torne sua identificação uma situação quase surrealista.

Aqui, como antes, também uma breve identificação dos termos e conceitos empregados, tais como imutabilidade, autoridade da coisa julgada, conteúdo da sentença, efeitos naturais e eficácia da sentença, é importante para o perfeito desenvolvimento regular do tema. O exame de tais conceitos passa, todavia, pela análise de uma série de teorias divergentes, cada uma delas oferecendo sua contribuição, formando assim um verdadeiro busílis.

Para Liebman v.g., a autoridade da coisa julgada é uma qualidade agregada aos efeitos da sentença, independentemente de serem decla-

---

[397] Art. 467. Denomina-se coisa julgada material a eficácia, que torna imutável e indiscutível a sentença, não mais sujeita a recurso ordinário ou extraordinário.

ratórios ou constitutivos os efeitos dessa como a maioria pensa.[398] Ora, dentro desse prisma, se a sentença produz efeitos naturais, ela é dotada por uma questão de lógica de eficácias, hoje conhecida como sendo a carga que a sentença carrega em razão e com simetria direta com a ação exercida pelo autor no processo.

A partir do início do século passado, em razão da evolução do estudo da *actio*, chegou-se à chamada classificação das ações, como conhecida atualmente, com base na carga eficacial, divididas em cinco grandes grupos, conforme ensina Pontes de Miranda.[399] Assim, têm-se as ações declaratória, constitutiva, condenatória, mandamental e executiva. É de se gizar, também, conforme o mesmo autor, não haver sentença pura; todas elas têm um feixe de eficácias, devendo sua classificação se dar pela carga preponderante. Tais eficácias, por serem produzidas num processo ordinário que inadmite execução, são apenas efeitos potenciais, podendo não se concretizar. Numa sentença condenatória, por exemplo, o vencedor poderá jamais executar. O mandamento poderá nunca ser cumprido; a execução nunca ser realizada. Resta apenas questionamento quanto aos efeitos constitutivos e declaratórios. A eficácia faz parte da entidade classificada? É interna à sentença, diferentemente de seus efeitos produzidos externamente, sendo sobre estes, ou alguns desses que se operará a imutabilidade? Essa diferença é fundamental para o estudo e compreensão do fenômeno total da coisa julgada.

Relativo ao elemento declaratório, não existe, em sede doutrinária, divergência. A partir dos estudos do direito alemão, ficou assente ser no elemento declaratório que o efeito da autoridade da coisa julgada se agrega. Ovídio[400] conceitua a coisa julgada material como *sendo a qualidade que se adiciona, em certas circunstâncias, ao efeito declaratório, tornando-o indiscutível*, apenas para citar um dentre a grande maioria que assim leciona. Por outro lado, Barbosa Moreira,[401] ao estudar a proposição alemã, questiona se tal premissa está ou não cabalmente justificada, pois é também possível a qualidade ser aplicada a alguns elementos constitutivos atribuindo-lhes imutabilidade, e, em longo trabalho, tenta justificar sua proposição, afirmando não ser possível afastar-se da idéia de coisa julgada como instituto de ordem prática, e como tal, deve-se incluir os elementos constitutivos da sentença como passíveis de serem considerados imutáveis também.

---

[398] LIEBMAN, Enrico Tullio. *Op. cit.*, p. 30

[399] MIRANDA, Pontes de Fernando Cavalcanti. *Tratado das Ações*, v. I, p. 117 e ss.

[400] SILVA, Ovídio B. da. *Curso* v. I,. *Cit.*, p. 423.

[401] MOREIRA, José Carlos Barbosa. *Coisa Julgada e Declaração*, 1977, p. 82-5. "Ora, à elaboração de Hellwing parece subjazer uma premissa implícita que nos atreveríamos a considerar como não cabalmente justificada (...) Fica, pois, assente que não é nem pode ser privativa do elemento declaratório da sentença a aptidão para alcançar a *auctoritas rei iudicatae*".

Ainda não se pode perder de vista o significado do conteúdo da sentença. Essa deve ser compreendida como ato jurídico complexo, obtido no processo através de uma cadeia de atos qualificados e portadores de conteúdo, sob pena de não existir no mundo jurídico. Mas, qual definitivamente é seu conteúdo, quais os elementos que a compõem? Simploriamente, pode-se definir o conteúdo como sendo o somatório das eficácias e, em alguns casos, dos efeitos – declaratório e constitutivo – que cada sentença carrega consigo. O conteúdo é o contido na sentença e, portanto, abarca tanto as eficácias naturais dessa e eventuais efeitos que possam produzir no mundo exterior.

Novamente o pensamento de Ovídio é esclarecedor, pois indica com clareza que não só as eficácias declarativas, mas também suas modificações no mundo exterior fazem parte do conteúdo.[402] É natural se estabelecer uma relação entre o conteúdo e seus efeitos. O conteúdo não pode faltar, como adverte Luiz Edmundo Appel Bojunga,[403] sob pena de comprometer a existência da sentença, que, como ato jurídico, é dotada de conteúdo e de eficácias naturais, isto é, de virtualidade para produzir efeitos.

Ultrapassa-se, assim, a fase de enquadramento destinado a obter-mos apenas uma rala noção da complexidade da qual se reveste o tema, assim como também para termos uma compreensão básica para o desiderato. No caso concreto, não se encontra tantas dificuldades, pois limitar-se-á a extensão da coisa julgada ao efeito declaratório ou desconstitutivo contido na decisão do provimento, *in executivis*, à exceção proposta, não se afastando da visão clássica.

Objetivamente, o elemento declaratório com formador de coisa julgada é unanimidade, minoritariamente, entretanto, para alguns autores, também o efeito constitutivo, decorrentes da decisão de mérito proferida na sentença com o trânsito em julgado também é considera-do. Assim, o pacífico é a imutabilidade da *declaração* contida na sentença sobre a relação jurídica de direito material controvertida na relação processual, ou melhor, no processo. Esta qualidade blinda o efeito declaratório não permitindo nenhum outro juiz conhecer da mesma questão, portanto, sendo um fenômeno externo à sentença, que, por sua vez, é conteúdo desse efeito coberto pela *res iudicata*.

---

[402] SILVA, Ovídio B. da. *Op. cit.*, p. 416. "Eis a razão pela qual entendemos que o conteúdo da sentença seja formado não só pela declaração, ou por esta e pela modificação do mundo jurídico causada pela sentença constitutiva, mas em certos casos, também por determinados efeitos que não sejam apenas o declaratório e constitutivo".

[403] BOJUNGA, Luiz Edmundo Appel. Apontamento sobre os Efeitos da Sentença e da Coisa Julgada. *Revista Síntese Jurídica*, n. 127, 1988, p. 5. "Todo o ato jurídico possui um conteúdo com características próprias, que o distingue dos demais atos jurídicos. Tais características servem precipuamente para distingui-los e definir-lhes o contorno. O conteúdo não pode faltar ao ato sob pena de comprometer a sua existência. A sentença, como ato jurídico, possui também seu conteúdo".

Essa é a linguagem do Código, ao definir o efeito negativo da coisa julgada como impeditivo de um novo provimento jurisdicional sobre a lide já apreciada. Entretanto, não se pode esquecer o efeito positivo que é a vinculação e a obrigatoriedade das partes para com o conteúdo da sentença. Fez-se questão de trazer tal consideração, pois, com relação aos efeitos, salvo o declaratório, as partes podem deles dispor, e de fato em inúmeras oportunidades dispõem. Sendo assim, a função da coisa julgada (positiva ou negativa) fica restrita ao elemento declaratório contido na sentença, cujos efeitos são imutáveis tanto para as partes como para os órgãos estatais. Tais conclusões são inexoráveis e imperativamente obtidas através de uma dedução lógica, de observação empírica no mundo dos fatos jurídicos.

Sendo, destarte, a coisa julgada o somatório, como se viu, da função positiva e da função negativa, a única conclusão admitida é que apenas o efeito *declaratório* contido na sentença, está coberto pela imutabilidade, ou possui a autoridade de coisa julgada, porque – repetimos – os demais não são passíveis de receberem esse encarceramento.

De tudo se infere, consoante os clássicos ensinamentos da doutrina processual, ser inevitável aceitar a coisa julgada como a imutabilidade do efeito declaratório constante na sentença que decidiu o mérito no processo, cuja autoridade deve ser respeitada tanto pelas partes como pelos órgãos jurisdicionais com relação à apreciação futura da mesma lide. Concretamente, por ora, está o conceito retro, em perfeita sintonia com esses ensinamentos, sendo completamente satisfeitas as indagações com relação à coisa julgada material, tendo em vista não divergirem, em doutrina, os escritores, sobre o conceito de coisa julgada formal. Da mesma forma, quanto aos efeitos, experimentados dentro do mesmo processo, não há maiores dificuldades de compreensão.

5. Da estrutura da coisa julgada

Para impedir no *bis in idem*, uma vez violado o comando emergente da sentença que a *res iudicata* tornou imutável, é necessário haver a ocorrência dos requisitos de identidade de causa de pedir, de partes e de pedido, não sendo possível se exigir a *exceptio rei iudicatae*, sem a ocorrência da *tria eadem*. Havendo divergência, impossível falar-se em coisa julgada, pois se estaria diante de uma nova relação processual, e, assim sendo, de nada adiantarão as disposições do CPC com relação à matéria.

A verificação dessa estrutura central necessária à formação da *res iudicata* é importante na medida em que, verificando-se a alteração de qualquer uma delas, estar-se-á diante de uma nova relação jurídica processual, devendo ter tratamento próprio e diferente daquela já julgada, pelo simples fato de existir variação de um de seus elementos. Assim também com relação aos limites tanto objetivos quanto subjetivos, os quais funcionam como balizadores lógicos, necessários à identificação da bitola e da estrutura do núcleo central do instituto.

Sobre causa de pedir, como ensina José Rogério Cruz e Tucci,[404] modernamente é quase impossível emitir-se um conceito unívoco, mas intuitivamente pode ser designada como locução indicadora do fato ou conjunto de fatos que servem para fundamentar a pretensão processual do demandante. Divide-se em causa de pedir presente e causa remota. Aquela é o fundamento jurídico adequado e essa o fato constitutivo do direito do autor. Omite-se, por conveniente, nessa altura, uma investigação maior sobre tais desdobramentos, a fim de não haver afastamento do eixo central – o que poderia provocar desorientação com teorias, interessantes, é verdade, mas irrelevantes para nossas conclusões.

A *causa petendi* é a situação de maior complexidade, sem dúvida, para o diagnóstico da *tria eadem*. Sua importância avoluma quando se procura verificar a teoria adotada pelo nosso CPC, com relação à causa de pedir, se é a da individualização ou a da substanciação. Araken de Assis[405] diz reinar total harmonia na doutrina processual brasileira quanto à aplicação da última. Ovídio Baptista[406] diverge, ao afirmar que o CPC, ao contrário do que se pensa, não se filia a nenhuma delas.

São de maior relevância tais observações para oferecer luzes no trato das questões relativas aos limites objetivos da coisa julgada, que será abordado em tópico específico. Sindicar se apenas os fatos alegados fazem parte do julgado ou se precluem aqueles outros que poderiam ter sido alegados e não o foram, tanto na esfera prática quanto na teoria acadêmica, não são objeto do estudo; basta, pois, a indagação.

Pode-se observar com clareza, quando se altera a causa de pedir, uma vez que, os fatos ou fundamentos do pedido são modificados,

---

[404] TUCCI, José Rogério Cruz e. *A Causa Petendi no Processo Civil, 1993*, p.17-8 "Hoje é tarefa praticamente impossível emitir um conceito unívoco e abrangente de causa de pedir. Contudo, da análise de seu conteúdo, iremos observar que, em época recente, acompanhando a evolução da ciência processual, causa petendi é a locução que indica o fato ou conjunto de fatos que serve para fundamentar a pretensão (processual) do demandante".

[405] ASSIS, Araken de. *Cumulação de Ações, 1995*, p. 125 "Reina total harmonia, na doutrina brasileira, no reconhecimento da adesão do Cód. De Proc. Civil à teoria da substancialização".

[406] SILVA, Ovídio B. da. *Sentença e Coisa Julgada, 1979*, p. 166. "Ao contrário, porém, do que se possa imaginar, nosso Código não se filia à corrente doutrinária da substanciação, como de resto não acolhe a doutrina contrária, radical, da individualização, mesmo porque, modernamente, as duas posições radicais são rejeitadas".

como no caso das relações continuativas, em que se alterou um dos elementos essenciais para a configuração da *res iudicata*, dela não podendo, portanto, se cogitar, no que diz respeito a seu efeito negativo, nem positivo.

O segundo elemento na ordem de complexidade a ser verificado é que, para a obtenção da coisa julgada, é necessário estarem em disputa as mesmas partes. Importante tal identificação para o estudo dos limites subjetivos, pois serão esses os parâmetros.

Já houve referência às partes quando se enfrentou as questões relativas aos pressupostos considerando-as aquele que pede ou contra quem se pede alguma tutela estatal de cunho cognitivo ou executivo. Pois bem, para a formação da *res iudicata* é imperativo a não-alteração das partes na segunda ação, pois, se assim ocorrer, estar-se-á frente a uma nova relação jurídica, não se cogitando de recair sobre ela a autoridade de coisa julgada. Reitera-se o dito alhures, parte entendida no sentido unicamente processual, ainda com mais razão nesse momento, pois se está tratando de um fenômeno, como já se disse, estritamente processual; nada mais equilibrado, então, de se definir parte com esse sentido. Assim também Calamandrei,[407] do alto de seu magistério, indica, para a perfeita compreensão do conceito de parte, que se deve abstrair toda e qualquer referência ao direito substancial, fixando-se no fato unicamente processual de uma pessoa demandar contra outra. Só esse fato é suficiente para rotulá-la de parte.

Como elemento subjetivo na formação da coisa julgada, tanto no sentido positivo como no negativo, devem ser considerados apenas aqueles participantes no processo e não eventuais envolvidos, pois a sentença só adquire imutabilidade contra aqueles que foram partes; terceiros sofrem apenas as eficácias naturais ou chamadas reflexas, constantes do conteúdo da sentença, mas não sofrem os efeitos decorrentes, ficando, assim, isentos da qualidade agregada a esses ou da autoridade imposta pela lei aos efeitos externos da sentença. Esta é a regra geral. Ao seu tempo, nos limites subjetivos da coisa julgada, analisar-se-á o tema com a atenção merecida.

---

[407] CALAMANDREI, Piero. *Direito Processual Civil*, 1999, p. 229-30. "Para entender o conceito de parte tal como, de conformidade com a tradição, está acolhido em nosso direito positivo, temos que partir desta premissa elementar: que a qualidade de parte se adquire, com a abstração de toda a referência ao direito substancial, pelo só fato, de natureza exclusivamente processual, da proposição de uma demanda perante o juiz: a pessoa que propõe a demanda, e a pessoa contra quem se propõe, adquirem sem mais, por este só fato, a qualidade de partes do processo e com tal proposição se inicia; mesmo que a demanda seja infundada, imponível ou inadmissível (circunstâncias todas elas que poderão ter efeito sobre o conteúdo da providência), basta ela fazer que surja a relação processual cujos – As partes como sujeitos da relação processual – sujeitos são precisamente as partes (§ 48). As partes são o sujeito ativo e o sujeito passivo da demanda judicial".

Finalmente, a integrar a trilogia conjuntural da coisa julgada, tem-se o pedido. Divide-se o pedido em imediato ou presente e remoto ou mediato, podendo também ser simples ou cumulado, sendo, neste caso, proporcionador de cumulação de ações, irrelevante para efeito do tema. Estuda-se apenas o imediato e o mediato. Aquele, representado pelo requerimento do provimento jurisdicional pleiteado, e o segundo, pelo bem jurídico desejado pelo autor; é a aspiração desejada, a pretensão material pleiteada. Este segundo, nos termos do artigo 286 do CPC, deve ser certo ou determinado, sendo lícito articular pedido de forma genérica apenas nas ações indeterminadas. Para efeito da formação da coisa julgada, o pedido não oferece maiores entraves, em face da objetividade com que se caracteriza nas demandas.

Na verdade, o pedido é o resumo de tudo que o autor pretende; assim, em regra, não se oferece passível de questionamento, pois é o fio condutor a ser obedecido pelo juiz, na análise dos fatos e dos fundamentos embasadores da causa de pedir. Normalmente ninguém se atreve a fazer pedido duvidoso para dar armas ao demandado em contestação com todo tipo de defesa e exceções. Com essa dicção, afirma-se que qualquer mudança no pedido fica cristalino não haver repetição de demanda, não oferecendo maiores dificuldades na identificação do fenômeno *rei iudicatae*.

Rapidamente, investigam-se os elementos integrantes da estrutura da coisa julgada, pois são fundamentais para o tema, especialmente no que tange à análise dos limites objetivos e subjetivos, como segue.

6. Limites

Questão intrigante e delicada para efeito de estudo da coisa julgada é a concernente aos seus limites; com relação à matéria decidida, denominada de objetiva, e quanto aos sujeitos envolvidos, denominada de subjetiva. Sendo a coisa julgada uma qualidade agregada aos efeitos externos projetados do conteúdo da sentença, pensa-se não desvendar, mas obter subsídios suficientes para se ter uma visão segura do que e quem é atingido pelo instituto sob análise.

6.1. Limites subjetivos

Estes, talvez, sejam os mais óbvios dos limites submetidos pelo instituto, mas, quando verificados em toda a sua profundidade e extensão, apresentam certas surpresas e indagações preocupantes. A coisa julgada, basicamente, deve ser examinada pelo prisma dos três critérios orientadores: o sociológico, o político e o jurídico. Quanto ao primeiro, já se observa pelo fato de a proposição da demanda já projetar, como afirma Rodolfo Mancuso,[408] reflexos sobre o *status* social dos indivíduos implicados. Com o término da demanda, tais posições ficam inalteradas, impondo, todavia, aos envolvidos suportarem ou beneficiarem-se com o decidido. A definitividade da decisão pela acoplagem da imutabilidade e pela vinculação das partes (efeito positivo), assim como a vedação de qualquer outro juiz reapreciar a demanda, torna-a perene e sob a visão sociológica, tem um impacto prático significativo – conduz à obtenção da paz social.

No mesmo fio condutor das idéias, é bom salientar o interesse do Estado pela extinção da controvérsia, dirimindo entre os contendores eventuais dúvidas surgidas no curso da relação jurídica material; esta é a dimensão política, pois o Estado é um ente político devendo responder às suas atribuições, e, dentre elas está a prestação da justiça, utilizando seu poder de império para exercer a coerção no sentido do cumprimento de suas decisões. Impõe, desta forma, às partes envolvidas o efeito positivo da coisa julgada, só atingindo quem estiver vinculado à decisão, sendo também, nesse particular, de extrema importância a perfeita delineação de quem subjetivamente está envolvido pela *res iudicata*.

Sob a ótica jurídica, as dificuldades afloram, especialmente quando se trata de limites subjetivos, a identificar a eficácia, a extensão e a projeção da coisa julgada sobre as pessoas no mundo real, o que definitivamente é um desafio. Responder se apenas aqueles constantes como partes ou se mais alguém se inclui como destinatário da coisa julgada é necessário. Ao avançar no assunto, por imperativo, devem-se examinar *pari passu* as situações eleitas.

Do ponto de vista do direito positivo, verifica-se no artigo 472 do CPC, a reprodução do velho princípio vigente nas Ordenações Filipinas, como leciona Marcos Afonso Borges,[409] de que a sentença vincula às partes entre as quais é dada, não prejudicando terceiros. O autor faz uma única ressalva atinente às causas relacionadas ao estado das pessoas: se forem os terceiros citados para o processo, a sentença

---

[408] MANCUSO, Rodolfo de Camargo. Coisa Julgada "Colateral Estoppel" e Eficácia Preclusiva "Secundum Eventum Litis". *Revista dos Tribunais*, n. 608, 1986, p. 23. "Com efeito, atendo-nos apenas a esse prisma sociológico, verificamos que o fato de uma ação estar pendente projeta reflexos sobre o *status* social dos indivíduos implicados, notando-se o reconhecimento de uma certa 'posição de vantagem' para quem se situa no pólo ativo, ao passo que o contraditor cabe suportar a 'ônus' de ser chamado 'réu'".

[409] BORGES, Marcos Afonso. Recurso Especial, Limites Subjetivos da Coisa Julgada, O Novo Documento, *Revista de Processo*, n. 35, p. 70. "Com relação aos limites subjetivos o Código nada mais fez do que reproduzir princípio vigorante nas Ordenações Filipinas, L. III, tít. 81, par., que dizia: A sentença não aproveita e nem empece mais que às pessoas entre as quais é dada".

também os atinge, formando com relação a esses também a coisa julgada.

Tal princípio está intimamente ligado com o tratado no ítem cinco retro, quando se apresentou a conceituação de partes. Num primeiro momento, quando se está diante de uma demanda individual, em que os efeitos da sentença serão experimentados apenas pelos participantes do processo, não haverá dificuldades para se estabelecer os limites subjetivos; entretanto, nem sempre as coisas no mundo dos fatos se apresentam com essa formatação. Cabe um alerta no sentido do enquadramento como parte de todo aquele que participa no processo, mesmo na qualidade de litisconsorte, assistente ou opoente, pois, mesmo não o sendo desde o início, venha a integrar o feito tornando-se parte, sendo guindado a tal *status*, não devendo ter tratamento diferente das primitivas.

Resumindo, todos aqueles envolvidos de alguma maneira no processo de forma regular, isto é, participando de forma espontânea no pólo ativo, ou sendo chamados, através da citação, no pólo passivo, são considerados partes. Aos originalmente existentes se agregam outros participantes da relação ou estado deduzido em juízo, como leciona Egas Aragão,[410] sobre os quais, da mesma forma, a coisa julgada incide por igual, com exceção do assistente simples.

Várias teorias se criaram para tentar clarificar os exatos limites subjetivos da coisa julgada, todas elas interessantes, como a de Betti,[411] mas todas ultrapassam os limites deste singelo trabalho, em que o tema é utilizado como ferramental para uma única conclusão – a de que, também na exceção, realizada internamente à execução, concorrendo certas circunstâncias, ocorrerá a coisa julgada. Assim, é interessante fixar dois conceitos visando a facilitar a solução do problema da extensão subjetiva, pois, como visto, em relação àqueles considerados efetivamente partes, no sentido técnico processual, querelas não haverá. Resta, então, definir os terceiros, isto é, aqueles que não participaram do processo, cuja relação jurídica não foi apreciada pelo juiz, mas que poderão vir a sofrer conseqüências, diretas ou reflexas, oriundas do julgamento proferido com relação às partes.

Tem razão Egas Aragão,[412] quando afirma não ser aceitável a tese, perseguida principalmente na Itália, de a coisa julgada poder ser

---

[410] ARAGÃO, Egas Moniz de. Observação sobre os Limites Subjetivos da Coisa Julgada. *Revista dos Tribunais*, n. 625, 1987, p. 9.

[411] BETTI, Emilio. *Dirito Processual Civile Italiano*, 1936, p. 603-24.

[412] ARAGÃO, Egas Moniz de. *Observações sobre os Limites Subjetivos da Coisa Julgada. cit.*, p. 16. "Não é aceitável a tese sustentada por doutrinadores italianos para os quais a coisa julgada pode ser estendida, ou alargada, a estranhos no processo porque estes dispõem da 'oposição de terceiros', que lhes permite defender-se dos efeitos dessa extensão ou alargamento. Também não é aceitável a extremada opinião inversa, dos que parecem reputar inócuo assegurar a chamada 'ação rescisória' (ou algo equivalente) ao 'terceiro juridicamente interessado', no pressuposto de que este nada possa sofrer em decorrência da coisa julgada oriunda do processo *inter alios*".

alargada a estranhos no processo, pois estes podem intervir através da oposição, nem tampouco ser aceitável a opinião inversa, de permitir ao terceiro o manejo da rescisória, se nada sofreu em decorrência da coisa julgada; os extremos são perigosos, e não auxiliam na consolidação do tema. O temperamento desses opostos é o aconselhável. Atribuir autoridade de coisa julgada com relação a terceiros que não tiveram a oportunidade de exercer o contraditório é ferir um dos fundamentos dos limites subjetivos; entretanto, a eficácia da sentença, se existir nexo jurídico entre o direito controvertido e o direito do terceiro, termina por atraí-lo em razão da prejudicialidade ou da dependência de seu direito com aquele já julgado. Tal eficácia costuma ser reflexa ou direta.

Nessa ordem de idéias, separam-se, com base na doutrina tradicional, os terceiros juridicamente interessados, juridicamente indiferentes e terceiros totalmente estranhos ao processo. Uma primeira colocação, quase desnecessária, por óbvia: para restringir o campo de atuação deve-se dizer que aqueles desvinculados, (terceiros totalmente estranhos) pela relação processual ou pelo nexo jurídico de direito material, definitivamente não são atingidos pela coisa julgada; assim também devem ser tratados os terceiros interessados de fato, por ser uma categoria irrelevante para o direito, como ensina Mara Silvia Gazzi,[413] recebendo os efeitos da sentença como fato e não como efeito jurídico ou função jurídica, pois suas relações jurídicas não serão atingidas. Resta, então, por aplicação do princípio da competência residual, aos terceiros juridicamente interessados serem divididos em três subcategorias, conforme ensinamento de Walter Ceneviva,[414] os com interesse igual ao das partes, aqueles com interesse diverso do das partes, mas dependentes destas, e os com interesse no resultado favorável de uma das partes, sem terem pretensão sobre o objeto material do conflito.

Não resta dúvida de que os terceiros juridicamente interessados sofrem os efeitos do julgamento proferido na sentença, os terceiros desinteressados ou de fato, da mesma forma. Assim ocorre, porque a sentença é um produto do Estado, um ato do Poder Público possuindo a seu favor a presunção de legitimidade a impor seus efeitos contra todos, mas tais efeitos experimentados ultrapartes não são os mesmos sofridos pelas partes e tampouco se confundem com a coisa julgada.

---

[413] GAZZI, Mara Silvia. Os Limites Subjetivos da Coisa Julgada, *Revista de Processo*, n. 36, p. 95. "Cabe aqui, primeiramente, a verificação do significado de 'interesse de fato'. Interesse de fato é o interesse não agasalhado pelo nosso Direito, ou seja, é aquele interesse que não encontra qualquer proteção legal".

[414] CENEVIVA, Walter. Limites Subjetivos da Coisa Julgada, *Revista de Processo*, n. 21, p. 72. "a dos juridicamente interessados, que, a seu turno, conhece três subcategorias: a dos com interesse igual aos das partes; a dos com interesse diverso do das partes, mas dependente da relação jurídica do processo; a dos que têm interesse no resultado favorável de uma da partes, sem terem todavia, pretensão sobre o objeto material do conflito submetido, pelo autor, ao juiz".

Nem mesmo aqueles terceiros titulares de uma relação de dependência ou de prejudicialidade ficam à mercê da coisa julgada, sendo apenas atingidos pela eficácia da sentença, não se concordando, assim, com Calmon de Passos,[415] ainda mais com os exemplos trazidos da nova relação jurídica dos sucessores e os substituídos processualmente, por não possuírem relação de dependência ou prejudicialidade. Estes não são partes, mas seus direitos, como diz Ovídio,[416] são um prolongamento daquele decidido na causa.

Dito isso, sob essa forma, deve-se ainda, como faz a doutrina, especializar os efeitos que se dirigem *erga omnes*. Estes são classificados como efeitos naturais e reflexos da sentença. A sentença, como ato jurídico estatal, deve ser respeitada por todos e em seu conteúdo detém eficácias que lhe são próprias. Entretanto, nalguns casos, o respeito que os terceiros devem possuir pela decisão são perenes, mas decorrem da eficácia natural dessa, não se confundindo com a coisa julgada. Neste caso, ocorre a extensão da eficácia, havendo verdadeira identidade com a natureza do direto pleiteado. Trata-se, todavia, de situação excepcional, como se disse, e é reservado a situações definidas por lei, quando do trato do direito material envolvido. No magistério de Ovídio,[417] é definido como sendo todas as eficácias imanentes à própria sentença, que atingem tanto as partes como os terceiros.

De modo diverso opera a eficácia reflexa da sentença, atingindo aqueles terceiros possuidores de relação conexa com o direito material litigado; estes a coisa julgada não atinge, mas os efeitos naturais da sentença, sim, porque agem sobre o direito conexo, modificando-o ou até extinguindo-o. Exemplo singular é o do sublocatário que não participa da relação processual de despejo, mas por ela é atingido.

Com respeito às ações de Estado, o tratamento refoge aos padrões escolásticos que foram apresentadas e sua disciplina decorre do próprio texto legal (art. 472, *in fine*). Este modelo não desperta maiores interesses nesta hora, pois é estranho ao tema.

O assunto amplia-se. Modernamente, com o surgimento das ações coletivas, especialmente, dito conceito tende a se deformar ainda mais

---

[415] PASSOS, José Joaquim Calmon. Coisa Julgada Civil. *Enciclopédia Saraiva de Direito*, n. 16, p. 41 "Os autores são mais ou menos unânimes em abrir algumas exceções necessárias à regra que foi exposta. Há certos terceiros, titulares de situações judiciais, que, por força da relação de subordinação ou dependência daquela situação ou relação normada pela sentença, devem ser incluídos entre os atingidos pela autoridade da coisa julgada".

[416] SILVA, Ovídio B. da. Curso. *cit.*, p. 430. "Tais figuras de terceiros, na verdade, não se podem dizer realmente estranhas à relação litigiosa, na medida em que seus direitos não são simplesmente derivados, mas um prolongamento do direito controvertido na causa".

[417] SILVA, Ovídio B. da. Sentença e Coisa Julgada. *Cit.* p. 107. "Define-se, então, que se há de entender por eficácia direta da sentença como todas as eficácias que sejam imanentes à própria sentença, como virtualidade da demanda de que elas resultam. Esses efeitos diretos atingem tanto as partes como os terceiros e nada têm a ver com o fenômeno da coisa julgada".

com relação ao clássico, conhecido até então. Interesses coletivos, difusos ou individuais homogêneos têm um tratamento completamente diverso do até agora resenhado. Deixa-se de lado tal lineamento em face de distanciar-se do perseguido, ficando apenas o registro dos tratamentos diferenciados que devem ter ditas ações. Tal comportamento doutrinário e legislativo, especialmente o contido no CDC, justifica-se, tendo em vista o direito subjetivo posto em causa, não podendo ser outro o rumo a seguir do instituto, sob pena de ao invés de ser útil como política e prática legislativa, passar a ser um entrave para o desenvolvimento não só jurídico, mas também social e humano. As alterações sofridas pelo modelo convencional da coisa julgada justificam-se, pois como toda a sociedade está em evolução, os institutos jurídicos, se quiserem perenizar-se, deverão evoluir a fim de acompanhar os demais setores da vida.

6.2. Limites objetivos

Acima se tentou identificar quem se submete aos efeitos da imutabilidade provocados pela coisa julgada. Resta verificar o que fica coberto por tal imutabilidade, isto é, objetivamente, com que se preocupou a sentença e, por decorrência, qual seu conteúdo apto a produzir efeitos. Especificamente, o estudo dos limites objetivos da coisa julgada se presta para identificar a parcela da sentença revestida e a não coberta pela imutabilidade.

Sérgio Gilberto Porto[418] afirma que o limite-objeto é a extensão da norma concreta aplicada pela sentença com o objetivo de tornar claros os contornos da lide. Cria-se, contudo, como adverte o mesmo autor, outra dificuldade para balizar o significado e a extensão concreta da norma. No CPC encontram-se disposições que, como tantas, não são muito animadoras no sentido de extinguir controvérsias sobre o assunto; pelo contrário, são pomos de discórdia junto à doutrina, pois não encerram elementos definitivos, possuindo muitas delas conceitos indeterminados que se prestam a ser preenchidos diante do fato concreto. É o caso do artigo 474, no qual está a definição dos limites objetivos da coisa julgada, entretanto, sua redação não conduz a conclusões seguras. "Passada em julgado a sentença de mérito, reputar-se-ão deduzidas e repelidas todas as alegações e defesas que a parte poderia opor assim ao acolhimento como à rejeição do pedido". Como se pode verificar, não prima o comando legal pela clareza. Além disso, o mesmo Código encarrega-se de turbar o conceito, como se pode ver pelo enunciado do artigo 469: "Não fazem coisa julgada: Os motivos

---

[418] Coisa Julgada Civel, cit. p. 73.

ainda que importantes para alcançar a parte dispositiva da sentença. A verdade dos fatos, estabelecida como fundamento da sentença; a apreciação da questão prejudicial decidida incidentalmente no processo".

Como já se frisou, busca-se, ao abordar esse tema, criar condições para o exame ulterior do que fica coberto com a coisa julgada no incidente de exceção de executividade. Sendo assim, não será conclusiva nem exaustiva na investigação; basta, nesse momento, extrair elementos suficientes para a definição de limites objetivos. Não se pode descurar também que tal instituto é baseado em elemento de política legislativa com viés de ordem prática. Assim, é tarefa do legislador definir critérios para a matéria coberta pela coisa julgada. Longe de não se querer enfrentar as dificuldades, mas apenas porque esse não é o objetivo e porque a doutrina disso se ocupou e se ocupa exaustivamente, nada de novo restando, neste momento. Assim vai-se proceder.

Para Liebman,[419] está resolvida essa questão; citando Paula Batista, afirma ficar restrita à parte dispositiva do julgamento e ao decidido lá, seguindo as tendências restritivas com relação ao objeto da coisa julgada. Nesse sentido, Hermann Homem de Carvalho Roenick[420] concorda com o texto legal, baseado na maioria dos grandes mestres do direito processual, reduz a fixação dos limites única e exclusivamente à parte dispositiva da sentença.

Em nós, diante da multiplicidade de questões abrigadas pela parte dispositiva da sentença, permanecem a dúvida e a dificuldade de identificar o que efetivamente está limitado à *res iudicata*. Busca-se apoio na doutrina de Schwab,[421] para tentar melhor identificar os limites objetivos. Este autor identifica o objeto litigioso como o que vai atribuir dimensões à resolução, isto é, ao provimento jurisdicional, e somente esta resolução vai fazer coisa julgada. Sobre esse objeto litigioso vai operar o comando do artigo 128 do CPC que, combinado com o artigo 460, obriga o juiz a julgar dentro dos limites objetivos do pedido. Resta clarear se as razões do pedido, a causa de pedir, os

---

[419] LIEBMAN, Enrico Tullio. *Limites Objetivos da Coisa Julgada. Estudos sobre o Processo Civil Brasileiro*, 1947, p. 163. "Resolveu-a, é verdade, há muito tempo e de modo insuperável Paula Batista (Compêndio de Teoria e Prática do Processo Civil, 8ª ed., São Paulo, 1935, § 185 e nota 1), quando escreveu que a 'coisa julgada é restrita à parte dispositiva do julgamento e aos pontos aí decididos e fielmente compreendido em relação aos seus motivos objetivos".

[420] ROENICK, Hermann Homem de Carvalho. *Sentença Cível e Coisa Julgada*, p. 85. "O que ressalta óbvio, do novo texto, que se estriba no pronunciamento majoritário dos grandes mestres do direito instrumental, é que só faz coisa julgada a 'parte dispositiva' da sentença, ou, em outras palavras, a coisa julgada se restringe ao 'dispositivo' da sentença".

[421] SCHWAB, Karl Heinz. *El Objeto Litigioso en el Proceso Civil*. 1968, p. 187. "Pero si el objeto litigioso es determinado únicamente, como es nuestra opinión, por la solicitud presentada por el actor, de la cual se desprende su petición, entonces la resolución del tribunal deberá recaer sobre la petición descrita en la solicitud. Por lo tanto, el objeto del litigio determina necesariamente la esencia de la resolución".

motivos do pedido ou da decisão, as verdades dos fatos e as questões prejudiciais integram o objeto litigioso ou ficam fora dele.

Objeto litigioso na doutrina, como afirma Schwab resume-se ao requerimento feito pelo autor na inicial ou pelo réu na reconvenção.

Examinou-se o pedido quando da abordagem dos elementos estruturais da coisa julgada. Causa de pedir também, mas, como lá se advertiu, restou sem análise a questão das teorias sobre ela, ou seja, a da individualização e da substanciação, pois os resultados experimentados com o seguimento de uma ou outra com respeito aos limites objetivos são enormes.

Rapidamente, explica-se: para a primeira delas, basta a indicação de relação jurídica, não sendo necessários os fundamentos a ela relacionados. Na ação reivindicatória, com denuncia Araken de Assis,[422] com base no artigo 1.228 do CC, basta ao autor, se adotada a teoria da individualização, indicar o seu domínio, sendo desnecessários os fundamentos de sua pretensão, tais como: se a causa da aquisição é originária ou não, basta a alegação do domínio. Como decorrência prática, se uma ação, com base nessa teoria, foi julgada improcedente, não pode seu autor reeditá-la, simplesmente alterando o fundamento, pois toda a relação jurídica ficou coberta pela *res iudicata;* diverso é o tratamento dessa mesma questão quando se adota a segunda teoria, visto que, para o exercício da ação, basta alegar um dos fundamentos que embasa a pretensão do autor. Assim, se rejeitada uma ação com base na invalidade de contrato de compra e venda, pode o autor reeditar nova ação com base na prescrição aquisitiva, por exemplo, não estando dessa forma coberto pelos limites objetivos da coisa julgada. A disciplina legal parece convergir (art. 474) para a adoção, como já referiu Araken de Assis, da teoria da substanciação, devendo, todavia, sofrer seus temperos, porque, casuisticamente, seguidamente é inobservada.

As controvérsias apresentadas poderiam não oferecer dificuldades, pois bastaria uma alteração legislativa, e o problema estaria resolvido por completo. Entretanto, na prática, nem sempre as coisas se apresentam tão claras assim restando, aos operadores, o exame *in* concreto para identificar o limite objetivo dos casos. Deve-se esclarecer que, na realidade, as situações se revestem de maior complexidade. Tem-se aceito em doutrina, por exemplo, a possibilidade do denominado julgamento implícito. Na verdade, deve-se retornar ao dito antes: o importante para a formação dos limites objetivos é o objeto litigioso, assim considerado como o pedido substanciado em determinada causa de pedir.

---

[422] ASSIS, Araken de. *Op. cit.,* p. 123.

A Coisa Julgada na Exceção de Executividade

João de Castro Mendes[423] afirma ser o caso julgado, como o denomina, a resolução judicial de uma situação de incerteza e seu limite objetivo é o domínio dessa afirmação cuja subsistência ou insubsistência é indiscutível, isoladas outras situações não apreciadas, tendo em vista continuar com o estado de incerteza. São os próprios limites da decisão. Para tal mister, propõe a criação de uma teoria amplexiva, a fim de alargar os domínios objetivos para abrigar confortavelmente alguns motivos e prejudiciais, fazendo parte do objeto julgado. Ensina Chiovenda[424] que os limites objetivos dizem respeito com a indiscutibilidade em processo futuro com relação ao bem da vida obtido com a decisão transitada em julgado.

Assim, o objeto litigioso, compreendido como bem da vida, é importante para o estudo, porque, para fins de limites da coisa julgada, deve ser tomado como base, em conformidade com a legislação vigente, nos termos do artigo 467. Indo além, em sua parte final, são designadas também os limites das questões decididas na lide a integrar a indiscutibilidade futura.

A doutrina italiana, no magistério de Sérgio Menchini,[425] não toma outro rumo senão o clássico, quando diz que os limites objetivos da coisa julgada devem ficar atrelados a princípios fundamentais, tais como o objeto do processo e da pronúncia (provimento) devendo ter uma simetria idêntica com o direito subjetivo afirmado pelo autor na demanda, demonstrando a independência de um e de outro direito, (material e processual), afirmando a tese de ser a coisa julgada instrumento puramente processual.

Antes de encerrar o tema, não se pode deixar passar *in albis* duas outras questões importantes na fixação dos limites objetivos. São as relativas às questões prejudiciais e aos motivos da decisão, aqui incluídas as verdades dos fatos, pois, nada obstante, *in concreto*, não se relacionarem diretamente com as conclusões, são temas que não podem passar sem que se lhes dê a atenção que merecem.

---

[423] MENDES, João de Castro. *Limites Objectivos do Caso Julgado em Processo Civil*, 1967, p. 56. "O caso julgado traduz-se, portanto, na resolução judicial de uma situação de incerteza, mediante a colocação de uma das afirmações nela envolvidas numa situação especial de indiscutibilidade, tutelada na forma indicada atrás. Assim, a situação tem duas categorias de fronteiras; primeiro, a fronteira que limita o domínio de afirmações cuja subsistência ou insubsistência é indiscutível, separando-as das afirmações que continuam em possível situação de incerteza (...)".

[424] CHIOVENDA, Giuseppe. *Instituições de Direito Processual Civil, vol. I, 1965*, p. 409 "A essência da coisa julgada, do ponto de vista objetivo, consiste em não se admitir que o juiz num futuro processo, possa, de qualquer maneira, desconhecer ou diminuir o bem reconhecido no julgado anterior".

[425] MENCHINI, Sérgio. *I limite Oggettivi del Giudiato Civile*, 1987, p. 359. "Nell'affrontare il tema dei limiti oggettivi del giudicato, si sono prese le mosse da un princípio fondamentale: oggetto del processo e della pronuncia è il diritto soggettivo affermato dall'attore con la domanda introdutiva".

Assim, deve-se tentar compreender o sentido de *questões* dentro do instituto, pois importante na fixação dos limites objetivos. Basicamente, o estudo se divide em outras três situações. Deve-se, pois, definir o sentido de questões preliminares, questões prejudiciais e questões decididas, podendo todas elas ser consideradas questões da lide. Mas como conciliar então o inciso II do artigo 469 com a parte final do artigo 468, ambos do CPC? Ovídio levanta a problemática e sugere uma solução plausível, pois afasta a antinomia aparente.[426] Alega o processualista gaúcho estar-se diante de dois fenômenos ou dois problemas da mesma questão ligada à compreensão do conceito dessa como *relação jurídica condicionante* (III do 469), que se relaciona aos limites objetivos e *questões prejudiciais*; e as referentes às questões, enquanto matéria própria da demanda, ínsita à pretensão transformada em lide através do pedido (468). Tem-se, destarte, uma questão atuante fora da lide como antecedente lógico da decisão das questões da própria lide com esta se confundindo. Aquelas não são abrangidas pela coisa julgada, e essas ficam cobertas pela imutabilidade conforme determina a lei.

Com relação às questões prejudiciais, deve-se biparti-las em outras duas: aquelas chamadas questões preliminares e, as propriamente ditas, de prejudiciais. Barbosa Moreira,[427] em esplêndida obra relacionada às questões prejudiciais e à coisa julgada, se ocupa do tema, oferecendo subsídios para uma compreensão adequada. Inicialmente destacando, se a solução de uma questão (preliminares) influi necessariamente nas outras, é em razão dessa influência que se vai atribuir uma qualificação a ela, e balizar o modo pelo qual a investigação deve se dedicar ao esclarecimento da relação ligada às duas questões em exame. Adiante, define com a maestria de sempre o significado de preliminares e prejudiciais.[428] Para o autor, questões preliminares são

---

[426] SILVA, Ovídio B. da. Sentença e Coisa Julgada *cit.*, p. 146. "A segunda ordem de considerações deve desvendar a existência de dois problemas na mesma questão, quais sejam a compreensão do conceito de questão como relação jurídica condicionante, o que nos colocaria frente aos temas peculiares aos limites objetivos da coisa julgada, relativamente à chamada questão prejudicial; e os pertinentes à definição do conceito de questão enquanto matéria própria, peculiar, inerente à demanda que se examina, ao conceito de questão como o legislador pensou ao redigir o artigo 474, chamando-o alegações e defesas; não na perspectiva em que se coloca, ao conceber os artigos 468 e 469".

[427] MOREIRA, José Carlos Barbosa. *Questões Prejudiciais e Coisa Julgada*, 1967, p. 22 "Se a solução de uma questão influi necessariamente na de outra, e se, em razão de tal influência é que se lhe vai atribuir tal ou qual *nomen iuris*, parece óbvio que a investigação deva concentrar-se no esclarecimento da relação que liga as duas questões, como dado principal para fundar qualquer esquema classificatório".

[428] MOREIRA, José Carlos Barbosa. *Op. cit.*, p. 29-30. "Cabendo a qualificação de 'prejudiciais' às questões de cuja solução dependa o teor ou conteúdo da solução de outras, reservar-se-á a expressão 'questões preliminares' para aquelas de cuja solução vá depender a de outras não no seu modo de ser, mas no seu próprio ser; isto é, para aquelas que, conforme o sentido em que sejam resolvidas, oponham ou, ao contrário, removam um impedimento à solução de outras, sem influírem, no segundo caso, sobre o sentido em que estas outras hão de ser resolvidas".

A Coisa Julgada na Exceção de Executividade

aquelas das quais vai depender a solução de outras não no modo de ser, mas na sua própria existência, cabendo o conceito de prejudiciais àquelas questões cuja solução dependa do teor ou conteúdo da solução dada a outras questões.

Nesse quadro, tem-se um desenho primitivo do que se pode entender por questões, sendo seu significado importante para poder definir a moldura dos limites objetivos da coisa julgada. Tais ocorrências podem se dar em qualquer das partes do trinômio processual, ou seja, podem incidir sobre questões processuais, como pressupostos e condições ou nas questões de mérito. A doutrina não encontrou porto seguro para fixar uma aplicação rígida. Muitos defendem só possuir sentido tal especulação quando se trata de matérias de méritos; outros, ao revés. Luiz Edson Fachin[429] afirma não fazerem coisa julgada, ao contrário do previsto pelo código anterior, as decisões sobre os pressupostos e as condições. A matéria é problemática; contenta-nos, todavia, com o até aqui apresentado, sem descurar de sugerir a quem quiser esgotar o tema, um aprofundamento maior, pois se quer concluir, utilizando a metodologia mais clássica possível.

Paradoxo existe, a seu turno, entre os termos da lei e a realidade dos fatos. Reside exatamente no âmbito dos motivos, incluídos os fatos e verdades da sentença, que pela linguagem da lei não fazem coisa julgada, mas, em várias oportunidades, quando apreciados *in concreto*, não têm o mesmo tratamento. Expressamente disciplinados no CPC, os motivos da sentença não integram a coisa julgada; de outra banda, todavia, exige a mesma lei (art. 131) a obrigatoriedade de a sentença expressar os motivos, isto é, os fundamentos e as razões condutoras do juiz em decidir de um modo ou de outro. Neste particular, tem importância fundamental a verdade afirmada dos fatos, cuja disciplina legal deixa fora do âmbito da coisa julgada.

Assim como outras situações legislativas, em realidade, não devem ser seguidas tão rigorosamente, há em doutrina tentativa de isolar as razões e fundamentos da lide de seus motivos. Tal doutrina é trazida por Ronaldo Cunha Campos,[430] e tem o objetivo de clarificar os termos

---

[429] FACHIN, Edson. *Op. cit.*, p. 51. "Conclui que o fato de afirmar que todas as questões decididas faziam coisa julgada material está em consonância com a interpretação literal, sistemática e lógica que faz o texto legal de 1939. As questões, entretanto, mesmo não integrantes da lide devem ter relação com esta, e que, se decididas, ficam revestidas pela autoridade da coisa julgada, devem integrar o processo. No atual CPC, não fazem coisa julgada, diversamente do sistema de 1939, as questões prejudiciais decididas incidentalmente no processo. Também, pela lei, não faz coisa julgada a decisão sobre as mesmas condições da ação, nem sobre os pressupostos processuais ou sobre as questões prejudiciais eventualmente existentes e a eles pertinentes".

[430] CAMPOS, Ronaldo Cunha. *Limites Objetivos da Coisa Julgada*, 1988, p. 85-7. "Os motivos não integram a coisa julgada, pois, como se viu, sua eficácia se esgota na cadeia de fatos, que forma a decisão, não chegam a integrar a cadeia de fatos onde se insere a lide. Pertencem propriamente ao plano de representação destes fatos e não ao plano onde eles evoluem. No nosso entender, a constatação da existência de dois planos possibilita-nos uma conceituação de motivo, e explica sua exclusão do âmbito da cosia julgada, nos termos do artigo 469, I do CPC".

da lei. Alega que os fundamentos, as razões, são de cunho material e existem antes mesmo do processo; estão no local de eclosão da lide (fatos jurídicos), e os motivos propriamente ditos estão na esfera processual e resume-se a operações lógicas de aferir a validade da representação, isto é, as razões e os fundamentos para o processo (fato simples). São argumentos utilizados para sustentar não fazerem parte da coisa julgada, os motivos, pois, como afirmado, ficam fora da cadeia de fatos formadores da lide, servindo apenas de representação desses fatos. Quer parecer, entretanto, sem um aprofundamento maior, é verdade, que tal posicionamento está comprometido com a teoria materialista da coisa julgada, hoje ultrapassada em face das novas posições adotadas pelo processo em sua alta escala publicista.

Não se pode deixar de frisar, entretanto, a existência de duas correntes preocupadas em definir as questões relativas aos termos do artigo 469. A primeira, como se viu, tenta explicar os termos e contradições da lei, e a outra, com o manuseio das causas forenses, tenta emprestar legalidade a determinadas situações. Egas Aragão[431] denuncia essa existência, citando Savigny como sendo um dos defensores da integração dos motivos à coisa julgada, e conclui afirmando que a solução do problema não é uma simples questão de política legislativa, em incluir ou não os motivos como coisa julgada: é necessário verificar a conteúdo do núcleo da sentença, sendo este o protegido pela coisa julgada. João de Castro Mendes,[432] ao trabalhar o mesmo tema, diz haver uma amplexia com relação ao *thema decidendum*, a fim de criar um clima de harmonia entre os julgados, evitando a dirupção desses.

O tema é complexo e não possui harmonia nas diversas correntes doutrinárias; tampouco nas questões práticas encontra-se uniformidade; basta, entretanto, noticiar as divergências. Deve-se verificar o núcleo da questão envolvida, a fim de tentar traçar um panorama amplo das decisões judiciais como mecanismo de paz social e de justiça, e, da mesma forma, tentar adequar ao máximo à legislação vigente. João de Castro Mendes traz exemplo claro de que devam os motivos ficar fazendo parte da *res iudicata*: é o caso de um contrato oneroso em que A pede a condenação de B na entrega de X. O tribunal entende que o contrato é nulo e absolve B. Do dispositivo consta apenas a improcedência da demanda, os motivos – nulidade – não

---

[431] ARAGÃO, Egas Moniz de. A *Sentença e Coisa Julgada*, 1992, p. 248-51. "Duas correntes de opinião formaram-se a propósito do assunto regulado no primeiro inciso do artigo 469. Uma, da qual Savigny é o líder inconteste, sustenta que os motivos da sentença integram a coisa julgada. Mas o problema não se resolve com a simples adesão ou repulsa à tese de que os motivos integram ou não a coisa julgada. Para bem compreender a posição comentada é preciso identificar, na sentença, o núcleo em que consistirá a coisa julgada, normalmente o 'dispositivo em que o juiz resolverá as questões que as partes lhe submeteram'".

[432] MENDES, João de Castro. *Op. cit.*, p. 89 e ss.

estariam abrangidos pela imutabilidade. Se a resposta for negativa, poderá B demandar A pelo pagamento não efetuado, devendo rediscutir novamente o contrato, podendo chegar à solução oposta. Isto não pode ocorrer nos termos da lei brasileira.

De *lege ferenda*, dever-se-ia pensar na aplicação de um sistema intermediário que procurasse distinguir as hipóteses nas quais os fundamentos tivessem força de coisa julgada, simplificando, assim, a tarefa dos operadores do direito que ficam à mercê, de um lado, da disposição legal e, paradoxalmente, da realidade do caso julgado, a não permitir uma nova apreciação, sob pena de ser fonte de injustiça, com o qual a lei não pactua. Tal solução é também indicada por Hermenegildo de Souza Rego,[433] que, examinando o assunto, apresenta três soluções para o problema: a adoção do sistema amplexivo puro, no qual todos os fundamentos da sentença transitassem em julgado; um restritivo puro, em que nenhum fundamento transitasse em julgado; ou um sistema misto que procurasse conciliar as qualidades e os defeitos dos existentes.

7. Eficácia preclusiva

Realmente é quase inesgotável a matéria atinente à coisa julgada. Apesar de se ter conhecimento da vastidão horizontal de questões, nevralgicamente ligadas, formando um todo único, não se pode encerrar o tópico, sem antes enfrentar os desdobramentos decorrentes da chamada eficácia preclusiva ou julgamento implícito, como também é conhecido o fenômeno. Embora esta última nomenclatura receba inúmeras críticas da doutrina, com respeito aos pontos ou questões que ficam ao abrigo da eficácia preclusiva, não há julgamento algum, não sendo, assim, apropriada a denominação julgamento.[434]

Deve-se verificar o comando do artigo 474[435] para, após, tecer alguns comentários a respeito. A polêmica gira em torno de atender-se ao dispositivo em tela especialmente no que interessa. Qual é a extensão de: *reputar-se-ão deduzidas e repelidas todas as alegações ou defesas*

---

[433] REGO, Hermengildo de Souza. Os Motivos da Sentença e a Coisa Julgada, *Revista de Processo*, n. 35. p. 16. "As soluções possíveis para o problema são, evidentemente, a adoção de um sistema amplexivo puro, em que todos os fundamentos da sentença transitem em julgado; ou um sistema restritivo puro, em que nenhum fundamento transite em julgado; ou um sistema misto, que procure conciliar as qualidades dos anteriores, exorcizando os seus defeitos".

[434] PORTO, Sérgio Gilberto. *Coisa Julgada Civil*, 1996, p. 77-8.

[435] Art. 474 do CPC/73. Passada em julgado a sentença de mérito, reputar-se-ão deduzidas e repelidas todas as alegações e defesas que a parte poderia opor assim ao acolhimento como à rejeição do pedido.

que a parte poderia opor? É uma ampliação dos limites objetivos ou se está frente a outro fenômeno que afeta a coisa julgada?

Objetivamente, não se pode olvidar que a coisa julgada é uma qualidade agregada aos efeitos da sentença, portanto, essa casta de questões não será coisa julgada, mas, conforme a melhor doutrina, a eficácia preclusiva. De fato, ocorre um dos fenômenos da preclusão com relação às questões deduzíveis ou não. Nesse sentido, é o magistério de José Carlos Barbosa Moreira,[436] alertando para não se confundir a coisa julgada com a preclusão, pois essa é uma das várias situações jurídicas adotadas e uma das potencialidades da coisa julgada, a de produzir eficácia preclusiva, com ela, entretanto, não se confundindo.

Em doutrina, grassa verdadeira dissensão quanto a identificar quais as questões passíveis de serem repetidas ou não. Doutrinadores do escol de Ovídio Baptista[437] e Araken de Assis[438] entendem preclusas as questões passíveis de serem argüidas, mas que não o foram. Em posição oposta, os não menos influentes José Carlos Barbosa Moreira[439] e Egas Moniz de Aragão,[440] apenas para exemplificar a profundidade da divergência e justificar a nossa tergiversação a respeito do tema. Sendo assim, não há solução e a letra da lei é incompreensível? Pensa-se negativamente. Para uma resposta simples, mas convincente, devem-se verificar alguns conceitos, como o de demanda, lide total e parcial, assim como limite temporal das questões.

A solução não é de fácil desate, ou seja, a lide é fenômeno extraprocessual, ocorre fora do processo, transmudando-se para esse, a fim de ser resolvida. Assim sendo, as partes podem dispor quais matérias desejam ver processualizadas. Podem trazer para o processo a lide total ou apenas parte dela, envolvendo questões definidas através do pedido e da contestação. Os elementos componentes da demanda vão balizar os limites da eficácia preclusiva proposta pela sentença. A Lei quer evitar justamente a possibilidade de reabertura da lide em função de outros elementos que a parte voluntariamente deixou de incluir na primeira lide. Assim é o magistério de Araken de Assis,[441] ao

---

[436] MOREIRA, José Carlos Barbosa. *Eficácia Preclusiva da Coisa Julgada Material*, 1977, p. 100 "Não há confundir coisa julgada e preclusão. A coisa julgada é uma das várias situações jurídicas dotadas de eficácia preclusiva. Quer dizer: entre os efeitos da coisa julgada, figura o de produzir uma determinada modalidade de preclusão, sem que fique excluída a produção de efeitos análogos por outras causas, isto é, por outras situações diferentes da *res iudicata*".

[437] SILVA, Ovídio B. da. *Op. cit.*, p. 149 e ss.

[438] ASSIS, Araken de. *Reflexões sobre a Eficácia Preclusiva da Coisa Julgada*, 1989, p. 121 e ss.

[439] MOREIRA, José Carlos Barbosa. *Op. cit.*, p. 97 e ss.

[440] ARAGÃO, Egas Moniz de. *Op. cit.*, p. 326 e ss.

[441] ASSIS, Araken de. *Reflexões sobre a Eficácia Preclusiva da Coisa Julgada*, 198, *cit.*, p. 123. "Entretanto, fica claro que o espírito que presidiu ao nascimento do artigo 474 do CPC, vale dizer, a necessidade prática de afastar, no futuro, um novo processo, tendo por causa aquela porção da lide pré-processual excluída voluntariamente, da primeira relação processual".

tratar sobre o espírito norteador do comando do artigo 474, em função da necessidade prática de afastar para o futuro um novo processo, tendo por causa àquela parte da lide pré-processual excluída voluntariamente da primeira relação processual. Se assim não fosse, seria, como diz Barbosa Moreira, reduzir a bem pouco a garantia da coisa julgada.

Interessante alertar, ainda, sobre a impossibilidade jurídica de a parte reapresentar questões de fato, tanto como causa de pedir como defesa. Tal situação está prevista no artigo 517 do CPC, quando trata do julgamento de mérito da primeira instância, apto a, por si só, produzir efeitos preclusivos, salvo se, por motivo de força maior, a parte não puder deduzir certas questões da lide. Se o fato já existia ou a questão era conhecida das partes e não foi alegada propositadamente, não mais poderá ser alegada, ficando coberta pela eficácia preclusiva. Se, entretanto, por força maior, não pôde ser alegada, o efeito preclusivo não o apanha.

Na mesma direção os fatos novos, assim considerados aqueles ocorridos após o trânsito em julgado. Estes, por não existirem ao tempo da decisão judicial, não estão ao alcance da eficácia preclusiva. Examine-se, no CPC, o caso do artigo 475-I, limitando a matéria da impugnação em execução de título judicial aos fatos extintivos, constitutivos ou modificativos ocorridos após o trânsito em julgado da decisão exeqüenda. A respeito desse tema, há quem afirme ser a caracterização do limite temporal da coisa julgada.[442]

Os elementos identificadores da demanda ou o objeto litigioso, na linguagem de Schwab,[443] servirão para delinear o contorno das questões cobertas pela eficácia preclusiva. A tríplice identidade é útil para auxiliar a fixar limites para a eficácia da coisa julgada. No sentido objetivo, têm-se o pedido e a causa de pedir, devendo todos os fatos ou questões que simetricamente tenham vinculação com o pedido e a causa de pedir ser postos na demanda. Qualquer alteração de pedido ou de causa de pedir fica fora da eficácia preclusiva, pois se trata de outra demanda, possuindo seu objeto e seus contornos. A eficácia preclusiva atinge as questões que deviam ser conhecidas de ofício, mesmo não sendo examinadas. Incide também sobre aquelas que dependem da apresentação da parte apreciada, ou não, e aquelas que as partes não suscitaram, mas deveriam tê-lo feito. Repita-se: apanha tudo com relação à lide, decidida, com a procedência ou não pelo juízo da causa, sobre o pedido da inicial.

---

[442] GUIMARÃES, Luiz Machado. *Preclusão, Coisa Julgada, Efeitos Preclusivos*, 1969, p. 26. "A admissibilidade das alegações e exceções de fato, conforme haja o fato ocorrido antes ou depois do último momento em que poderia ter sido deduzido, que é, como ficou acentuado, problema inconfundível como os dos limites objetivos da coisa julgada, suscita outro problema: – o dos limites temporais da coisa julgada".

[443] SCHWAB, Karl Heinz. El Objeto Litigioso en el Proceso Civil.

8. Preclusão

É a base formadora da coisa julgada. Em face de tal relevo, abordar-se-á a preclusão como base vetora do processo, assim considerado em sua marcha contínua de fatos encadeados. Nesse prisma, não se ignora a enorme contribuição de Chiovenda para a teorização da preclusão em processo civil e no que interessa como elemento da formação da coisa julgada. Diz o mestre ser a preclusão a base prática para a coisa julgada substancial, tendo como pressuposto a formal decorrente das preclusões operadas internamente no processo.[444]

Exsurge que coisa julgada e preclusão possuem uma profunda e insuperável diferença. São coisas distintas, nada obstante a segunda ser elemento da primeira, com ela, entretanto, não se confundindo. A função dessa no processo é não permitir às partes quebrar a harmonia e a dinâmica desejada, como leciona José de Moura Rocha.[445] A ordem lógica do processo depende de uma estruturação contínua em marcha constante. Retrocessos nesse encadeamento de atos não auxiliariam em nada; contramarchas processuais só serviriam para arrastar indeterminadamente os feitos.

A idéia matriz do instituto, entretanto, está ligada à noção de faculdade, e não de dever. O não-exercício no prazo previsto em lei para um determinado ato implica preclusão. O exercício de atos incompatíveis com a atividade em marcha, da mesma forma, assim como também a proibição de repetir procedimento são casos típicos de preclusão. Hodiernamente, já se ultrapassou o simples conceito de instituto processual forjado por Chiovenda para ser cristalizado como um método para a compreensão e o desenvolvimento eficaz do processo. Em poucas palavras, pode-se conceituar a preclusão, como o fez Gabriel Rezende Filho,[446] como sendo o efeito ou conseqüência de prática do ato, da omissão ou do simples transcurso do prazo. Serve, afinal, para assegurar que a marcha procedimental não deve ser interrompida, e seu movimento será sempre para frente. Como diz Antônio Alberto Barbosa,[447] é a garantia do processo.

---

[444] CHIOVENDA, Giuseppe. *Instituições de Direito Processual Civil*, 1965, vol I, p. 374. "A coisa julgada contém, pois, em si, a preclusão de qualquer questão futura: o instituto da preclusão é a base prática da eficácia do julgado; vale dizer que a coisa julgada substancial (obrigatoriedade nos futuros processo) tem por pressuposto a coisa julgada formal (preclusão das impugnações)".

[445] ROCHA, José de Moura. *Estudos sobre Processo Civil. Preclusão, Decadência e Prescrição*, 1969, p. 134 "O que visa a preclusão, é que as partes atuem de modo a que não venha a existir quebra de harmonia dinâmica do procedimento. (...) Portanto, quando se fala em preclusão, temos presente que se refere ela às faculdades como já foi salientado".

[446] REZENDE FILHO, Gabriel. *Op. cit.*, p. 271.

[447] BARBOSA, Antonio Alberto. *Da preclusão Processual Civil*, 1994, p. 38. "Já está superada a idéia de não ser apenas um instituto, mas também método para a compreensão do processo, porque, sendo ordem e disciplina processuais, é o instituto básico de que carece o processo para

Divide-se, basicamente, em três modalidades, estendida a uma quarta, mais ligada ao princípio da adequação do que propriamente à modalidade de preclusão; fala-se da ordinatória, relativa ao atendimento das formas e modos processuais, que, uma vez desatendidos, acarretam a impossibilidade de serem repetidos de forma correta. Exceto essa discussão de ser ou não uma forma típica de preclusão, classicamente tem-se a divisão em lógica, consumativa e temporal. A primeira decorre da impossibilidade conciliatória de uma atividade ou faculdade com outra já exercida. A consumativa ou exaustiva nasce do fato de a parte já ter exercido validamente a faculdade, com o resultado atingido. Por fim, a temporal decorre do não-exercício da faculdade no prazo estabelecido em lei.

Em sentido técnico, entende-se como perda da faculdade pela parte (arts. 183, 245, 473 do CCP) ou a extinção do poder para o juiz ou tribunal (art. 516 do CPC). Essa também atinge tanto as partes como o juiz, cada um na sua medida e dentro da atribuição de cada um. Há de se alertar, todavia, que parte da doutrina, de forma equivocada, tende a admitir, com relação ao juiz, a não-ocorrência da preclusão. Evidente, em se tratando de temporal, não atinge o magistrado, mas a lógica eventualmente poderá ser observada; entretanto, a consumativa certamente é aplicada ao juiz, tendo como exemplo o artigo 516 do CPC.

Do ponto de vista de sua natureza jurídica, também não é pacífica a conclusão. É um fato jurídico, um ato ou um efeito? Egas Aragão[448] aborda o tema com brilhantismo peculiar, resenha a doutrina italiana, baseando-se essencialmente em Riccio, para dizer que a preclusão é um fato jurídico. Embora surja como efeito, não é ato, mas um acontecimento, conclui, surge em decorrência da ausência de outro, da não-observância do tempo ou de já ter sido praticado, o que origina conseqüências, das quais é causa, porque os atos e fatos do processo se encadeiam numa seqüência preordenada a um fim.

A divisão do processo em fases e atos, todos eles encadeados e ordenados, é a base para a aplicação da preclusão, pois, sendo vencida cada uma das fases ou das etapas, impossível se torna sua reedição.

---

espelhar-se perfeito. Ela não é apenas circunstâncias, mas dela poderão decorrer muitas circunstâncias; não está somente ligada à estrutura, porque é, afinal, a garantia da estrutura do processo".

[448] ARAGÃO, Egas Moniz de. Preclusão. *Saneamento do Processo*, 1989, p.145-46. "A preclusão é um acontecimento, um fato, que surge no processo, ou como resultado da ausência de outro, (inércia durante o tempo útil destinado ao desempenho de certa atividade); ou como conseqüência de determinado fato, que por ter sido praticado na ocasião oportuna, consumou a faculdade (para a parte) ou o poder (para o juiz) de praticá-lo uma segunda vez; ou ainda como decorrência de haver sido praticado (ou não) algum ato, incompatível com a prática de outro. Embora surja sempre necessariamente como efeito – (a preclusão não é ato, não é, pois, praticável; só pode acontecer como resultado) – a verificação desse fato processual origina conseqüências, das quais, portanto, é causa, o que é natural em vista de os atos e fatos do processo se encadearem numa seqüência preordenada a um fim".

Acaso assim não fosse, o resultado seria o de um interminável processo que em nada serviria para a aplicação da justiça, e a conseqüente paz social ficaria prejudicada pelos fluxos e contrafluxos a que ficaria sujeito. As preclusões ocorridas durante o curso processual, ao final, tornar-se-ão coisa julgada, num primeiro momento formal e finalmente material, quando houver o julgamento do mérito. O processo, possuindo natureza de ordem pública, tem compromisso com sua eficiência ou mesmo com sua efetividade, não podendo o Estado forçar nem esperar indefinidamente para os particulares cumprirem determinadas tarefas processuais.

Ao desiderato, resta ainda verificar a relação existente entre a preclusão com outros institutos, especialmente com o da coisa julgada. Da mesma forma, no campo do direito material dois outros institutos trilham o mesmo caminho: o da prescrição e o da decadência, distinguem-se, pois estes não dizem respeito à faculdade, mas ao poder. Na área do direito processual, comunica-se basicamente com dois; o das nulidades e o da coisa julgada. Com relação às nulidades, tem-se possuir uma separação nítida no sentido de que a preclusão é o não-exercício de uma faculdade no tempo previsto e a nulidade é a infração às condições formais, como ensina Manoel Caetano Ferreira Filho.[449]

Resta uma atenção maior com relação à preclusão e à coisa julgada. Em essência, são fenômenos similares, mas diferenciam-se pela finalidade ou intensidade de seus efeitos e pelo objeto. Tais traços distintivos são, mais uma vez, legados pela genialidade de Chiovenda. Quanto ao objeto, a coisa julgada, tanto formal quanto substancial, se forma a partir da sentença, e a preclusão pode ocorrer com qualquer ato e em qualquer fase. Assim, a finalidade da coisa julgada é dar a estabilidade às decisões proferidas, no mesmo processo ou fora dele, dependendo o conteúdo do julgamento; as preclusões, ao contrário, ocorrem nos atos processuais decididos no curso do processo, ou, como diz Manoel Caetano Filho,[450] têm como finalidade tornar certo, ordenado e preciso o curso do processo.

A preclusão, na realidade, é o veículo usado pelo legislador para obter, ao final do curso normal, a coisa julgada. Para haver coisa julgada substancial, é necessário, como consectário lógico, a existência

---

[449] FERREIRA FILHO, Manoel Caetano. *A Preclusão no Direito Processual Civil*, 1994, p. 60. "A preclusão é conseqüência da infração às condições de tempo para a prática do ato processual; nulidade é conseqüência da não obediência às condições formais para sua prática. Em ambos os casos, o ato fica privado de eficácia, porém o vício que o inquina é de natureza diversa, numa e noutra hipótese".

[450] FERREIRA FILHO, Manoel Caetano. *Op. cit.*, p. 70. "A preclusão persegue uma outra finalidade, qual seja a de 'tornar certo ordenado e preciso o caminho do processo. Logo, pode-se dizer que a preclusão é um instrumento de que se serve o legislador para conduzir o processo até seu final, e, com isso, obter a coisa julgada".

A Coisa Julgada na Exceção de Executividade

da formal, e para que haja coisa julgada formal, é necessário também ter havido as preclusões, pois uma decorre da outra: a preclusão torna imutável um ato isolado; a coisa julgada formal, com o trânsito em julgado, torna imutáveis todas as questões anteriores e lógicas à decisão final. Por isso, se fala em preclusão máxima a significar coisa julgada formal. Assim, sem querer ser tautológico, têm-se diante do processo vários momentos ou um conjunto de eventos com o mesmo objetivo: o de emprestar imutabilidade e autoridade às decisões judiciais, com a finalidade de prestar a jurisdição com eficiência. Todos eles ocorrendo em uma oportunidade, consubstanciados nos reais fundamentos do instituto da *res iudicata,* transformam-se, pelo somatório, no real objetivo de dar estabilidade à vontade concreta da lei estampada na sentença de mérito.

VIII – Coisa Julgada e Exceção de Executividade

1. Proposição

Vencidos os dois tópicos anteriores – exceção e coisa julgada –, algumas conclusões devem se extrair. Sem o intuito de exaustão, vimos o instituto da exceção de executividade, fenômeno de criação basicamente pretoriana, que está ainda sendo lapidado pela doutrina e, quiçá, de *lege ferenda*, se aloje no processo de execução, quando estiver com sua estrutura perenizada, de forma sistematizada dentro dos cânones do processo civil brasileiro, a refletir o caráter evolutivo não só do processo, mas também da sociedade em evidente estágio de modificação. Em segundo lugar, tratou-se de outro instituto, tradicional, clássico, que por mais de um século instiga os operadores e estudiosos do direito: é a coisa julgada, dita por muitos o esteio do sistema processual continental. Representante mais fidedigno da dogmática jurídica dos séculos XIX e XX, também sofre suas fragilizações pelas alterações sociais as quais o direito deve acompanhar, e o processo imperativamente deve dar suporte e transporte seguro a esse direito, sendo, como é, veículo a emprestar a instrumentalidade para realização do direito material posto em controvérsia.

Muitas questões ficaram sem abordagem, porque consideradas periféricas, e não nucleares na busca do desiderato pleiteado. Outras tantas foram abordadas apenas de forma suficiente para atender o que se pretende demonstrar. Mesmo assim, respeitados os limites epistemológicos, julga-se a exposição apta para, nesse momento, passar à fase conclusiva, tendo idéia concisa do significado da exceção de executividade; de quais os seus contornos e de como se processa *intra-executivis*. Com o mesmo objetivo a noção clara do núcleo da coisa julgada; de como se processa, como se obtém e qual é seu objetivo.

Resta, a partir das noções previamente colocadas, examinar como uma – exceção – pode ser aplicada à outra – coisa julgada –, obtendo-se, assim, o resultado de toda a pesquisa, sendo oferecidas aos estudiosos e à crítica como produto da observação empírica, no trato das questões jurídicas. Para tanto, resta ainda um desafio, o de sistematizar a aplicação da coisa julgada com relação aos incidentes de exceção. Assim, divide-se a tarefa de acordo com a natureza da decisão proferida na exceção e com relação à matéria abrangida pelo provimento jurisdicional. Far-se-á com base naquilo que é de domínio público em processo civil, seu trinômio, constituído em pressupostos, condições e mérito.

Com efeito, vai-se verificar à natureza do provimento, à da matéria envolvida e à natureza da decisão. Respeitados todos os conceitos adrede verificados, concluir-se-á uma a uma das possíveis ocorrências da exceção, tendo-se, assim, com clareza, a explicação do fenômeno ocorrente, permitindo extrair efeitos decorrentes de um e de outro, inclusive de modo prático a atuar no dia-a-dia forense.

2. Pressupostos

Examinados em capítulo próprio, é desnecessário qualquer repetição neste momento. São os pressupostos destinados à constituição e desenvolvimento válidos do processo. Na falta de pressupostos, o processo seguramente terá a chancela da imprestabilidade, podendo ser *ab initio,* ou na primeira oportunidade em que a irregularidade for constatada. O traço marcante a ser gizado, como alude José Maria Tesheiner,[451] é que o vício pode ou não determinar a extinção do processo, mas, quando o faz, o faz por decretar sua nulidade com base em um lapso de procedimento.

A inobservância dos pressupostos processuais pode ocorrer em execução, com certa freqüência. Questões relativas à jurisdição, especialmente à competência, são enfrentadas cotidianamente nas lides forenses. Da mesma forma, se verificam dificuldades decorrentes da falta ou irregularidade na capacidade do exeqüente, traduzidas pela falta de representatividade processual ou até mesmo de falta de capacitação jurídica nos termos da lei civil. Outras tantas falhas de procedimento relativas aos pressupostos são vistas vinculadas à petição eivada de irregularidades.

Ultrapassado o momento em que o juiz, em sua faina de fiscal da lei, realiza o crivo obrigatório com relação à regularidade e o perfeito

---

[451] TESHEINER, José Maria Rosa. *Pressupostos Processuais e Invalidades no Processo Civil,* 1999, p. 2. "O vício processual, mesmo relativo a pressupostos processuais, pode ou não determinar a extinção do processo. Assim a incompetência absoluta do juiz (falta de pressuposto da competência) determina a nulidade apenas dos atos decisórios (CPC, ar. 113, § 2º). Ao extinguir o processo por falta de pressuposto processual de existência, está o juiz, na realidade, a declarar a inexistência jurídica do processo; ao extingui-lo por motivo de invalidade, está, na verdade, a decretar sua nulidade, *ab initio*".

andamento da jurisdição, permanecendo alguma irregularidade, não seria crível a necessidade de embargos por parte do executado para o exercício de sua *defesa*, ou no sentido de alertar o juiz para a irregularidade ou o vício do processo. Do artigo 742 do CPC, nada obstante sua redação turva, pode-se depreender alguma possibilidade de utilização das exceções previstas no CPC, especialmente no artigo 301 e seguintes. A melhor doutrina entende, com justa razão, que a locução *conjuntamente*, empregada pelo artigo sob comento, significa e deve se entender no mesmo prazo dos embargos, e não a seu lado.

Tem-se como verdadeiro tal entendimento, pois, como já se frisou alhures, a exceção deve ser manejada antes dos embargos, porque seu escopo maior é justamente o de evitar a constrição dos bens necessários para a perfectibilização da penhora. Consumada esta não será adequado falar-se em exceção de executividade, mas em defesa típica, externa à exceção, através de procedimento próprio dos embargos.

Frente a esta situação, caberá ao juiz, se possível, mandar regularizar o processo (art. 616 do CPC), assinando prazo de 10 dias para o mister. Se, entretanto, a parte a quem incumbe o dever de preencher a lacuna não se manifestar no tempo determinado, não resta outra atitude ao magistrado senão extingui-lo, pondo fim ao seu ofício jurisdicional, pois não lhe é lícito dar continuidade à jurisdição sem estar perfeitamente em ordem de forma regular. Estamos diante de uma decisão terminativa, isto é, uma sentença nos termos do artigo 162, § 1º, do CPC. Desta decisão, o recurso cabível é o de apelação. Se, entretanto, o vencido não apelar ou o fizer defeituosamente, ocorrerá o trânsito em julgado da decisão pela ocorrência da preclusão recursal.

Com o fenômeno preclusivo que originou o trânsito em julgado operou-se a coisa julgada. Resta saber qual o tipo de coisa julgada. Para tanto, basta o exame do conteúdo do ato decisório. No episódio em tela, a extinção se deu por falta de um ou mais pressupostos processuais, sem sequer o juiz examinar as condições da ação, tampouco o mérito, se podia ou não o exeqüente pleitear em juízo aquela execução.

Assim, é inequívoco afirmar a existência do fenômeno denominado *coisa julgada formal*, pois os efeitos da decisão se esgotam dentro do próprio processo, ou, como se chamou, de forma endoprocessual. Apenas dentro daquele processo deve ser respeitada a decisão do juiz, em face de terem se operado as preclusões com relação à matéria controvertida, unicamente de cunho procedimental.

Cita-se um exemplo corriqueiro, mas elucidativo para o caso: uma execução proposta sem que o patrono do exeqüente faça acompanhar a inicial de procuração. Está-se diante de um caso em que, pela falta do instrumento procuratório, não há capacidade representativa. Segundo determina o CPC, em seu artigo 36, é necessário a parte ser representada em juízo por advogado legalmente habilitado. A comprovação ou o documento comprobatório da representação por profissional habilitado é a procuração. Ora, se uma execução não está acompanhada do mandato, basta ao executado denunciar ao juízo a irregularidade, se este não a verificou de ofício. Instado o exeqüente a suprir a irregularidade nos termos do artigo 616 do CPC, não o fazendo, o feito será extinto, mas sem qualquer exame de mérito, tanto esse considerado com relação ao procedimento quanto ao direito subjetivo posto em causa.

Na situação retro, se extinto o feito, sobre ele incidindo todas as preclusões, querendo o autor, no futuro, reeditar sua demanda, não terá vedação alguma; é suficiente desentranhar os documentos necessários e repropô-la, através de procurador habilitado. Estará sanada qualquer irregularidade, podendo prosseguir a execução, pois cumpridos os pressupostos legais.

Não parece haver dificuldade alguma de compreensão com relação a esse fenômeno. Assim, também, dificuldade não há em classificá-lo como sendo o caso típico de coisa julgada formal, pois, repita-se, os efeitos da sentença só devem ser respeitados no mesmo processo; fora dele, não terão restrição alguma; não haverá o chamado efeito positivo nem negativo da coisa julgada, reservado para a verdadeira coisa julgada, a material.

Tipicamente, ocorrem todos os fenômenos da coisa julgada, a preclusão, o trânsito em julgado, mas a matéria decidida pela sentença extintiva do processo não é apta a chancelar um *status*, diferente do que diz Egas Aragão,[452] não passa de uma simples preclusão.

A coisa julgada formal ocorre sempre quando não houver julgamento de mérito. Em todas as circunstâncias decorrentes da análise de pressupostos processuais, somente haverá coisa julgada formal. Colocado à disposição das partes o contraditório, se inatendidas as exigências relativas aos vícios encontrados, não resta outra alternativa ao juiz condutor do feito senão sentenciá-lo, extinguindo-o com baixa e arquivamento.

Todavia, a parte interessada, mesmo com a decisão, não terá seu direito material prejudicado, pois esse não foi objeto do julgamento, apenas incidiu sobre questões de procedimento e, destarte, quando puder atendê-las, poderá também levar novamente ao Judiciário a apreciação do que julga inobservado.

Almejando o mesmo propósito, ainda é necessário um breve comento referente às nulidades enquadradas na mesma perspectiva dos pressupostos, por serem questões de forma ou procedimentais. De igual como aqueles, estas são passíveis de serem alegadas, a qualquer

---

[452] ARAGÃO, Egas Moniz de. Sentença e Coisa Julgada, *cit.* p.217.

tempo e sem necessidade da penhora, de embargos ou impugnação, por serem questões de ordem pública. De se esclarecer, que se deve isolar as sanáveis e as insanáveis, pois, com relação àquelas, em respeito ao princípio do prejuízo, pode-se aproveitar o processo, apenas repetindo-se ou convalidando-se o ato pronunciado como nulo e, com relação à segunda, por seu caráter absoluto, inexoravelmente acarreta o fim do processo. A citação na execução de título extrajudicial é exemplo emblemático e apropriado para consolidar nosso posicionamento. Uma vez pronunciado como nulo, determina o juiz o refazimento; se depender de ato da parte autora e essa não intervier, deverá o juiz extinguir o feito, não formando tal pronunciamento, com o trânsito em julgado, nada mais do que coisa julgada formal em razão das preclusões operadas.

Em suma, basicamente, tanto com relação aos pressupostos como às nulidades relativas, o tratamento é igual; deve-se observar os princípios processuais, dentre os quais, o do prejuízo; não sendo possível realizar a sanação, o resultado é o fim do processo, com um pronunciamento judicial que forma nada mais do que coisa julgada formal. Modelo aplicável a todos casos de insuficiência de atendimento dos pressupostos.

3. Condições

Prosseguindo análise horizontal dos termos do processo, ultrapassados os pressupostos, desemboca-se nas chamadas condições da ação, fenômeno cuja utilização no processo é fundamental – nada obstante não ser unanimidade na doutrina seu enquadramento como categoria autônoma – especialmente no processo de execução, pois neste, em face do seu conteúdo expropriatório, deve a observância, ser mais rigorosa nos tratos técnicos, a fim de ao final autorizar, com legitimidade, o Estado a retirar parcela do patrimônio do devedor e deslocá-la para o patrimônio do credor. Diverso se dá no processo ordinário onde o ato máximo previsto pela sentença é o de declaração, constituição ou condenação, inexistindo conseqüências práticas.

Também, como se viu no momento adequado, as condições da ação são, conforme propostas por Liebman, divididas em três. Essa tripartição é aceita por boa parte da doutrina nacional sem contestação. Como foi dito, as condições da ação estão fixadas em uma faixa intermediária, localizada após os pressupostos processuais, mas antes do exame do mérito. Não se pode esquecer que tal teorização deu-se unicamente com o pensamento voltado para o processo de cognição, privilegiado quando qualquer tipo de estudo com referência ao processo se faça. Deve-se, então, adaptá-la à realidade da execução e, assim, deve-se tratá-la em cada um de seus temas isoladamente.

O primeiro deles é o da possibilidade jurídica. Deve-se identificá-lo no processo de execução e ver em quais momentos podem ser verificados e em que situações podem ser atacadas.

Especificamente no trato da execução, duas hipóteses se apresentam, diversamente de outras situações ocorrentes em procedimentos ordinários de cognição. A primeira delas diz respeito ao tipo de tutela pleiteada. Sendo proposta a execução obrigacional, quando tal procedimento é inadmitido, estar-se-á a fulminar o direito à tutela executiva, pois o direito subjetivo material posto em causa não é albergado por esse procedimento. Caso típico verifica-se com a execução tendente a expropriar bens da Fazenda Pública, inadmitida pelo sistema processual vigente. Neste caso, estar-se-ia frente à necessidade de o juiz extinguir tal execução por não ser dotada de possibilidade jurídica de prosseguir validamente. Sua decisão de caráter terminativo não atinge o direito material da parte, isto é, não atinge o direito de crédito existente no título que embasou a execução, mas tão-somente declara a impossibilidade do procedimento elegido.

Cristalizada tal situação, fundamentalmente com o trânsito em julgado, não mais poderá ter prosseguimento o feito, operando-se assim o fenômeno da coisa julgada formal, pois o mérito material não foi apreciado e o direito subjetivo de crédito foi mantido intacto. Nesse caso ficam os juízos subseqüentes desobrigados de observar a autoridade do juízo anterior, que vincula unicamente os executivos. Está-se frente a um verdadeiro caso de condição da ação, e não forma a coisa julgada material.

Numa segunda situação, episodicamente tratada pela doutrina, é relevante destacar a impossibilidade da execução de dívida derivada de jogo, mesmo que veiculada em título executivo, que da mesma sorte não é tutelada pelo direito vigente, e é vedado o prosseguimento do feito nessas condições, também por falta de possibilidade jurídica. Todavia, aqui, o resultado diverso do acima citado obtém-se com a declaração do juízo da exceção, no momento da declaração de inexeqüibilidade. Em razão de ser a dívida estampada na cártula decorrente de atividade ilícita, opera-se a preclusão máxima com relação ao direito posto em causa e não apenas sobre o procedimento eleito. Como ensina José Maria Rosa Tesheiner,[453] a carência deve ser afirmada com o

---

[453] TESHEINER, José Maria Rosa, *Elementos para uma Teoria Geral do Processo*, cit., p. 116. "Enquadra-se, aqui, a meu juízo, o caso clássico da dívida de jogo. A carência da ação somente deve ser afirmada no indeferimento da inicial. Se o réu insiste em que é exigível a dívida, ainda que de jogo, ou se é em face das provas que se constata tratar-se de dívida de jogo, há sentença de mérito, e há coisa julgada".

indeferimento da inicial, e haverá coisa julgada material, pois houve análise de mérito, que na espécie é a procedência do incidente.

Como a declaração obtida na exceção diz respeito ao direito material, ficam todos os juízos subseqüentes impedidos de reapreciar outra demanda, entre as mesmas partes e com a mesma causa de pedir; tal se justifica porque a impossibilidade não está no pedido imediato, mas na impossibilidade de o Estado atender ao pedido mediato por ser a causa de pedir ilegal. Assim sendo, está-se frente à coisa julgada material, segundo os contornos traçados para esta.

Obviamente, a possibilidade de ocorrência desse exemplo é remota, mas perfeitamente possível e adequado, para, de forma acadêmica, reproduzir, com eficiência, o desiderato. Há de se frisar a imperatividade de não-dilação probatória e o respeito ao contraditório que devem ser observados somente após haver a declaração por parte do juízo.

O segundo elemento integrante das condições da ação é o interesse de agir, e este está ligado com o direito material, necessariamente violado, para, ao titular do direito, ser atribuído um interesse instrumental de ver satisfeita sua pretensão. Baseia-se na utilidade do procedimento: se o resultado a ser obtido é útil não só ao particular, mas também ao Estado; se será compensador na ótica econômica; se não vai ferir princípios éticos. Enfim, o interesse jurídico enfeixa-se em uma gama de micro interesses exigindo do intérprete uma atenção redobrada para sua identificação. Ao particular, não é lícito movimentar a máquina judiciária sem ter a necessidade de fazê-lo. Se não houver direito subjetivo violado, ou se não houver resistência no cumprimento da obrigação, não estará presente o interesse jurídico de estar em juízo: Função social da jurisdição (sic).

O inadimplemento, como pressuposto de fato da execução, é imperativo e necessário para a verificação do interesse de agir do exeqüente. Inexistindo inadimplemento, presumidamente culposo, capaz de desencadear a jurisdição visando a aplicar a sanção pelo descumprimento de obrigação, não haverá interesse de agir. Não basta a existência do título para dar início à execução; este título apresentado deve possuir outra característica faticamente identificada; é imperioso ser exigível uma de suas características básicas para ser considerado executivo. Destacam-se no interesse de agir os elementos de ordem pública norteadores do processo, pois não basta o interesse fático do titular; é necessária a existência do interesse estatal em ver o procedimento executivo iniciado.

A alegação de falta de interesse jurídico em exceção é curial e cristalina. Até mesmo os setores mais conservadores da doutrina, hoje, rendem-se à posição de que a falta de condições da ação é causa para sua extinção, e, em execução, dispensam-se os embargos para tal objeção, pois, como parte integrante de questões de relevância e de ordem pública, devem ser praticadas de ofício ou por simples requerimento da parte nos autos executivos.

Sendo assim, detectada a irregularidade pelo executado, basta a denúncia *intra-executivo,* desde que seja possível, para o magistrado, a verificação do alegado *sem dilação probatória;* respeitado o contraditório, declarar a falta de interesse jurídico do exeqüente para o procedimento e a conseqüente extinção do feito. Esta decisão com o trânsito em julgado, em tese, pode possuir desdobramento e direcionamentos diversos. Se relativa apenas à falta de inadimplemento pelo não-cumprimento no termo, certamente fará somente coisa julgada formal, pois uma vez consolidados os requisitos de direito (título) e o de fato (inadimplemento), poderá o título executivo retornar a juízo em outra execução, sendo vedado ao novo juízo recusá-lo em face do julgamento anterior; assim, o efeito negativo da coisa julgada não será observado.

Entretanto, se a falta de interesse de agir for declarada em razão da inexistência de obrigação, ou pela existência de fato extintivo, não se poderá negar que os juízos futuros estarão vinculados à autoridade da coisa julgada, agregada à decisão de extinção do feito que não poderá ser reeditada em demanda futura, não sendo, nessa circunstância, mera condição da ação, mas mérito.

Inquestionável, destarte, o exame aprofundado do conteúdo do provimento judicial que pôs fim à execução por falta de interesse de agir. Tanto pode produzir coisa julgada formal – quando declara a falta de condição – como pode ter conteúdo capaz de atingir o mérito com relação ao provimento pleiteado – atos executivos – e também com relação ao próprio direito subjetivo posto em juízo. Neste caso não há surpresa; em nova execução, entre as mesmas partes com a mesma causa, a extinção por ofensa aos pressupostos processuais objetivos é inevitável, eis que infringe a coisa julgada.

O terceiro e último elemento identificador das condições da ação é o da legitimidade, controvertido por natureza, discorde em doutrina, inclusive quanto à sua classificação, se como pressuposto ou condição. Pensa-se poder ter sido traçado um divisor entre um e outro, pois ao primeiro atribui-se apenas a questão da aparência de legitimidade. Como pressuposto, a legitimidade está vinculada ao procedimento, deixando-se para um posterior exame, e, justamente no âmbito das condições da ação, o exame da legitimidade ligada ao direito subjetivo da causa.

Entrementes, não se resume tão-somente a esse tipo de controvérsia; outras surgem e, sistematicamente, vinculam-se ao direito material controvertido. Há questões que devem ser dirimidas no âmbito do processo, às vezes em sede preliminar de verdadeiras condições da ação e outras como autêntico exame do mérito. Responsabilidades primárias ou secundárias devem ser apreciadas nesse momento. Casuisticamente, à guisa de exemplo, encontram-se freqüentemente, nas execuções fiscais ou trabalhistas, irregularidades flagrantes decorrentes de falta de legitimidade dos executados, especialmente quando a execução é proposta contra devedores que possuem a solidariedade ou a subsidiaridade tributária. Como previsto em lei, a exigência principal para a formação do título executivo é a participação dos coobrigados diretos ou indiretos no processo administrativo tendente à formação da certidão da dívida ativa; se tal não ocorrer, serão ilegítimos para comporem o pólo passivo da execução.

É curial a identificação da qualificação da legitimidade. Isto se deve ao fato de que essa se subdivide em legitimidade para o processo e para a causa. No primeiro caso crê-se não se tratar de condições da ação, mas apenas de pressuposto de legitimação e, quando detectado, de ofício ou pela parte, recebe o tratamento previsto no artigo 616 do CPC, semelhante ao dispensado para os pressupostos processuais retrotratados, pois decisivamente desses se trata.

A segunda situação é a legitimação *ad causam,* pois esta, tanto pode ser uma das condições da ação, necessária em qualquer tipo de processo, como pode integrar o mérito. É na verdade o encarte como condição para que a parte veja apreciada a sua pretensão na totalidade. E a segunda, como mérito, ou seja, qualidade do sujeito para lide, verifica-se imperativamente no âmbito do processo logo após o exame dos pressupostos processuais e está diretamente ligada com procedência do pedido.

Proposta execução contra quem não tem obrigação de direito material, por não ser titular do dever subjetivo pretendido, situação que sistematicamente escapa ao controle oficial exercido pelo magistrado condutor da execução, cabe à parte, quando ciente de que contra ela está sendo proposta uma execução, cuja responsabilidade pelo pagamento do débito não lhe compete, o poder e o dever de denunciar tal situação, apresentando suas provas em episódio de exceção de executividade. Não será admissível prosseguir um procedimento executivo, com todos os seus ônus, inclusive com a penhora para viabilizar a defesa através dos embargos, na qual a relação jurídica constante no título executivo não seja de responsabilidade da parte passiva constante naquele feito.

Uma vez proposta a exceção com todo o conjunto probatório, apresentado *ab initio,* em respeito ao contraditório, deve o magistrado intimar o autor a manifestar-se sobre o alegado, com isso proporcionando, *intra-executivo,* um ralo momento cognitivo, por necessário ao fim maior do processo. Necessário, nessa altura das investigações, com o intuito de respeitar os contornos científicos nos quais está inserido o instituto, rápido, mas apropriado comentário com relação à prova a ser produzida, de forma contundente, mas que *não requeira dilação.*

Necessária, ou quase imperativa, se faz a produção de prova pré-constituída no caso concreto. Há de ser relembrada uma ocorrência de falta de legitimidade, na qual Pontes de Miranda, pela primeira vez, lançou mão de expediente de tal dimensão, na ocasião totalmente desconhecido e estranho ao processo de execução, limitado às formas clássicas de defesa, seguindo estritamente a linguagem do Código. Já naquela oportunidade, – em face da excepcionalidade da propositura, para não criar um problema de ruptura do sistema, mas, pelo contrário, para harmonizá-la, em seu conjunto –, o mestre resolveu a situação, alegando, em exceção de executividade, a falta de legitimidade passiva dos executados, em peça própria dentro do processo de execução, instruindo seu pedido com a prova documental e grafoscópica, produzida fora do processo, onde se verificava com exatidão não ser a parte passiva do processo a mesma constante nos títulos, como obrigado, em razão de firma falsa. Assim, constatada a discrepância entre a parte processual e a parte responsável pela obrigação, não restou outro caminho senão a extinção do feito por ilegitimidade passiva *ad causam.*

Tal expediente é perfeitamente válido e de larga utilização no processo civil brasileiro. Ensina Darci Guimarães Ribeiro[454] que a prova pré-constituída é aquela obtida anteriormente ao processo, antes da relação jurídica, sendo, portanto, sua existência anterior a esse. Tal situação permite ao juiz condutor do processo a utilização desse tipo de prova sem maiores entraves, e especialmente na execução, pois, assim procedendo, limita-se a verificar a verdade dos fatos instantaneamente através dos elementos trazidos, decorrentes, v.g., de uma perícia, onde se constata ser falsa a assinatura de quem firma o título como obrigado e está sendo executado por tal qualidade. O não admitido, por ferir os princípios de celeridade da execução, é abrir-se um incidente probatório com produção de prova pericial, cujo procedimento é determinado pelo CPC, através de normas próprias. Deve o juiz nesse caso remeter para vias próprias ordinárias dos embargos.

Assim procedendo, o executado estará em perfeita consonância com o encamisamento científico requerido pela exceção de executividade. Não resta outra alternativa ao magistrado, após a oitiva do exeqüente, se estiver convencido da veracidade da afirmação de ilegitimidade, senão emitir um provimento jurisdicional declarando essa

---

[454] RIBEIRO, Darci Guimarães. *Provas Típicas*, 1998, p. 74. "Preconstituída é expressão criada por Betham que significa a prova formada anteriormente ao início da relação jurídica pré-autos, surgindo antes da necessidade de sua apresentação no processo. Essas provas são colhidas e produzidas no curso do processo, mas sua existência é anterior ao surgimento do mesmo (...)".

irregularidade, que, no momento do trânsito em julgado pela preclusão recursal, adquirirá o *status* de coisa julgada, sem exame de mérito, nos casos excepcionais, retroapontados, ou com exame de mérito, formando coisa julgada material.

Evidentemente este será o resultado prático da declaração contida na sentença, extintiva do feito por ilegitimidade de partes, pois, através de um exame, por parco que seja, dos elementos constituidores da coisa julgada possibilitará a verificação de que, sendo uma das partes ilegítimas para a causa, a função negativa da coisa julgada deve ser observada. Não poderá haver uma nova propositura da ação de execução (pedido) com base no mesmo título (causa), contra a mesma parte uma vez que foi declarada ilegítima em processo anterior.

A ilegitimidade – mérito –, uma vez declarada na exceção de executividade, acarreta o fenômeno da coisa julgada material, pois esta execução não mais poderá ser proposta em face de mesma parte, visto que não é legítima para suportar a coação estatal inerente à atividade jurisdicional executiva. Serve para qualquer questão de ilegitimidade apurada de ofício ou a requerimento da parte no processo executivo, independente de embargos, para obstar a um segundo procedimento executivo, dentro do arquétipo tradicional da coisa julgada substancial.

Verificando pontualmente em qualquer das três situações que compõem as condições da ação, tem-se a formação de coisa julgada. Resta o exame casuístico para verificar qual delas ocorreu na decisão extintiva do feito, para identificar-se se a coisa julgada será formal ou material. Em outras palavras, se a execução poderá ser reproposta, suprida a condição atacada, ou não mais poderá ser exercida, nas mesmas circunstâncias. Fica claro e cristalino que, em certa medida, a coisa julgada material poderá estar presente, não sendo factível desconhecê-la.

Como arremate necessário, também neste particular, sobre a formação de coisa julgada decorrente da extinção do feito por falta de condições da ação é inevitável alertar para o dissenso doutrinário sobre tal possibilidade. Não é concorde, como se viu na parte destinada ao estudo das condições da ação, a doutrina com tal situação, em face do contido no artigo 267 VI, do CPC de 73, determinando que, se no processo existir falta de qualquer um dos elementos da trilogia das condições da ação, este será extinto sem julgamento de mérito. Tal comando legislativo, s.m.j., incompleto ou até obscuro, retrata uma filosofia dogmática existente no Código mas não espelha a realidade como um todo, o faz de forma parcial e conduz boa parte dos operadores do direito a não aceitar, nestas hipóteses, a formação da coisa julgada material, já que a própria definição legal afirma a inexistência de mérito no provimento que pôs fim ao feito.

A Coisa Julgada na Exceção de Executividade

A teoria concreta há muito ultrapassada, não merece aprofundamento. A segunda corrente doutrinária segue fielmente os termos da lei processual e, como tal, leciona a impossibilidade de existir julgamento de mérito, quando o legislador não quis, e assim está determinado. Apenas aprecia as condições da ação como condição de admissibilidade, como informa Mário Aguiar Moura,[455] apenas no plano das preliminares do processo, nada obstante reconhecer que tais condições têm maior ligação com o mérito do que com os pressupostos de admissibilidade, propriamente conhecidos, abroquelando-se no texto legal. Não satisfaz a dedução simplória dessa orientação. A experiência da vida forense é muito mais rica e nos oferece inúmeras situações além do perfil dogmático traçado pelos seguidores da corrente legalista.

Razão parece acompanhar Ovídio,[456] quando demonstra, de forma clara, as razões e os equívocos doutrinários que conduziram a concluir nos termos do dispositivo legal quando o juiz extingue o processo sob o argumento de falta de uma das condições da ação. Na verdade estar-se-á a verificar o mérito da pretensão posta em juízo do autor contra o réu. Se não existirem as condições da pretensão, não existirá o direito, pois aquela é antecedente desse. Mais clara e definitiva se verifica tal situação quando se tratar da exceção, pois é singular a situação do mérito executivo que se bifurca em dois vetores, sendo um aquele relativo aos atos executivos pedidos – pedido imediato – e o outro, com relação ao próprio direito subjetivo posto em causa. Faltando qualquer dos elementos da trindade, tendo em vista sua ligação direta com o mérito, haverá, no mínimo implicitamente, a apreciação do mesmo, resultando em uma declaração que não tem sentido se não se vincular aos pedidos do autor.

Frágeis são os argumentos da segunda corrente com relação a reproposição, pois afirmam, como faz Mário Aguiar,[457] que, via de

---

[455] MOURA, Mário Aguiar. Condições da Ação em Face a Coisa Julgada. *Revista dos Tribunais*, n. 550, p. 250. "Para a segunda corrente, embora distinguindo as condições da ação dos pressupostos processuais, a sentença que extingue o processo, pelo acolhimento da ausência de uma das figuras, o fará sem julgamento de mérito. Apenas aprecia uma condição de admissibilidade do pedido. Mas fica meramente no plano das preliminares, a despeito de achar-se mais próxima do mérito, pois se importa com as questões que lhe guardem referência".

[456] SILVA, Ovídio B. da. Curso *cit.*, p. 88. "Quando o juiz declara inexistente uma das 'condições da ação', ele está em verdade declarando a inexistência de uma pretensão acionável do autor contra o réu, estando, pois, a decidir a respeito da pretensão posta em causa pelo autor, para declarar que o agir deste contra o réu – não contra o Estado – é improcedente. E tal é sentença de mérito".

[457] AGUIAR, Mário. Condições da Ação em Face a Coisa Julgada. *Revista dos Tribunais*, n. 550, p. 252. "Via de regra, no caso de ter sido decretada a carência da ação por ausência das condições dela, ao autor é defeso intentar nova ação em que ocorra a tríplice identidade de sujeito, pedido e causa de pedir. Mas tudo está condicionado a que permaneçam as mesmas situações ligadas ao direito objetivo, ou melhor, ao direito material. Estarão fechadas as portas à nova ação 'rebus sic stantibus'".

regra, está proibida a reproposição de nova ação enquanto se mantiver a mesma composição de tríplice identidade; ocorre, entretanto, que, quando houver alteração de qualquer uma delas – causa, pedido ou partes – o caminho fica aberto para novo juízo apreciar a causa. Ora, assim se dá em qualquer situação, não sendo necessário que o feito seja extinto por carência de ação. Pode ter havido exame do mérito única e exclusivamente; alterando-se qualquer um dos elementos da tríade, estará aberto o caminho para o ingresso no Judiciário com a lide. Não há óbice, será outra, e não mais aquela já decidida pela procedência ou improcedência.

Com efeito, fiel a estas concepções, é possível admitir-se, como a maioria, com relação às decisões de declaração de falta de qualquer das chamadas *condições da ação*, em boa parte, está-se frente a uma sentença de mérito que formará coisa julgada material, como retro demonstrado, exceto nos casos especiais também apontados, quando efetivamente serão considerados como condição e não resultarão em coisa julgada material.

4. Mérito

Por fim, encontra-se o mérito como sendo o elemento derradeiro e definitivo da trilogia do processo, quem sabe o mais importante, pois, nas palavras do insuperável Chiovenda, é o bem da vida perseguido através do processo.

Como se alertou adrede, a questão terminológica é causadora de incômodos e, a nosso ver, inexistentes. Por essa razão, deliberadamente se adota posição no sentido de admitir o termo *exceção* em sentido lato. Exceção de executividade comportando em seu bojo também elementos que possam ser argüidos pela parte em sua defesa. Tal procedimento, repita-se, tem por objetivo deixar inalterado o nome do instituto, pois assim é conhecido e de nada adiantaria querer alterar a exceção para objeção, como querem muitos autores.[458]

Com esse modelo, deve-se admitir, como faz Hugo de Brito Machado,[459] que antes da penhora possam ser argüidas questões processuais

---

[458] ROSA, Marcos Valls Feu. *Op. cit.*, p. 13.

[459] MACHADO, Hugo de Brito. *Op. cit.*, p. 19. "Entre as defesas cabíveis antes da penhora, todavia, tanto podem ser colocadas questões processuais como aquelas relativas ao mérito da execução. As matérias próprias do questionamento mediante exceção não podem, em regra, ser apreciadas de ofício, enquanto aquelas que podem ser argüidas antes da penhora em regra podem e devem ser apreciadas de ofício. Por tudo isto, melhor seria falar-se com Carlos Renato de Azevedo Ferreira, de 'oposição pré-processual', ou então de impugnação ao juízo de admissibilidade, expressão que nos parece mais adequada, como a seguir será demonstrado".

A Coisa Julgada na Exceção de Executividade

a atingir tanto os pressupostos, condições, como o mérito buscado no processo de execução, independentemente de ficarem adstritos à fidelidade do conceito de exceção. Não há percalços de cunho científico, pois também estão abrigadas no instituto as objeções e as impugnações.

O trato do tema – mérito – na execução apresenta maiores dificuldades por inúmeras razões de ordem axiológica, científica e dogmática. Talvez a maior delas decorra da falta de teorização, próprio do processo de execução, pois, sempre que se pensa em teoria do processo ou temas processuais de relevância, pensa-se em processo ordinário, esquecendo-se sistematicamente de vincular qualquer teoria à execução. E mais, fixa-se de forma imperativa, dogmas, aplicáveis à cognição, mas não adequados à execução em face de os objetivos de um e de outro serem diversos. No primeiro, tem-se a busca da certeza decorrente da pretensão incerta; no segundo, busca-se a realização da pretensão, que é certa. Assim, dentro desse prisma de observação, impossível utilizar certos paradigmas na execução sem adaptá-los à realidade. É o que ocorre com o conceito de mérito: não se pode conceber o mérito executivo com os contornos que são atribuídos à cognição, sob pena de, assim agindo, criticar até a existência naquele.

Postas tais dificuldades, a primeira providência a se tomar, objetivamente, é definir o compreendido por mérito em processo de execução. Não é tarefa fácil; tentou-se de forma articulada desincumbir-se do mister, em parte específica, pois a fixação de uma moldura científica do mérito é premissa básica e determinante de todo um desenvolvimento dogmático do tema. Por ora basta definir, resumidamente, as conclusões obtidas lá.

O mérito executivo se concentra, basicamente, em dois vértices como lapidado pela doutrina mais moderna. O primeiro deles está voltado aos próprios atos práticos que devem ser realizados pelo Estado na sua tarefa de sub-rogação; os próprios atos executivos são considerados mérito na execução e estão intimamente ligados com o pedido imediato feito pelo exeqüente na inicial. O segundo, voltado ao próprio direito objetivo/subjetivo material insatisfeito, em razão da resistência do obrigado em cumprir espontaneamente sua obrigação, não restando outra alternativa para o credor senão pedir ao Estado que o substitua na tarefa de agir em relação a seu obrigado a fim de buscar a satisfação de seu direito.

Com essa argumentação, se concebe o mérito executivo em duas frentes, vinculadas simetricamente aos pedidos exercidos através do direito da ação processual. Assim, se vai tratá-lo no episódio da exceção de executividade, pois em várias oportunidades da vida real, tanto pode ser exercida contra o mérito executivo quanto ao tradicional, dependendo dos parâmetros científicos aos quais está vinculado. Não se pode esquecer que, para a existência do processo de execução, necessária se faz a presença de título executivo, compreendendo um ato-documento, a aparelhar a ação, e tudo aquilo que puder ser mediatizado por ele, sem necessidade de dilação probatória, poderá ser objeto da exceção, mesmo vinculado ao mérito executivo.

Sem compromisso com hierarquização axiológica, com relação à apresentação dos temas, vão-se enfrentar alguns que se julga pertencerem ao mérito executivo, iniciando-se pela prescrição que afeta diretamente a execução.

4.1. Prescrição

Sem perder o referencial, mas também sem preocupação de esgotar o assunto sobre a prescrição, busca-se o mínimo de conhecimento sobre o instituto, especialmente sobre seu conceito, fundamento e utilidade para o processo: julga-se ser isso suficiente para desatar o nó górdio referente ao fenômeno o que a prescrição desencadeia no processo executivo e ao tipo de mérito atingido.

Buscar-se-á apoio na doutrina a fim de obter um conceito de prescrição, sem deixar, todavia, de investigar antes a sua natureza jurídica. Verifica-se que a prescrição possui caráter misto, isto é, possui natureza de ordem pública, mas regra relação jurídica privada, especialmente quando o incidente recai sobre fatos relacionados com os direitos patrimoniais disponíveis. Seus fundamentos, na verdade, são de ordem pública, visando a emprestar ao direito uma estabilidade assim como a castigar a negligência, pois não se deve, segundo o brocado jurídico, *proteger os que dormem.*

Os fundamentos são de ordem pública, pois o Estado tem interesse na paz social, e a dúvida e a incerteza não podem perpetuar-se, criando uma instabilidade psicológica diante da relação jurídica. Sua justificação é semelhante à da coisa julgada: visando também a coibir a eternização das demandas. Visa a limitar no tempo a possibilidade do particular exigir do Estado – ação processual – e do próprio particular – ação material –, criando, com tal atitude, um critério de segurança a proteger o prolongamento indefinido das obrigações. Arrima-se, nesse particular, em Pontes de Miranda,[460] que leciona ser de ordem pública, pois sua justificação é de relevância para a economia social.

Segundo Câmara Leal,[461] a prescrição é a extinção de uma ação – de direito material – que podia ser ajuizada e não foi durante um lapso,

---

[460] MIRANDA, Fernando Cavalcanti Pontes de. *Da Prescrição e da Decadência,* 1982, p. 12. "A prescrição é medida de ordem pública; tem sua origem e justificativa nas mais relevantes necessidades da economia social".

[461] LEAL, Câmara. *Da Prescrição e da Decadência,* 1982, p. 12. "Para nós, a prescrição é a extinção de uma ação ajuizável, em virtude da inércia de seu titular durante certo lapso de tempo, na ausência de causas preclusivas de seu curso".

A Coisa Julgada na Exceção de Executividade

na ausência de causas interruptivas. Deve possuir um objeto – que é a ação própria, conforme a representação do direito –, também uma causa, representada pela inércia do titular, e o tempo como fator de verificação dessa, tendo como efeito esse conjunto de ocorrência de extinguir a ação.

Agnelo Amorim Filho,[462] ancorado na doutrina de Chiovenda, afirma que a prescrição diz respeito com os direitos de prestação, atingindo somente estes, pois os potestativos são alcançados pela decadência. Assim, os direitos de crédito e o direito de propriedade são exemplos de direito atingidos pela prescrição. A grande virtude dessa doutrina é balizar a existência de prescrição quando houver a necessidade para a satisfação do direito de se propor uma ação condenatória. Quando se estiver diante da necessidade de propor uma constitutiva ou declaratória está-se perante direitos sujeitos à decadência ou, até mesmo, de direitos imprescritíveis.

A partir desses conceitos pode-se verificar de que forma incide no processo executivo, como fonte motivadora da exceção de executividade. Deve-se, para tanto, verificar os tipos de títulos a aparelhar a execução. Objetivamente, a prescrição atinge, no caso das cambiais, a ação, mantendo intacta a proteção contra o enriquecimento, direito subjetivo de titularidade da parte inerte. Assim, quando o titular é possuidor de uma cambial, portadora de um direito obrigacional de crédito, dotada de eficácia executiva, está apto para aparelhar uma ação de execução, nos termos do artigo 585, I, do CPC. Por outro lado deve-se levar em consideração também a vontade do legislador com relação à prescrição estabelecida para aquele determinado título. Pontes de Miranda,[463] do alto de seu magistério, leciona que a prescrição atinge a pretensão e, por conseqüência, a ação e, no caso das cambiais, gera a ineficácia da pretensão e da ação, permanecendo a relação jurídica entre os figurantes.

---

[462] AMORIN FILHO, Agnelo. Critério Científico para distinguir a Prescrição da Decadência e para Identificar as Ações Imprescritíveis. *Revista de Direito Processual*, n. 95, 1961, p. 99. "Segundo CHIOVENDA (Instituições, 1/35 e segs.), os direitos subjetivos se dividem em duas grandes categorias: A primeira compreende aqueles direitos que têm por finalidade um bem da vida a conseguir-se mediante uma prestação, positiva ou negativa, de outrem, isto é, do sujeito passivo. Recebem eles, de CHIOVENDA, a denominação de 'direitos a uma prestação', e como exemplos poderíamos citar todos aqueles que compõem as duas numerosas classes dos direitos reais e pessoais. Nessas duas classes há sempre um sujeito passivo obrigado a uma prestação, seja positiva (dar ou fazer), como nos direitos de crédito, seja negativa (abster-se), como nos direitos de propriedade. A segunda grande categoria é a dos denominados 'direitos potestativos', e compreende aqueles poderes que a lei confere a determinadas pessoas de influírem, com uma declaração de vontade, sobre situações jurídicas de outras, sem o concurso da vontade dessas".

[463] MIRANDA, Fernando Cavalcanti Pontes de. *Tratado de Direito Privado*. v. 35, 1984, p .129. "No Direito Brasileiro e no direito uniforme, a noção de prescrição cambiaria, é a de eneficácia da pretensão e da ação. Talvez melhor disséssemos – mas aí sem grande interesse prático – da pretensão *tout court*. Não se dá a destruição do direito cambiário; quanto a esse, o que ocorre é que se lhe opõe exceção, que lhe encobre a pretensão. A relação jurídica continua entre os figurantes, apenas ao direito fez-se encobrível a prescrição e, com ela a acionabilidade".

Quando verificado em sede de execução pela propositura da ação com base em título prescrito, a conclusão óbvia é que foi proposta indevidamente, pois o Estado não está autorizado a prosseguir com determinados atos em desacordo com a legislação vigente.

A prescrição cambiária fulmina a ação de execução, deixando, todavia, incólume o direito, ou, na linguagem de Liebman, o ato contido no documento. Este ato é o direito subjetivo da parte, sujeito a outro disciplinamento, por isso não atingido pela prescrição, ou também, como se denomina, pela preclusão executiva máxima. Deve-se separar a prescrição de direito patrimonial da eficácia executiva das cambiais ou similares por possuírem regras próprias, como leciona Rosa Maria B.B. de Andrade Nery.[464]

Assim apresentada, deve-se responder a outra pergunta imperativa: a prescrição faz coisa julgada material ou não? A resposta passa pela verificação do conceito de mérito executivo. Conforme declinado, este é bifurcado, um com relação aos atos executivos e outro, com relação ao Direito. Quer parecer inevitável a conclusão de que, com relação aos atos executivos, a prescrição ocasiona a preclusão máxima, pois, uma vez declarada judicialmente, está vedado ao Judiciário viabilizar execução subseqüente, pois o procedimento está coberto pelo manto da coisa julgada material.

Com relação ao direito da parte, pode ser exercido de outra forma; é verdade, não mais poderá ser feito valer por meio da execução jurisdicional, pois esta requer uma condição especial, o título em situação regular, mas pode ser buscado por outro meio como, v.g., a ação de enriquecimento, ordinária de cobrança ou até mesmo, hodiernamente, através da monitória, como ensina Elaine Macedo.[465] A opção da escolha científica do significado de mérito executivo é o balizador da existência ou não de coisa julgada material com relação à verificação de prescrição intra-executivo pelo uso da exceção de executividade. Deve ficar bem claro que quando ao título é imputada a prescrição, este não será mais suficiente para detonar o procedimento executivo.

---

[464] NERY, Rosa Maria B. B. de Andrade. *Prescrição Alegada em Execução – Questão não Apreciada.* Revista de Processo, n. 69, 1993, p. 133. "Uma coisa é a prescrição do 'direito patrimonial' de cobrar-se uma dívida; outra é a prescrição da eficácia executiva do cheque. Aquela depende da iniciativa da parte para que o juiz a declare (art. 219, § 5º do CPC c/c o art. 166 do CC); esta ao contrário deve ser proclamada de ofício pelo juiz, já que condição da ação de execução (art. 267, n. VI; 586 do CPC)".

[465] MACEDO, Elaine Harzheim. *Do Procedimento Monitório*, 1998, p. 158-9 . "Vezes sem conta o credor se viu impelido a arriscar uma execução, mesmo consciente que seu título portava algum vício formal ou qualquer impropriedade que pudesse afetar sua certeza ou liquidez, ou ainda vencida sua força executiva pela prescrição. E assim o fazia porque, não sendo esse caminho, só lhe restava o processo de cognição, através do procedimento ordinário, moroso e custoso, para obter uma sentença condenatória. A ação monitória vem saldar esse débito procedimental, oportunizando ao credor um meio célere, mas legitimamente apto a desencadear os atos executórios".

Carecerá o exeqüente de admissibilidade para o exercício da execução, pressuposto denominado pela doutrina de legal, por ser de criação eminentemente legislativa. Só o legislador possui competência de não só criar títulos executivos, como também de estabelecer, por ocasião de sua criação, qual o prazo prescricional. Situação posta de forma harmônica no direito sistematizado, resulta no impedimento de o portador do título nestas condições exercer uma ação de execução.

Resguarda-se o direito subjetivo, tendo em vista a alternativa da busca – que, pela inércia, perdeu a oportunidade do exercício da pretensão à execução – pela via da ação de locupletamento, condenatória ou mesmo pela monitória. Note-se que o exercício da tutela do direito de crédito, via execução, em oportunidade superveniente em face da alteração do título – extrajudicial por judicial – alterando, por conseguinte a causa mediata de pedir, não podendo mais se falar em coisa julgada.

Opera de fato, com relação ao procedimento executivo, a preclusão máxima, em face da impossibilidade de reedição da ação com base no mesmo título, ficando aberta a possibilidade de o titular do direito subjetivo, pelos meios legitimamente postos à sua disposição, contornar a situação. Nessa ótica descobre-se a importância da bipartição do mérito executivo, observado pela mediatização do título, pois este é um procedimento a exigir a presença desse pressuposto legal, em face da sua natureza de transformar o direito em fato. O direito exterioriza-se pelo título executivo, mas se, por razões de técnica legislativa, acopla-se limites para o exercício desse direito – prescrição –, sua declaração faz aflorar os efeitos da coisa julgada material, pois se projeta para fora do processo a impedir que, com base naquele título, se realize nova execução.

Friza-se a distinção com suporte em Pontes de Miranda e Egas Moniz de Aragão[466] para, na esteira desses escritores, identificar a prescrição como incidente, visando a alcançar a pretensão e encobrir sua eficácia, diferente da preclusão que atinge o direito, ambas, todavia, gerando a possibilidade de exceção como defesa. De fato, a pretensão executiva fica extinta com a prescrição e, portanto, o direito à execução também, fazendo assim coisa julgada na linguagem do código, com julgamento de mérito relativo ao direito da ação de execução.

Há possibilidade de, uma vez ocorrida a prescrição executiva ou o encobrimento da eficácia executiva pela prescrição, restar outras pretensões não encobertas, pois, como diz Pontes, esta é *encobrinte* e não *extintiva*.[467] A existência de outras pretensões relativas à mesma relação

---

[466] ARAGÃO. Egas Moniz de. *Comentários ao CPC*, 1979, p. 552.

[467] MIRANDA, Fernando Cavalcanti Pontes de. *Op. cit*, p. 130.

jurídica justifica a ocorrência de mais de uma prescrição, pois, como se viu, o que fica encoberto não é o direito, mas a acionabilidade através da pretensão. Nasce com ela, sim, a possibilidade da exceção, isto é, de defesa do executado.

A dificuldade, se houver, é a de adequar os princípios e conceitos aos objetivos existentes no processo de execução. Nada mais. O emprego de modelos teóricos científicos carreados do processo de cognição, quando utilizado pela execução, devem ser adaptados, levando-se em conta um e outro objetivo. Não é diferente nesse momento. A simples adaptação de objetivos é suficiente para a utilização dos modelos dogmáticos do processo ordinário na sua integridade no processo de execução, inclusive a coisa julgada.

Da mesma forma que foram tratadas as disposições processuais existentes relativas as condições da ação, deve-se fazê-lo, neste momento, pois também o CPC regula a prescrição e a decadência. O tema é tratado no artigo 269, IV, determinando a extinção do processo, quando pronunciado em razão da prescrição ou decadência, com julgamento de mérito. O Código Civil brasileiro trata da prescrição a partir do artigo 189, permitindo sua aplicação a qualquer tempo. Carvalho Santos[468] leciona a possibilidade de alegação não só no juízo singular, mas em grau de apelação e até mesmo nos tribunais superiores, assim como também em qualquer tipo de processo, ordinário, cautelar ou executivo. Com o advento da Lei 11.280, de 2006, ficou superada a discussão sobre a aplicação de ofício ou não da prescrição. Com a revogação do artigo 194 CCB e a modificação do § 5º do artigo 219 do CPC, unificou-se a posição legislativa inclusive com a do CDC onde a matéria é versada no artigo 27, que em face do caráter de ordem pública desse diploma (art. 1º), já permitia ao juiz declarar de ofício, não havendo mais antinomia entre as normas do código e o art. 27 do CDC. Salvo outras interpretações, quer parecer espancada qualquer dúvida e reinar harmonia sobre o tema, sendo permitido, destarte, para qualquer situação de direito material, o reconhecimento de ofício, que somente exigirá o requerimento da parte quando não chanceladas pelo juízo, e, especialmente no processo de execução.

Deve-se também observar as disposições semelhantes encontradas no CPC, pois o artigo 219, § 5º,[469] chancela a formação de um entendimento único entre o CCB e o CPC relativo à matéria prescricional, não mais diferenciando direitos patrimoniais daqueles não-patrimoniais; tanto num como no outro o juiz deve conhecê-lo de ofício. Inquestionável após o advento da Lei sob comento que, pela interpretação conjunta do CCB e o CPC, quase nada mudou em se tratando de execução

---

[468] SANTOS, Carvalho. *Op. cit.*, p. 380.

[469] O juiz pronunciará, de ofício, a prescrição.

A Coisa Julgada na Exceção de Executividade

aparelhada com título executivo prescrito, por ser uma questão de ordem pública (processo), nada obstante o mérito buscado ser da ordem do direito patrimonial. Neste caso, a prescrição obsta o juízo executivo, o procedimento executivo, e não propriamente a questão do direito patrimonial, que fica inatacada. Destaca-se também a questão do encobrimento da eficácia executiva que foge à órbita do direito privado – restrita ao direito comum – e escorrega para a freqüência de direito público – direito de ação –, sendo por mais esta razão possível a decretação, de ofício, da prescrição executiva mesmo sob a égide da legislação revogada (194 CCB), pois trata de questão de ordem pública vinculada com as condições da ação, assim devendo ser tratadas.

O provimento judicial que declara extinta a execução produz coisa julgada apenas com relação ao mérito executivo, com a impossibilidade de repropositura de ação de execução, ficando fora de tal alcance o mérito objetivo, isto é, o direito material de titularidade do exeqüente, permanecendo inviolado, podendo ser atendido pela jurisdição, desde que por outro procedimento.

Essa distinção é fundamental para a verdadeira classificação da prescrição, pois a verdadeira condição da ação de execução é o título e esse deve estar apto a aparelhar a demanda e, como apto, deve se entender aquele sobre o qual não recaiu a prescrição. Tal colocação leva a afirmação que o juiz deve declarar de ofício a prescrição pela falta de possibilidade jurídica do pedido executivo ou mesmo pela falta de interesse processual. Presentemente, é assente que o juiz pode conhecer a prescrição de ofício, e, como tal, não é necessário o requerimento da parte como imperativo à extinção do feito com julgamento de mérito, nos termos do 269, IV, do CPC.

A nosso sentir, face às modificações legislativas presentes para enfrentar a prescrição da eficácia executiva, é correto o juiz decidir de ofício, independentemente do direito material permanecer intacto, não havendo necessidade de requerimento. Nesse sentido, Rosa Maria de Andrade Nery[470] afirma ser condição da ação executiva não se encontrar prescrito o título para possibilitar o exercício da pretensão.

Com efeito, deve-se frisar, tal alternativa é construção pretoriana, bastante nova e que hoje está consolidada. Assim, não causa surpresa decisões do Superior Tribunal de Justiça, especialmente da Quarta Turma – RESP 157.018-RS[471] – inadmitindo a prescrição como elemento

---

[470] NERY, Rosa Maria de Andrade. *Op. cit.*, p. 133. "Deveria, pois, ter o ilustre Juiz prolator da r. decisão recorrida indeferido de plano a petição inicial, porque prescrita não a cobrança de dívida patrimonial (que poderá ser feita em ação de rito ordinário por locupletamento indevido), mas sim a eficácia executiva do cheque, vale dizer, da sua idoneidade para ensejar a ação de execução".

[471] DJU de 12.04.199.

capaz de ensejar a exceção de executividade, por tratar-se de direito (privado) que dependa da provocação da parte, não podendo o juiz conhecê-lo de ofício. Ora, a conclusão assim posta é superficial, pois reduz um tema extremamente complexo a um exame perfunctório da questão. Não tem razão o ínclito julgador quando exige a provocação da parte beneficiada; ainda mais em se tratando de execução, e sendo possível mediatizar o fenômeno pelo título, – pelo simples exame da data do vencimento com a da propositura da ação –, desloca-se a discussão para outra esfera, não mais privada, e o problema passa a residir na esfera da ordem pública, que é o processo. Decisões desse jaez não se sustentam mais.

A propositura e desenvolvimento de uma ação de execução sem título executivo válido deve ser encarada e decidida sobre os cânones do processo, pois pertence à ordem pública, esfera na qual o julgador tem o dever de intervir, quando ciente da irregularidade. Verifica-se, em tela, uma verdadeira impossibilidade jurídica do pedido, em face de não haver, no ordenamento, acolhimento de execução com base em título prescrito. Está obstado o procedimento em tal circunstância. Situação como esta não ultrapassa o juízo de admissibilidade.

É imperativo considerar neste estudo o fato de o processo executivo, além dos pressupostos gerais e das condições da ação, exigir a presença dos pressupostos específicos da execução, previstos nos artigos 580 e 583 do CPC, que são o título e o inadimplemento. Evidentemente, um título prescrito não preenche os requisitos necessários para ser considerado como executivo, especialmente o da exigibilidade. Na espécie, com efeito, se o juiz – a quem competia verificar tais requisitos como elemento de admissibilidade – não o fez, se impõe à parte prejudicada a alegação, não sendo correto, parece, remetê-la ao procedimento dos embargos a fim de exercer direito líquido e certo de caráter público. Direito este que deveria ser declarado pelo juízo da execução, pois integra os requisitos e pressupostos de admissibilidade a serem identificados no título que aparelha a execução.

Entretanto, a requerimento da parte ou de ofício, o conhecimento e a declaração judicial da prescrição, aproveitando-se a linguagem do Código, em execução, se dará com base no artigo 295, IV, do CPC, isto é, com o exame de mérito, e, como conseqüência lógica de tal enquadramento, haverá a formação de coisa julgada material. Deve ficar a advertência de que, na coisa julgada formal, a decisão judicial vincula só o provimento, o qual é apenas relativo aos atos executivos constantes no pedido imediato, restando inatacadas as demais pretensões ou o mérito nos termos tradicionais ligados ao direito material da parte.

A Coisa Julgada na Exceção de Executividade

4.2. Decadência

Outra situação, também ligada ao mérito e merecedora de consideração, é a decadência. Merece uma atenção especial porque pode causar impacto, afirmação desse gênero. Examina-se, com vagar, para tentar, de forma suficiente, clarear o ponto de vista. Assim sendo, algumas premissas básicas são fundamentais para a compreensão.

Tal qual se fez com a prescrição, deve-se fazer com a decadência, no sentido de apreender seu significado e seu alcance. Sabe-se das dificuldades de conceituá-la, assim como também de sua similaridade com aquela, pois também visa, em última análise, a extinção do direito baseado na inércia, elemento fundamental para a existência de uma ou de outra.

A maioria dos autores professa que a prescrição extingue a ação, e a decadência atinge o próprio direito. Sendo assim, quando ocorrer a decadência, a pretensão e a ação a essa vinculada também serão afetadas, mas o contrário não é verdadeiro. Quando ocorrer a prescrição de uma pretensão, pode não ocorrer a decadência, o direito fica intocado, apenas perecendo a ação. A decadência é causa extintiva do direito, e a prescrição só o extingue indiretamente, pois seu objetivo é o de atingir apenas a pretensão. Traço característico entre os dois institutos é o momento do início de um e de outro. Enquanto a decadência inicia desde o momento da formação do direito, a prescrição inicia no momento da violação do direito, ou seja, no momento do não-cumprimento por parte do obrigado. Outra diferença: a decadência supõe direito (potestativo) nascido, mas nunca efetivado, pela inércia, ao passo que a prescrição incide sobre direito (obrigacional) existente e efetivo, mas perecido pela falta da ação, tendo em vista o não-exercício por seu titular.

A par dessas observações, na esteira de Camara Leal,[472] tem-se uma definição da decadência como sendo a extinção do direito pela inércia do seu titular, quando esse teve sua eficácia original vinculada a seu exercício dentro de um prazo prefixado e se esgotou sem o exercício do direito. Há necessidade, portanto, para a ocorrência da decadência, o direito e a ação nascerem simultaneamente. Assim, para uma definição aceitável, tem-se que identificar se a ação constitui em si mesma o exercício do direito ou se a ação serve como fundamento para proteção ao direito; se o exercício do direito e da ação são coisas diversas ou não. Em suma, a decadência atinge os direitos formativos, enquanto a prescrição atinge as pretensões.

---

[472] LEAL, Câmara. *Op. cit.*, p. 101. "Podemos defini-la: decadência é a extinção do direito pela inércia de seu titular, quando sua eficácia foi, de origem, subordinada à condição de seu exercício dentro de um prazo prefixado, e este se esgotou sem que esse exercício se tivesse verificado".

Não se pode, nessa oportunidade, deixar de destacar o precioso estudo de Agnelo Amorim Filho,[473] que, a partir do exame dos institutos tanto da prescrição como da decadência, com o foco direcionado na classificação das ações apresenta um critério seguro de identificação; segundo afirma, somente aquelas ações constitutivas são sujeitas a decadência, critério importante e útil, pois limita o campo de atuação do instituto.

Como tal apresentado, em sede de execução, sua utilização está muito limitada: para seu desencadeamento é necessário o exercício da pretensão executiva; se inexistente, faz a mesma falecer de possibilidade jurídica. Como afirma Alberto Camiña,[474] no processo de execução não há vez para a alegação de decadência. Entretanto, no campo do direito tributário, por força dos artigos 156, V, e 173 do CTN,[475] sua utilização é de real valia, pois assim a lei diz. Não se examinará criticamente o acerto ou não do legislador, mas apenas comentá-lo e utilizá-lo para o fim desejado. Nesse sentido tem-se o magistério de Clito Fornaciari Junior,[476] que, ao examinar o artigo 173 do CTN, entende deva o magistrado, com arrimo no artigo 295, IV, do CPC extinguir a execução fiscal, proferindo uma decisão de mérito a impedir a repropositura da ação em evidente juízo formador de coisa julgada material.

Inquestionável a possibilidade de se objetar uma execução fiscal com base na decadência, pois, sendo essa causa da extinção da obrigação tributária e, mesmo assim, existindo o processo, não resta outra alternativa senão o manejo de exceção por parte do executado. Não restam questionamentos sobre a possibilidade de se utilizar tal matéria em embargos; resta investigar sua possibilidade em exceção de executividade. Na mesma linha de pensamento adotado até o presente momento, a resposta para a questão retro será positiva. Sendo a decadência o perecimento do direito e, por conseqüência, o da ação, não terá o exeqüente legitimidade para deflagrar um procedimento executivo, quando não for possuidor de direito líquido, certo e exigível. Se o CDA estiver em estado de decadência, (prescrito) nos termos da lei tributária, título não haverá, e um dos pressupostos do processo

---

[473] AMORIN FILHO, Agnelo. *Op. cit.*, p. 131. "Estão sujeitas à decadência (indiretamente, isto é, em virtude da decadência do direito potestativo a que correspondem): – as ações constitutivas que têm prazo especial de exercício fixado em lei".

[474] MOREIRA, Alberto Camiña. *Op. cit.*, p. 157.

[475] Art. 156. Extingue-se o crédito Tributário. V – Pela prescrição e a decadência". Art. 173. "O direito de a Fazenda Pública constituir crédito tributário extingue-se após 5 (cinco) anos, contados.

[476] FORNACIARI JUNIOR, Clito. *Apontamento sobre a Execução Fiscal*, p. 14. "Caso ocorra a decadência do crédito tributário (art. 173 do CTN), o juiz, com base no artigo. 295, IV, do CPC, deve indeferir a inicial, preferindo uma decisão de mérito, o que inviabiliza a repropositura desta ação".

de execução é o da existência do título executivo. Sua falta poderá ser alegada, independentemente de segurança de juízo, pois inequivocamente é questão de ordem pública, não requerendo outras formalidades.

Diante dessas colocações, não se tem medo de incorrer em erro crasso ao afirmar poder, sim, o executado, quando demandado em execução fiscal baseada em CDA, submetido à decadência, alegar, intra-executivo, a falta de título executivo, impedindo o desenvolvimento válido e regular do processo, independentemente de embargos ou de segurança de juízo.

Outra questão atormentadora é a de saber se pode ou não o juiz *ex officio* extinguir a execução, quando ciente da existência da decadência ou se está jungido à alegação da parte interessada. Doutrinadores debatem-se em torno dessa questão, especialmente tendo em vista a norma então vigente relativa à prescrição, determinando que essa só pode ser declarada quando requerida pela parte interessada, questão hoje superada pela revogação do artigo, antes mencionado. Câmara Leal[477] afirma textualmente serem os princípios vigentes para prescrição no artigo 194 do CCB, extensivos à decadência. Entretanto, adiante faz uma distinção que parece interessante, dividindo tal possibilidade em duas correntes. A primeira, quando se tratar de ordem pública *ex vi legis*, que, na sua opinião, deve ser declarada de ofício; mas quando se vincular a direitos patrimoniais, decorrentes da vontade, está o juiz vinculado ao pedido da parte interessada.

Tal posicionamento deve ser considerado especialmente, pois, se os direitos patrimoniais privados são passíveis de renúncia, podem ser convalidados em razão da não-argüição de decadência e prosseguir-se o feito. Todavia, para o estudo específico, tendo em vista tratar-se de direito processual vinculado ao direito público a traduzir questões de ordem pública que o Estado quer ver preservadas acima de qualquer outra circunstância, deve o juiz, independentemente de alegação da parte, verificar a decadência do direito tributário posto em causa, e com êxito, extinguir de ofício a execução, pois sua função no processo lhe exige tal atitude. Por outro lado, e em decorrência dessa circunstância, quando alegada a decadência, respeitado o contraditório e os limites da dilação probatória, sempre deve o juiz declarar extinta a execução.

Quanto ao provimento judicial extintivo da execução proposta com base em título, cujo direito já decaiu, será sentença, reclamando apelação. Quando advier o trânsito em julgado, sua eficácia preclusiva se irradiará tanto no processo no qual foi declarada, quanto para fora dele, atingindo qualquer outro que venha a apreciar nova relação

---

[47] LEAL, Câmara. *Op. cit.*, p. 123.

jurídica processual de execução entre as mesmas partes, baseada no mesmo título.

A produção de coisa julgada material é indiscutível em tal episódio. Além da falta de pretensão processual a fulminar o mérito executivo, há também a falta de direito a impedir qualquer tipo de ação por parte do credor putativo, se assim se pode chamar aquele proponente da execução com base apenas na aparência obtida pelo documento, não completo como título executivo, pois o ato que traduz o direito está ofuscado pela decadência, fulminando a pretensão relativa ao direito material posto em causa ou o mérito compreendido de forma tradicional. Há incidência de preclusão com relação aos dois tipos de mérito – procedimental e material –, pois o instituto assim exige.

A extinção do feito executivo se dará com base no mesmo dispositivo legal (art. 269 IV), aplicável à execução por força do artigo 598 do CPC, estando, conforme o esquema dogmático, cientificamente preconizado pelo sistema processual vigente, não requerendo nenhum esforço ou interpretação para lhe emprestar legalidade. A extinção se faz atingindo o mérito e, como tal preconizada, essa decisão está apta a formar coisa julgada material dentro da concepção clássica do processo civil brasileiro.

4.3. Direito Obrigacional

Finalmente, deve-se enfrentar as questões de extinção da execução com o exame do mérito atingindo exclusivamente o direito material posto em causa, pela extinção natural da obrigação, e só por decorrência o mérito executivo, pois não se pode manejar o procedimento executivo sem ter um título executivo completo (pressuposto legal) e o inadimplemento (pressuposto de fato). Quando inexistir obrigação, poderá existir apenas o título formalmente, mas não será apto a desencadear um procedimento executivo. Tal vedação decorre do próprio CPC, artigo 583, que exige o título, cuja composição examinou-se alhures.

4.3.1. Pagamento

Trata-se de extinção natural da obrigação decorrente do pagamento. Também há outros modos de extinção previstos na lei civil, especialmente no Livro III, como a novação e a compensação. Tratando-se de execução com base em título executivo maculada pela incidência desses institutos, não há como se exigir o prosseguimento do processo com os atos de execução, desde que respeitados o princípio do contraditório e a impossibilidade de dilação probatória. Assim, presente qualquer das causas extintivas da obrigação consubstanciada no título exeqüendo, se alegado pelo executado, internamente ao procedimento executivo, outra alternativa não se afigura para o juiz senão declarar a extinção do processo pela impossibilidade jurídica do pedido com relação aos atos executivos e em razão da inexistência do direito material pleiteado; por conseqüência, não há necessidade da utilização da jurisdição.

Ensina Karl Larenz[478] ser a relação obrigacional destinada a uma finalidade, que é a da satisfação do credor, cujo fim está determinado e extingue-se quando a pretensão devida é cumprida em favor do devedor. Não sendo necessário para tal mister, o mesmo autor esclarece que o mais importante é a obtenção do resultado positivo de satisfação. Assim, não se exclui das formas de extinção de obrigação passíveis de serem alegadas em exceção também a novação e até mesmo a compensação que, por sua peculiaridade, ver-se-á em tópico apartado.

Diante desse quadro, operando-se o trânsito em julgado de decisão desse quilate, está-se diante de declaração a vincular tanto o mérito executivo como o mérito tradicionalmente consagrado. Atinge o direito do exeqüente com relação aos atos executivos, projetando tal impedimento para fora do processo e vincula todos os juízos executivos futuros, como também atinge o direito material, objetivamente determinado e subjetivamente identificado como o autor da demanda executiva.

Com o pagamento não é possível repropor a execução, em face da deficiência de título. Não é possível também buscar a quantia declarada no título, de outra forma jurisdicional, tendo em vista que o pagamento extinguiu a obrigação de direito material.

Assim, nessas circunstâncias, observa-se a existência da coisa julgada formal e da material, pois há aplicação dos efeitos do ato jurisdicional extintivo do feito executivo tanto sobre o processo em curso como com relação aos juízos futuros, diante da possível repropositura da demanda entre as mesmas partes com base no mesmo título.

A ocorrência de pagamento retira o pressuposto prático do inadimplemento. Este fato, se não for verificado pelo juiz, poderá ser alegado pela parte antes da penhora, desde que respeitada a *dilação probatória*, pois, se o crédito em cobrança já está pago, evidentemente a execução é impraticável.

---

[478] LARENZ, Karl. *Op. cit. Tomo I*, p. 408. "La relación obligatoria está destinada a cumplir su finalidad consistente en el pago o satisfacción del, acreedor, con lo cual aquélla llega a su fin predeterminado. Por tanto, esta relación obligatoria, es decir, el singular deber de prestación, se extingue cuando 'la prestación debida es efectuada a favor del acreedor. Mediante el cumplimiento de la prestación debida, la relación obligatoria queda 'extinguida' en el doble sentido ante expuesto".

4.3.2. Novação

Na mesma esteira, a ocorrência de novação, um dos modos de extinção da obrigação, resultando na extinção do inadimplemento, pois uma vez novada, encontra-se a obrigação regular, não sendo passível sua execução por falta de pressuposto específico da obrigação, não havendo o interesse do particular nem do Estado na promoção da execução. Deve-se ter presente que só é passível de execução quando o inadimplemento for culposo. No caso da novação, não há como se perquirir de inadimplemento e, destarte, de exigibilidade a ser reclamada via jurisdição.

No âmbito da execução fiscal, outra situação bastante comum a ensejar a alegação de falta de executividade, a exigir do juiz uma declaração extintiva do feito com julgamento do mérito, formando coisa julgada material, é a circunstância de execução de crédito com a exigibilidade suspensa através de depósito suficiente para o pagamento do débito, na esfera administrativa, a fim de viabilizar a discussão sobre a exigibilidade ou não do tributo. Evidente, como diz Hugo de Brito,[479] a existência do depósito do montante integral do crédito suspende a exigibilidade desse e retira requisito essencial à propositura da execução.

Deve-se frisar que, quase sempre, nesses casos, refoge a possibilidade de o juiz pronunciar-se de ofício, em face da impossibilidade de conhecer os fatos. Entretanto, cabe à parte interessada a alegação do ocorrido, trazendo aos autos prova do alegado, proporcionando ao magistrado a possibilidade de então aquilatar com exatidão se estão ou não presentes todos os requisitos de admissibilidade da execução. Cabe, da mesma forma, verificar, à luz da prova apresentada, a irregularidade, e, em caso de insanabilidade, extinguir o feito por falta de pressupostos de existência ou de validade para o prosseguimento, provimento declaratório que ao sofrer a incidência da preclusão máxima, formará coisa julgada material com relação aos créditos afirmados.

4.3.3. Compensação

Uma última palavra deve-se dedicar ao instituto da compensação. Num primeiro momento, houve inclinação a excluir a compensação da possibilidade de ser argüida através da exceção de executividade, tendo em vista esta se prestar fundamentalmente a excluir a constrição de patrimônio, em execução injusta ou irregularmente proposta. A razão é singela, pois, ao alegar compensação, dispõe-se de um crédito – patrimônio – livre e suficiente para a garantia do juízo e, com a utilização dos embargos, prejuízo não haverá para ambas as partes.

---

[479] MACHADO, Hugo de Brito. *Op. cit.*, p. 20.

No entanto, em exame mais aprofundado da questão, especialmente das formas procedimentais dos embargos e da exceção, visando sempre a emprestar uma maior efetividade ao processo, desobstruindo o Judiciário, poupando-lhe tarefas inúteis e desnecessárias, chegando-se à posição favorável também no caso de tratar-se de compensação, não está afastada a possibilidade de o juízo da execução, em procedimento executivo, declará-la em evidente cognição intra-executiva. Para tal mister, parece despicienda a discussão de ser ou não ser a compensação passível de verificação de ofício. A problemática fixa-se na necessidade de utilização do processo executivo. A observância dos princípios dos processos de execução, v.g., o da utilidade como vetor de sua existência, ou do prejuízo e da finalidade, no aspecto geral, são suficientes para deslocar a justificativa de aceitação da compensação, como forma de solução rápida e segura, para a esfera da execução, sem prejuízo ou desatendimento de norma de caráter superior, nem ferimento de sistema, ou outra irregularidade qualquer.

Autores como Carlos Alberto Camiña[480] preocupam-se com o tema e mais com a necessidade de justificar o caráter de ordem pública da compensação, resenhando inúmeros doutrinadores em uma e outra linha de pensamento. Tal trabalho é importante, mas julga-se não decisivo para as conclusões retiradas do exame de casos da espécie. A existência de créditos/dívidas em situação de aptidão para serem compensadas, – art. 369 do CCB – em primeiro lugar, não deveria ser submetida ao Judiciário tal solução, e, em segundo lugar, se foi, deve ser solucionada imediatamente, desimpactando a sobrecarga já existente do Poder Judiciário, com solução rápida e segura, como é a declaração de inexistência de ambas, com isto, pondo fim a duas controvérsias, pois, com o trânsito em julgado, operar-se-á a coisa julgada material, impossibilitando aos litigantes qualquer tentativa de repropositura dos feitos em sede executiva ou ordinária.

5. Casuísmos

Tais afirmações, de forma aleatória, poderão parecer mais elocubrações acadêmicas do que comentários à luz de constatações práticas. Sendo assim, resenham-se algumas das situações retrocomentadas, a ensejar o manejo da exceção de executividade, cujo provimento declaratório de procedência das alegações do executado teve como fundamento as várias situações da tríade processual, ou seja, fez incidir os

---

[480] MOREIRA, Carlos Alberto Camiña. *Op. cit.*, p. 162 e ss.

pressupostos processuais, as condições da ação e, em inúmeras oportunidades, o mérito executivo e até mesmo o mérito tradicionalmente conhecido, na linguagem chiovendiana, de ser o bem da vida.

Deve-se anotar que pouco se tratou de citações jurisprudenciais, mas convém informar que os casuísmos ventilados são obtidos a partir de decisões concretas, em relação a cada uma das matérias. Também se deve gizar que o assunto é tratado apenas de forma exemplificativa, não sendo nossa pretensão catalogar todas as possibilidades, até porque isto seria impossível em face da riqueza de exemplos encontrados dia a dia nos tribunais, a impedir a exaustão sob pena de estelionato informativo. Também, naquelas hipóteses mais corriqueiras, evita-se a superfetação, v.g., sobre os pressupostos processuais, cuja variedade de casos é imensa e repetitiva para efeito de esquema dogmático.

As situações mais comuns verificadas, relacionadas com os pressupostos processuais, são a falta de capacidade postulatória e defeitos na inicial, especialmente com relação ao valor da causa, quando a emenda for determinada por força do artigo 616 do CPC, e desatendida pelo exeqüente; a citação em pessoa diversa da demandada, ressalvada a teoria da aparência em se tratando de pessoa jurídica, ou até mesmo a citação por ARMP, vedada em execução nos termos do artigo 222, d, do CPC; a citação por edital, sem a nomeação do curador exigida pelo artigo 9º, II, do mesmo diploma, em evidente desrespeito ao contraditório executivo; propositura de demanda executiva em juízo incompetente, como o caso das execuções fiscais decorrentes dos conselhos de classe, em Juízo Estadual, já que hoje é pacífico ser a competência da Justiça Federal. Também é passível de ser atacada através da exceção eventuais litispendências, decorrente de execuções propostas em duplicidade, com base, especialmente, em contratos, que podem ser instrumentalizados por cópia, ou ainda com base em contrato e em cambial quando esta é garantia daquele, ambos ligados ao mesmo negócio jurídico.

Dá-se prosseguimento, com o mesmo espírito de somente informar algumas das inúmeras situações nas quais, pela utilização da exceção de executividade, se opera a coisa julgada, tanto formal como material, tal ocorre, e nesse particular não encontra resistência doutrinária, quando há inobservância das condições da ação, vejam-se abaixo alguns casos exemplificando o supradito.

A propositura de execução de pagar quantia certa contra devedor solvente realizada contra a fazenda pública, a execução de título executivo extrajudicial oriundo de dívida de jogo, ou obrigação de fazer coagindo pessoalmente o devedor a cumprir, entre outros exemplos, demonstram que a falta de possibilidade jurídica atinge a execução, pois não havendo no ordenamento jurídico a autorização para o

Estado realizar os atos inerentes a esse tipo de procedimento, não poderá existir o procedimento.

Também a letra de câmbio emitida por mandato (súmula 60); a sacada contra condômino para o pagamento das despesas decorrentes do condomínio; a letra apresentada por cópia; a nota promissória quando lhe faltar algum dos requisitos formais, tais como deficiência no preenchimento, ou quando for usada indevidamente como substitutivo de duplicata; esta quando tirada em desacordo com a finalidade prescrita em lei, v.g., sacada contra a fazenda pública ou autarquia, extraída sem observar a simetria com a fatura, ou seja, sem corresponder a uma compra e venda ou ainda não aceita, sem protesto e desacompanhada do comprovante de entrega de mercadoria, dentre tantas causas elidem o interesse de agir.

Pelas mesmas razões, o cheque sem a devida regularidade formal, emitido com assinatura falsa, ou rasurado; o contrato derivado de operações de cartão de crédito, por não conter liquidez; da mesma forma, atualmente, em face da decisão do STJ, o contrato de abertura de crédito em conta corrente, – cheque especial; o contrato quando não firmado por duas testemunhas, de compra e venda, de consórcio e não possuir quantia certa mas apenas a indicação de que deve ser saldado pelo valor do bem; o contrato de *leasing*, para a cobrança das prestações vencidas, quando houve encerramento irregular do mesmo.

Fenômeno similar ocorre também na área das Execuções Fiscais, diante das freqüentes irregularidades encontradas nos CDA, retirando, por tal razão, do exeqüente a possibilidade de agir executivamente. Além de outras situações, como a execução de carta de arrematação, de borderô de desconto bancário, que, por sua natureza, não constituem título executivo e, destarte, não possuem seus titulares, interesse de agir executivo, faltando-lhes, destarte, uma das condições da ação.

Situação da mesma natureza é encontrada com a falta de legitimidade passiva *ad causam*, especialmente nos casos de titular de conta conjunta quando executado por emissão de cheque do co-titular; do mandatário em nome do mandante; do antigo proprietário em dívidas derivadas do IPTU; as pessoas cujos nomes não constam da dívida ativa, mas são vinculados ao devedor pela solidariedade ou subsidiaridade; falta de legitimidade do endossatário quando este se deu por mandato, segundo jurisprudência do Supremo Tribunal Federal, no sentido de que o endossatário mandatário não é parte legítima para causa ativa nem passivamente, tendo em vista que esse tipo de endosso não transfere a propriedade nem a titularidade do crédito.

Os exemplos se multiplicam; entretanto, como o objetivo é somente demonstrar alguns casos ou circunstâncias em que ocorre a possibilidade de utilização da exceção de executividade sem maiores óbices, bastam os casuímos supra, referentes às condições da ação, sempre ressalvando que uma análise mais acurada na jurisprudência fornece uma resenha enorme de casos pela riqueza de situações oferecidas.

A incidir na terceira parte do fenômeno da tríade do processo – quanto ao mérito – reiteram-se as observações relativas ao que se compreende por tal categoria. De forma pontual, relacionar-se-ão alguns casos que, quando alegados pelo executado, dentro de critérios científicos, internos ao processo executivo, sem embargos e por óbvio sem a penhora, têm o condão de afetar sempre o mérito executivo e, em certas circunstâncias, também o mérito como tradicionalmente conhecido.

Com relação à prescrição, maiores dificuldades não se oferecem; basta a simples verificação no título da data do vencimento ou do momento do cumprimento da obrigação, cotejando-a com a data da propositura da execução para se obter, com certeza, se há ou não prescrição, pois esta, conforme dito, é o decurso de prazo, sem o exercício da ação por parte do credor. A constatação temporal é suficiente e pode ocorrer com todas as cambiais, variando apenas o tempo pelo qual, em razão do texto da lei, prescrevem, v.g., o cheque o prazo prescricional é diverso da duplicata. O devedor principal tem um tempo maior para ser executado com relação a seu coobrigado em geral.

Relativo à decadência – não obstante sua utilização reduzida no âmbito da exceção, pois, conforme visto, só se enquadra no executivo fiscal, tendo em vista o caráter de extinguir direitos formativos e, como tais, não passíveis de execução –, seu leque de verificação fica diminuído. Assim, não há maiores dificuldades, pois basta, como na prescrição, a observância e a cautela de cotejo entre a data na qual tornou exigível com a efetiva exigibilidade. Tal confronto é suficiente para se extrair com segurança se ocorreu ou não a decadência. Sua ocorrência se dá pela incidência do artigo 176 do CTN.

Com respeito ao pagamento, sabe-se que esse se opera por mais de uma maneira, como retrocomentado, sendo pelo modo tradicional, ou seja, nos termos da lei civil e pelas condições estipuladas, ou por modos diversos, tais como a novação e a transação, esta descabida em nosso estudo. Todavia, quanto às outras situações, por passíveis de ocorrerem, são encontradas com certa facilidade no mundo dos fatos jurígenos, capazes e suficientes para ensejar o manejo da exceção de executividade, sem ferir o sistema processual vigente, pelo contrário, no sentido de preservar o direito como sistema hierárquico devendo ser apreciado axiologicamente.

Especificamente, o pagamento realizado através do sistema financeiro, através de sistema de informatização ou mesmo *on line*, é muito comum, por equívocos ou até má fé de credores inescrupulosos, por existirem casos de execuções propostas com base em cambiais já liquidadas indiretamente, isto é, pagas a terceiros, no exemplo, os bancos. Há de se assinalar que o pagamento, via sistema bancário, movimenta mais de noventa por cento dos efeitos mercantis em circulação e liquidados desta maneira; assim, pela quantidade envolvida, haverá larga possibilidade de irregularidades, inclusive com a propositura de execução com base em um título já liquidado.

As causas de tal ocorrência são as mais variadas; falta de controle, falhas nos sistemas de processamento de dados, mormente nas empresas financeiras, dificultando ou mesmo não realizando a prestação de contas devidamente. O fato é um só, o pagamento existiu. Tal fenômeno retira a condição de título executivo da cambial ou do contrato envolvido, pois, com relação a estes, também, com freqüência, se observam enganos dessa natureza, especialmente porque podem aparelhar uma execução por cópia.

Inevitável destacar que, em várias situações, pode ocorrer a propositura de procedimento executivo com base em obrigação já liquidada. Neste caso, título não haverá, pois a cártula está desprovida de um dos requisitos específicos e imperativos para haver dito procedimento: o inadimplemento. Sem inadimplemento, não pode haver a execução e, com o pagamento, mais clara, impossível a afirmação da falta de requisito fundamental, não podendo o processo prosperar. Ensina José da Silva Pacheco[481] que o pagamento da dívida ou cumprimento da obrigação torna sem objeto a execução.

Em tal circunstância faltam à execução, pressupostos de validade e condição para a ação. Em suma, não existe razão de ser. O fundamento jurídico de fato – inadimplemento – inexiste, portanto não há interesse nem legitimidade para a propositura do feito executivo. Interesse pela inexistência da dívida, ilegitimidade ativa, porque o exeqüente não é credor. Falta de pressuposto, porque o título está mutilado na sua parte correspondente ao ato, existindo apenas o documento formal, o que, destarte, é insuficiente para, no dizer de Carneluti, ser o *bilhete de ingresso no mundo executivo*.

Deve-se observar ainda, nada obstante a falta dos pressuposto de validade, faltarem, também as condições da ação, e, como efeito, o direito para o Estado realizar os atos executivos – ação – e o direito objetivo constante no ordenamento legal – pagamento; assim, o processo de execução movido com base em título pago pode ser atacado por

---

[481] PACHECO, José da Silva. *Tratado das Execuções*, 1959, p. 265. "O pagamento da dívida ou o cumprimento da obrigação discutida na ação e objeto da sentença que se executa tornam sem objeto a execução. Comprovados suficientemente, podem ser alegados a qualquer tempo, ainda que fora do prazo".

todos os fenômenos do processo, ou seja, tanto pode ser pela falta de pressupostos, como por falta de condições ou inexistência de obrigação. Basta apenas o devedor agir dentro dos parâmetros científicos exigidos para se viabilizar sua defesa.

Questão a abordar é de que modo pode-se realizar o trancamento da ação irregularmente proposta. Em face dos elementos de irregularidades presentes, pode o juiz fazê-la de ofício ou não? Por ser direito disponível, só pode ser conhecido a requerimento da parte? Antes da resposta objetiva, uma questão de ordem prática se apresenta. Está relacionada com o conhecimento dos fatos: a prova do pagamento é definida em lei – CCB, arts. 313 a 326 – e tal prova só quem possui é o devedor ou alguém a ele ligado, ficando o magistrado, por esta razão, impedido de agir de ofício. Pode, todavia, o executado obstar a execução pelo manejo da exceção de executividade, pois definitivamente falta requisito de admissibilidade para o procedimento.

Sendo possível o travamento da ação de execução através de ato do executado, não se exige a penhora por não estar presente os elementos justificadores da constrição, autorizando como decorrência natural da lógica o conhecimento no juízo executivo, devendo ser processado antes da penhora. Se esta já ocorreu, o caminho é o estabelecido pelo CPC – via embargos ou impugnação –, não se justificando e não sendo possível do ponto de vista dogmático, científico, sua utilização, pois a Lei estabelece claramente os procedimentos. Exceção só antes da penhora; após, é insustentável e injustificável sob todos os aspectos, tanto do lógico como do científico ou político e até mesmo do econômico.

Alegado o pagamento com as provas inequívocas, respeitado o contraditório, deve o juiz extinguir o feito, declarando inexistente o direito subjetivo da parte exeqüente e desconstituindo o título da qualidade executiva. Produz tal provimento, quando transitada em julgado, coisa julgada material, tanto no sentido de obstar a nova execução como no sentido da declaração de inexistência do direito material decorrente da relação jurídica substantiva existente entre as partes.

As observações supra valem também para a novação, pois nada mais é do que a substituição de uma obrigação por outra, consubstanciada em contrato ou cambiariformes. Uma vez novada a obrigação, aquela anterior se extingue, não sendo mais possível – com base nela – propositura de ação de execução, por lhe falecerem os requisitos de admissibilidade, diante da inexistência de título executivo.

O trato para a espécie é o mesmo, o trancamento para ação deve ser proposto pelo demandado através da exceção antes da penhora ou pelos embargos após a realização dessa. Sendo realizado por exceção, o provimento jurisdicional também será a declaração seguida de desconstituição, fazendo coisa julgada material, vedando a juízos futuros de conhecer execução com base naquele título entre as mesmas partes.

Todos estes procedimentos sugeridos são e devem ser tratados como exceção a justificar o alargamento da interpretação literal apresentada para os casos da espécie. O manejo deve seguir os contornos científicos necessários à sua utilização. Não se admite a utilização de tão nobre solução com o fito procrastinatório ou de obstrução ilegal do augusto processo de execução. O momento para sua utilização é sempre antes da penhora, pois, se esta já foi realizada, não há que se falar em exceção, mas sim em embargos ou impugnação. O processo é o instrumental da realização do direito material e assim deve ser compreendido; se há direito, deve realizá-lo o mais rápido e completo possível; se não há, deve ser declarado inexistente incontinente. Subverter esta lógica é ilegal e não se pode permitir, pois, como diz Chiovenda, o processo não cria nem suprime direito, tem de dar às partes tudo aquilo que elas teriam se tivesse havido a execução espontânea, não mais nem menos. É com esse prisma que se examinou a exceção de executividade e, em decorrência de seu estudo, concluiuse pela existência de coisa julgada material em situações específicas, adredemente definidas de simples compreensão.

Deve-se deixar bem claro não ser uma visão alternativista, mas uma visão que pretende não ferir os princípios maiores do direito dentro de uma interpretação axiológica e sistemática das normas jurídicas, a fim de preservar o direito como um todo e resguardá-lo para seu ofício maior, que é o de buscar a paz e justiça social.

XI – Considerações Finais

A falta de teorização de questões polêmicas relativas ao processo de execução é evidenciado em estudo dessa ordem. Ao se pensar de forma sistemática e científica em processo civil, tem-se em mira o processo ordinário. A visão de que a execução ainda continua sendo desdobramento daquele é extremamente presente com relação aos procedimentos que hodiernamente possuem orientações próprias. A autonomia executiva ficou evidenciada há décadas, todavia as dificuldades com os tratos conceituais continuam rígidos como antes.

É inexorável concluir a existência de uma dificuldade adicional no trato das questões relativas à execução pela falta de uma parte geral no CPC, à guisa do que possui o Código Civil brasileiro. Com essa carência, utilizam-se os princípios destinados ao processo ordinário cognitivo, por força do artigo 598 do diploma processual, como comando geral executivo. Em função desse emprego, muitos conceitos e princípios devem ser adequados e, em várias oportunidades, não cumprem a função, pela diversidade de conteúdo do processo de execução. Assim, enquanto não superado este dificultador, devem-se lapidar os existentes a fim de tentar emprestar maior efetividade ao processo de execução.

Um outro viés a ser considerado é o choque histórico que contamina nosso processo atual, decorrente da utilização do modelo germânico de execução, não se coadunando com o ramo romano canônico.[482] O primeiro, irascível, com o predomínio da força e até arbitrário; o segundo, mais evoluído e tendente a contemporizar as ações mais violentas, somente admitidas depois de uma constatação da certeza absoluta, privilegiando o tempo em detrimento da realização do direito, comprometido ideologicamente com o *ordo*. Daí resulta o contraste entre efetividade e segurança, a efetividade decorrente da execução imediata, e a segurança, da ampla cognição e do conhecimento pleno a culminar pela declaração, ficando a execução postergada *sine die*.

Imperativo afirmar também que a realização do direito, pelo modo substitutivo, pela coerção do Estado, só se efetua através da execução. O procedimento ordinário oriundo do *ordo iudiciorum priva-*

---

[482] LIMA, Alcides Mendonça. *Op. cit.*, p. 34.

torum tem como condão a não-realização prática do direito e a não-modificação do mundo sensível. A execução deriva dos interditos e do direito medieval, visando a realizar, conhecendo ou não. Executar, portanto, é o realizar do Estado no exercício da jurisdição através do poder sancionatário, traduzido em atos práticos, de movimentação espacial de bens e direitos da esfera patrimonial do devedor para a do credor, tendente a satisfazer o direito não realizado espontaneamente.

Portanto, para existir a execução, deve o Estado estar autorizado através do processo com a observação de todo seu formalismo, pois seus atos produzem alteração patrimonial, direito fundamental protegido pela Constituição Federal em cláusula pétrea.

O exame da admissibilidade na execução, não resta dúvida, é tarefa nobre do Judiciário, no augusto mister jurisdicional. A execução, quando não preenche todos os requisitos de admissibilidade, por falta de pressupostos, falta de condição da ação – se admitida com tal função ou atuando como mérito – irregularidades ou insuficiência de alguns dos elementos necessários à existência do título executivo, deve ser fulminada de início, não devendo prosseguir, pois a jurisdição tem normas que devem ser respeitadas.

A execução é autorizada pelo processo, através do procedimento previsto no livro II do CPC, procedimento composto por um dos tipos de processo, autônomo e independente na sua forma ontológica, dependente exclusivamente do título, elemento imperativo para a existência da execução – art. 583 do CPC. Ultrapassado está o período no qual pendia dúvida sobre a autonomia da função executiva. Modernamente, esta deve seguir todos os traços do processo, observá-lo cientifica e dogmaticamente; só assim uma execução estará perfeitamente apta a ser realizada, mesmo se tratando de título executivo judicial, por força do artigo 475-R.

Com isso, fica evidente o dever de as normas utilizadas na execução serem as traçadas para o processo como ciência. A relação jurídica executiva, todavia, tem escopo diverso da ordinária ou cautelar. Assim, com relação a isto, deve haver respeito, impondo-se um temperador entre a utilização da ciência processual geral e o objeto colimado, sob pena de subverter a ordem e atingir o sistema como arquétipo legal. A visualização holística da execução dentro do processo e do sistema de direito como um todo é fundamental para sua manutenção como peça imperativa na produção de justiça.

Essa visão metodológica autoriza a afirmação pela qual o processo de execução utiliza-se dos pressupostos processuais existentes para toda e qualquer relação processual, por atuar na esfera do direito público e estudado no campo da teoria do processo. Pelas mesmas razões, verifica-se no processo a necessidade de existirem condições para o Estado realizar sua função. E, finalmente, verifica-se a existência de um mérito, especial, vivo e atuante como objetivo final da execução. A utilização da trilogia do processo é verificada, sem melindres, dentro dessa proposta jurisdicional.

Dentro dessa mundivisão e à luz dos estudos, concluiu-se com tranqüilidade que, dentro do processo de execução, coabitam princípios próprios com outros, como, por exemplo, o do contraditório. Este definitivamente não pode ser afastado, pois, com o advento da Carta de 88, foi erigido a princípio constitucional imperativo em todos os tipos de processo, inclusive o administrativo – Art. 5º, LV, da C.F. Como se afirma, tudo deve ser adequado ao objetivo e aos contornos próprios, mas nunca devem ser desprezados e inobservados tais princípios; sob pena de macular o desenvolvimento com a pecha de nulidade, v.g., a citação por edital sem cumprimento do disposto do artigo 9º, II, do CPC.

O acima exposto não se resume apenas ao contraditório; outros conceitos eminentemente vinculados ao procedimento ordinário existem na execução, como, e.g., a cognição. Estes, todavia, devem ser otimizados, considerando-se os objetivos executivos e não simplesmente utilizá-los acriticamente em toda sua extensão. Não se pode desnaturar procedimentos, encadeados de forma lógica a desaguar na execução. A presença do título elimina em grande parte a necessidade de conhecer do juiz, pois parte de uma presunção de certeza imanente ao título executivo. Em inúmeras oportunidades, entretanto, em sede de execução experimenta-se a cognição; essa se faz necessária e deve ser utilizada pelo juiz, pois este não deve ficar alheio à relação processual. O juiz moderno deve ser um juiz ativo e participativo, devendo conhecer de seu ofício e com ele interagir.

Como conciliar a necessidade de conhecer com a praticidade do procedimento executivo? A resposta é simples: enquadrando o modelo probatório nos cânones maiores da execução, limita-se a dilação probatória, impede-se a produção de prova, intra-executivo, aceita-se apenas a prova preconstituída e tem-se a harmonia entre a utilização e o respeito a fórmulas ordinárias voltadas ao conhecimento em processo de realização prática. Não se pode é repelir tão nobre função da magistratura, como a cognitiva sobre os fatos e direitos que ela tem a obrigação de decidir ou realizar. Este particular é mola mestra e conceito central do exercício da exceção de executividade. A utilização despropositada do conhecimento e cognição ampla na execução, certamente não coabita com o escopo desta e deve ser rechaçado por se tornar um codilho processual.

Com observações dessa estirpe, pode-se levar a cabo outra situação merecedora de atenção dos processualistas – o mérito. Como foi

A Coisa Julgada na Exceção de Executividade

dito, este se divide em dois grandes vetores, dois grandes ramos: um, peculiar, e só encontrado na execução, é aquele balizado pelo pedido imediato do autor, ou seja, o requerimento para o Estado realizar atos práticos em seu lugar, e o outro, tradicionalmente tratado em doutrina, limitado ao pedido mediato, grifado por Chiovenda como o bem da vida. Em certos casos poderão ocorrer os dois; outras, apenas o primeiro, mas, quando manifestos, o mérito estará sendo utilizado ou para impedir a execução, ou para, além de impedir a execução, fulminar o direito subjetivo da parte, por não assegurado pelo direito objetivo.

À feição dos temas expostos é inevitável a conclusão que a exceção de executividade é fato dentro do direito processual moderno. Fato de criação pretoriana é verdade, mas real dentro do sistema e, mormente no da execução, pois inúmeros são os casos enquadráveis nesse perfil dogmático, resenhado e haurido da doutrina mais preocupada com as grandes e mais modernas causas do processo. Cabe justamente à doutrina desenhar seu perfil científico e dogmático para, em tempo não muito longo, através *de lege ferenda*, incluir no ordenamento processual, passando a ser instrumento de grande valia para dar efetividade ao processo de execução, hoje tão desacreditado. Sua sistematização provocaria um ganho de tempo e otimização pela desobstrução do Judiciário, pois atingiria uma parcela de execuções que, mais cedo ou mais tarde, extinguir-se-ão, sem antes, entulharem as prateleiras dos cartórios por muitos anos.

Quer-se frisar, inclusive com contundência, estar-se tratando de exceção, que como exceção deve ser manejada. Os contornos científicos apresentados não caracterizam uma nova forma de defesa ordinária para o processo de execução que já possui duas consubstanciadas nas normas procedimentais. As situações aqui enquadradas são especialíssimas, elencadas no curso da exposição, não se permitindo discutir, em sede de exceção, matérias como excesso de execução, pretensas abusividades nem utilizá-la como meio protelatório, ou atentatório à dignidade da justiça.

As justificativas apresentadas através dos excursos teóricos têm o objetivo de emprestar ao novo instituto uma forma científica, pois, como ciência deve-se tratar de todos os temas aqui versados. O respeito ao *Officium Iudicis*, historicamente apresentado, robustece hodiernamente e deve ser perseguido pelos prestadores da justiça. A sedimentação de um discurso novo adequadamente aplicado tende a sedimentar-se, criando-se uma nova figura processual.

Constatou-se com esse estudo, verdadeira inadequação do ordenamento jurídico com o trato de questões tão delicadas e presentes em número cada vez maior em nossos dias. Já é tempo de se projetar uma nova roupagem para os procedimentos, a fim de evitar dispersões de entendimento, pois, definitivamente, vive-se num país de direito legislado e, causa desconforto a crescente *commonlawzação* experimentada.

Essas primeiras observações fazem parte do pano de fundo para acoplar-se um outro instituto, pilar vital do processo e da própria jurisdição; fala-se de coisa julgada. A perseguição do objetivo maior é justamente a caracterização da coisa julgada na exceção; reflete-se sobre determinadas premissas, obtendo uma dimensão mínima, isto é, um conteúdo mínimo capaz de demonstrar que, se bem aplicada, existe a coisa julgada na exceção de executividade.

Reservou-se a segunda parte ao estudo da coisa julgada, e se operou sob diversos ângulos, tais como, o funcional, ontológico, da extensão, conceituação e especialmente sob o enfoque científico, conferindo ao instituto a posição de um dos pilares da jurisdição e referencial do processo. Nessa ótica, constata-se ser função maior da coisa julgada dar segurança às relações jurídicas decididas, evitando a eternização e proporcionando a verdadeira paz social, pois, com o afastamento da insegurança, a condição psicológica das partes fica estabilizada, evitando-se desarmonia e desavenças.

Na realidade, divide-se a coisa julgada em dois grandes ramos, o formal – a agir na dimensão interna do processo onde foi produzida, restringindo-se unicamente àquela relação processual – e o material – a projetar seus efeitos metaprocesso, impedindo que qualquer outro juiz venha a decidir sobre aquilo que já foi decidido. Esta última também é cognominada, em ciência, como a verdadeira coisa julgada, reservando-se à primeira o enquadramento como uma espécie de preclusão, tendo em vista o seu alcance limitado.

Independentemente da classificação em formal ou material, para sua ocorrência é mister se façam presentes três elementos estanques: as partes, a causa de pedir e o pedido. Alterando-se um deles, não pode mais se falar em coisa julgada, pois se estará diante de uma outra demanda, não atingida pelas amarras previstas, em virtude da função exercida pela coisa julgada. Com a alteração dos elementos internos, tanto a função positiva em vincular as partes ao provimento judicial, como a negativa, de vedar ao futuro juízo decidir sobre o que já foi decidido, ficam afastadas.

A observação do alcance com relação aos elementos componentes da coisa julgada estabelece-se pelo estudo dos limites – subjetivos, quando envolvem as partes, e objetivos, quando vinculam as matérias decididas e os pedidos realizados. Assim, só são abrangidas pelo fenômeno as partes que se vincularam de uma forma ou de outra à relação processual e os elementos objetivos carreados à demanda, como justificadores do pedido pleiteado. Todo e qualquer motivo ou

causa de pedir não integrantes da relação processual não serão alcança-
das pela coisa julgada, assim como as partes não participantes da
demanda. Quanto a estas, podem apenas sofrer os efeitos naturais da
decisão, mas não se vinculam à coisa julgada.

Todo provimento jurisdicional possui eficácia em seu conteúdo e
efeitos que se propagam a partir desse. O efeito, caracterizador a
chancelar a coisa julgada, conforme pesquisas, é unicamente o efeito
declaratório, pois os demais podem ser mutáveis. O definitivamente
imutável é este – não pode ser alterado, é perene, ficando fora do
alcance das partes para sempre.

Há, todavia, de advertir-se, pois como técnica do processo, para se
obter uma marcha progressiva e constante, o legislador, inseriu uma
série de normas a serem atendidas e observadas; são as chamadas
preclusões, matéria da mesma sorte importante para o processo, pois
seu estudo se confunde com o da coisa julgada. A preclusão é antecedente lógico necessário daquela. Sem ocorrer a preclusão, não haverá
coisa julgada. As preclusões são fenômenos endoprocessuais, que
ocorrem no curso do processo, e a coisa julgada é fenômeno externo, é
a qualidade adicionada à decisão em razão da preclusão máxima.

Assim, o declarado na sentença pelo juiz em processo jurisdicional, quer se trate de ordinário, execução ou cautelar, será objeto de
produção de coisa julgada, respeitado o objeto material contido em
cada um deles. O objeto da lide deve ser bem compreendido em cada
um desses procedimentos, sob pena de repelirmos equivocadamente a
existência de alguns fenômenos. Quando estes existem, apenas por
apego demasiado as formas e a conceitos, não podem ser ignorados
pelos observadores. A decisão intra-executiva, a qual declara o credor
carecedor de ação ou declara a irregularidade ou a falta do direito
material e, certas vezes, desconstitui o título; pode ser alterada pelas
partes, entretanto, a declaração é definitivamente imutável. Outro
título pode ser criado, alterando-se a eficácia constitutiva negativa
produzida pela decisão, mas a eficácia declaratória incidente sobre a
causa de pedir, objeto posto em causa e entre a mesmas partes, fica para
sempre blindada pela qualidade da coisa julgada, não podendo ser
revisada por nenhum outro juiz.

Arrostados os dois temas – exceção e coisa julgada – instrumentos
para nossas conclusões, pode-se com menor ansiedade dizer que, em
sede de execução, quando presentes as condições necessárias para o
executado oferecer exceção de executividade, impedindo a execução,
pelos meios de defesa direta e interno ao procedimento executivo,
haverá sempre coisa julgada quando a decisão judicial sobre o incidente for procedente. Resta, todavia, verificar quais as matérias decididas,
se pertencentes à esfera processual – pressupostos, e nalguns casos

condições – ou pertencentes ao direito material – mérito e condições por vezes – para então identificar se o efeito da coisa julgada opera-se apenas no processo onde foi decidido ou se espraia para fora dele, vinculando os demais juízos. A resposta ao presente questionamento vai indicar se pode ou não se qualificar a coisa julgada como formal ou material.

Objetivamente, buscou-se demonstrar que, com o exercício da exceção de executividade, um outro fenômeno processual surgiu no cenário, a coisa julgada em processo de execução, até então desconhecida e inadmitida em doutrina. Com a observância dos requisitos para o manejo daquela, quando for procedente, tem-se inexoravelmente a formação de coisa julgada, pois a decisão põe fim ao processo, obtendo-se, com o trânsito em julgado da decisão, a coisa julgada formal, que pode se transformar em coisa julgada material, se a matéria decidida for suficiente para obstar a repropositura de uma nova ação de execução, envolvendo as mesmas partes com a mesma causa de pedir.

Por derradeiro, deve-se considerar que este metadiscurso já vem sendo operado de forma efetiva na jurisprudência, ainda que empiricamente tratado. Tem-se a esperança de ter contribuído para a estruturação dogmática do processo civil, mormente o de execução obrigacional, tão carecedora de teorizações próprias em atenção ao seu perfil, tendente a atingir objetivos próprios. Está-se no inicio do terceiro milênio, sendo necessário a todos os ramos do conhecimento se remodelarem, a fim de atender às novas exigências, impostas pelos tempos, com base nos seus sucessos históricos. Não pode ser diverso com o processo, principal veículo de realização do direito, visando sempre à produção de justiça e paz social.

Referências Bibliográficas

ABRÃO, Carlos Henrique. *Exceção de Pré-executividade na Lei 6830/80*. São Paulo, Revista Dialética de Direito Tributário, v. 22.

AGUIAR, Mário. *Condições da Ação em Face a Coisa Julgada*. São Paulo, Revista dos Tribunais, n. 550.

ALLORIO, Enrico. *Problemas de Derecho Procesal*. Buenos Aires, EAEJ, Tradução de Santiago Sentis Melendo, tomo II, 1963.

ALMEIDA, José Canuto Mendes de. *A Contrariedade na Instrução Criminal*. Dissertação para concurso à livre docência de Direito Judiciário Penal, da Faculdade de Direito da Universidade de São Paulo, 1937.

ALVIM, Arruda. *Tratado de Direito Processual Civil*. São Paulo: Revista dos Tribunais, 1990.

AMORIM FILHO, Agnelo. Critério Científico para Distinguir a Prescrição da Decadência e para Identificar as Ações Imprescritíveis. São Paulo, *Revista de Direito de Processo Civil*, v. 3, 1961.

ANDOLINA, Italo. *Cognizione ed Esecuzione nel Sistema della Tutela Giurisdicionale*. Milão: Giuffrè, 1983.

ANTUNES, Mariana Tavares. Exceção de Pré-executividade e os Recursos Cabíveis de seu Indeferimento e de seu Acolhimento. *Aspectos polêmicos e Atuais dos Recursos Cíveis de Acordo com a Lei 9.570/98*. Coordenação de Teresa Arruda Alvim Wambier, São Paulo: Revista dos Tribunais, 1998.

ARAGÃO, Egas Moniz de. *A Sentença e Coisa Julgada*. Rio de Janeiro: Aide, 1992.

———. Efetividade do Processo de Execução. São Paulo: *RePro*, Revista dos Tribunais, n. 72.

———. Observações sobre os Limites Subjetivos da Coisa Julgada. São Paulo, *Revista dos Tribunais*, n. 625, 1987.

———. Preclusão. In *Saneamento do Processo em Homenagem ao Professor Galeno Lacerda*. Carlos Alberto Alvaro de Oliveira, Organizador, Porto Alegre: SAFE, 1989.

ARAUJO, Luís Ivani de Amorim. Da Coisa Julgada. Rio de Janeiro, *Revista Forense*, n. 321.

ARMELIN, Donaldo. *Embargos de Terceiros*. Inédito, tese de doutoramento na PUC São Paulo, 1981.

———. *Legitimidade para Agir no Direito Processual Brasileiro*. São Paulo: Revista dos Tribunais, 1979.

AROCA, Juan Monteiro. *Introduccion al Derecho Procesal*. Madrid: Editorial Tecnos, 1976.

ASSIS, Araken. *Cumulação de Ações*. 2ª ed., São Paulo: Revista dos Tribunais, 1995.

———. *Manual do Processo de Execução*. 4ª ed., São Paulo: Revista dos Tribunais, 1997.

————. Reflexões Sobre a Eficácia Preclusiva da Coisa Julgada. In *Saneamento do Processo, Estudos em Homenagem ao Prof. Galeno Lacerda*. Carlos Alberto Álvaro de Oliveira, Organizador, Porto Alegre: SAFE, 1989.

————. *Resolução do Contrato por Inadimplemento*. 3ª ed., São Paulo: Revista dos Tribunais, 1999.

AZAMBUJA, Carmen. *Rumo a uma Nova Coisa Julgada*. Porto Alegre: Livraria do Advogado, 1994.

AZULAY, Fortunato. *Do Inadimplemento Antecipado do Contrato*. Rio de Janeiro: Brasil/Rio, 1977.

BARBI, Celso Agrícola. *Comentários ao Código de Processo Civil*. Rio de Janeiro: Forense, v. I, tomos I e II, 1977.

————. *Hermenêutica e Interpretação Constitucional*. Rio de Janeiro: Freitas Bastos, 1997.

BARBOSA, Antônio Alberto. *Da preclusão Processual Civil*. 2ª ed., São Paulo: Revista dos Tribunais, com notas remissivas de Antônio Cezar Peluso, 1994.

BARCELOS, Pedro dos Santos. Embargos do Devedor: Possibilidade de admissão sem estar seguro o juízo para a execução. Porto Alegre, *Revista Jurídica, Síntese*, n. 156, 1990.

————. Embargos à Execução de Sentença – Exceção de Pré-executividade. São Paulo: *RePro*, Revista dos Tribunais, n. 76.

BEDAQUE, José Roberto dos Santos. *Direito e Processo, Influência do Direito Material sobre o Processo*. São Paulo: Malheiros, 1995.

BETTI, Emilio. *Diritto Processuale Civile Italiano*. Roma: SEFI, 1936.

BOBBIO, Norberto. *O Positivismo Jurídico*. Tradução de Marco Pugliese, São Paulo: Icone, 1995.

————. *Teoria do Ordenamento Jurídico*. 9ª ed. Tradução de Maria Celeste Cordeiro Leite dos Santos, Brasília: UNB, 1985.

BOJUNGA, Luiz Edmundo Appel. Apontamento sobre os Efeitos da Sentença e a Coisa Julgada. Porto alegre: *Revista Jurídica Síntese*, n. 127, 1988.

————. A Exceção de Pré-executividade. Porto Alegre, *Ajuris*, n. 45.

BORGES, Marcos Afonso. Recurso Especial, Limites Subjetivos da Coisa Julgada, O Documento Novo. São Paulo: *RePro*, Revista dos Tribunais, n. 35.

BUCOLO, Francesco. *L'oposizione All'esecuzione*. Padova: Cedam, 1982.

BUENO, Cassio Scarpinella. *Execução Provisória e Antecipação da Tutela*. São Paulo: Saraiva, 1999.

BÜLOW, Oskar. *La Teoria de las Excepciones Procesales Y los Presupuestos Procesales*. Tradução de Miguel Angel Rosas Lichtschein, Buenos Aires: EJEA, 1964.

BUZAID, Alfredo. *Do Agravo de Petição no Sistema do Código de Processo Civil*. 2ª ed., São Paulo: Saraiva, 1956.

————. *Exposição de Motivos do CPC de 1973*.

CALAMANDREI, Piero. *Direito Processual Civil*. Tradução de Luiz Abezia e Sandra Drina Fernandes Barbety, Campinas: Bookseller, v. II, 1999.

————. Jurisdicción. *Estudios sobre el Proceso Civil*. Buenos Aires: Lavalle, 1961.

————. La Genises Lógica de la Sentencia Civil. *Estudios sobre el Proceso Civil*. Buenos Aires: Lavalle, 1961.

CÂMARA, Alexandre Freitas. *Lições de Direito Processual Civil*. Rio de Janeiro: Freitas Bastos, v. II, 1998.

CAMPOS, Ronaldo Cunha. *Limites Objetivos da Coisa Julgada*. Rio de Janeiro: Aide, 1988.

CAMUSSO, Jorge P. *Nulidades Procesales*. 2ª ed., Buenos Aires: Ediar, 1993.

CANARIS, Claus Wilhelm. *Pensamento Sistemático e Conceito de Sistema na Ciência do Direito*. 2ª ed., Lisboa: Fundação Calouste Gulbenkian, 1996.

CANÍBAL, Carlos Roberto Lafego. As Condições da Ação e a Execução Hipotecária Regida pela Lei n. 5.741/71. Porto Alegre: *AJURIS*, n. 30.

CARNELUTTI, Francesco. *Derecho Procesal Civil y Penal*. Tradução de Santiago Sentis Melendo, Buenos Aires: EJEA, 1971.

CARNEIRO, Athos Gusmão. *Jurisdição e Competência*. 2ª ed., São Paulo: Saraiva, 1983.

———. Da Execução no Novo CPC. São Paulo: *RePro*, Revista dos Tribunais, n. 10.

CASTRO, Amílcar de. *Comentários ao Código de Processo Civil*. Rio de Janeiro: Forense, v. X, 1941.

———. *Do Procedimento de Execução*. Atualizado por Stanley Martins Frasão e Peterson Venites Kömel Jr., São Paulo: Forense, 1999.

CASTRO, José Antônio. *Execução no CPC*. São Paulo: O Dipp Editores, 1978.

CENEVIVA, Walter. Limites Subjetivos da Coisa Julgada. São Paulo: *RePro*, Revista dos Tribunais, n. 21.

CHINA, Sergio la. *L'esecuzione Forzata*. Milano: Giuffrè, 1980

CHIOVENDA, Giuseppe. *Instituições de Direito Processual Civil*. 2ª ed., Tradução de J. Guimarães Menegale, São Paulo: Saraiva, v. I, II e III, 1965.

———. *L'azione nel Sistema del Diritto*. Bolonga: Ditta Nichola Zanichelli, 1903.

———. *Princípios de Derecho Procesal Civil*. Tradução espanhola da terceira edição italiana por José Casais Y Santaló, Madrid, 1922.

———. *Sula Cosa Giudicata, In Sagi di Diritto Civile*. Roma: Foro Italiano, v. I, 1931.

CINTRA, GRINOVER e DINAMARCO. *Teoria Geral do Processo*. 6ª ed., São Paulo: Revista dos Tribunais, 1987.

COSTA, Lopes. *Manual Elementar de Direito Processual Civil*. 3ª ed., Rio de Janeiro: Forense, 1982.

COSTA E SILVA, Antônio Carlos. *Da Jurisdição Executiva e dos Pressupostos da Execução Civil*. Rio de Janeiro: Forense, 1980.

———. *Tratado do Processo de Execução Civil*. 2ª ed., Rio de Janeiro: Aide, 1986.

COUTURE, J. Eduardo. *Fundamentos del Derecho Procesal Civil*. 3ª ed., Buenos Aires: Depalma, 1993.

CRUZ, José Fernando da Silveira. Pré-executividade do Título. São Leopoldo: *Revista Estudos Jurídicos*, Ed. Unisinos, vol. 29, 1996.

CRUZ, José Raimundo Gomes da. Aspecto do Processo de Execução. São Paulo, *Revista dos Tribunais*, n. 639.

DALL'AGNOL JUNIOR, Antônio Janyr. *Invalidades Processuais*. Porto Alegre: Letras Jurídicas Editora, 1989.

DALL'AGNOL, Jorge Luís. *Pressupostos Processuais*. Porto Alegre: Letras Jurídicas Editora Ltda., 1988.

DANTAS, Marcelo Navarro Ribeiro. Admissibilidade e Mérito na Execução. São Paulo: *RePro*, Revista dos Tribunais, n. 47.

DIAS, Francisco Barros. Coisa Julgada e Execução no Processo Coletivo. São Paulo: *RePro*, Revista dos Tribunais, n. 78, 1995.

DINAMARCO, Cândido. Condições da Ação na Execução Forçada. Porto Alegre, *Ajuris*, n. 34.

———. O Conceito de Mérito em Processo Civil. São Paulo: *RePro*, Revista dos Tribunais, n. 34.

———. *Processo de Execução*. 4ª ed., São Paulo: Malheiros, 1994.

ENGISH, Karl. *Introdução ao Pensamento Jurídico*. 6ª ed., Tradução de J. Baptista Macha-do, Lisboa: Fundação Kalouste Gulbenkian, 1983.

ENTERRÍA, Eduardo García. *Reflexiones sobre la Ley y los Principios Generales del Derecho*. Primeira reimpressão, Madrid: Editorial Civitas S.A, 1986.

ESTELITA, Guilherme. *Direito de Ação, Direito de Demandar*. 2ª ed., Rio de Janeiro: Livraria Jacinto, 1942.

FABRICIO, Adroaldo Furtado. Extinção do Processo e Mérito da Causa. In Saneamento do Processo, *Estudo em Homenagem ao Prof. Galeno Lacerda*, Carlos Alberto Álvaro de Oliveira, Organizador, Porto Alegre: SAFE, 1989.

———. *A Ação Declaratória Incidental*. Rio de Janeiro: Forense 1976.

FACHIN, Luiz Edson. Coisa Julgada no Processo Cautelar. São Paulo: *RePro*, Revista dos Tribunais, n. 49.

FAZZALARI, Elio. *Lezioni di Dirito Processuale Civile*. Milano: Cedan, 1986.

FERRANDIZ, Leonardo Prieto-Castro Y. *Derecho Procesal Civil*. 5ª ed., Madrid: Tecnos, 1989.

FERREIRA, Carlos Renato de Azevedo. Exceção de Pré-executividade. São Paulo, *Revista dos Tribunais*, n. 657.

FERREIRA FILHO, Manoel Caetano. *A Preclusão no Direito Processual Civil*. Curitiba: Juruá, 1994.

FORNACIARI JUNIOR, Clito. Apontamento sobre a Execução Fiscal. São Paulo, *RePro*, Revista dos Tribunais, n. 25.

FRANCOS, Maria Victoria Berzosa. *Demanda Causa Petendi Y Objeto del, Proceso*, Cór-doba: Almendro, 1984.

FREITAS, Juarez. *A interpretação Sistemática do Direito*. São Paulo: Malheiros, 1995.

FURNO, Carlo. Condena e Título Esecutivo. *Rivista Italiana per la Scienza Giuridiche*, v. 137.

———. *La Sospensione del Processo Esecutivo*. Milano: Giuffrè, 1956.

GAZZI, Silvia Mara. Os Limites Subjetivos da Coisa Julgada. São Paulo: *RePro*, Revista dos Tribunais, n. 36.

GOLDSCHMIDT, James. *Derecho Procesal Civil*. Tradução da segunda edição alemã por Leonardo Prieto Castro, Barcelona: Labor, 1936.

GONÇALVES, Marcos Vinícius Rios. *Processo de Execução e Cautelar*. Rio de Janeiro: Saraiva, 1998.

GOMES, Fábio Luiz. e SILVA Ovídio Baptista da, Da Ação. In *Teoria Geral do Processo Civil*, São Paulo: Revista dos Tribunais, 1997.

———. Carência de Ação, São Paulo, *Revista dos Tribunais*, 1999.

GOMES, Orlando. *Obrigações*. 8ª ed., São Paulo: Forense, 1992.

———. *Obrigações*. 12ª ed., São Paulo: Forense, 1999.

GOMES, Sérgio Alves. *Os poderes do Juiz na Direção e Instrução do Processo Civil*. Rio de Janeiro: Forense, 1995.

GORBAGNATE, Edoardo. Opposizione All'esecuzione. Torino: *Novissimo Digesto Ita-liano*, vol. XI, 1968.

GRECO, Leonardo. A Execução Civil no Direito Comparado. Belo Horizonte, *Revista de Direito Comparado*, n. 2, 1998,

———. *O Processo de Execução*. Rio de Janeiro: Renovar, 1999.

GRINOVER, Ada Pellegrini. *Novas Tendências do Direito Processual Civil*. Rio de Janeiro: Forense, 1990.

GUERRA, Marcelo Lima. *Execução Forçada*. São Paulo: Revista dos Tribunais, 1995.

GUERRA, Willis Santiago. Aspectos da Execução Forçada no sistema Processual Brasileiro. São Paulo: *RePro*, Revista dos Tribunais, n. 83, 1996.

GUIMARÃES, Luiz Machado. Carência de Ação. In *Estudos de Direito Processual Civil*, Rio de Janeiro, 1969.

———. Preclusão, Coisa Julgada, Efeitos Preclusivos. In *Estudos de Direito Processual Civil*, Rio de Janeiro, 1969.

HESSEN, Johannes. *Teoria do Conhecimento*. Coimbra: Armênio Armada, 1987.

JORGE, Francisco Carlos. Embargos à Execução de Sentença – Execução de Pré-executividade. São Paulo: *RePro*, Revista dos Tribunais, n. 76, 1994.

KELSEN, Hans. *Teoria Pura do Direito*. 6ª ed., Coimbra: Armênio Amado, 1994.

KNIJNIK, Danilo. *A Exceção de Pré-executividade*. Forense, Rio de Janeiro, 2000.

KOMATSU, Roque. *Da Invalidade no Processo Civil*. São Paulo: Revista dos Tribunais, 1991.

KUHN, João Lacê. *O Princípio do Contraditório no Processo de Execução*. Porto Alegre: Livraria do Advogado, 1998.

KUHN, Thomas S. *A Estrutura das Revoluções Científicas*. São Paulo: Perspectiva, 1962.

LACERDA, Galeno. *Despacho Saneador*. 2ª ed., Porto Alegre: Sergio Antonio Fabris Editor, 1985.

LARENZ, Karl. *Metodologia da Ciência do Direito*. 5ª ed., Lisboa: Fundação Calouste Gulbenkian, 1983.

LEAL, Camara. *Da Prescrição e da Decadência*. 4ª ed., São Paulo: Forense, 1982.

LIEBMAN, Enrico Tullio. *Manual de Direito Processual Civil*. Tradução de Cândido Dinamarco, Rio de Janeiro: Forense, 1994.

———. *Eficácia e Autoridade da Sentença*. 3ª ed., Rio de Janeiro: Forense, 1984.

———. *L'azione nella Teoria dell Processo Civile*. *Problemi del Processo Civile*. Nápoli: Morano, 1962.

———. Limites Objetivos da Coisa Julgada. In *Estudos sobre o Processo Civil Brasileiro*, São Paulo: Saraiva, 1947.

———. *Processo de Execução*. São Paulo: Saraiva, 1980.

LIMA, Alcides Mendonça. *Comentários ao Código de Processo Civil*. 3ª ed., Rio de Janeiro: Forense, v. VI, tomo I e II, 1979.

———. *Ação Executiva – Necessidade de Penhora para Discutir a Exigibilidade do Título. Processo de Conhecimento e Processo de Execução*. Rio de Janeiro, Forense, 1983

———. *Processo de Conhecimento e Processo de Execução*. Rio de Janeiro: Forense, 1983.

LIMA, Paulo Roberto de Oliveira. *Contribuição à Teoria da Coisa Julgada*. São Paulo: Revista dos Tribunais, 1997.

LOFEGO, Caníbal. As condições da Ação e a Execução Hipotecária Regida pela Lei n° 5.741/71, *Ajuris*, n. 30

LOPES, Miguel Maria Serpa. *Exceções Substâncias; Exceção de Contrato não Cumprido*. São Paulo: Freitas Bastos, 1959.

LUCON, Paulo Henrique dos Santos. *Embargos a Execução*. São Paulo: Saraiva, 1996.

LUHMANN, Niklas. *Sociologia do Direito*, Rio de Janeiro; Biblioteca Tempo Universitário, 1985.

MACEDO, Elaine Harzheim. *Do Procedimento Monitório*. São Paulo: Revista dos Tribunais, 1988.

MACHADO, Hugo de Brito. Juízo de Admissibilidade na Execução Fiscal. São Paulo, *Revista Dialética de direito Tributário*, n. 22 1997.

————. Coisa Julgada e Relação Jurídica Continuativa Tributária. São Paulo, *Revista dos Tribunais*, n. 642, 1989.

MACHADO, Schubert de Farias. Defesa do Executado antes da Penhora. São Paulo: *Revista de Direito Tributário*, n. 22.

MAGALHÃES, Jorge de Miranda. A Execução e a Exceção Pré-processual. *Revista de Direito do TJRJ*, n. 25.

MANCUSO, Rodolfo de Camargo. Coisa Julgada, Colateral Stopel, e Eficácia Preclusiva Secundum Eventus Litis. São Paulo, *Revista dos Tribunais*, n. 608, 1986.

MANDRIOLI, Crisanto. Pressuposti Processual. In *Novissimo Digesto Italiano*, Torino: UTET, Terza Edizione, v. XII, 1957.

MARINS, Victor Bonfim; CALISTO, Negi. Eficácia da Sentença e Coisa Julgada Perante Terceiros. São Paulo, *Revista dos Tribunais*, n. 632, 1988.

MARQUES, José Frederico. *Manual de Direito Processual Civil*. vol. I, II e III, São Paulo: Saraiva, 1980.

————. *Instituições de Direito Processual Civil*. Rio de Janeiro, Saraiva, v. I.

————. *Manual de Direito Processual Civil*. 2ª ed., Campinas: Millenniun, 1998.

MARTINETTO, Giuseppe. *Gli Accertamenti Degli Oragni Esecutivi*. Milano: Giuffrè, 1963.

MAXIMILIANO, Carlos. *Hermenêutica e Aplicação do Direito*. 8ª ed., Rio de Janeiro: Livraria Freitas Bastos, 1965.

MAZZARELLA, Ferdinando. *Contributo Allo Estudio del Título Esecutivo*. Milão: Giuffrè, 1965.

————. Scienza e Teleogia del Titolo Esecutivo. *Revista Trimestrale di Diritto e Procedura Civile*, 1971,

MENCHINI, Sergio. *I Limite Oggettivi del Giudicato Civile*. Milano: Giuffrè, 1987.

MENDES, João de Castro. *Limites Objectivos do Caso Julgado*. Coimbra: Edições Ática, 1967.

MESQUITA, Botelho. *Da Ação Civil*. São Paulo: Revista dos Tribunais, 1974.

MICHELI, Gean Antônio. *Esecuzione Forzata*. 2ª ed., Roma: Zanichilli, 1977.

MIRANDA, Francisco Cavalcanti Pontes de. *Comentários ao Código de Processo Civil*. Rio de Janeiro: Forense, v. I, III, IX e X, 1994.

————. *Tratado de Direito Privado*. São Paulo: Revista dos Tribunais, v. VIII e XXV, 1974.

————. *Tratado das Ações*. São Paulo: Revista dos Tribunais, v. I, 1970.

————. *Dez Anos de Pareceres*. Rio de Janeiro: Francisco Alves, v. 4, 1975.

MIRRA, Álvaro Luiz Valery. A Coisa Julgada nas Ações para Tutela de Interesses Difusos. São Paulo, *Revista dos Tribunais*, n. 631, 1988.

MORAES, Paulo Valério Dal Pai. *Conteúdo Interno da Sentença*, Porto Alegre: Livraria do Advogado, 1977.

MOREIRA, Alberto Camiña. *Defesa sem Embargos do Executado*. São Paulo: Saraiva, 1998.

MOREIRA, José Carlos Barbosa. Sobre Pressupostos Processuais. Rio de Janeiro: *Revista Forense*, n. 288.

————. Apontamentos para um estudo sistemático de legitimação extraordinária. São Paulo, *Revista dos Tribunais*, n. 404.

————. Ainda e Sempre a Coisa Julgada. São Paulo, *Revista dos Tribunais*, n. 416, 1970.

————. Coisa Julgada e Declaração. In *Temas de Processo Civil, 1ª série*, São Paulo: Saraiva, 1977.

————. Eficácia Preclusiva da Coisa Julgada Material. In *Temas de Processo Civil, 1ª* série, São Paulo: Saraiva, 1977.

————. Questões Prejudiciais e Coisa Julgada. Rio de Janeiro: *Tese de Livre Docente da UFERJ*, 1967.

MOREIRA, Lenice Silveira. *A Exceção de Pré-executividade e o Juízo de Admissibilidade.* Inédito, monografia de conclusão de curso de especialização em Direito Comercial, São Leopoldo: UNISINOS, 1998.

NERY, Rosa Maria B. B. de Andrade. Prescrição Alegada em Execução Questão Não Apreciada. São Paulo: *RePro*, Revista dos Tribunais, n. 69.

NERY JUNIOR, Nelson. *Condições da Ação.* In Síntese Jurídica: Ed. Eletrônica, 1997.

————. *Princípios do Processo Civil na Constituição Federal.* São Paulo: Revista dos Tribunais, 1995.

NETTO, Nelson Rodrigues. Exceção de Pré-Executividade. São Paulo: *RePro*, Revista dos Tribunais, n. 95, 1999.

NEVES, Celso. *Atividade Processual.* São Paulo, *Justitia*, n. 88.

————. *Comentários ao Código de Processo Civil.* 2ª ed., Rio de Janeiro: Forense, vol. VII, 1977.

————. *Coisa Julgada Civil.* São Paulo: Revista dos Tribunais, 1971.

————. *Estrutura Fundamental do Processo Civil.* Rio de Janeiro: Forense, 1995.

NICETO, Alcalá Zamora y *Castillo. Proceso, Autocomposición y Autodefesa.* México, Universidade Nacional Autónoma de México, 1991.

NORONHA, Carlos Silveira. A Causa de Pedir na Execução. São Paulo: *RePro,* Revista dos Tribunais, n. 75, 1994.

OLIVEIRA, Carlos Alberto Alvaro de. *Do Formalismo no Processo Civil.* São Paulo: Saraiva, 1997.

————. Execução de Título Judicial e Defeito ou Ineficácia da Sentença. *Estudos em Homenagem ao Professor Alcides Mendonça Lima*, Carlos Alberto Alvaro de Oliveira, (Coordenador). Porto Alegre: SAFE, 1995.

————. Título Executivo. In *Elementos para uma nova Teoria Geral do Processo*, Porto Alegre: Livraria do Advogado, 1997.

OLIVEIRA NETO, Cândido de. Carência de Ação. Rio de Janeiro, *Revista Forense*, n. 115.

OLIVEIRA NETO, Olavo de. *A defesa do Executado e dos Terceiros na Execução Forçada,* São Paulo: Revista dos Tribunais, 2000.

PASQUEL, Roberto Molina. *Contempt of Court, Correcciones Disciplinarias y medios de Apremio.* 1ªd., México: Fondo de Cultura Económica, 1954.

PASSOS, José Joaquim Calmon de. *Comentários ao Código de Processo Civil.* 3ª ed., Rio de Janeiro: Forense, v. III, 1979.

————. *Ação no Direito Processual Civil Brasileiro.* Rio de Janeiro: Progresso, S/Data.

————. *Coisa Julgada Civil.* Enciclopédia de Direito, Rio de Janeiro: Saraiva, v. 16.

PEKELIS, Alessandro. Azione (Teoria Moderna). Torino: *Novissimo digesto Italiano*, v. II.

PEREIRA, Caio Mário da Silva. *Instituições de Direito Civil.* 13ª ed., São Paulo: Forense, 1999.

PERLINGIERI, Pietro – *Perfis do Direito Civil.* Tradução de Maria Cristina De Cicco, Rio de Janeiro: Renovar, 1997.

PUGLIESE, Giovani. *Giudicato Civile.* In Enciclopédia del Diritto, XVIII, Milano, Giuffrè.

A Coisa Julgada na Exceção de Executividade

PORTANOVA, Rui. *Princípios do Processo Civil*. Porto Alegre: Livraria do Advogado, 1999.

PORTO, Sérgio Gilberto. *Coisa Julgada Civil*. Rio de Janeiro: Aide, 1996.

QUIRÓZ, Ari Ferreira. *Direito Processual Civil*. 3ª ed., Goiania, 1997.

RAWLS, John. *Por uma Teoria da Justiça*, Martins Fontes, 1997.

REALE, Miguel. *Teoria Tridimensional do Direito*. 5ª ed., São Paulo: Saraiva, 1994.

REGO, Hermenegildo de Souza. Os Motivos da Sentença e a Coisa Julgada. São Paulo: RePro, *Revista dos Tribunais*, n. 35.

REIS, José Alberto. *Processo de Execução*. 3ª ed., Coimbra: Coimbra Ltda, v. I e II, 1985.

REZENDE, Gabriel. *Curso de Direito Processual Civil*. 3ª ed., Rio de Janeiro: Forense, v. III.

RIBEIRO, Pedro Barbosa; FERREIRA, Paula M. C. Ribeiro. *Curso de Direito Processual Civil, Teoria Geral do Processo*. Porto Alegre: Síntese, v. I, 1999.

RIZZI, Sérgio. *Ação Rescisória*. São Paulo: Revista dos Tribunais, 1979.

ROCCO, Ugo. *Tratado de Diritto Processuale Civile*. Processo Esecutivo, Torino: UTET, v. IV, 1955.

ROCHA, José de Moura. *Estudos sobre a Preclusão, Decadência e Prescrição*. Recife: Universidade Federal de Pernambuco, 1969.

RODRIGUES, Marcelo Abelha. *Elementos de Direito Processual Civil*. São Paulo: Revista dos Tribunais, 1998.

RODRIGUES, Silvio. *Direito Civil*. São Paulo: 26ª ed. Saraiva, v. II, 1999.

ROENICK, Hermann Homem de Carvalho. A Sentença Civil e a Coisa Julgada. Rio de Janeiro, *Revista Forense*, n. 251, 1975.

ROESE, Cristianne Fonticielha de. *Acesso à Jurisdição e suas Limitações In Elementos Para uma Nova Teoria Geral do Processo*. Porto Alegre: Carlos Alberto Alvaro de Oliveira, organizador, Livraria do Advogado, 1997.

ROSA, Marcos Valls Feu. *Exceção de Pré-Executividade*. Porto Alegre: Sergio Fabris Editor, 1976.

ROSEMBERG, Leo. *Derecho Procesal Civil*. Tradução Espanhola, Buenos Aires: EJEA, 1955.

SANTOS Carvalho. *Código Civil comentado*. 14ª ed., São Paulo: Livraria Freitas Bastos S.A, v. XII, 1981.

SANTOS, Ernane Fidélis dos. Aplicações Subsidiária das Normas do Processo de Conhecimento no Processo de Execução. São Paulo: *RePro*, Revista dos Tribunais, n. 29.

SANTOS, Moacyr Amaral. *Primeiras Linhas de Direito Processual Civil*. 8ª ed., Rio de Janeiro: Saraiva, v. I, II e III, 1983.

SATTA, Salvatore. *L'esecuzione Forzata*. Torino: UTET, 1950.

———. *Diritto Processuale Civile*. 7ª ed., Pádua: Cedan, 1967.

SCHONK, Adolfo. *Derecho Procesal Civil*. Tradução espanhola da quinta edição alemã. Barcelona: Bosch, Casa Editorial, 1950.

SHIMURA, Sérgio. *Título Executivo*. São Paulo: Saraiva, 1987.

SCHWAB, Karl Heinz. *El Objeto Litigioso en el Proceso Civil*. Tradução del Alemán por Tomas A Bazhaf, Buenos Aires: EJEA, 1968.

SILVA, Celso Ribeiro da. Contraditório no Processo de Execução. São Paulo, *Justitia*, n. 66, 1969.

SILVA, Germano Marques da. *Curso de Processo Civil Executivo*. Lisboa: Universidade Católica Editora, 1994.

SILVA, José Afonso da. Limites da Coisa Julgada. São Paulo, *Revista dos Tribunais*, n. 417, 1970.

SILVA, Ovídio Baptista. *Curso de Processo Civil*. 3ª ed., Porto Alegre: Sergio Antonio Fabris Editor, v. I, II e III, 1996.

———. Coisa Julgada e Efeitos da Sentença. In *Teoria Geral do Processo Civil*. São Paulo: Revista dos Tribunais, 1997.

———. Direito Subjetivo, Pretensão de Direito Material e Ação. Porto Alegre, *Ajuris*, n. 29.

———. *Execução em 'Face do Executado', O processo de Execução, Estudos em Homenagem a Alcides Mendonça Lima*, Porto Alegre, SAFE, 1995,

———. *Jurisdição e Execução*. São Paulo: Revista dos Tribunais, 1996.

———. *Sentença e Coisa Julgada*. Porto Alegre: Sergio Fabris Editor, 1979.

SILVA, Ricardo Perlingiero M. da. *Teoria da Inexistência no Direito Processual Civil*. Porto Alegre: Sérgio Fabris Editor, 1988.

SIQUEIRA FILHO, Luiz Peixoto de. *Exceção de Pré-executividade*. Rio de Janeiro: Lumen Juris, 1977.

SOUSA, João Bosco Medeiros de. Coisa Julgada e Certeza nas Relações Jurídicas. Rio de Janeiro, *Revista Forense*, n. 289, 1985.

SOUZA, Gelson Amaro de. Mérito no Processo de Execução. In *Processo de Execução e Assuntos Afins*. São Paulo: Revista dos Tribunais, Coordenação de Teresa Arruda Wambier, 1998.

SOUZA, Miguel Teixeira de. Objeto da Sentença e o Caso Julgado Material. Rio de Janeiro, *Revista Forense*, n. 292, 1985.

SPIEZIA; Vicenzo. Pressuposti Processuali. In *Nouvo Digesto Italiano*, Torino: UTET, v. 10, 1939.

TARZIA, Giuseppe. O Contraditório no Processo Executivo. São Paulo, *RePro*, Revista dos Tribunais, n. 28.

TESHEINER, José Maria Rosa. *Elementos Para Uma Teoria Geral do Processo*. São Paulo: Saraiva, 1993.

———. *Pressupostos Processuais e Nulidades no Processo Civil*. Rio de Janeiro, Saraiva, 2000.

TEIXEIRA, Sálvio Lopes da Costa. *Manual Elementar de Direito Processual Civil. Atualizações*. Rio de Janeiro, 1982.

THEODORO JÚNIOR, Humberto. *Processo de Execução*. 18ª ed., São Paulo: LEUD, 1977.

———. Coisa Julgada, Ação Declaratória seguida de Condenatória. São Paulo: *RePro*, Revista dos Tribunais, n. 81, 1996.

———. O Contrato de Abertura de Crédito e sua Natureza de Título Executivo. In *Processo de Execução e Assuntos Afins*. São Paulo: Revista dos Tribunais, 1988.

———. *Sentença*. Rio de Janeiro: Aide, 1997.

———. *Execução de Sentença e o Devido Processo Legal*. Rio de Janeiro: Aide, 1987.

———. Execução Forçada e Coisa Julgada. Rio de Janeiro, *Revista Forense*, n. 256, 1976.

TJÄDER, Ricardo Luiz da Costa. *Cumulação Eventual de Pedidos*. Porto Alegre: Livraria do Advogado, 1998.

TUCCI, José Rogério Cruz e. *A Causa Petendi no Processo Civil*. São Paulo: Revista dos Tribunais, 1993.

VARELA, Antunes. *Manual de Processo Civil*. 2ª ed. n° 12955, Coimbra: Coimbra Editora, 1985.

VELLANI, Mário. *Naturaleza de la Cosa Juzgada*. Tradução da edição de 1958, por Santiago Sentis Melendo, Coleción Del Processo, Buenos Aires: EJEA, v. 43.

VIGNERA, Giuseppe. La Sospensione Cautelar Dell'esecutivitá del Título Strumentale All'oposzione a Precetto. Italia, *Rivista de Diritto Processuale*, n. 52, 1997.

VOCINO, Corrado. *Considerazioni Sul Giudicato*. Milano: Giuffrè, 1963.

WAMBIER, Teresa Arruda Alvim. *Nulidades do Processo e da Sentença*. 4ª ed., São Paulo: Revista dos Tribunais, 1977.

———. Sobre a Objeção de Pré-executividade. *Processo de Execução e Assuntos Afins*, São Paulo: Revista dos Tribunais, 1998.

WATANABE, Kazuo. *Da Cognição no Processo Civil*. São Paulo: Revista dos Tribunais, 1987.